Tiempo de incertidumbre

Carlos Arias Navarro
entre el franquismo y la Transición
(1973-1976)

crítica contrastes

Javier Tusell
Genoveva G. Queipo de Llano

Tiempo
de incertidumbre

Carlos Arias Navarro
entre el franquismo y la Transición
(1973-1976)

Crítica
Barcelona

Ilustración de la cubierta: EFE
Fotocomposición: Víctor Igual, S.L.

Este libro ha sido financiado, en parte, gracias a una ayuda a la investigación
del Instituto Gutiérrez Mellado de la U.N.E.D. y el Ministerio de Defensa.

© 2003, Javier Tusell y Genoveva G. Queipo de Llano
© 2003, CRÍTICA, S.L., Diagonal, 662-664, 08034 Barcelona
http://www.ed-critica.es
e-mail: editorial@ed-critica.es
ISBN: 84-8432-476-1
Depósito legal: M. 40.729-2003
Impreso en España
2003. BROSMAC, S.L., Polígono Industrial 1, Calle C, Móstoles (Madrid)

Para Belén Tusell

Prólogo

EXISTE LA IDEA, MUY GENERALIZADA *de que se ha escrito mucho y se sabe prácticamente todo sobre la transición española a la democracia. Esta opinión ha llegado a poner en relativo peligro, por la misma y supuesta sobreabundancia de información, el mayoritario juicio positivo entre los españoles y extranjeros acerca de este período histórico.*

Sin embargo, esa idea no se corresponde con la realidad: para probarlo basta con partir del estado de nuestros conocimientos, que en la actualidad ofrece un panorama francamente mejorable. Tenemos, por ejemplo, el testimonio de quienes protagonizaron la vida política del momento. Muchos de ellos han aportado su testimonio, que siempre será un material imprescindible para reconstruir lo sucedido, aunque, de entrada, algunos protagonistas esenciales han guardado silencio. Además, cuando nos han legado su interpretación lo han hecho con niveles de calidad muy variables dependiendo de la documentación conservada, su afición o capacidad literaria y del ejercicio, siempre complicado, que el autor haya hecho para superar su visión meramente personal. Esta última siempre proporciona un juicio sobre el personaje, aunque lo escrito no sea del todo verídico. De todas las maneras, incluso aunque el puesto desempeñado fuera de primera importancia ello no implica una radical lucidez en el juicio. Siempre es preciso cruzar los diversos testimonios sobre un suceso a fin de dictaminar sobre la veracidad de lo afirmado por los protagonistas. Sobre éstos siempre se debiera recordar lo que le sucede a Fabrice, el personaje de La cartuja de Parma, de Stendhal, quien tuvo la perspectiva de un huerto de coles cuando hubiera podido ser testigo importante de un acontecimiento decisivo de la historia universal, nada menos que la batalla de Waterloo. A veces, a los protagonistas de la Historia les sucede lo contrario: pretenden narrar un suceso de importancia trascendental y no han salido de su huerto de coles (o no fueron espectadores, en el día a día, con otra perspectiva que la de Fabrice). En ocasiones se produce la paradoja de que escriben los personajes irrelevantes mientras dejan de hacerlo quienes podrían aportar un testimonio decisivo.

Lo que antecede vale para los grandes protagonistas individuales del proceso político. Pero claro está que también existe —y es más importante— un protagonismo colectivo: decisivo siempre, fue también mucho más difuso e impreciso, a veces más negativo que positivo, sobre el rumbo que debía seguirse. Lo conocemos a través de las encuestas de opinión y hasta cierto punto también gracias a la prensa diaria. Ésta, sin embargo, por razones obvias, se ocupa de lo inmediato. En procesos tan complicados como una transición a la democracia no debe tomarse como definitivo el juicio del día a día. No se puede olvidar, por otro lado, que, si hubo una vertiente pública del proceso, éste no se entiende sin sus aspectos secretos, que permanecieron (y aún perduran) ocultos para la mayoría. La prensa, por lo tanto, ofrece una información muy importante pero en absoluto suficiente y omnicomprensiva.

Claro está que la profesión periodística no sólo ofrece la visión de un día para otro. Los profesionales del periodismo han proporcionado la mayor parte del material informativo para posibles comparaciones posteriores de politólogos y sociólogos, a través de libros en forma de reportaje. Buena parte de ellos presentan, sin embargo, inconvenientes graves. El periodista trata de lo inmediato y eso le impide utilizar todas las fuentes; además, no siempre las somete a crítica y a menudo las amontona sin inclinarse por ninguna opción precisa, especula con lo extraordinario o presta su asentimiento al simple rumor. La conocida serie televisiva de Victoria Prego resulta difícilmente superable, emitida en ese medio de comunicación, y ha prestado un papel de primera importancia en la reconstrucción histórica y para el conocimiento de la sociedad española por sí misma. Pero cuando se convirtió en libro resultaron perceptibles sus insuficiencias analíticas.[1] En ocasiones en ese libro se contienen afirmaciones extraordinarias e improbables, surgidas en el contexto de conversaciones cuyo contenido completo se ignora, como por ejemplo el supuesto intento de algunos generales en enero de 1974 de sustituir a Franco en la Jefatura del Estado o que el ministro de Información, el aperturista Pío Cabanillas, impuso una información abundante sobre la Revolución portuguesa de los claveles en los medios de comunicación oficiales para facilitar un cambio político en España. En estas narraciones en forma de reportaje a menudo falta la imprescindible labor crítica que permita distinguir, en cada testigo, la veracidad del testimonio y la fabulación. El sistema de interrogarse sobre el pasado es muy distinto en un periodista y un historiador. El primero proporciona la imagen de un instante y, como tal, no pretende otra cosa que ofrecer un conocimiento parcial que podrá ser explicado y completado desde el punto de vista histórico con posterioridad. Pero un buen reportaje periodístico —por ejemplo, el que Oneto dedica al período que se evoca en estas páginas—,[2] aunque sea inmediato a los acontecimientos (o quizá precisamente por serlo), transmite de una manera que resulta muy difícil de reconstruir el pálpito de un momento o las especulaciones y expectativas de los protagonistas históricos que explican su actuación posterior. Todo ello posee un valor impagable para quien busque una reconstrucción histórica de los acontecimientos.

La Transición española a la democracia ha sido abordada además por científicos de la política que, en el caso español, muchas veces son estudiosos del Derecho. Como es natural, sus trabajos resultan muy interesantes[3] pero conceden una importancia desmesurada a aspectos parciales como las elecciones o el texto constitucional, que fueron consecuencia o resultado de la Transición y no esta misma. En cuanto a sus fuentes, no pasan de ser los testimonios de los protagonistas y la prensa.

Por su parte los científicos de la política de formación anglosajona suelen partir de los datos que proceden de la prensa política del momento o de la elaboración periodística posterior, que interpretan de acuerdo con unas pautas que, si por un lado tienen la virtud de establecer interesantes comparaciones con otros procesos semejantes en latitudes lejanas, resultan con frecuencia demasiado esquemáticas o racionales. Colomer, por ejemplo, ha estudiado con penetrante inteligencia la Transición española desde el punto de vista de las estrategias de decisión racional de los actores políticos.[4] Pero el juego racional de expectativas no lo explica todo en política. Es inexacto, por ejemplo, presumir que no hubo en la primera fase de la Transición una cooperación real entre quienes estaban en el poder y quienes estaban en la oposición; existió, aunque no fuera pública. Decir que la primera preferencia de los militares, como grupo social, era un golpe de fuerza con el rey y la segunda no dar un golpe contra el monarca constituye una simplificación porque previamente habría que distinguir entre sectores generacionales del Ejército.

Los científicos de la política y los sociólogos resultan más útiles, sin duda, al establecer comparaciones entre procesos iguales o semejantes en tiempos parecidos. Ahora bien, si la comparación permite por contraste apreciar similitudes y diferencias, tiene también como inconveniente provocar el error cuando lo que se compara no se conoce de modo suficiente. Un estudio, por otro lado muy valioso, sobre los militares en la Transición democrática española señala, por ejemplo, que en los países en que hubo una derrota militar previa la posición del Ejército fue normalmente débil (caso de las transiciones de Argentina o Grecia), mientras que fue fuerte en el caso de una reforma pactada, como en Chile y Brasil.[5] Como al autor el caso español no le cuadra en este esquema recurre a considerar que el régimen dictatorial español se había convertido en civil durante su fase final, apreciación como mínimo muy discutible y, sobre todo, muy precisable en términos concretos.

Los historiadores tenemos la pretensión de hacer ciencia con la reconstrucción del pasado pero a menudo somos demasiado pretenciosos al hacer-

lo. Hegel decía que quienes en realidad hacían Historia no eran sus protagonistas sino quienes la escribían; algunos historiadores han tomado muy al pie
de la letra esta afirmación sin, al mismo tiempo, extraer todas las enseñanzas
debidas de lo que suelen ser prácticas habituales del buen profesional.

Como es lógico, los historiadores también hemos ofrecido interpretaciones de la Transición válidas, si bien lo que hemos escrito merece una crítica
a fondo. Por supuesto, al hacer esta afirmación quien suscribe ha de presentarse como el primero de los susceptibles de ser sometidos a esta operación.
Probablemente al hacerlo habría que centrarse no tanto en la interpretación
general del proceso sino en la forma como hemos hecho ciencia histórica hasta el momento presente respecto del período indicado. Sin duda muy pronto
consideramos la Transición como objeto de conocimiento histórico y eso ha
sido muy positivo, pero no es más que una parte de lo que un historiador puede y debe hacer. Lo que los historiadores han hecho principalmente hasta el
momento ha sido escribir libros en los que se resume y articula aquello que
otros especialistas en ciencias humanas han escrito previamente, aparte de la
información periodística y los testimonios de los protagonistas. Con ello se
han conseguido síntesis inteligentes que demuestran que la Historia no es un
conocimiento del pasado remoto sino que es posible reconstruir el pasado
más cercano.

Sin embargo, aún nos falta haber aportado lo que los historiadores pueden proporcionar de manera más específica. Un profesional de la Historia
considerado un clásico, Leopold von Ranke, escribió que lo distintivo de
nuestra ciencia es narrar los acontecimientos wie es eigentlich gewesen, es decir, «como realmente sucedieron». Esa reconstrucción, detallada y minuciosa, contrastando fuentes de todo tipo, públicas y privadas, orales y escritas,
resulta imprescindible en el caso de un proceso de ingeniería política como es
cualquier transición; sobre todo lo es en el caso español, en que la imaginación de los protagonistas jugó un papel esencial en el día a día porque no
existía ninguna referencia más o menos parecida. La realidad es que en el
momento presente la historia de la Transición no está hecha y la del franquismo final, que en buena parte la explica, puede llegar a convertirse en imposible en el caso de que se desdeñe la publicación de las memorias y los testimonios orales de sus dirigentes políticos o no se acuda, como se debe, a las
fuentes de archivo privadas, aparte de las públicas. Estas últimas, además,
cumplido el plazo oficial de un cuarto de siglo, por vez primera empiezan a
resultar accesibles y resultan imprescindibles para reconstruir la historia objetiva.

Este libro trata sobre la etapa final del franquismo y el comienzo de la
Transición desde una perspectiva concreta, la de quien fuera presidente del
Gobierno desde el asesinato de Carrero Blanco hasta la llegada al mismo car-
go de Adolfo Suárez. Carlos Arias Navarro fue un personaje decisivo en la

política española durante todos esos meses y acerca de él existen fuentes accesibles relativamente abundantes que se detallan en el correspondiente apartado de este libro. Han sido estas dos realidades —trascendencia del personaje y accesibilidad de la información— el motor de sus páginas. Existe la opinión de que un biógrafo debe tener respecto del biografiado una actitud de «empatía», es decir, lograr descubrir sus sentimientos más íntimos. Eso no implica identificarse con ellos, a lo que correspondería el término «simpatía». Además, la empatía no debe impedir otra actitud del profesional de la Historia, quien debe siempre resguardar la imprescindible distancia con el objeto de su interés. A todos los personajes, incluso aquellos con los que se ha coincidido en un momento cronológico, hay que tratarlos como si se tratara de seres lejanos que resultaría imposible que afectaran a nuestra vida en el pasado o en el presente. Como, por ejemplo, al conde duque de Olivares. Con este talante abordaremos en estas páginas la presidencia de Arias Navarro. Pero, para hacerlo, empezaremos por referirnos a cómo era la España en que gobernó.

1

España en 1973

COMO LA PROPIA DEMOCRACIA, la transición hacia ella debe entenderse como un proceso y no como un suceso. Esta afirmación equivale a decir que, como siempre en la Historia, el encadenamiento de los acontecimientos por vínculos causales en el transcurso del tiempo revela la explicación última de lo sucedido. Cualquiera de los estudiosos de la transición a la democracia sabe que siempre hay una etapa previa gracias a la cual se explica su génesis,[1] sólo luego viene la fase de decisión y, tras ella, la de consolidación y habituación a lo que esta forma de vida política supone. Pero resulta evidente que estas últimas no se entienden sin tener en cuenta el primer período que explica y da razón de los períodos posteriores. Al menos germinalmente estaban en esa primera fase.

Como la Historia es un continuo, siempre resulta difícil establecer un punto de partida. En lo que se refiere a la Transición, sin embargo, está claro que el año 1973 significó mucho y no sólo porque el almirante Carrero Blanco fuera asesinado. En las páginas inmediatas trataremos de ofrecer un panorama de la realidad española en esa fecha. Atenderemos a los personajes más importantes, colectivos e individuales —la propia sociedad española, Franco, Carrero, don Juan Carlos, etc.— para concluir con un primer perfil biográfico de quien desempeñaría un crucial protagonismo político a partir del magnicidio de la calle Claudio Coello, Carlos Arias Navarro. Lo haremos utilizando información ya conocida pero también otra inaccesible hasta el momento. Como es lógico, no se pretende una narración pormenorizada y completa sino una panorámica general, incluso a grandes brochazos, para que el lector perciba los rasgos esenciales, de cara principalmente al futuro inmediato.

UNA SOCIEDAD EN EBULLICIÓN

Cualquier acontecimiento histórico de envergadura cuyos resultados afectan a millones de personas siempre resulta controvertido. La Transición española a la democracia ha sido objeto de interpretaciones contrapuestas en cuestiones de primera importancia. Dejemos de un lado el juicio de acuerdo con el cual habría padecido una especie de pecado original, la ausencia de ruptura que la invalidaría del principio al final. Esa interpretación no pasa del puro ensayismo y contradice cualquier comparación con otros procesos similares. En cambio, puede resultar una cuestión más debatida el papel desempeñado por el conjunto de la sociedad española como determinante del proceso político.

El mero hecho de que esa cuestión haya sido planteada nace de que fue una realidad inesperada y juzgada como positiva. Pero el que las clases dirigentes (o las élites políticas, como se quiera denominar) actuaran de forma en general correcta en la ingeniería de la Transición no implica que el protagonismo en ella fuera minoritario. Resulta obvio que tanto la Transición como el período inmediatamente anterior tuvo como sujeto colectivo al conjunto de la sociedad española.

Ésta, además, lo fue de un modo peculiar. Una opinión que suele defenderse, al menos de modo implícito, es la de que los cambios económicos durante los años sesenta habrían producido cambios sociales y su correlato cultural, de tal modo que el proceso político se explicaría por el simple hecho de la transformación experimentada por el aparato productivo. Pero del mismo modo que la guerra civil en 1936 no fue la consecuencia inevitable de la estructura social, tampoco la transformación política de 1977 derivó de forma mecánica e inevitable de la evolución social española anterior.[2] El cambio produjo realidades nuevas pero cuyos resultados políticos no estaban predeterminados.

La magnitud de esa transformación difícilmente puede ser exagerada. La sociedad española padecía menos desigualdades que en cualquier etapa anterior y ello contribuyó a que la mayoría de los españoles no quisiera asumir riesgos de ningún tipo, ni en el sentido de mantener el régimen ni en el de derribarlo. Durante el franquismo, aunque la base social de apoyo al régimen fuera amplia y cohesionada en una serie de ideas fundamentales —el llamado «franquismo sociológico»—, el apoyo activo a partir de una ideología coherente fue mucho menor. La cultura política de identificación con las instituciones políticas quizá llegara a un 15 por 100 de la población, pero la de oposición sería de un 25 a un 30 por 100 y aun superior en zonas urbanas. La invocación a un único líder como forma de resolver era pequeña (11 por 100 en 1966) y decreció con el paso del tiempo.[3] La apelación al llamado «franquismo sociológico» servía para explicar una actitud mayoritariamente pasiva y no subversiva, pero acabó representando un estado social de disponibilidad para el cambio. El interés por la política era moderado y primaba, en cambio, la reivindicación de aspectos concretos relacionados con la vida cotidiana. El porcentaje de los partidarios de las libertades iba en aumento. La libertad religiosa y la sindical eran consideradas necesarias por una amplia mayoría (cuando la segunda no existía). En cuanto a la libertad de creación de partidos, la más controvertida desde el punto de vista de la ortodoxia del régimen, según algunas encuestas no por completo fiables, era considerada en 1971 «beneficiosa» por tan sólo el 12 por 100 de la población, pero en 1973 era ya el 37 por 100 y en la primavera de 1975 se superó el 50 por 100.

En suma, bien podría decirse que la sociedad española daba la sensación de desperezarse. Esta situación, no obstante, como luego escribió Martín Villa, no llegaba a crear «motivaciones apremiantes» para que se produjera una democratización. Algunos han defendido la tesis de que fue la oposición, más concretamente el movimiento obrero, el agente activo de la Transición, construyéndola desde la protesta. Esta descripción no sería exacta en sus estrictos términos. En cambio, sí parece más adecuado afirmar que, por más que no hubiera «apremio» urgente, la creciente actividad opositora mantuvo al régimen en perpetuo estado de tensión, planteó el interrogante reformista, en especial de cara al futuro, y privó de legitimidad al régimen. Si los cambios de mentalidad descritos se produjeron no fue como consecuencia de un correlato directo y mágico de la transformación económica sino como resultado de la acción de determinados sectores —se los ha denominado «madrugadores»— que iniciaron la protesta, la instalaron como fenómeno normal y cotidiano e incluso consiguieron conquistar parcelas irreversibles de autonomía respecto de los poderes políticos dictatoriales. Al menos éstos acabaron por considerar poco rentable poner en marcha una legislación que doblegara al adversario. En esto se había producido una diferencia fundamental con respecto a la etapa inicial del régimen en que el consenso social y la desmovilización tuvieron un papel decisivo. Claro está que antes la oposición había sido sometida a un proceso para el que el término «trituración» no parece exagerado: en 1940-1947 hasta 17 comités ejecutivos nacionales de la CNT fueron desmantelados y también siete de la UGT. Ahora el régimen se vio obligado a mostrar tolerancia con respecto a esas áreas de autonomía y también con respecto a la conflictividad misma.

Conviene, pues, examinar la actitud de esos movimientos «madrugadores», en el sentido de iniciadores de la protesta, así como la actitud del régimen ante ellos. Tuvieron un protagonismo decisivo, tal como juzgaron todos los observadores imparciales del momento; aludir a ellos, por otra parte, supone también acercarse al conocimiento de las preocupaciones del régimen político vigente. Las cuestiones que trataremos tuvieron su prolongación inevitable, después de 1973, durante la presidencia de Arias.

Aunque sólo fuera por la importancia que tuvo en esta época para el Gobierno, habría que citar en primer lugar a la Iglesia católica. En 1966, año de la conclusión del Concilio Vaticano II y de la constitución de la Conferencia Episcopal, dos tercios de los obispos españoles eran mayores de sesenta años, casi la mitad llevaban veinte años en el episcopado y la mayoría había sido ordenada antes de la guerra civil y procedía de un medio rural. Procedían, pues, en su totalidad del nacionalcatolicismo y esa actitud alimentó sus concepciones y su vida.[4] Pero la influencia del Concilio Vaticano II resultaba ya evidente entre los católicos de a pie. En el verano de 1968 se produjo la crisis de los movimientos apostólicos cuyos dirigentes fueron acusados injustamente de heterodoxia. Buena parte de ellos y de los militantes de base confluyeron luego en los movimientos de oposición. Lo más sorprendente fue que el liderazgo obrero y sindical procedió en gran medida de esos medios, vinculando dos mundos que en el pasado habían sido antitéticos y que ahora coincidieron: el catolicismo social y el mundo de la izquierda. Así se dio lugar a una nueva cultura comunitaria emergente. Hubo momentos, ya en los años setenta, en que, por ejemplo, con ocasión de diversas protestas laborales, todos los sacerdotes de las barriadas obreras de Sabadell fueron detenidos.

De modo principal nos interesa recalcar el papel desempeñado por la jerarquía de cara al régimen. A Tarancón, representante de la Iglesia con mentalidad posconciliar, le faltaron tan sólo tres votos en 1969 para ser elegido como presidente de la Conferencia Episcopal. El hecho puede ser tomado como un indicio de lo que vendría a continuación. Nada más contradictorio con la mentalidad de la clase dirigente franquista que aquella declaración de la Asamblea Conjunta de Obispos y Sacerdotes (1971) en que se pedía perdón en nombre del catolicismo por no haber sabido ser elemento de paz y concordia entre los españoles. No obtuvo la mayoría cualificada exigible pero sí los votos suficientes para indicar un cambio de actitud. Ya entonces el Consejo de Ministros había abordado cuestiones que denotaban el abismo existente entre ambas partes: en marzo de 1970 había veinte sacerdotes cumpliendo penas de cárcel, de los cuales siete fueron indultados, y otros cuatro eran presos preventivos. En octubre de 1971, coincidiendo con la citada Asamblea, el Consejo decidió crear una comisión interministerial para determinar «la cuenta general de las diversas aportaciones del Estado a la Iglesia en la actualidad». Del trabajo de esta comisión se sabría con ocasión de un sonado incidente.

La confrontación se agudizó en los meses siguientes. El año 1972 fue, según Tarancón, «el año más tenso de mi vida y el de la Iglesia española en las últimas décadas». Cuando en marzo de 1972 se reunió la Asamblea Plenaria del episcopado fue objeto por parte del Gobierno de un seguimiento, día a día, a la vez clerical y casi policial. En los informes que llegaron a los ministros los obispos, «escrutados» por los servicios correspondientes, eran divididos en dos sectores (A, por los más adictos, y B por los considerados más contrarios al régimen). La cuestión que estaba sobre el tapete era un escrito de la curia romana acerca de la Asamblea Conjunta, a la que desautorizaba; quienes se manifestaban en una posición más conciliar lo consideraron como una maniobra política gubernamental e incluso Tarancón lo atribuyó a una gestión del Opus Dei, del que varios ministros eran miembros.

Como quiera que sea, los resultados del plenario fueron interpretados por esas fuentes policiales en una clave exclusivamente política. La triunfante candidatura de Tarancón a la presidencia fue juzgada inicialmente como consecuencia de un compromiso de los sectores más avanzados con los intermedios. Pero, al mismo tiempo, su intervención ante los obispos fue conceptuada como «habilidosa» al referirse a la Asamblea Conjunta como un acontecimiento con «defectos y fallos», pero positiva, y al esgrimir en contra del escrito de la curia el testimonio del secretario de Estado vaticano, Villot, que incluso hacía referencia a la opinión conforme del papa.

La elección de Tarancón como presidente de la Conferencia según los informes fue una consecuencia de «la impresión que dio de contar con la confianza de la Santa Sede». Cuando a continuación fue elegido vicepresidente Bueno Monreal y no el arzobispo de Toledo, Marcelo González, se interpretó como «el colmo del sectarismo y de la falta de caridad cristiana», pues el segundo había logrado 35 votos episcopales frente a los cincuenta de Tarancón. Sobre la elección de Elías Yanes como secretario de la Conferencia el juicio emitido fue que «esta elección hay que considerarla muy desfavorable tanto por tratarse de un "un puesto clave" como por la "inteligencia, juventud y extremismo" del nombrado». Igual opinión merecieron las comisiones episcopales elegidas. En la permanente habría 11 de un total de 19 miembros nuevos. Por significación política quienes elaboraron el informe juzgaron que había seis pertenecientes a «una oposición fuerte», cuatro «en oposición moderada» y que, «frente a ellos, sólo tres pueden considerarse afectos y otros tres (que) lo son con reservas». Las cinco comisiones más importantes estaban «en manos de obispos que representan la tendencia más progresista y conflictiva de la Iglesia española». La tendencia favorable a la Asamblea Conjunta, según esa fuente, había elaborado un comunicado final en que la victoria de lo que ésta significaba resultaba muy clara, pues había logrado 51 votos contra 10. En términos generales se consideraba que la mayoría del sector considerado no adicto equivalía a dos tercios del episcopado.

En el informe enviado a los ministros más interesados en las relaciones Iglesia-Estado también se trataba de una estrategia política pasada y futura en relación con esta cuestión, lo cual prueba hasta qué punto fue planificada y debía seguir siéndolo. La noticia de que había un escrito de la curia romana en torno a la Asamblea Conjunta había aparecido demasiado pronto y ello había permitido la reacción de Tarancón, su viaje a Roma y la obtención allí del apoyo vaticano. Pero, además, «la batalla de la prensa había sido perdida en toda línea por los órganos afectos al régimen». El panorama se presentaba muy negro, pues «es de esperar una agudización del apoyo de la jerarquía a las tendencias conflictivas y subversivas, interpretando de modo muy amplio y poco equilibrado su misión de cristianizar el orden temporal».[5] No mucho después, cuando empezó a actuar la nueva Comisión Permanente, se constató en ella «una actitud de permanente y progresiva separación del régimen».

Fue precisamente a mediados de 1972 cuando un Franco angustiado redactó un borrador de carta al papa. Su fe, simple y estrechamente vinculada a sus concepciones dictatoriales, le impelía a «llamar la atención del Papa de cómo se está deteriorando la fe de grandes sectores españoles». Redactó un texto en que, expresándose más como un obispo que como una autoridad política, aseguró que «produce escándalo la política mantenida por Roma al servicio de los enemigos de la Patria». Culpaba de lo sucedido a la curia vaticana y a los obispos auxiliares españoles, a quienes había que «negarse a reconocer», pues eran nombrados por Roma sin intervención del régimen. Se lamentaba también de las «intrigas separatistas de determinados grupos del clero». A veces, el borrador rozaba un tono de profundo desgarro, impropio de un documento diplomático, con expresiones como «amargura del desaliento por los servicios a la Iglesia» o «qué puñada por la espalda». Salvaba, no obstante, como fiel creyente, al papa afirmando «que no está bien informado».[6]

A fines de año la tensión existente se hizo pública. Ya en octubre el ministro de Asuntos Exteriores López Bravo le dijo a Tarancón: «El vaso está lleno; basta una gota más para rebosar». En diciembre de 1972 Franco cumplió ochenta años. Era obligado que, en nombre de los ministros, el vicepresidente Carrero le dirigiera en el Consejo unas palabras de felicitación y agradecimiento, como hizo. Leídas hoy, resalta la impresión de coincidencia estrecha entre un octogenario y un septuagenario que se aferraban a un mundo que se desvanecía. Al hacer patente su «profundo sentimiento de gratitud» a Franco, Carrero lo contrapuso a la actitud de la Iglesia. Recordó que la guerra civil había sido una Cruzada y aseguró que «ningún gobernante en ninguna época de nuestra Historia ha hecho más por la Iglesia católica» que, además, había recibido 300.000 millones de pesetas en esos últimos años. Lo lamentable era que «con el transcurso de los años, algunos, entre los que se cuentan quienes por su condición y carácter menos debieran hacerlo, hayan olvidado esto». En el borrador del acta del Consejo se contiene una frase manuscrita cuyo contenido hacía previsible el conflicto: «Publicación total en la prensa». Cuando así se hizo el comentario de los medios de comunicación fue considerar lo sucedido como un «mazazo».

Carrero encontró una cumplida respuesta en el cardenal Tarancón. Éste le achacó recta intención pero escasa prudencia. Lo que más le molestó fue que se diera la sensación de que se pretendía «pasar la factura» a la Iglesia por la ayuda concedida. La reacción de Carrero ante esta carta parece haber sido espontánea. Escribió a Tarancón una carta humilde, incluso «demasiado humilde», de acuerdo con la opinión del cardenal, pidiendo disculpas. Esto último permite descubrir muy bien cómo pensaba Carrero en esta materia. No entendía en absoluto la evolución de la Iglesia, pero respetaba, ante todo y sobre todo, por convicción profunda, a su jerarquía; no quería tampoco un conflicto frontal con ella. Parecida era la postura de Franco. Cuando Carrero le dijo a Tarancón que «nosotros estamos dispuestos a dar a la Iglesia todo lo que quiera; tan sólo exigimos que ella sea nuestro principal apoyo», no estaba pretendiendo comprar a una Iglesia que quería ser independiente, sino revelando su ideal con toda ingenuidad. El enfrentamiento, que ya no volvió a repetirse, le había proporcionado «el mayor disgusto de su vida», según reveló luego el cardenal.

Ya por entonces emergió una Iglesia, disidente de la Conferencia Episcopal, representada por la publicación *Iglesia-Mundo* y por la llamada Hermandad sacerdotal. Guerra Campos, antiguo responsable de las asociaciones católicas y figura destacada del sector más conservador del episcopado, asistía a las sesiones de Cortes mientras que no estaba presente en las reuniones de la Conferencia Episcopal. Se hizo así patente en la Iglesia un desgarro, como el que interiormente había sufrido Franco. En enero de 1973 un documento episcopal sobre «La Iglesia y la Comunidad política» afirmó la incompatibilidad de la fe cristiana con un sistema «que no busque la igualdad; la libertad y la participación». Por las mismas fechas tuvo lugar una visita de López Bravo al papa, para entregarle la versión definitiva, mucho más diplomática, de la carta de Franco. La conversación llegó a ser muy tensa. «Tres veces le señalé la puerta para que se marchara», le contó luego Pablo VI a Tarancón.

La mala relación entre jerarquía eclesiástica y Gobierno nacía de la voluntad de la primera de desligarse del poder político, pero se complicó aún más con un concordato que otorgaba un papel al ejecutivo en el nombramiento de los obispos y otorgaba a los clérigos un tratamiento especial, el «fuero», incluso en el caso de que hubieran tomado parte en protestas políticas. Llegó un momento en que el acuerdo de 1953, alabado hasta el extremo en su momento, se convirtió en insoportable para las dos partes.

Pese a lo que pensaba Franco, la realidad es que Tarancón tenía con Pablo VI una relación estrecha anterior a su papado. Muy pronto se había dado cuenta de lo que se esperaba de él: su nombramiento para Madrid suponía dejarle en una óptima situación para que acabara al frente de la Conferencia Episcopal. Cuando fue su presidente «en los momentos decisivos yo no daba un paso sin que el Papa me lo dijera», aseguró después. No hubo, pues, una esencial diferencia de criterio entre los supremos responsables de la Iglesia.

Pero los planteamientos en otros escalones resultaron cambiantes. En un principio se pudo llegar a un acuerdo para modificar el concordato de 1953. El cardenal Casaroli, responsable de la política exterior vaticana, pensaba que ante los tiempos inseguros que se avecinaban en España, más valía tener consolidada una relación estable y segura. Pero los tres cardenales españoles —González, Jubany y Tarancón—, se mostraron contrarios a la firma de un nuevo concordato, aunque el primero, más proclive al franquismo, lo fuera menos. En el fondo, los otros dos debían pensar que un acuerdo, elaborado en una situación no democrática, sin resolver las cuestiones de fondo, daría argumentos a quienes pensaban que el nacionalcatolicismo todavía subsistía.

Por su parte hay que recordar que el embajador español ante el Vaticano, Antonio Garrigues, futuro ministro de Arias ya con la monarquía, puede ser considerado como una persona de mentalidad muy abierta aunque sirviera al régimen franquista en ese puesto. De ahí que en un principio fuera posible un acuerdo Casaroli-Garrigues, plasmado en el borrador de un posible concordato. Pero el embajador partía de unos principios que en Madrid no se aceptaban. Para él, lo fundamental no era tanto el concordato como la verdadera concordia; con ella sería posible la situación del derecho de presentación por una simple prenotificación, con renuncia por la Santa Sede al privilegio de «fuero» y dejando en «dormición» el resto del concordato. Pero López Bravo, tras consultarlo con Franco, respondió con una negativa muy firme. La palabra «dormición», aseguró, le parecía «ambigua y quizá no convendría utilizarla demasiado», y la prenotificación tendría que valer para todos los obispos, incluidos los auxiliares.[7] No fue posible, por tanto, un acuerdo. Garrigues escribió luego que había existido «una incomprensión que, sin pasión ninguna, se puede calificar de increíble» por las dos partes.[8]

Lo importante es que esta situación perduró. A partir de 1973 tuvo lugar una aparente mejora en las relaciones entre Iglesia y Estado, aunque siempre con un insuperable malestar de fondo. Casaroli visitó España en noviembre y el nuevo ministro de Exteriores, López Rodó, fue mucho más prudente y frío que López Bravo.[9] Tarancón, no obstante, le juzgó más peligroso porque daba la sensación de asumir competencias eclesiales. De cualquier modo, no se avanzó en la negociación entre ambos poderes y la distancia entre Roma y Madrid se mantuvo. Por parte de los sectores dirigentes del franquismo la intervención en el nombramiento de obispos era considerada como «el único privilegio importante obtenido por el Estado». Por eso se pensó en algo hasta entonces inconcebible: el régimen podía considerar la posibilidad de «sin romper el Concordato, regular aquellas materias que por su urgencia y gravedad así lo exigieran». Lo haría, no obstante, «con el propósito de no causar a la misión divina de la Iglesia en España ningún daño ni de mermar en nada su libertad para el ejercicio de su misión».[10] Un documento redactado por el propio vicepresidente del Gobierno partió de que «la confesionalidad ha de ser un acto unilateral de la comunidad política» y, por tanto, sin contrapartida; pero si persistía el pésimo estado de relaciones entre Iglesia y Estado, «con exquisita prudencia» y «con objetividad impecable, firme y al mismo tiempo serena», sería preciso denunciar la situación ante el pueblo español.[11] Así estaban las cosas en la relación Iglesia-Estado a la muerte de Carrero.

Como tendremos ocasión de comprobar, la actitud de la Iglesia preocupó constantemente a los Gobiernos de la época. La protesta más visible en la calle fue, sin embargo, durante los años sesenta, la universitaria. Desde 1965 el movimiento estudiantil alcanzó su madurez, y en 1966, en la célebre *caputxinada* —reunión en un local cedido por los monjes de esta orden en Barcelona—, quedó constituido un sindicato democrático de estudiantes. Pero la represión y las discrepancias internas, provocadas por el creciente radicalismo de los estudiantes, tuvieron como consecuencia que este tipo de organización acabara por ser imposible. Al mismo tiempo, la situación política de la universidad convirtió el desorden en crónico y el alejamiento del régimen en irreversible, incluso entre los profesores jóvenes. En los tres estados de excepción entre 1968 y 1970 las sanciones o confinamientos de universitarios jugaron un papel probablemente igual o mayor que la represión padecida por el movimiento obrero: la lista de los confinados como consecuencia del estado de excepción de 1969 prefigura la de buena parte de la clase política de la Transición. En la universidad el franquismo empezaba a ser una extravagancia entre los profesores, y no digamos entre los alumnos. El temor al contagio en otras áreas sociales se hizo evidente para las autoridades en otros campos. Durante las elecciones de 1966 quienes regían el sindicalismo oficial de Barcelona expresaron el «temor a que en las actuales circunstancias se pierda el control del Sindicato reproduciendo lo sucedido en el ámbito universitario».

Dadas esas circunstancias, fue la universidad en un primer momento —y no el movimiento obrero— el agente provocador de la constitución de un organismo destinado a controlar y a reprimir una institución que se le escapaba de las manos al régimen. Como revela la agenda de Carrero, desde noviembre de 1968 todos los miércoles hubo una reunión dedicada a esta materia.[12] Aparte del vicepresidente, participaban los titulares de Gobernación, Hacienda, Educación, Justicia y el secretario general del Movimiento; en ocasiones acudía incluso Herrero Tejedor, fiscal general del Estado, mentor y padrino político de Adolfo Suárez y futuro ministro con Arias Navarro. También lo hizo, aunque a título de excepción, el capitán general de Madrid. Luego, con el paso del tiempo, esa reunión se convirtió en una «comisión de seguridad» en la que de seguro también se trataría de la subversión social. Pero conviene repetir —y todavía podremos aportar alguna prueba adicional— que la preocupación fundamental del régimen estaba en la universidad. Quizá fuera porque la «subversión» social tenía para el régimen una respuesta muy clara y lo era mucho menos cuando se refería a una institución nutrida por los hijos de las clases medias.

Tanto estudiantes como profesores universitarios sintieron un indudable temor a la reacción gubernamental a comienzos de los años setenta. La realidad es, sin embargo, que la forma de enfrentarse del Gobierno a la protesta constituye una prueba de la parálisis decisoria que suele caracterizar a los regímenes dictatoriales en el momento de su decadencia. Se meditaron severas medidas punitivas pero no se ejecutaron, quizá porque la clase dirigente percibía que el desvío político en esos medios llegaba a ser total. En enero de 1972, por ejemplo, se pensó en la posibilidad de aprobar una Ley de Defensa de la Universidad que hubiera permitido una suspensión de determinados artículos del Fuero de los Españoles sin declarar el estado de excepción en todo el territorio; vendría a ser algo así como la aplicación de este régimen jurídico tan sólo en el ámbito universitario.[13] Como se puede imaginar, una medida semejante todavía habría causado más problemas que aquellos a los que habría dado solución. En otras ocasiones los planteamientos del régimen resultaban, aparte de represivos, por completo ilusos, dada la evolución reciente de la sociedad española. Toda una sección del Consejo Nacional, en respuesta al informe político presentado por Carrero en marzo de 1973, elaboró un extenso documento dedicado a la situación de la juventud española con la pretensión de encontrar remedios para evitar su alejamiento político. La comisión estuvo presidida por Utrera Molina, futuro ministro de Arias Navarro. El texto empezaba por dictaminar que «la protesta radical de la juventud ante las estructuras vigentes en el mundo que vivimos no tiene parangón en la historia de nuestra cultura», pero se reconfortaba añadiendo que en España «el nihilismo juvenil puede ser una etapa circunstancial». Veía, eso sí, un peligro de «despolitización» porque «los ideales que hicieron nacer al Nuevo Estado no se han desarrollado en todas sus potencias». De esta manera venía a proponer una especie de «refascistización» o, por lo menos, de potenciación de los antiguos instrumentos de actuación del partido único, al que se habría proporcionado una ayuda estatal «absolutamente insuficiente». Al mismo tiempo se proponía la revisión de la legislación sobre pornografía y alcoholismo, el asociacionismo juvenil, etc., en una curiosa mezcla entre el rigorismo moral y las medidas burocráticas.[14] Es interesante señalar que de este documento, pese a su escasa entidad, tuvieron noticia varios de los ministros, incluido el futuro presidente Carlos Arias Navarro.

La protesta de carácter social, auspiciada y protagonizada por el movimiento obrero y sindical, arreció fundamentalmente a partir de los años setenta. Fue, por tanto, una realidad característica del tardofranquismo. La disciplina laboral casi militarizada había sido el signo distintivo de la posguerra, pero la aparición de los enlaces sindicales y jurados de empresa (1953) y los convenios colectivos (1958) cambió de forma sustancial el panorama, aunque tardaran en percibirse los efectos de las disposiciones que los crearon.[15]

Lo prueba el hecho de que a comienzos de los años sesenta las huelgas estaban localizadas exclusivamente en determinadas provincias e industrias: como consecuencia de la protesta en 1959-1962 hasta el 11 por 100 de los trabajadores de la minería fueron despedidos. Asturias tuvo el 68 por 100 de los conflictos en 1968, mientras que sólo en 1967 Madrid llegó al décimo lugar provincial en la protesta social. Como es natural, también Barcelona y el País Vasco se caracterizaron por la frecuencia de los conflictos respondiendo a una tradición que se remontaba a un pasado remoto.

El panorama cambió ya en los años setenta, en primer lugar por la propia multiplicación de la protesta. El número de horas perdidas por conflictos colectivos pasó de 1,4 millones en 1966 a 4,4 en 1968 y a 8,7 en 1969. Ya en los años setenta, fueron 6,8 millones en 1971, 4,6 en 1972, 8,6 en 1973, 13,9 en 1974 y 14,5 millones en 1975. Mientras tanto, en Francia, en donde la huelga era legal y el número de habitantes mayor, las jornadas perdidas ascendían a tan sólo una quinta parte. Como es lógico, la crisis económica jugó un papel importante en la profundización de la protesta porque puso en solfa las expectativas crecientes de una población trabajadora que había visto cómo en los últimos tiempos su nivel de vida prosperaba mucho.

Siderurgia y metalurgia proporcionaron el 74 por 100 de los conflictos; la tendencia creciente fue que la protesta cambiara de tan sólo algunas ramas profesionales e industriales a muchas otras, como antes había sucedido al trasladarse desde la minería a la metalurgia. Hubo entre los dirigentes obreros una importante renovación de liderazgos, en adelante mucho más jóvenes: las elecciones sindicales de 1966 fueron el punto de partida, con una participación muy fuerte. Además, la geografía de la protesta se amplió: ya no correspondió tan sólo a los lugares indicados sino también a Navarra, Vitoria, Vigo, Sevilla, Valladolid y Madrid, por ejemplo. En general, la mayoría de los huelguistas no se movilizaron a favor de una ruptura política, ni siquiera en zonas como en el Bajo Llobregat, donde en 1975 en sólo tres de las cincuenta mayores empresas no triunfó Comisiones Obreras, pero hubo excepciones a esta regla general. La huelga de finales de 1974 en el País Vasco, por ejemplo, tuvo ese carácter. De cualquier modo, allí donde existió mayor movilización las huelgas «por solidaridad», que tenían en cuenta no sólo reivindicaciones salariales concretas, se hicieron más frecuentes. Y, en fin, el movimiento obrero conquistó sus márgenes de autonomía no sólo en la representación obrera, sino también en lo relativo, por ejemplo, al derecho de reunión en las fábricas o en iglesias. La huelga siempre fue considerada por la legislación vigente como un acto contrario al orden público, pero desde 1970 determinaba la suspensión del contrato laboral, aunque no siempre el despido. Su regulación se convertía en urgente, porque evitarla multiplicaba la conflictividad. Ésta, a su vez, implicaba la reforma del sindicalismo oficial que hasta el momento había transcurrido por caminos exclusivamente destinados a mantener en sus posiciones de dirección a quienes ya las tenían en sus manos.

Los datos sobre la protesta social nos llevan de manera directa a los relativos a la protesta específicamente política. Sobre el particular lo primero que llama la atención es la diferencia con un período cronológico anterior durante el cual, en España, el número de policías por habitante era bajo y la dictadura parecía interiorizada entre los ciudadanos. Ahora, en cambio, dio la clara impresión de que la oposición no consistía tan sólo en cenáculos. Ya a comienzos de los años sesenta hubo una inflexión al alza de la protesta política que luego fue temporalmente superada. En 1962 se produjeron 2438 detenciones, pero en 1963 fueron 598, de las cuales 139 correspondieron a supuestos comunistas y, ya en 1964, 253 (y 160 presuntos comunistas).

Estas cifras no eran excesivas, pero no tardaron en incrementarse y, a diferencia de la protesta social, lo hicieron en progresión geométrica, sin retrocesos circunstanciales. Desde la creación del Tribunal de Orden Público en 1963 hasta el final del mismo en 1976 hubo 22.660 procedimientos judiciales que pudieron afectar a 53.500 personas. El número anual se mantuvo por debajo de los 1.000 hasta 1968 y, a partir de 1969, osciló entre los 1.100 y los 1.600. En 1973-1974 se situó ya alrededor de los 2.000 y en 1975-1976 osciló entre 4.000 y 5.000. La mayor parte de las personas juzgadas eran jóvenes y el 45 por 100 procedía de Madrid, Barcelona, Vizcaya, Guipúzcoa, Sevilla y Asturias, pero en proporción al número de habitantes las provincias del País Vasco y Navarra estuvieron siempre por delante.

Algunos datos más pueden ayudar a completar el panorama. El estado de excepción de 1969 supuso la detención de 715 personas, casi la mitad de ellas estudiantes, y el de 1970 la de 1.189 personas.[16] En 1974 hubo 24.817 trabajadores suspendidos de empleo y sueldo y 4.379 despedidos como consecuencia de los conflictos sociales; sólo en la provincia de Barcelona unos 1.000 obreros fueron despedidos y 3.000 suspendidos de empleo. En incidentes de orden público entre 1969 y 1974 se produjeron hasta 17 muertos. Contribuyó al carácter luctuoso de esos choques no sólo el radicalismo de los manifestantes sino la magnitud de la protesta y la falta de capacidad funcional del régimen para mantener la situación, porque las fuerzas de orden público no estaban preparadas para enfrentarse a manifestaciones pacíficas.

No era ésa la única de sus carencias. El origen y desarrollo del terrorismo no puede abordarse aquí de forma detenida: baste con recordar que en 1973 produjo cuatro muertos pero en 1976 ya se acercarían a los 300. Lo importante es, desde el punto de vista político, que obtuvo un considerable apoyo social en el País Vasco y en los medios de la oposición. La dureza represiva, lejos de disminuir el impacto del fenómeno terrorista, multiplicó las protestas, surgidas como acto reflejo. Sin embargo, merece la pena recordar que el propio régimen se sintió impotente ante una forma de disidencia que rompía con sus previsiones. «No hay unidad de mando ni entre la Policía y la Guardia Civil, ni siquiera entre cualquiera de estos cuerpos en cada una de las provincias afectadas por el problema», se afirmaba en un informe elevado a uno de los ministros. «La Policía —añadía— dispone de menos automóviles que la ETA y hasta encuentra dificultades para conseguir autorización para el uso de matrículas usadas. Los medios de comunicación son muy defectuosos ... faltan dispositivos de seguridad y de comunicación rápida.»[17] No se obtenía la extradición de los etarras de Francia a España y sólo en 1973, siendo titular Garicano del Ministerio de la Gobernación, se «dio cuenta al Consejo de Ministros del acierto que había significado la creación de un mando único de las fuerzas de seguridad».[18] Un acta de Consejo posterior se refería a Eustaquio Mendizábal, perseguido y muerto por la policía en circunstancias que habían levantado sospechas y creado un movimiento de protesta. «De todas las diligencias, incluso la de la autopsia —se informó— se deduce que su fallecimiento fue originado por el tiroteo que tuvo lugar entre perseguidores y perseguido, quedando absolutamente claro que son falsos los rumores corridos sobre la aplicación de la llamada "ley de fugas".»[19] Fueran o no ciertos, dichos rumores jugaron un papel decisivo de cara a la opinión pública.

Sin duda también la solidaridad frente a la persecución contra los terroristas al margen de garantías judiciales consideradas como normales jugó un gran papel movilizador entre la oposición. Pero, sin duda, más debió afectar a la clase dirigente el que sectores inesperados dieran muestras de decidida disidencia cuando hasta el momento habían sido un factor conspicuo del llamado «franquismo sociológico». No nos referimos a las asociaciones de vecinos, que en Barcelona, en 1974, llegaron a tener 70.000 afiliados; en realidad, eran una vertiente más del movimiento obrero en contextos sociales politizados.

Más expresivo de la realidad social en el tardofranquismo fue el desvío de los empresarios.[20] Algunos habían visto con prevención la introducción de los jurados de empresa y los convenios colectivos pero, ya en los años setenta, eran frecuentes las declaraciones colectivas como la de la Cámara de Comercio de Barcelona: «La libertad económica es una e indivisible y si la adoptamos hemos de arrostrar todas sus consecuencias». En octubre de 1975 el Fomento de Trabajo Nacional, la muy conservadora patronal catalana, llegó a proponer «una especie de contrato por el cual las clases más favorecidas ... abdicaran conscientemente de algunos de sus privilegios y cedieran en sus posiciones de ventaja para ser compartidos por las clases trabajadoras. Éstas, a su vez, considerarían el modelo capitalista como el campo de juego válido aceptable y se mantendrían dentro de él». La idea de Europa como modelo de convivencia y como procedimiento de moderación en las contiendas sociales se había apoderado de los sectores patronales más dinámicos. Ante esta realidad, el juicio de las autoridades oficiales se convirtió a menudo en indignado. Un escrito del Consejo Nacional del Movimiento, relativo a Cataluña, describía de forma pintoresca, pero que correspondía en gran medida a la verdad, lo que venía sucediendo allí: «Debemos destacar que este catalanismo cuyo Estado Mayor (se conocen todos sus miembros uno a uno) es capitalista, tiene como masa a barbudos, melenudos, marcusianos, cheguevaristas, marxistas, intelectuales del neoizquierdismo, los jóvenes clérigos, las monjas (en especial, las castellanas), los universitarios contestatarios, a los que el Banco Urquijo sostiene económicamente, y una clase media que quiere ser europea, que frecuenta las boîtes, que sabe de striptis [sic], que asisten a Montserrat, piden divorcio, tienen coches y organizan huelgas y comandos».[21] Con perspectiva histórica no se puede negar que había no poco de cierto en esta descripción de la *gauche divine* barcelonesa.

Claro está que la misma correspondía a unas realidades concretas y era marginal en el conjunto de la sociedad española. Pero los colegios profesionales, rodeados de respetabilidad corporativa, también se movían y lo hacían alejándose de los planteamientos ortodoxos del régimen.[22] El grado en que este fenómeno se produjo y la medida en que no llegaron a la confrontación absoluta resulta de gran interés. A finales de 1969 una candidatura de la oposición presidida por Ruiz Jiménez obtuvo el 43 por 100 de los votos en las elecciones del Colegio de Abogados de Madrid. Estuvo a punto, por tanto, de conseguir la victoria. Pero más decisivo fue el hecho de que en el IV Congreso de la Abogacía, celebrado en León (1970), arreciaran las protestas contra las jurisdicciones especiales, la falta de garantías y, en general, la falta de respeto a los derechos humanos. En 1972 se volvieron a convocar elecciones a las que acudieron hasta cuatro candidaturas, dos de la oposición (Tierno y Gil Robles) y otras dos tildadas de profesionales (Fanjul y Pedrol). La intervención del Ministerio de Justicia vetando a algunos de los candidatos acabó provocando la retirada de todos; mientras tanto, el Gobierno pergeñó una nueva legislación colegial que vería la luz a comienzos de 1974. Previamente, en diciembre de 1973, pocos días antes del asesinato de Carrero, se celebraron nuevas elecciones en el Colegio de Madrid. Triunfó la candidatura profesional de Pedrol frente a la de oposición, a la cabeza de la cual estaba Ruiz Jiménez. Pero esto no significó una victoria del Gobierno o del régimen. Lo cierto es que en adelante el conjunto del Colegio estuvo alimentado por un propósito común de promoción del respeto a los derechos humanos y de las garantías judiciales, jugando un papel importante durante la Transición.

Entre tanto, los colegios profesionales de Cataluña tenían a su frente a personas que no ocultaban su identificación con la oposición. Pero el caso de Madrid resulta mucho más representativo de lo que fue la tendencia general de la sociedad española.

Frente a este estado de desperezamiento y de ebullición, la reacción del régimen consistió a menudo en una mezcla de perplejidad, catastrofismo e inhabilidad a la hora de tomar decisiones. Esta actitud se hizo manifiesta de modo especial entre quienes tenían más edad o quienes ocupaban cargos en aquellos reductos del régimen más anclados en el pasado.

Muy a menudo en estos medios la aparición de la disidencia política se equiparó a la degeneración moral. Por eso, en Consejo de Ministros, el de Justicia, Oriol, «dio cuenta de las actividades realizadas por los distintos departamentos del Gobierno en la lucha contra la pornografía solicitando que la meritoria labor, no siempre debidamente reconocida y estimada por la opinión pública y a veces objeto de críticas, llevada a acabo por el Ministerio de Información y Turismo, sea respaldada por todo el Gobierno en atención a la importancia y trascendencia del tema y de sus consecuencias para toda la sociedad».[23] En otras ocasiones se utilizó el «desorden público» como ariete contra el adversario político interno en el seno de un régimen dividido, al mismo tiempo que se demostraba una muy escasa capacidad para la respuesta, como no fuera la simple vuelta atrás. Un escrito sobre el particular del Consejo Nacional del Movimiento constató a comienzos de 1971 que «con anterioridad las fuerzas que intentaban provocar el desequilibrio eran reducidas y sus acciones reducidas coyunturales». Pero ahora ya no sucedía así y el texto enumeraba todos esos factores y campos iniciadores de la disidencia política que han sido aludidos en páginas anteriores, comenzando por la universidad. Lo curioso del caso es que en sus líneas finales el escrito venía a admitir la tolerancia relativa a la que el régimen se había visto obligado como consecuencia de la propia evolución de la sociedad. Había que «decir del modo más sencillo posible cuáles son los comportamientos permitidos y cuáles son los prohibidos», pues «no se pueden admitir como leyes vigentes las que constituyen meras aspiraciones de ciertas minorías (huelga, partidos políticos, asociaciones ilegales...)».[24]

En estas circunstancias cabría preguntarse acerca de la posibilidad de una reacción o de un golpe de timón hacia un recrudecimiento represor en los años finales del régimen. Determinados estudios sectoriales, en materias como la educación de la juventud, parecen sugerirlo. El mismo hecho de que fueran algunos militares jóvenes quienes auspiciaran las concentraciones de la plaza de Oriente resulta significativo. También lo es que se prepararan o imaginaran determinadas medidas represivas que luego no llegaron a ver la luz; algunas han sido mencionadas y otras lo serán páginas adelante. Sin embargo, existe la posibilidad de que esta reacción no pasara de ser una tentación ocasional y se viera limitada por la falta de un liderazgo político efectivo. No obstante, más importante aún fue el hecho de que otro sector del régimen se enfrentara ante tal situación con prudencia, sensación de deslegitimación propia y percepción de las tensiones entre oposición y poder como un empate de resultado final incierto. De esta manera pudo producirse el inicio de un cierto aprendizaje del camino hacia la democracia que coincidió con el que también acabó haciendo la oposición.

Nadie ha descrito mejor que Rodolfo Martín Villa la actitud de este sector de la clase dirigente del franquismo. «La sociedad española, escribió en sus memorias, era ya desde el punto de vista sociológico una sociedad que se sabía apta para la democracia». El cambio social había producido una disociación con respecto a la política del régimen, que ya había decidido no controlar una parte extensa de la vida española y ésta se había organizado un poco a su aire, de tal modo que el régimen y la sociedad española vivían hasta cierto punto ignorándose mutuamente.[25] Con ello se abría la posibilidad de que la segunda se impusiera al primero, como en efecto acabó sucediendo; así fue posible la identificación de la España real y la oficial.

EL RÉGIMEN, FRANCO Y CARRERO

Examinado el estado de la sociedad española resulta preciso ahora hacer una referencia al sistema político vigente. A la altura de comienzos de la década de los setenta el régimen franquista ya era otra cosa en comparación con cualquier otra etapa precedente. Los orígenes de este cambio, que no supusieron la pérdida de su condición dictatorial, procedían del cambio ministerial de 1957, que «no fue un simple relevo de guardia». Un falangista llegó a decir que alguna de las disposiciones por entonces aprobadas «venía a alterar profundamente las bases del régimen».[26]

López Rodó, principal mentor de Carrero para estos cambios, menciona en sus memorias que uno de sus propósitos era crear un «Estado social de Derecho», pero también añade que deseaba «un cierto grado de evolución política». Ambas expresiones miden el volumen y las limitaciones del propósito; lo mismo cabe decir de la afirmación acerca de que la Secretaría General Técnica en los ministerios fuera el «motor de la implantación de las necesarias garantías jurídicas exigidas por el Estado de Derecho». Lo que realmente sucedió fue que el sistema político, a años luz de la legitimidad democrática, se convirtió en legal reduciendo el margen de actuación discrecional. Nació entonces lo que García de Enterría describió luego como un Estado con derecho administrativo pero sin derechos fundamentales. Se explica que sucediera así porque el modelo fascista había quedado definitivamente arrumbado tras los intentos constituyentes de Arrese en 1956. Además, la existencia de una jurisdicción contencioso-administrativa no creaba grandes problemas políticos, sino que reforzaba el papel del Estado y, al someterlo a reglas fijas, aunque dictadas por él mismo, lo racionalizaba. En adelante, gracias a la Ley de Régimen Jurídico de la Administración Civil del Estado de julio de 1957 y a la de Procedimiento Administrativo de un año después, fue posible pleitear en contra del poder político cuya gestión fue mucho más ordenada y estuvo sometida a pautas regulares.

Toda una generación colaboró en este cambio. Claro está que el protagonismo principal fue de López Rodó y los suyos, muchos, aunque no todos vinculados al Opus Dei. Con él como inspirador se constituyó una clientela, poderosa en la Administración y a menudo sectaria, que pareció poner en peligro al resto de las familias del régimen. No obstante, otros técnicos administrativos también participaron en el propósito transformador del sistema político, lo cual deja ver que hasta cierto punto era inevitable y obligado. Futuro ministro con Arias Navarro, Antonio Carro criticó en 1960 la utilización política de la bandera de la reforma administrativa tras colaborar en ella en un puesto eminente; desde él fue enviado a la Secretaría General Técnica del Ministerio de la Gobernación, donde coincidiría con el luego presidente. Otro dato interesante de carácter biográfico colectivo puede ser traído a colación: en otoño de 1960 comenzó la redacción de un Anteproyecto de Estatuto de Funcionarios. De los seis ponentes cinco fueron Landelino Lavilla, Abelardo Algora, Eduardo Carriles, Alfonso Ossorio y Romay Beccaría, es decir, tres futuros ministros de la Transición y uno de la democracia consolidada. Todos ellos, jóvenes brillantes a la cabeza de sus escalafones, pertenecían a los cuerpos de élite de la Administración y eran miembros de la Asociación Católica Nacional de Propagandistas.[27] El régimen, como se ha dicho, seguía siendo dictatorial, pero convertido en burocrático-administrativo y luego, a partir de la Ley Orgánica de 1967, institucionalizado, se había abierto a sí mismo un posible camino de evolución, aunque de momento pareciera muy remoto. Esa vía, en todo caso, quedaba limitada a la generación más joven.

Al mismo tiempo, el Movimiento Nacional, residuo y excrecencia del antiguo partido único, no funcionaba ya como una organización social de encuadramiento sino que venía a ser una especie de aparato administrativo paraestatal dedicado a determinadas parcelas ligadas a lo social y con escasa capacidad de movilización política. Los gobernadores civiles, que seguían siendo jefes provinciales del Movimiento, dejaron, no obstante, a partir de 1958, de vestir la hasta entonces inevitable camisa azul del falangismo. Con el paso del tiempo habían perdido virtualidad las familias políticas tradicionales del franquismo como fuentes de reclutamiento de la dirección política. Los ministros, de manera creciente, tendían a ser técnicos; ya en 1971, los gobernadores elaboraban en las provincias catálogos de personas que podían desempeñar cargos públicos municipales. Lo importante ahora era la influencia social; la mayoría eran adictos puramente pasivos del régimen, aunque no siempre se cumplía esta regla (los había activos, pero también quienes profesaban, al menos en teoría, ideas heterodoxas).[28] La propia doctrina del régimen, en los textos destinados a difundirla entre los escolares, había perdido el vigor y el maximalismo de otros tiempos. Desde 1959 los libros de formación política perdieron gran parte de su contenido anterior, alimentado por el recuerdo de la guerra civil, y se limitaron a conceptos no obligadamente falangistas. Lo habitual fue, además, que resultaran vaporosos. Ni siquiera quienes enseñaban estaban convencidos de los contenidos. A lo largo de los años sesenta el propio Movimiento consideraba que el número de maestros que verdaderamente colaboraban en la difusión de sus principios había bajado del 40 al 20 por 100 y en las grandes ciudades rondaba tan sólo el 10 por 100.[29] Este adelgazamiento de la significación de lo específico del régimen corrió paralelo al cambio de mentalidad que se vivía en el seno de la sociedad española.

Todo régimen dictatorial es, hasta cierto punto, quien lo personifica. Para las páginas que seguirán a continuación tiene, por tanto, una extraordinaria importancia la persona de Franco, su estado físico y mental y el ejercicio que hacía de sus prerrogativas teóricas y prácticas en este momento de su vida.

No cabe la menor duda de que en estas fechas su salud y su capacidad habían ya declinado de forma notoria. Hubo quien pretendió haberse dado cuenta ya en 1964 de que su declive se acercaba: «Por vez primera empecé a temer que se nos acababa el personaje», ha escrito Fraga en sus memorias evocando la citada fecha.[30] Con todo, la percepción general debió de ser algo posterior. En diciembre de 1967 Franco cumplió setenta y cinco años, lo que significaba la inevitable proximidad del fin del ciclo vital. El resto de su biografía tiene ya, a ojos de los historiadores y de quienes le trataron, un componente de parte médico que resulta esencial para comprender al personaje y sus reacciones. El 6 de diciembre de 1968 la agenda del almirante Carrero permite constatar que se celebró el primer Consejo de Ministros, que duró tan sólo medio día, sin duda en atención a quien lo presidía. Pero, habituado desde hacía muchos años a ello, Franco mantuvo la disciplina personal: en sus memorias, Fernández de la Mora apostilló que en los cinco años en que fue ministro sólo se ausentó un día del Consejo de Ministros para sacarse una muela.

No obstante, ya a finales de los años sesenta, la disciplina personal no era bastante para mantener el ejercicio de su poder político en los términos en que lo había hecho hasta el momento. Hasta cierto punto siempre había sido una esfinge para quienes le rodeaban y le servían. Un ministro entusiasta de estos años le describió como «hombre difícil de penetrar a causa de sus largos mutismos y de su palabra casi siempre interrogativa».[31] Pero ahora pudo dar la sensación de que esa condición enigmática ocultaba algo que no se había dado hasta entonces: la incapacidad de ejercer un liderazgo arbitral claro en un régimen con diversas tendencias. Cada vez más daba la sensación de que titubeaba y estaba desorientado; a menudo parecía solitario y preocupado. No se entiende la crisis de 1969 sin tener en cuenta la enfermedad de Parkinson que padecía y que también contribuía al debilitamiento de su carácter. A Fraga, el más relevante de quienes sufrieron su resultado, llegó a sugerirle que la reestructuración del Gobierno de la que había sido sujeto paciente se había hecho en contra de su voluntad. Fueron los desplazados en esa remodelación quienes acuñaron la frase «con Franco no sucedía esto», que luego también esgrimió la oposición. En cierto sentido era literalmente cierto. Poco antes, en junio de 1969, se quedó dormido sobre el hombro del ministro Silva Muñoz en un viaje oficial y López Rodó comentó que «en el momento más importante este hombre se nos va como persona hábil». El mismo indulto concedido a los inculpados por el caso Matesa puede ser interpretado como un testimonio de su incapacidad para el arbitraje. Fue Franco quien impuso el indulto, cuando Carrero no era partidario de él ni tampoco Fernández de la Mora, de acuerdo con el testimonio de éste.

Este mismo hecho prueba inhabilidad por parte de Franco, pero también que en los momentos decisivos imponía su criterio. En febrero de 1971 le visitó el general Vernon A. Walters, alto cargo de la CIA norteamericana, quien previamente había sido advertido por Carrero de que Franco estaba «bastante mayor y a veces parecía débil». Cuando la entrevista tuvo lugar, lo primero que le llamó la atención al visitante fue que la mano izquierda de su interlocutor «temblaba violentamente». Franco respondió a las preguntas que se le hicieron con la doctrina oficial sobre el futuro de España: «El Ejército nunca permitiría que las cosas se escaparan de las manos», y él tenía confianza plena en el príncipe y en las instituciones. Dio por supuesto que la transición sería pacífica y en eso no erró. Frente a lo que algunos han interpretado, no preveía lo que iba a pasar ni tampoco la democratización del país. Pero lo que más interesa es su cambiante capacidad en la conversación: «A ratos parecía muy distante y en otros momentos iba directamente al grano», escribió Walters.[32]

Tal estado de cosas empeoró con el paso del tiempo. Ya «daba pena» en 1972,[33] año en que durante el desfile conmemorativo de la victoria en la guerra civil tuvo que apoyarse en un sillín para mantenerse en pie. En la intimidad cotidiana todavía debía ser peor. Su médico, Vicente Gil, apunta en sus memorias que en él se hacía patente que la vejez es la ausencia de curiosidad.[34] Los más cercanos le describían cada vez más como un anciano despreocupado por muchas cuestiones importantes que en otro tiempo habían centrado sus obsesiones y cada vez más aficionado a vegetar delante del televisor.

Quizá la más aguda y más bella, desde el punto de vista literario, de las descripciones del Franco final la encontramos en un texto de quien fuera personaje político importante en el primer Gobierno Arias y luego lo sería con carácter decisivo en tiempos de la Transición. Se trata de Francisco Fernández Ordóñez, quien debió de visitar al general en la primavera de 1974. Merece la pena transcribir el testimonio en su integridad, escrito mucho tiempo después:

Las visitas al general Franco esperaban en una gran habitación cercana donde hablaban animadamente en una tertulia improvisada. Se les iba llamando de uno en uno y se les introducía en una pequeña habitación contigua al Jefe del Estado. En esta habitación tenía lugar una conversación íntima con el Jefe de su Casa, entonces el marqués de Casa Loja, en la que introducía al visitante en el ritual de la audiencia. Me indicó que la conversación la empezaba el general pero que si no era así, debía empezarla yo, porque a veces estaba cansado y distraído. Las audiencias de trámite como éstas debían durar quince minutos y yo debía considerarla concluida cuando Franco colocaba ambos brazos sobre los dos de su sillón. Me dijo que no me pusiera nervioso porque a algunos la presencia física del general Franco les producía una angustia parecida a las visitas de Felipe II a las que el rey le dirigía su palabra histórica: «Sosegaos».

Naturalmente me preocupaban las leyendas que circulaban por Madrid de que a veces se dormía en las audiencias o no articulaba palabra y no se sabía cómo terminar. Tenía una sensación inconfortable pero, a la vez, de curiosidad.

Me anunciaron y entré. La habitación era larga y oscura. Al fondo una mesa llena de libros, amontonados ordenadamente en columnas de volúmenes. Delante de la mesa dos sillones idénticos, cara a cara. El general esperaba de pie delante de los sillones. La luz entraba suavemente por las ventanas de la derecha.

Había que avanzar bastantes pasos hasta saludarle y, mientras tanto, uno observaba al fondo de aquel despacho un hombre que parecía muy bajo, muy frágil, muy vulnerable, pero muy firme y erguido, vestido de militar. Me indicó el sillón enfrente de la luz y él se sentó de espaldas. Sorprendentemente, al sentarse su presencia física había cambiado: era un anciano vulgar derribado en su sillón del que probablemente no se levantaría nunca.

Después de un largo silencio formuló una pregunta: «¿Cómo está este Instituto tan complejo?». La voz era lejana, como si surgiera detrás del sillón, de alguna parte que no tuviera nada que ver con aquella persona sentada ante mí y era una voz aguda y apenas audible, de alguien acostumbrado a que se haga un silencio imponente cuando habla y que, además, no puede hablar más fuerte.

Le contesté con una exposición clásica sobre el INI y sus problemas. Entonces el INI no tenía déficit sino superávit e incluso habíamos iniciado algunas inversiones en el extranjero en materias primas.

No hizo ningún comentario. Sólo añadió: «Estoy seguro que Vd. trabaja para engrandecer España». La frase también parecía de ceremonia en estos casos. Colocó sus manos, como se me había anunciado, en los dos brazos del sillón e hizo ademán de levantarse. Sorprendentemente se levantó solo y se colocó otra vez en la posición militar de firmes.

No olvidaré sus ojos. Tenía un ojo ausente, como dirigido al vacío y ya gastado. Pero concentraba en el otro ojo una mirada penetrante y profunda, una mirada inteligente, firme y poderosa.[35]

El contraste entre esos dos ojos resulta coincidente con la impresión sentida por Walters sobre la variabilidad de ánimo y condición física del dictador declinante. Pero importa aún más la conclusión de Fernández Ordóñez. Como final de sus impresiones escribió: «Yo creo sinceramente que aquel hombre no era ya dueño de la situación. Alguno o algunos eran ya verdaderamente el verdadero poder político y aquella persona era ya sólo la vestidura externa, la cobertura mágica ante el pueblo de un colectivo político que trataba de mantener el sistema más allá de su símbolo histórico» o, de otro modo, dispuestos a reformarlo en un sentido liberalizador. A fin de cuentas, quizá lo que mejor explica el estado de Franco sea algo tan simple como la documentación que se encuentra en su archivo: desde 1972, tras aquel borrador de carta al papa, no parece haber producido por sí mismo documento alguno y todos los que recibía eran invariablemente opuestos a cualquier apertura. Alguno de éstos da la sensación de haber sido sólo parcialmente leído y anotado.

Si Franco se encontraba en tales condiciones, le faltó además quien había sido su apoyo fundamental durante años. En marzo de 1973 Luis Carrero Blanco cumplió sus setenta años y más de treinta al lado de Franco como eminencia gris, secretario y consejero.[36] Perteneciente a una generación posterior, Carrero era ante todo un leal y devoto marino, creyente decidido en el carácter providencial de Franco. Procedía de un mundo de extrema derecha católica y era un hombre para quienes los principios resultaban esenciales. Los suyos eran los habituales en su familia ideológica: ansiaba una monarquía, ajena por completo al liberalismo, como perduración del régimen. Era también opuesto al fascismo y desconfiaba profundamente de la Falange más radical. De acuerdo con esa forma de entender la realidad política española, contribuyó al alejamiento del modelo del partido único, primero, a mediados de los años cincuenta, y a la institucionalización del régimen una década después. Nunca íntimo de Franco, quien se servía de él como una especie de jefe de Estado Mayor, formaba con él una pareja de complementarios políticos que funcionó largo tiempo. Franco, mucho más hábil y aprovisionado con el prestigio de su caudillaje durante la guerra civil, siguió en lo esencial sus consejos aunque siempre dilatara mucho su ejecución. Poco ambicioso, a menudo invisible (y, por tanto, en apariencia irrelevante), a Carrero siempre le bastó con su papel ancilar y con la posibilidad de prolongar un régimen que creía salvador para España.

El papel de Carrero en el franquismo siempre fue más relevante que el puesto que parecía desempeñar («ministro subsecretario de Presidencia»), pero se reveló por completo esencial en la crisis de 1969. Hasta entonces el Consejo de Ministros había mantenido la unidad en unos propósitos institucionalizadores de cara a una solución monárquica y a un aflojamiento de la presión totalitaria de otro tiempo. Pero esto último chocaba ya con las ansias liberalizadoras de la sociedad española mientras que coleaban las medidas de cierre de la Ley Orgánica y aparecieron divergencias en lo relativo a la política exterior. Eso fue lo que enfrentó a Carrero con Fraga, Solís y Castiella, respectivamente, en especial con el primero. Para quien conozca los entresijos precedentes del régimen de Franco no podía haber duda del resultado de esa pugna.

En la crisis de julio de 1969 Carrero consiguió una victoria que traducía a la realidad política el hecho de que ya en 1967 hubiera sido designado vicepresidente. Pero si entonces alcanzó el ápice de su poder al poco tiempo se empezó a descubrir su declinar. Una primera razón, como es lógico, fue que cuanto pensaba Carrero estaba cada vez más alejado de la realidad social española. Envejecido por el trabajo —«Los años pesan, estoy cansado y tengo la cabeza como un bombo», le confesó a López Rodó en 1972—, su concepción política había quedado fijada de modo definitivo con la guerra civil. Para él, era un grave peligro no ya el comunismo o la masonería, identificada con el liberalismo, sino la democracia cristiana, los «intelectuales» —a los que equiparaba a los «traficantes de droga»— o aquellos, como Areilza, que habían evolucionado hacia posiciones democráticas que, en su forma de ver las cosas, prescribían más bebida para el alcohólico que había demostrado ser el pueblo español.

Pero, además, pese a haber escrito que «un gobierno desunido es un gobierno débil y un gobierno débil es fatalmente un mal gobierno», Carrero no fue capaz de demostrar estar realmente dotado para dirigir un trabajo en equipo. Dominado por los acontecimientos y a la defensiva, muy pronto el Consejo de Ministros estuvo presidido por el desconcierto y la desconfianza. Se explica así la dimisión de Silva Muñoz, uno de los ministros más conocidos del período anterior que había perdurado en el nuevo gabinete.[37]

Ya en este momento los consejos de ministros presididos por Franco duraban poco y en la práctica el peso de la administración se despachaba en «consejillos» presididos por el vicepresidente, mientras que se celebraban interminables reuniones dedicadas a la subversión, en especial la universitaria. Con todo, lo peor era que Franco, a quien habrían quedado reservadas las grandes decisiones políticas, no siempre daba señal de orientación y en cambio su familia parecía intervenir cada vez más. Cuando se le propuso formar un servicio militar de información interna empezó por eludir la respuesta; uno de los ministros más influyentes, López Rodó, pudo titular el capítulo dedicado a 1972 como «La boda del año» —la de Carmen Franco— porque, en efecto, gran parte de los rumores políticos de entonces versaron acerca de cómo el acontecimiento podía afectar al presente y el futuro políticos.[38]

El testimonio más expresivo de estas complicaciones se percibe, sin embargo, en un texto de Fernández Miranda en que quedó transcrita una conversación con el vicepresidente.[39] Carrero estaba muy preocupado porque Franco no era ya quien había sido en el pasado y porque «quienes le rodeaban y su familia no es lo mejor». Descubría en él una indiferencia tal por los más graves problemas españoles que acababa por concluir en no referírselos mientras que antes no sólo no evitaba preguntar sino que lo hacía él para suscitar el intercambio de opiniones. Desde nuestro punto de vista hay una frase en lo transcrito por Fernández Miranda que resulta de especial interés porque revela la reacción espontánea de Carrero: «Esto nos crea una grave obligación, una responsabilidad muy grande». Estas palabras revelan el fondo de su actitud durante el período que transcurrió desde fines de 1969 hasta el momento de su asesinato. Se sentía obligado a concluir una misión a la que llevaba dedicado ya una treintena de años.

A comienzos de 1973, con ocasión de una visita a Franco, Carrero oyó de Carmen Polo, la esposa del dictador, una directa intervención en la política del régimen que testimoniaba su exasperada preocupación. Le dijo que «las cosas iban cada vez peor», que el ministro de la Gobernación —Garicano Goñi— «le quitaba el sueño» y que López Bravo «no era leal». Todavía llegó a más: el Gobierno estaba «lleno de incapaces y traidores», cuando debía de saber que el propio Carrero era quien había contribuido a gestarlo. Según ella, sólo el vicepresidente podía ayudar a su marido, pero éste sabía que tras esta intromisión tan manifiesta en un terreno que no era el suyo no cabía esperar que actuara con mínima sensatez. Las memorias de Fraga recogen los «chismes» que en El Pardo se lanzaban contra el vicepresidente, probablemente mínimos pero significativos. Hubo incluso un rumor persistente en Madrid de un enfrentamiento entre Carrero y el marqués de Villaverde cuando éste le atribuyó falta de lealtad a su suegro.[40] El comentario del vicepresidente a Fernández Miranda acerca de la conversación citada resulta revelador: le aseguró haberse quedado «aterrado» y sin saber qué decir porque la mujer del jefe del Estado nunca había intervenido así, «tan directamente, con tanta irritación y seguridad». Hasta entonces Franco había cortado con decisión cualquier intento de intromisión de su mujer en los asuntos de Estado.

Resulta lógico, en fin, que una persona como Carrero Blanco sintiera de forma especialmente dolorosa el supuesto desvío de la Iglesia católica hacia el régimen. Para él la religión católica no sólo era una pieza esencial de su concepción de la vida sino la más decisiva y la que sustentaba todas las demás. Su nacionalismo y su condición de militar formaban un todo con sus concepciones religiosas: la mejor prueba es el hecho de que la cuestión histórica a la que dedicó más lecturas y más horas de investigación fue la batalla de Lepanto, sobre la cual versa el último de sus libros, aparecido en 1971, en el que esos tres factores resultan indistinguibles. Para Carrero, que el catolicismo no estuviera alineado con el régimen era simplemente inconcebible y de ahí su sorpresa y su desorientación ante lo que creyó un cambio de postura. Su actitud fue de depresión, aunque siempre evitó el choque frontal y nunca se alineó con un cierto anticlericalismo, característico de una parte de la extrema derecha española o del falangismo. Su reacción fue ante todo preocupada, con alguna reacción muy dura y nada habilidosa, si bien concluyó en una compunción siempre perpleja ante lo que consideraba increíble. Sólo se entiende a partir de estas consideraciones que, al final de su vida, le dijera al cardenal Tarancón que para él era más importante ser cristiano que presidente del Gobierno.

Cuando en junio de 1973 Carrero adquirió esta responsabilidad fue poco lo que cambió. Era ya un protagonista político vencido por el peso de la vida pública y ansioso por abandonarla. Componiendo el nuevo gabinete se desembarazó de alguna persona demasiado proclive a la extrema derecha ultra, como Sánchez Bella, o de quien había ido un tanto por libre, como López Bravo. En su entorno la influencia política creciente le correspondió a Fernández Miranda, mientras López Rodó la perdía, en parte por su sectarismo precedente y en parte porque su condición de ministro de Asuntos Exteriores presuponía una agenda diaria complicada y difícil. Para los observadores más inteligentes que se sentaban en el propio Consejo de Ministros, como Licinio de la Fuente, ministro de Trabajo, «la llamada línea del Opus Dei quedaba debilitada».[41] El nombramiento como ministro de la Gobernación de Arias Navarro, debido a la expresa voluntad de Franco, no nació de una cierta desconfianza entre éste y su primer presidente del Gobierno. El primero siempre se había reservado ciertas áreas de competencia exclusiva, principalmente respecto del mundo militar y el orden público. Cuando Carrero, años atrás, trató de desplazar a Alonso Vega, manifiestamente senil, lo hizo tan sólo tras declararle «un español ejemplar y de excepción». De cualquier modo, los meses posteriores presenciaron un mayor grado de estabilidad y coherencia en la acción gubernamental. La disputa con la Iglesia pareció apaciguarse y la cuestión de las asociaciones se empantanó de forma definitiva en manos de un Fernández Miranda decidido a dar largas. Mientras tanto, Fernández de la Mora se oponía a ellas por principio y Carrero advertía, entre la perplejidad y el repudio a la vez de las asociaciones y del decrépito Movimiento, que «tal como estamos no podemos seguir». Pero el Gobierno había logrado neutralizar a sus adversarios en el seno del régimen e incluso las heridas causadas por antiguos combates parecían restañadas: el presidente recibió a Solís en otoño de 1972 y a Fraga en primavera de 1973. Todo hacía pensar que Franco había consolidado el poder de Carrero y que, de momento, esa decisión sentaba unas perspectivas irreversibles para la política nacional.[42] Para Fraga Franco acababa simplemente de dictar su «combinación testamentaria». Vino entonces la gran sorpresa del asesinato de Luis Carrero Blanco.

Pero, antes de abordar esta cuestión, como se hará páginas más adelante, debemos tratar de profundizar en los motivos que explican la división en el seno de la clase dirigente del régimen. En su germen estuvo el pluralismo siempre existente en él pero ahora lo multiplicó la incapacidad de Franco para arbitrar y lo convirtió en pugnaz, como sólo lo había sido durante la guerra mundial, la lucha de clientelas desatada por el asunto Matesa. Lo decisivo en relación con esta empresa no fue el fraude cometido o la amplitud de las responsabilidades políticas derivadas de él sino la confrontación interna a que dio lugar. Al final, en el Gobierno de 1969 reinaba una absoluta desconfianza. Fraga acusó a López Rodó y, en general al Opus Dei, de duplicidad porque «se juega a ver si gana Carrero y, al mismo tiempo, se juega al cambio total» cuando en cambio no se querría, de acuerdo con su interpretación, la «reforma desde adentro».[43] Un ministro describió un Consejo en términos dramáticos: «Carrero se excita contra Fraga. Fraga responde frenético. Los demás ministros parecen poseídos por un extraño furor». «O Fraga o yo», concluyó Carrero en una conversación con Silva Muñoz días después.[44]

Matesa, además, no concluyó en 1969 y ni siquiera en 1971, con el indulto de parte de los supuestos responsables políticos, sino en 1973, durante la presidencia de Carrero. Al principio el nuevo Gobierno surgido en el primero de esos años se vio sometido a «acoso y derribo», según López Rodó. No deja de tener sentido esa situación, pues según Fraga constituiría su formación «un gran desastre nacional». En ausencia de un arbitraje aceptado por todos, la fuerza que habían perdido los expulsados del Gobierno subsistió en las Cortes. El dictamen de Martínez Esteruelas, futuro ministro de Arias Navarro, sobre el caso Matesa ha sido considerado como «un ajuste de cuentas al Opus Dei del falangismo proscrito por el mismo».[45]

El desarrollo completo de la institucionalización, pero también la carencia de un árbitro realmente ejerciente, explican que el posible asociacionismo político centrara como cuestión de debate entre la clase dirigente la vida política del régimen. Como de las asociaciones se tratará con amplitud más adelante, dada su relevancia durante la presidencia de Arias Navarro, tan sólo va a ser preciso hacer mención del planteamiento general de esta cuestión y de las razones por las que se convirtió en caballo de batalla en el seno del régimen. Suponía, de entrada, en el momento en que el arbitraje de Franco declinaba, una cierta protección contra los cambios gubernamentales desde arriba y por parte de los miembros más jóvenes de la clase política, el otorgamiento de un cierto peso específico a esa opinión pública que empezaba a desperezarse.

Ahora bien, desde un principio motivó una oposición cerrada, en primer lugar de los nostálgicos del falangismo. Diego Salas Pombo, colaborador de Arrese en el último intento de refalangizar el régimen en 1956, calificó las asociaciones de «absolutamente innecesarias» porque «el principio de unidad y el principio de jerarquía son esencia del Movimiento». Las asociaciones «degenerarían en un sistema partitocrático», por lo que proponía «vivificar el Movimiento transformando revolucionariamente sus estructuras».[46] No sólo los falangistas pensaban así, aunque sólo ellos tuvieran nostalgia del partido único. Carrero, en principio opuesto, se decía capaz de tolerarlas «si se me convence de lo contrario», pero también las juzgó «tan deseadas por los filoliberales», lo que equivalía a condenarlas. Su mentalidad era tan ajena al verdadero pluralismo que pretendió limitar la campaña electoral a una especie de presentación de currículos por parte de los candidatos. Ya veremos que Fernández Miranda fue más propicio a ellas, pero acabó por darse cuenta de que Franco «no las admitirá mientras viva y hará lo posible para que no las haya después de su muerte».[47] Cuando lo hizo, como veremos, fue en tales condiciones que en realidad carecían de sentido.

Por fin, en noviembre de 1973, el Consejo de Ministros afirmó la «oportunidad y conveniencia de presentar a las Cortes un proyecto de ley sobre la participación política de los españoles».[48] Inmediatamente reclamó el Consejo Nacional la iniciativa sobre el particular. Al poco, éste llegó a la conclusión de que debía regularse «el derecho de los españoles a reunirse y asociarse para fines lícitos»; además, propuso al Gobierno la creación de una comisión de consejeros, en número de siete a once, designados por Franco a propuesta en lista doble de la Comisión Permanente o del pleno del Consejo Nacional.[49] Así estaban las cosas cuando Carrero fue asesinado. Parece evidente que nada o poquísimo habría surgido de este propósito; sin duda menos aún de lo que luego hizo aprobar Arias Navarro.

La división en la clase dirigente no fue sólo la consecuencia de los conflictos de clientela o de la cuestión asociativa sino de la propia actitud de fondo de los protagonistas políticos y de la forma como veían la evolución social. En gran medida fue, por tanto, una cuestión de talante e incluso de dedicación. Lora Tamayo, ministro de Educación, dimitió por oponerse a que se regulara la presencia de las fuerzas de orden público en la universidad.[50] Los ministros económicos figuraban, en general, como más moderados que los militares. Los más jóvenes vieron con satisfacción la supresión del estado de excepción en 1969. Cuando se debatieron las condenas por los juicios de Burgos (1970), Villar Palasí y Fernández Miranda, ambos catedráticos de universidad, se manifestaron en Consejo de Ministros a favor de la clemencia, según aparece en las propias actas (el segundo lo hizo citando a santo Tomás).

No obstante, en ocasiones, el conocimiento interno de las posiciones concretas de personajes individuales ofrece no pocas sorpresas. Éste es el caso de una carta enviada por Garicano Goñi, el ministro de la Gobernación desde 1969, a Franco, previo despacho con él; resulta significativo que copia de ella le llegara al propio Arias Navarro, su sucesor en la cartera de Gobernación y futuro presidente del Gobierno.[51] Garicano, militar de procedencia tradicionalista, había sido gobernador civil de Barcelona como paso previo a su puesto ministerial; ya conocemos el juicio negativo que le merecía a doña Carmen. La carta data de septiembre de 1972 y en ella se quejaba de la actitud de «algunas personas» por su «tendencia a solicitar la adopción de medidas extremas e indiscriminadas, basadas en hechos catastróficos que en su opinión suceden en España y que en la mía son normales en la vida de un país en desarrollo como el nuestro». Precisamente porque era militar profesional no dudó Garicano en culpar de forma especial a la «autoridad militar subordinada que interviene en actos públicos o privados, oficiales u oficiosos, como definidor del futuro político de España en términos que parecen una solicitud de poder para él o para los que como él piensan». Se trataba de aquella generación militar que procedía de los alféreces provisionales de la guerra. Frente a esta actitud, el ministro denunciaba «un concierto de voluntades y personas, militares y civiles, que pretenden imponer a la política española un determinado rumbo». Estos civiles debían ser los seguidores ultramontanos de Blas Piñar, pero también discrepaba Garicano de algunos que se sentaban con él en el Consejo de Ministros: se quejó, en efecto, de «la gran disparidad efectiva de criterios que existe entre diversos miembros del Gobierno». Afirmó disentir de «Diego Ramírez», un seudónimo periodístico que puede haber ocultado a un alto militar, pero también del secretario general del Movimiento (Fernández Miranda) y del ministro de Obras Públicas (Fernández de la Mora). En realidad, afirmaba Garicano, España se encontraba «sin más problema importante que el universitario», pero aquellos sectores querrían «volver a situaciones políticas análogas a las de los años cuarenta». Por el contrario, Garicano era partidario de incorporar a gente joven «que puede hacerse cargo del relevo en la gobernación del país» y «es preciso que nuestra actuación política esté dirigida a facilitar este cambio». Era, pues, un reformista. Admitía que quienes se oponían a esta postura «tienen raíces de cierta importancia en la política y el Ejército». Pero, de seguir su consejo, se rompería «con la política de equilibrio que siempre ha llevado S. E. (Franco) y a la que con tanta ilusión hemos servido durante tantos años». Garicano acabó prometiendo fidelidad en el caso de que, por la discrepancia de fondo, debiera abandonar su puesto.

De hecho, el ministro de la Gobernación mantuvo su postura en los meses siguientes. Según López Rodó, dimitió a la altura de mayo de 1973 y en julio envió un escrito a Franco en que se describiría como «pura entelequia» al Movimiento mientras se quejaba de que alguno de los miembros del Consejo de Ministros considerados como «de los nuestros» en realidad eran «ultras».[52] Como resultaba previsible, Carrero le relevó cuando se convirtió en presidente del Gobierno y éste fue el origen de la llegada al cargo ministerial de Carlos Arias Navarro. Su nombramiento, por otro lado, hay que recordarlo de entrada, fue debido a la voluntad explícita de Franco. El propio Carrero así se lo dijo a Arias mostrándole la nota en que el jefe del Estado había escrito su nombre; el nombrado inmediatamente eludió admitir como subsecretario a Adolfo Suárez.[53]

La referencia a Garicano merece la pena porque trasciende la anécdota personal. En primer lugar nos advierte de que en el seno del régimen, aparte de una oposición a Carrero y a López Rodó de carácter aperturista, existía también una extrema derecha cuyos tentáculos llegaban hasta El Pardo y que no era aceptada por algunos ministros. Pero, además, revela algo más importante: hasta dónde había llegado la división en el seno de la clase dirigente. No es posible explicar lo que vino después sin tener en cuenta esta realidad, que completa el hecho de que el liderazgo de cualquiera de las tendencias de la élite política era controvertido y poco claro.

Garicano fue, como militar y como político, un caso excepcional. Si tuviéramos que aludir en cambio a un texto demostrativo de la mentalidad de la clase dirigente de mayor edad a la altura de finales de 1973 nada como un escrito, quizá elaborado en la intimidad del hogar puesto que carece de cualquier membrete, redactado por Carrero y repartido pocas horas antes de su muerte. Estaba destinado a ser debatido por el Consejo de Ministros en los días inmediatamente posteriores.[54]

El presidente del Gobierno partía de una visión conspiratoria de la Historia que, al considerar el régimen político vigente en España como antiliberal y anticomunista, juzgaba lógico que tuviera como adversario al comunismo y la masonería. A ellos les atribuía un mismo «objetivo»: la masonería quería para España un régimen demoliberal y el comunismo se satisfacía con ello porque implicaba una España «débil» en que sus posibilidades finales serían mucho mayores. Aunque nada deseosos de un conflicto global, los países comunistas practicaban la «guerra subversiva» destinada a «aniquilar moralmente al elemento hombre», convirtiéndolos en «pequeñas bestias» arruinadas por «vicios y drogas». Para lograr sus fines, el comunismo se habría infiltrado en la Iglesia y la universidad principalmente, pero también entre las masas trabajadoras, los órganos de información, los sectores intelectuales y, «espero que todavía sin éxito», «en la Policía y en las Fuerzas Armadas». Lo que veía Carrero con mayor «asombro e indignación», como resultaba previsible, era el cambio acontecido en la Iglesia.

Venía a continuación la respuesta obligada a esta situación. Se puede resumir, desde la óptica de Carrero, en la firme decisión de que no había que ceder, porque ello equivaldría al suicidio. Un «resbalamiento hacia el liberalismo» llevaría a una desnaturalización radical de la institución monárquica y, tras ella, en definitiva, se acabaría en el comunismo. La pretensión de engañar al adversario mediante una evolución demostraba una ingenuidad peligrosa porque de esta manera sólo se conseguiría «hacer cosas —algunas hemos hecho ya— que contra nuestra voluntad nos meten en el resbalamiento antes señalado». La única solución era, por tanto, defender al régimen «con pasión y a toda costa», y se resumía en la divisa siguiente: «Máxima propaganda de nuestra ideología y prohibición absoluta de toda propaganda de las ideologías contrarias».

Antes de tratar de cuestiones educativas o de prohibiciones concretas, hacía mención Carrero a la represión de la que afirmaba taxativamente que «debía ser dura». Resultaba preciso que los ministros de la Gobernación y de Justicia pensaran en medidas especiales. Como suele ser habitual en los gobernantes con problemas, le achacaba por lo menos parte de las culpas a los jueces, indicando que «un juez que se sienta liberal o marxista siempre será un mal juez, así sepa más leyes que Papiniano». Esencial también era la formación y dentro de ella le preocupaba de manera especial aquel instrumento que permitía el acceso a la mayor parte del pueblo español, es decir, la televisión. Le obsesionaba no tanto lo directamente político como aquello que se refería a la moralización en términos genéricos, desde la venta de revistas o libros contrarios al ideario propio o inmorales, rasgos que identificaba por completo. Quizá la frase más expresiva de todo este largo inventario de aspectos negativos de la vida española se refiera a los «bailes y músicas decadentes». «Se trata —escribió Carrero— de formar hombres, no maricas, y esos melenudos trepidantes que algunas veces se ven no sirven ni con mucho este fin (formativo).» Estas frases situaban a Carrero a años luz no ya de los jóvenes de entonces sino incluso de los treintañeros.

Un segundo campo en que debía cuidarse la formación de los españoles era el educativo y sobre el particular la actitud del presidente no podía ser más tajante: «Hay que borrar de los cuadros del profesorado de la Enseñanza General Básica y de la Universidad —escribió— a todos los enemigos del régimen y hay que separar de la segunda a todos los alumnos que son instrumento de la subversión». El procedimiento para lograrlo debía ser el tradicional en el régimen: una labor decidida por parte de la Organización del Movimiento, aunque también ayudaría «una formación premilitar en los muchachos».

Aquí pensó Carrero concluir el texto que quería dar a conocer a sus ministros; luego, sin embargo, decidió referirse a otra cuestión que le preocupaba gravísimamente. Se trataba de las relaciones con la Iglesia católica. En contraste con la actitud adoptada en otros terrenos, Carrero no daba la sensación en este escrito de querer lanzarse a una acción inmediata, sino que repudiaba que se produjera por parte del régimen una «situación anti-Iglesia». Ése sería, según su opinión, el deseo de los adversarios políticos del régimen. «Una cosa, añadía, son los enemigos infiltrados en la Iglesia y otra la Iglesia por Nuestro Señor fundada, aunque haya enemigos en sus altas jerarquías». «España, concluía, tiene que defender a la Iglesia católica incluso contra los enemigos infiltrados en su seno». De ahí aquella previsión de una posible separación unilateral a la que nos hemos referido.

El escrito de Carrero merece algunas reflexiones finales. Aparte de su dureza, llama la atención su alejamiento de lo que ya entonces era la sociedad española. Las medidas propuestas resultaban inimaginables incluso para quienes hubieran tenido que aplicarlas, y no sólo en el escalafón ministerial sino en los inferiores. Todo el texto exuda, por así decirlo, una especie de angustia que podía ser consejera de decisiones durísimas pero que también podía provocar la pura parálisis. De cualquier modo, éste fue el horizonte político y mental con el que se enfrentó luego uno de los escasos receptores del documento, el ministro Carlos Arias Navarro. La sensación de tener que actuar en contra de ese «resbalamiento» del régimen y de hacerlo, en especial, de cara a la Iglesia, fueron factores que jugaron un papel muy importante durante su presidencia. Claro está que también se combinaron con una cierta empatía inicial con el reformismo de la generación joven del régimen o desembocaron en soluciones distintas, en materia de relaciones Iglesia-Estado.

En esta panorámica general acerca de la vida del régimen hacia 1973 nos queda por hacer alusión a la relación, al mismo tiempo difícil y estrecha, con el aliado norteamericano. Desde siempre existió una distancia considerable entre Estados Unidos, a quien interesaba sobre todo las bases militares y un mínimo grado de compromiso político, y la diplomacia de Franco. A la altura de 1973 se pedía por ésta, a la hora de la renovación de los acuerdos, una declaración de principios aceptada por ambas partes y, a continuación, una serie de fórmulas de más a menos atractivas: tratado de defensa mutua como el suscrito entre Estados Unidos y la OTAN, un «acuerdo con alguna especie de aprobación o conocimiento del Congreso», una fórmula «análoga a la actual pero mejorada, orientada a la amenaza común», etc. No era posible la renovación automática sin más porque la opinión española sería muy desfavorable. El contenido de los pactos debía «incluir alguna especie matizada de compromiso de defensa común» y no contener tan sólo la cesión de las bases contra simple pago o ayuda económica, pues España «debe contar en la defensa de Occidente».[55]

Llama la atención el contenido de la conversación que sobre estas materias mantuvo Carrero con el secretario de Estado norteamericano muy pocos días antes del atentado que acabó con la vida del primero. Frente a la flexibilidad de Kissinger, la visión de Carrero permanecía monolítica. «El comunismo —aseguró— sigue siendo esencialmente igual que hace cincuenta años.»

La lucha contra él resumía todo de modo que «la crisis del petróleo es una trampa preparada por la Unión Soviética en la que toman parte unos países de segunda que son los que oficialmente plantean el problema». «La guerra subversiva, añadió, es la más peligrosa y la de mayor actualidad» porque «no sabemos aunar esfuerzos frente a la acción subversiva». Como reproche a los países europeos democráticos siguió declarando que «la Unión Soviética es monolítica y Occidente, en cambio, es una coalición, con las debilidades y las consecuencias que siempre representa». Así lo demostraba el hecho de que «hay una serie de países miembros de la OTAN que por razones de política sectaria excluyen a España de dicha organización».[56] Kissinger tuvo que salir contento de esta conversación porque su interlocutor dejaba claras las debilidades de su postura. A fin de cuentas, a la diplomacia norteamericana le bastaba con hacer alguna gestión ante los países europeos tendentes a la incardinación española en la defensa occidental, a sabiendas de que no conseguiría nada. A la España de Franco siempre se la podía satisfacer con poco. Por otro lado, dadas estas circunstancias, a los norteamericanos les convenía que cualquier cambio interior que tuviera lugar se llevara a cabo con mucho cuidado, e incluso con parsimonia, para no perder un aliado interesante y barato. Así se explica la posición norteamericana ante el conjunto de la Transición española, como veremos confirmado en las páginas que siguen.

UN PRÍNCIPE A LA ESPERA

La actitud de los países europeos era significativamente distinta y nos ayuda a entender aspectos de la posición de quien sería jefe de Estado a la muerte de Franco. Dichos países se sentían más implicados por los avatares de la política interna española, porque la guerra civil de 1936-1939 supuso también en ellos un enfrentamiento interno entre derecha e izquierda. España estaba próxima y con la permanencia de Franco seguía recordando el alineamiento con el Eje durante la segunda guerra mundial. Pero ya en los años setenta se produjo una cierta condescendencia hacia ella, a condición de que introdujera cambios mínimos, aun remitidos a un momento más o menos remoto. Ésta fue, sobre todo, la actitud de Francia dentro de una política exterior que pretendía autonomía ante Estados Unidos y defender su *grandeur*.

Un viaje contribuye a explicar esta actitud. Tras su dimisión, el general De Gaulle se trasladó a Irlanda en el verano de 1969 y a España en el verano de 1970. El general había sido un católico demócrata en la etapa de la guerra civil, pero veía ahora a España como «un pueblo grande por todos los conceptos y que nos es muy cercano». Por eso, durante su presidencia no tuvo inconveniente en mantener una política de aproximación que incluso estaba dispuesta a algún tipo de colaboración en el seno del Mercado Común. Existía, sin embargo, dentro del gaullismo un sector muy opuesto al franquismo: Malraux y Mauriac, por ejemplo, para quienes la entrevista de De Gaulle y Franco no pasó de ser «una conversación de jubilados que no tenían nada que decirse» o un motivo para «quedarse de piedra». A De Gaulle le interesaba la persona de Franco, de quien recibió una carta en el momento de su dimisión. Pero no dejó de advertir que, si bien era uno de esos políticos permanentes en el escenario mundial como él mismo y Mao, pertenecía a una segunda categoría política. A pesar de que él mismo era mayor en edad, describió a su interlocutor como un ser «petrificado y momificado», «retirado de los asuntos» pero también halagado por su visita.[57]

Esta situación de la política exterior hispano-francesa le debía interesar de forma especial a un personaje decisivo que, de momento, no ha aparecido en esta breve panorámica de la España de 1973. Se trata del príncipe don Juan Carlos.

Formado en España desde 1948, había tenido siempre un estatus cambiante y frágil. Sus relaciones con Franco fueron siempre cordiales, aunque pasaron por etapas difíciles y complicadas. El general quiso asegurar su fidelidad sometiéndolo a sucesivas pruebas, siempre con otra posible solución, pero también consciente de que le correspondía la legitimidad dinástica. En 1962 Franco ya le dijo que tenía «muchas más posibilidades que su padre». Pero ese mismo año, después de la boda celebrada en Atenas, don Juan Carlos y doña Sofía permanecieron en la capital griega a la espera de que su regreso supusiera un reconocimiento. El príncipe utilizaba el título de príncipe de Asturias, si bien no se le admitía de manera oficial. «No éramos nadie», recordó la reina mucho tiempo después en relación con esa fecha. Al final, sin ningún título, se instalaron en La Zarzuela y empezaron a darse a conocer ante los españoles. Con respecto a don Juan —de nuevo es testimonio de la reina— siempre hubo por parte de su hijo «algo sobreentendido: uno de los dos tenía que reinar y convenía intentar los dos caminos posibles».[58] Este acuerdo quedó establecido de una forma implícita aunque don Juan dudara siempre que fuera imaginable una alternativa distinta a él mismo.

Don Juan Carlos fue avanzando así peldaño a peldaño. En 1964 apareció por vez primera en la tribuna del desfile de la victoria. Los juicios de Franco fueron progresando con el tiempo: en un principio no pasó de considerarle «inteligente (pero) algo infantil»; luego le alabó por «discreto».[59] La llamada «Operación Salmón», es decir la promoción del príncipe como sucesor, fue obra principal de una de las familias del régimen, la de Carrero-López Rodó, aunque gracias a Franco logró el asentimiento final de todas. El nombramiento como príncipe de España en 1969 se realizó sin conocimiento previo de don Juan. Fue «cuando más vi sufrir a mi marido», según testimonio de la futura reina, ante el inevitable choque en el seno de la familia. Sólo tras el nombramiento, don Juan Carlos y doña Sofía realizaron estancias veraniegas en el Pazo de Meirás con los Franco. Mientras tanto, de forma discreta, el primero mantendría una amplia actividad política tanto en el interior como de cara al exterior.

Particular interés revisten de cara a la posición y a la actitud del príncipe en este momento y en otros posteriores, las relaciones existentes entre la España de Franco y la Francia gaullista y posgaullista. Ya en vida del general galo la política de su país, como sabemos, no había dudado en acercarse a una España siempre con problemas de respetabilidad ante las democracias europeas. Jugaba en ello más que una indiferencia ante una dictadura el hecho de que un país desarrollado como ya lo era el nuestro entonces podía ejercer cierto contrapeso frente a otros o incluso respecto de Estados Unidos. El sucesor de De Gaulle, Georges Pompidou, anotó entre sus papeles privados que «conviene manifestar mucho calor a España y desarrollar nuestros contactos». Fueron éstos principalmente económicos: si Francia se mostró partidaria del ingreso de España en el Mercado Común, la segunda pidió que se incrementaran las inversiones francesas. Este tipo de relación abrió paso a otras.

Así se explican, por ejemplo, las que nacieron en el terreno militar a partir de 1970 con ocasión de una visita de López Bravo, entonces titular de Exteriores, a París. El ministro español se entrevistó con el presidente francés en febrero y le declaró que «las nuevas relaciones de España con Europa y el mundo debían desarrollarse a través de Francia». No sólo firmó en esta ocasión un convenio para adquirir tanques franceses, sino que prometió que España se incorporaría al sistema técnico de televisión patrocinado por Francia. Pompidou mostró su satisfacción y dejó claro que no prestaría ayuda a los exiliados españoles; en adelante, Francia se quejó por la vía diplomática cuando España compraba material bélico norteamericano. Luego, en noviembre de 1971, el ministro francés de Exteriores, Schumann, visitó España. La conversación versó sobre todo acerca de la relación de España con el Mercado Común. No era posible, dadas las condiciones políticas, que nuestro país se convirtiera en socio de pleno derecho del Mercado Común, pero sí cabía una «solución intermedia», afirmaban los franceses. Entretanto, López Bravo pedía que ésta le permitiera una «presentación política» que le proporcionara argumentos respecto de los detractores españoles de la política europeísta.

La política francesa fue, con todo, prudente: cuando los ministros de este país visitaban España no tomaban la iniciativa de entrevistarse con Franco, sino que la dejaban a la parte española. En sus interlocutores españoles pertenecientes al sector «tecnócrata» veían calidad personal a la vez que consideración de sí mismos como sucesores de Franco. Ni siquiera Schumann, situado en el centro político, aceptó recibir, con ocasión de su viaje a Madrid, a representantes de la oposición. Desde 1971 las relaciones tuvieron un tropiezo cuando la situación del orden público en el País Vasco se deterioró por la crecida de la protesta y las autoridades españolas pretendieron que las francesas actuaran respecto de los exiliados como lo habían hecho con las izquierdas. Cuando tuvo lugar el juicio de Burgos, Pompidou recomendó clemencia, pero sólo a través de un mensaje verbal a López Bravo. Los intentos de extradición a España siempre fracasaron, pese a la insistencia de las autoridades españolas: el presidente francés escribió que tal petición era «de naturaleza política» y «no podemos entregarlos». Autoridades de rango inferior argumentaban también que las medidas represivas necesariamente producirían la impresión de una «aureola de una persecución» y tendrían como resultado un aumento del nacionalismo vasco al otro lado de la frontera.[60]

En el marco de estas estrechas relaciones francoespañolas debe entenderse el contenido de la larga conversación mantenida en el otoño de 1972 por el embajador francés en España, M. Gillet, con don Juan Carlos. Una transcripción de la misma le llegó al presidente de la República gala con el indicativo de «muy secreto»[61] El diplomático había acudido a ella para exponerle las relaciones francesas con respecto a España, pero le interesó también y de manera principal «obtener algunas aclaraciones acerca de sus ideas en materia política».

No quedó decepcionado. El príncipe «mostró estar muy al día en los diversos temas abordados». Exhibió, en efecto, un vivo interés en materia de informática y estaba también muy al corriente de las relaciones militares entre ambos países, en especial sobre cierto tipo de aprovisionamientos franceses, como helicópteros. Pero los reunidos trataron no sobre todo de estas materias, sino de la situación de España de cara a Europa y del futuro de la política española. El embajador afirmó que «la oposición a la entrada de España en el Mercado Común no podía ser superada por el momento», pero también señaló «que se podía pensar en que, tras la desaparición de Franco, la situación evolucionaría probablemente en sentido favorable a España». Se quisiera o no, en toda Europa había un «mito Franco» de carácter muy negativo, si bien a su muerte, «se atenuaría considerablemente cuando llegara al poder» su interlocutor.

Don Juan Carlos no desaprovechó la ocasión, sino que «inmediatamente» replicó explicando su postura política personal. «Tengo una profunda estima por el general Franco —dijo—, un gran reconocimiento por lo que ha hecho por mi país, pero estoy de acuerdo en reconocer que en el momento actual representa un obstáculo para un acercamiento de España a los otros Estados de Europa occidental.» El paso siguiente fue que el diplomático sondeara a don Juan Carlos acerca de sus propias ideas de futuro, sugiriendo que se le consideraba partidario de una liberalización del régimen. «Mis ideas son, en efecto, liberales», respondió el príncipe. «Desgraciadamente —añadió—, aunque no ceso de pedir al general Franco que proceda desde este momento a ciertas reformas, no he podido obtener satisfacción de ningún modo. He llamado la atención al Jefe del Estado de que cuando yo acceda al poder estaré obligado a hacer todo lo que se niega a comenzar y que mi tarea será, por esta razón, considerablemente más difícil. Es para mí un motivo de inquietud, pero una vez más hasta el momento no he conseguido hacer prevalecer mis puntos de vista.» Don Juan Carlos aprovechó también para concretar un poco más, dando cuenta de sus contactos con la oposición e indicando el papel que en el cumplimiento de sus propósitos le correspondía al vecino país: «Los demócratas cristianos, que conocen mi forma de pensar, me han hecho saber que estarían satisfechos con jugar de alguna manera el papel de oposición de Su Majestad. Los socialistas han declarado que me concederían la confianza durante varios meses, seis meses o un año. En cuanto a los comunistas, no creo que puedan ejercer una acción determinante y como mínimo, una gran parte de ellos desearía que no se cree una atmósfera de desorden. Espero que en este momento se comprenderá que yo no puedo liberalizar el régimen sino con muchas precauciones y que Francia, en particular, me ayudará».

De este planteamiento general la conversación derivó hacia las intimidades más recónditas de la política interior española. El embajador preguntó acerca de la posibilidad de que Franco permaneciera hasta su muerte en la jefatura del Estado y se encontró con una respuesta aparentemente sorprendente: «No sé absolutamente nada», dijo el príncipe de España. «El general Franco nunca me ha dado la menor información al respecto. Es un hombre extremadamente secreto y le voy a poner un buen ejemplo de ello. Cuando me hizo saber que me designaba como sucesor como rey de España me dio cuenta de su intención cuando yo acababa de regresar de una estancia de varios días con mi padre en Portugal. Éste, cuando se enteró de tal decisión, no quiso creer en absoluto que cuando llegué a Lisboa yo no estuviera al corriente. Esto me creó dificultades considerables en mis relaciones personales y, cuando se lo dije al general Franco, me respondió que lo había hecho a propósito para evitar cualquier implicación de mi familia en su decisión. En el momento actual, ignoro totalmente si Franco se quedará hasta su muerte, si se retirará voluntariamente o si lo hará cuando deba reconocer que desde el punto de vista médico no puede cumplir con sus funciones.» Gillet, en fin, preguntó también sobre un aspecto concreto que era en este momento objeto de especulaciones apasionadas en el seno de la política española: el posible nombramiento de Carrero como presidente del Gobierno, que se dilataría hasta ocho meses después y la mayor parte de los analistas consideraban como un evidente endurecimiento del régimen. Lo que oyó del futuro rey atestigua que éste conocía bien los registros de la política española y que había otra interpretación posible. Tal nombramiento, repuso don Juan Carlos, contaría con su aquiescencia porque, caso contrario, en un futuro «tenía razones para temer que se me proponga, siguiendo lo previsto desde el punto de vista constitucional, entre los tres nombres que serían presentados por el Consejo del Reino, dos imbéciles y una única persona válida». Con ello «quedaría obligado a aceptar a este último y optar por una elección que no sería la suya». Con el nombramiento de Carrero, que confirmó acabaría produciéndose, «las cosas serán diferentes»: «El almirante se convertirá en presidente del Gobierno; se evitará así el nombramiento de un titular (de ese cargo) en las condiciones difíciles que seguirán inmediatamente a la muerte del general Franco». Pero, «después, cuando las cosas se hayan calmado, tras unas semanas pediré al almirante Carrero su dimisión y estoy seguro de que me la dará al instante».

Tras esta conversación don Juan Carlos siguió teniendo muy presente la relación con Francia. En octubre de 1973 fue recibido en París, en compañía de doña Sofía, por el propio presidente Georges Pompidou. La predisposición del jefe del Estado francés era, en principio, muy favorable: *Il faut être gracieux avec les espagnols* («hay que ser corteses con los españoles», escribió), pero mantuvo la prudencia negándose a hacer un discurso político en el acto de recepción, hecho que sin duda hubiera sido criticado por la oposición de izquierdas.

Los franceses sabían muy bien a qué iba don Juan Carlos, quien daba la impresión de haber pedido ser invitado. En las notas informativas que con ocasión de la visita se le entregaron a Pompidou se decía que el régimen de Franco encontraba en Francia respeto al principio de no ingerencia, cooperación en el terreno militar y apoyo en lo relativo al ingreso en el Mercado Común. Ahora bien, esos apuntes también hacían referencia al futuro político español. La visita del príncipe estaba motivada por el deseo de «crear el personaje de don Juan Carlos», como deseaba el Gobierno español, pero para Francia podía ser un «gesto de cara al futuro Jefe del Estado español», el cual «esperaba un comienzo (de reinado) difícil y deseaba encontrar comprensión cuando llegara el momento». Un proceso de «liberalización —añadía el documento— es deseado por la Iglesia y el futuro rey parece dispuesto a responder (a tales deseos)». En este sentido, la constitución del Gobierno presidido por Carrero fue juzgada como el testimonio de un endurecimiento en determinadas carteras como Gobernación (Arias) y Educación (Rodríguez Martínez), si bien tan sólo como una etapa de tránsito de cara a los proyectos finales del futuro rey. A don Juan Carlos «el Gobierno Carrero Blanco debería permitirle pasar con mayor facilidad el trance de la instalación en el poder; luego podrá embarcarse en la vía de una democratización progresiva». Pero en este proyecto «será observado atentamente por los guardianes de la ortodoxia y (también) considerado como un monarca en pruebas por los reformistas». De cualquier modo, a estas alturas los franceses no pensaban que Franco pudiera retirar la condición de sucesor a quien él mismo había designado.

Desconocemos el contenido de la conversación que con ocasión de este viaje debieron de mantener Pompidou y don Juan Carlos, pero todo induce a pensar que éste debió de referirse sobre todo al futuro en los mismos términos en los que se había expresado ante el embajador galo. Don Juan Carlos llevó al presidente francés una carta de Franco en que se le invitaba a visitar España. Pompidou respondió a comienzos de noviembre aceptando aunque remitía el viaje a una fecha indeterminada, fórmula que venía a ser una combinación de deseo de mostrar amistad y de prudencia política. De todos modos, don Juan Carlos había conseguido algo más que López Bravo, quien ya había dejado caer la posibilidad de la invitación sin obtener respuesta.[62]

Todo cuanto antecede, que es rigurosamente inédito hasta el momento, ratifica una idea fundamental que otras fuentes confirman pero que sólo ahora se demuestra de un modo por completo convincente, al aportarse documentación de la época. Don Juan Carlos a la altura de 1973 tenía ya una actitud muy definida,[63] que derivaba de la relación con su padre, don Juan, y podía resumirse en un cierto sentido de misión y en una dedicación a la misma. En cuanto a su contenido, consistía en llevar a cabo la reconciliación entre los españoles. Esto explica que le dijera a Vilallonga que «a veces temblaba» al pensar en lo mucho que había sufrido su progenitor y que quedaba asombrado porque se le preguntara si Franco había influido más en él que su padre. Claro está que carecía de un proyecto político claramente perfilado, más allá de una reconciliación que sólo podía equivaler ya a la democracia, y siempre fue muy consciente de las limitaciones intelectuales de las que partía.[64] Quienes se opusieron luego al cambio político que tuvo lugar en España se expresaron de forma indignada: «Se jugó a fondo la carta Juan Carlos —escribió Emilio Romero— sin la menor garantía de cuál fuera su modo de pensar y desafiando la probabilidad de que fuera la misma de su padre». Pero, en realidad, no impuso nada sino que contribuyó a que los españoles pudieran decidir por sí mismos acerca de su propio destino.

Los avatares de su formación habrían podido convertir a don Juan Carlos en un ser esquinado, tortuoso o megalómano. Originariamente tímido, hizo del ejercicio de la simpatía un arma de aproximación a los demás. La modestia y una cierta bondad natural contribuyeron al inicio de su popularidad. No se debe, sin embargo, olvidar que estos años corresponden a un período que ha sido descrito como el de los «silencios del rey».[65] Cierto es que estableció complicidades con la generación joven de la élite dirigente del régimen y mantuvo contactos indirectos con la oposición, pero el rasgo distintivo de él hasta el momento fue una cierta invisibilidad de cara a la mayoría de los españoles. En los medios universitarios y, sobre todo, en los de la oposición, el personaje era desconocido por completo: más que ligado al régimen parecía irrelevante. Sin embargo, al lado de Franco, estaba construyendo el futuro. Resulta curiosa la descripción que la reina hizo de este último años después como «un hombre sencillo con ganas de agradar y muy tímido». Sin duda el general llegó a sentir por quien había designado su sucesor un afecto a la vez profundo y despegado, semejante al de un abuelo por su nieto. Nunca, sin embargo, salvo contadas excepciones, le dio consejos y siempre de carácter fundamentalmente práctico:[66] por ejemplo, que lo que podía decir fuera a periodistas extranjeros no debía oírse dentro del país. Se escudaba en que las cosas serían distintas cuando el futuro rey fuera tal para evitarse los consejos. No quería —ni creía— que lo esencial cambiara en el terreno político. De esta manera, don Juan Carlos recibió de su antecesor no el secreto de su formación sino, a lo sumo, el talante con que enfrentarse a las situaciones difíciles: a base de frialdad y de medir el tiempo político.

Lo más importante que el futuro rey hizo en estos años no fue, sin embargo, estar en el entorno de Franco, sino cumplir una tarea infinitamente más complicada. Se ha escrito que fue capaz de callarse y hacerse el tonto, pero su actitud no consistió sólo en el ejercicio del silencio. También tuvo como objeto informarse en el seno del régimen, explicar hacia fuera, como ya hemos visto que hizo ante el embajador francés, mantener la discreción para evitar la suspicacia del inquilino de El Pardo, pero dejar caer la intención ante una parte de la oposición, moderar las posibles declaraciones de su padre, alimentar expectativas en la sociedad española y andar siempre con pies de plomo.

Por el momento cumplía su papel como futuro jefe del Estado. Merece la pena leer con detenimiento el informe que elaboró para Franco con ocasión de un viaje oficial a Arabia Saudí, Filipinas y la India en el año anterior a su muerte. No es, desde luego, un texto de ese personaje borroso e inane que por el momento creía percibir la oposición. Demuestra, por el contrario, preocupación por los intereses nacionales, percepción política y una cierta complicidad o deseo de satisfacer al destinatario en el momento de referirse a algún aspecto concreto. En Arabia Saudí, don Juan Carlos encontró al rey Faisal «francamente afectuoso» y en «muy buena disposición para establecer relaciones». Se trataba de un «mercado interesante» para España por la posibilidad de inversiones a cambio de crudo. «El Ejército —indicaba también el príncipe— me pareció muy atrasado y el nivel bajísimo. La Academia Militar es como una Escuela para cabos.» Proponía, en fin, que una misión económica se trasladara cuanto antes al país. En Filipinas, el príncipe creyó ver en Marcos «un hombre interesante», al frente de «un régimen de gran autoridad», pero también detectó «el lujo y frivolidad en la que parecen vivir los presidentes» que «a la larga no puede ser bueno», concluía. Sólo con respecto a la India hacía una vaga alusión a las relaciones entre dos regímenes tan diferentes: esperaba una «mayor comprensión» respecto a España en el futuro.[67]

CARLOS ARIAS, UNA BIOGRAFÍA POLÍTICA EN EL FRANQUISMO

Llegamos al momento en que ya es preciso presentar a quien va a ser protagonista esencial de las páginas que siguen. Examinaremos, pues, la biografía política previa de Carlos Arias Navarro hasta el momento de alcanzar la presidencia del Gobierno.

Carlos Arias nació en Madrid en 1908 y estudió en el Instituto San Isidro y en la Universidad Complutense, donde concluyó la licenciatura y el doctorado en Derecho.[68] De entrada, estos datos revelan no sólo la diferencia de edad sino también la de formación en relación con Franco y Carrero (o con el propio don Juan Carlos).

Con sus allegados y colaboradores, Arias, una vez cerrada su vida política, habló en ocasiones de la posibilidad de escribir unas memorias, pero finalmente se decantó por no hacerlo. Argumentó, como suelen hacer la mayoría de los antiguos profesionales de la política, que tendría que contar la verdad y que ello supondría alguna confrontación y enemistades con ex colaboradores. Finalmente acabó por no escribir un libro, pero redactó unas cuartillas, tan sólo siete, con papel membretado, relativas a la etapa previa a su llegada a la presidencia del Gobierno.[69] Contienen esas páginas tan sólo un esquema o recordatorio elemental acerca de su trayectoria, pero valen para reconstruirla en el período indicado. Ya veremos más adelante que también escribió acerca de un incidente político crucial en su vida.

Arias fue, como resultado de su formación, «un hombre de oposición y no de bufete», según afirma uno de sus allegados para referirse a los dos caminos habitualmente seguidos por los licenciados en Derecho. En 1929, al final de la dictadura y con tan sólo veintiún años, obtuvo el primer puesto en las oposiciones al cuerpo técnico del Ministerio de Justicia, trabajando como funcionario en la Dirección General de Registros y de Notariado. Era la unidad administrativa en que su superior era un escritor y político, todavía no muy conocido, llamado Manuel Azaña. Arias sintió en su momento admiración por él y no dejó de dar cuenta de ello en el brevísimo resumen que hizo de su trayectoria vital. En ella hizo mención también a «su intento de captación», como si el dirigente republicano hubiera pretendido incorporarle a su equipo. En 1933, Arias ganó las oposiciones a fiscal, y pasó a desempeñar tal puesto en la Audiencia Provincial de Málaga. Su breve narración biográfica hace alusión a su «despedida [de Azaña] en el Palacio de Buenavista» cuando el político republicano debía encontrarse ya en el declive político de su gestión reformista. Parece que también conoció allí a Lolita Rivas, su mujer, y a Cipriano, su cuñado. Luego, con el transcurso de los años, figuró en su biblioteca la primera edición de las *Obras completas* del intelectual y dirigente republicano publicadas en los años sesenta por la editorial mexicana Oasis.

Más relevantes resultaron para su biografía política posterior las amistades que trabó mientras desempeñó su cargo oficial en Málaga y, en especial, las militares, que adquirió entre oficiales de guarnición en Melilla. Citó entre ellas al luego general Miguel Rodrigo, al que volvió a encontrar en Canarias, y los también futuros generales Ríos Capapé o Heli Rolando de Tella. Conoció asimismo al general Romerales, que habría de ser posteriormente ejecutado por los sublevados.

La narración que en esas cuartillas hizo de su peripecia cuando estalló la guerra civil confirma el profundo impacto que ésta le produjo y que arrastraría durante toda su vida. No fue, ni mucho menos, el único caso entre los dirigentes del tardofranquismo: su antecesor en la presidencia, Carrero, huyó de su casa en Madrid saltando a la vecina. Pero no resulta posible determinar con precisión qué le ocurrió durante los meses en que el Frente Popular gobernó Málaga. Parece haber estado ocupado en inspeccionar un sumario mientras residía en el hotel Vasconia. Un coronel de la Guardia Civil le envió un coche para evitarle persecuciones y alguien le sugirió que buscara refugio en el consulado inglés. Pero todo fue inútil, pues, a pesar de «mi afeitado de bigote» tuvo lugar «mi detención al salir del hotel». Estuvo, al parecer, «en el Gobierno Civil» y allí presenció las «sacas de detenidos» destinados al fusilamiento. Málaga fue, como se sabe, una de las capitales controladas por el Frente Popular donde mayor fue el desorden, la represión en retaguardia y la posterior de los vencedores. Da la sensación entonces de que Arias consiguió camuflarse de alguna manera, pues escribió acerca de «mi escondite en el gabinete de teletipo». Luego se refugió en la casa de un tal Felipe Barea, oficial de sala, pero quizá fue detenido de nuevo al intentar pasar al campo franquista. Como quiera que sea, luego fue «trasladado al [hotel] Miramar». Cuando se producía la que él denominó «liberación de Málaga» conoció según parece a Tomás Garicano, su antecesor en la cartera de Gobernación. Hasta el momento su actuación política era nula; aun así, conocía o trabó entonces relación con Arrese y Sancho Dávila, dos falangistas de la primera hora. Nada, sin embargo, le identificó en su vida con esta opción política.

Nunca se insistirá bastante en el sufrimiento que para la generación de Arias Navarro supuso la guerra civil. Cada uno de los miembros de su familia tuvo una historia personal que contar. Así, en unas breves memorias, Antonio del Valle, su cuñado y uno de los dos subsecretarios que tuvo cuando ocupaba la presidencia del Gobierno, contó su experiencia autobiográfica. Cuenta en ellas que, con su familia, asistió a un acto electoral del monárquico Pedro Sáinz Rodríguez, en Reinosa, en el cual militantes de izquierdas quemaron el hotel donde se había llevado a cabo. Cuando estalló la guerra civil, un hermano suyo fue a combatir a los republicanos al Guadarrama y no se volvió a saber de él. El otro, que estudiaba Medicina en Valladolid, había traído de allí el ideario de Falange, cuya implantación en los medios universitarios pucelanos era importante. La guerra civil le sorprendió a Antonio del Valle en Reinosa. En la Nochebuena de 1936 emprendió el camino desde Reinosa hasta Aguilar de Campóo cruzando el frente. Aunque llegó sano y salvo, un médico que le prestó ayuda fue fusilado a continuación como medida de represalia.[70]

Pero volvamos al propio Carlos Arias. En su escueto resumen biográfico nada dice de que tuviera responsabilidades fiscales en Málaga después de que entraran en la ciudad las fuerzas de Franco. Ésta fue una acusación que, como veremos, se le hizo en la etapa final de su vida. De lo que no cabe la menor duda, pues él mismo lo afirma, es de que en la guerra civil se incorporó al Ejército como capitán honorífico del Cuerpo Jurídico Militar y tuvo destino en Talavera de la Reina, Bilbao, Santander, Castellón de la Plana y Arenas de San Pedro. Como es natural, estos destinos suponían participar en el juicio y condena, con los métodos expeditivos habituales en aquellos momentos, de los vencidos. Como en el caso de Jordana, vicepresidente del Gobierno en 1938, o el de Navarro Rubio, ministro de Hacienda, que tuvieron experiencias positivas, Arias siempre pareció más afectado por el espectáculo de los casos a los que tuvo que enfrentarse que por la dureza de la represión que él mismo contribuyó a aplicar.

Cuando tuvo lugar la «liberación de Madrid», según él mismo la denominó, Arias intentó al parecer reanudar una vida profesional al margen de la política incorporándose a la fiscalía de la Audiencia. Parece, sin embargo, que trabó allí amistades que tuvieron consecuencias políticas: pues conoció en el Cuerpo Jurídico del Aire, al que también perteneció por oposición, a Felipe Acedo, futuro gobernador civil de Barcelona, y a Felipe Polo, cuñado de Franco y secretario particular de éste. En los años siguientes, no obstante, quizá fue más decisiva para él la amistad con Romualdo Hernández Serrano, inspector fiscal del Tribunal Supremo, secretario particular de Blas Pérez, primero en la fiscalía de este organismo y más tarde en el ministerio de la Gobernación, cuando el segundo asumió esta cartera. Es muy posible que a través suyo le llegara más tarde la propuesta inicial para ocupar cargos políticos. Sin embargo, por el momento, como el propio Arias escribió: «Mi actuación en la Fiscalía de Madrid me desilusiona y revive mi antigua vocación por el notariado». De este modo compaginó su «trabajo en la Fiscalía con un intenso y agotador estudio preparando las oposiciones a Notarías en las que triunfé obteniendo la de segunda clase en Cuevas de Almanzora (Almería)» en 1942. Pronto, sin embargo, experimentó una profunda «decepción por el ambiente rural».

Todas estas explicaciones, escritas al final de su vida, constituyen una especie de examen de conciencia de un hombre que a esas alturas parecía muy decepcionado por una política a la que había dedicado todas sus horas. Tanto era así que escribió que, una y otra vez, «el destino frustró mis propósitos (de dedicación a la vida profesional) y me empujó a lo que luego sería mi servidumbre», es decir, la vida política. De formación jurídica, mucho más como funcionario que en un bufete, pretendió sentirse siempre «sin vocación» política. Y, según escribió en esos momentos, «una sola justificación destruyó todas mis aspiraciones, el calvario de Málaga y mi propósito de servir a una nueva España». Fue, pues, uno de tantos españoles para quienes la guerra civil supuso un giro personal decisivo. Es muy posible que su amargura final se explique por la añoranza de una vida profesional que mantuvo en segundo plano.

El caso es que fue nombrado gobernador civil y jefe provincial del Movimiento en León. Allí se encontró, al parecer, en unas circunstancias que todavía eran las de la posguerra, con una situación muy complicada en varios sentidos. En primer lugar, representante del poder central, tuvo que enfrentarse con la típica lucha de clanes políticos provinciales. González Vélez, un falangista del ala purista, y seguidor de Hedilla, era de León. Además, José Antonio Girón, figura fundamental del falangismo y ministro de Trabajo, ejercía como una especie de gran cacique de Castilla y León. Tuvo seguramente con él más de un choque, descritos en su esquema biográfico como «chispazos»; resulta muy interesante señalar este temprano alejamiento de lo que representaba Falange. Otro problema fue para él la lucha antiguerrillera, «las partidas y contrapartidas» que dominaban el campo leonés; así, hasta el final de su vida recordó el asesinato de un ingeniero apellidado Arriola. Fue en esta etapa cuando Arias Navarro debió de conocer a quien sería el gran promotor de su carrera política, el general Alonso Vega, dado que en las cuartillas mencionadas hace alusión a un «primer contacto con don Camilo». Por más que quien le hubiera propuesto su primer puesto político hubiera sido Blas Pérez, ministro de la Gobernación desde 1942 a 1957, con él mantuvo una relación más distante, aunque respetuosa, que con el general.

«Otra vez pretendo remar contra la corriente», escribió Arias acerca de su segundo mandato como gobernador civil en Tenerife. De nuevo parece haber tenido la tentación de abandonar la política en un momento en que había pasado a la notaría en Almodóvar, en Córdoba. De forma enigmática se refirió a «quien me empujó» a ocupar el cargo. Resulta mucho más claro, en cambio, el entrecomillado «lo que encontré». Parece haber localizado en una mesa de su propio despacho, nada más asumir el puesto, la cantidad de cuatro millones de pesetas de ignorada procedencia, pero que podían ser una primera inducción al soborno, y que él destinó inmediatamente a beneficencia. Las líneas que dedicó a su gobierno civil en Tenerife contienen repetidas referencias a «emboscadas» y citan a personas concretas, como el administrador del puerto franco. Es muy posible que, como desde siempre les sucedía a los gobernadores civiles, tuviera de nuevo que enfrentarse a las clientelas provinciales. Lo peculiar del caso es que en este caso su superior jerárquico, el ministro de la Gobernación, tenía también una fuerte influencia personal en la provincia, en especial en La Palma. Fue allí donde Arias al parecer tuvo «un encontronazo con Esteban Pérez», hermano del ministro. Las líneas que escribió sobre este hecho, escritas como mero recordatorio, son indescifrables pero denotan alejamiento del ministro: «Un ídolo que se derrumba; un enemigo al que siempre respeté», «don Blas y Blasito». Un irónico «resulta que soy falangista» prueba que seguía muy alejado de lo que el partido de José Antonio Primo de Rivera significaba. Lo mejor que parece haber retenido de su estancia en Canarias fueron las amistades, como el general «Rodrigo, el gran amigo», de quien señaló «el ejemplo de honestidad, sus laureadas, su gran personalidad y el ejemplo de su muerte». Conoció también allí a Rufo Gamazo, habitual colaborador suyo en años venideros, incluidos los de la presidencia.[71] Era persona de ideas extremadamente derechistas.

En otoño de 1954 Arias pasó del Gobierno Civil tinerfeño al de Navarra. A pesar de la posible distancia de Blas Pérez, suponía un indudable progreso porque durante el franquismo este puesto resultaba especialmente delicado, dado el arraigo que allí tenía la familia política tradicionalista. Arias se consideró a sí mismo como «embajador de España en Navarra». Según dejó escrito, la Diputación de Navarra no nombraba presidente sino tan sólo vicepresidente para evitar problemas de competencia y protocolo con el gobernador civil. Por lo demás, los poderes fiscales y administrativos de esta institución dejaban escaso margen a este último. Arias, sin embargo, no parece haber tenido problemas con los carlistas sino, una vez más, con los falangistas; de ahí las alusiones a dos antiguos secretarios generales del Movimiento: «La maniobra de Raimundo Fernández Cuesta» y a «Arrese en Corella», de donde era originario y desde donde parece haber ejercido influencia provincial. Siendo gobernador civil de Navarra, Arias Navarro se casó con Luz del Valle, a quien debió de conocer en León, donde su familia era propietaria de importantes minas de carbón.

En Pamplona debía de estar, según escribió al final de su vida, «preparando mi retirada» de la política, cuando a comienzos de 1957 fue nombrado ministro de la Gobernación Alonso Vega. «Don Camilo a Gobernación y yo a Baeza», parece haber sido su iniciativa inmediata (esa población de Jaén era la notaría que ahora le correspondía). Según parece, «don Camilo llamó urgentemente [para incorporarle entre sus colaboradores] pero yo ya me había adelantado» a presentar su dimisión como gobernador.

El nombramiento de Alonso Vega, sin embargo, le catapultó a la política nacional. Si se resistió a aceptar un puesto no lo hizo por mucho tiempo y el que le correspondió fue muy importante, quizá el más decisivo dentro del Ministerio: director general de Seguridad. En él permaneció durante ocho años, lo que da prueba de la relación de amistad que le unía a su superior. Nada escribió acerca de su persona en las cuartillas en que resumió su vida pero sí de su mujer, doña Ramona, quien parece haber ejercido una influencia, incluso política, nada desdeñable.

Con la vista puesta en lo que sucedió muchos años después, en 1977, puede resultar paradójico que a Arias Navarro se le reprochara haber participado en la represión durante la guerra civil y pocos recordaran en aquel momento sus responsabilidades al frente de la institución policial en tiempos posteriores. Pero conviene tener en cuenta que Arias Navarro desempeñó la Dirección General de Seguridad precisamente en aquellos años en que el nivel de actividad de la oposición al régimen fue más débil. Conviene recordar que la oposición quedó machacada durante los años cuarenta y, lo más importante, desesperanzada a partir de los años cincuenta. La crisis universitaria de 1956 no supuso la madurez del movimiento estudiantil, que no llegó hasta 1965. Los años de Arias Navarro en la Dirección General fueron aquellos en que el peligro interno experimentado por el régimen fue más leve. Claro está que ello no evitaba que se produjeran sucesos como el caso Grimau.

Puede parecer extraño, pero el juicio que emitió Arias Navarro acerca de la responsabilidad que asumió estuvo teñido desde un principio de la sensación de impotencia. Había heredado una institución obsoleta, anclada en el pasado y a la que pronto juzgó inservible. En 1959 hizo un informe que él mismo calificó de «sombrío y tenebroso» previendo para «tan grave y trascendental problema», la ausencia de una policía moderna, «un adecuado planteamiento».[72] «Ha transcurrido medio siglo —escribió— y todavía se mantiene intacta en sus líneas fundamentales una organización tan justamente censurada y en la que el único retoque de relativa importancia fue la creación de los Cuerpos de Asalto» durante los tiempos republicanos. En la actualidad, «la organización y eficiencia de los servicios de seguridad» era «francamente desfavorable» y llevaba a una situación «francamente insostenible». En la actualidad, la policía española consistía en un «un puñado de hombres carentes de toda especialización, cargados de resabios y rutinas y desprovistos de los más elementales medios». «España y su régimen carecen de policía», concluía y ponía algún ejemplo: de los 3.000 hombres de las fuerzas de seguridad en Madrid, 1.800 estaban en los ministerios. El problema del tráfico automovilístico apenas había surgido hasta el momento —el número de muertos en 1955 fue tan sólo 68—, pero resultaba previsible el agravamiento en el futuro. Las comisarías generales no existían más que sobre el papel. Pero lo decisivo para él era «el problema del personal». «Un comisario principal, máxima categoría del Cuerpo, a la que se llega después de más de treinta años —apuntó— cobra lo que un brigada» del Ejército. Por ello el pluriempleo era inevitable. Arias era consciente de que se vivía en tiempos de estabilización económica pero sus planes en cuanto a aumentar los efectivos policiales «implican calificada excepción al programa de austera restricción presupuestaria que a todos alcanza y al que todos debemos colaborar». En otro documento señaló la necesidad de una «profunda reforma de la institución» destinada a plasmarse «en una ley orgánica y un reglamento de Policía Nacional».[73] Pero por el momento trató tan sólo de resolver algunas cuestiones previas de carácter burocrático-administrativo como la creación de una subdirección general y una secretaría general técnica mientras las dos comisarías generales existentes pasaban a cuatro. Las insuficiencias retributivas de los mandos policiales se paliaron por el procedimiento de permitirles que «complementaran con gastos de representación hasta la cuantía de 10.000 pesetas mensuales para los comisarios generales con cargo al Fondo de Cánones y Tasas del Ministerio». Fue una de esas soluciones de circunstancias a que tantas veces ha acudido la Administración española.

Nada más diremos acerca de la permanencia de Arias Navarro en la Dirección General de Seguridad. Pero hay dos realidades que, aun no confirmadas por las fuentes, podemos considerar que jugaron un papel importante en su vida política posterior. En primer lugar, por la importancia de su cargo, por la cercanía de Alonso Vega y doña Ramona y por sus amistades personales (Felipe Polo) fue, sin duda, un cercano a El Pardo en un grado que no resulta fácil precisar. En segundo lugar, estar al frente de la organización policial tuvo que ponerle al día de las actitudes de don Juan y de la relación con su hijo. No hay que olvidar que muchos de los grupos políticos de oposición surgidos a mediados de los años cincuenta tenían significación monárquica. Todos ellos formaban parte ya en los años setenta de la llamada oposición moderada.

En 1965 Arias Navarro era un político de sólidos apoyos en el seno del régimen, con fama de trabajador, competencia administrativa y carente de problemas económicos por su condición de notario y su matrimonio. Ese año fue designado como alcalde de Madrid en sustitución del conde de Mayalde, a quien describió en sus notas biográficas como «un perfecto caballero con indiscutible vocación diplomática». De él añadió que «gozaba de general simpatía en el Ayuntamiento, que gobernaba con gran delicadeza y delegando en los concejales gran parte de sus funciones; esto hizo sumamente difícil para mí su sustitución». El ministro de la Gobernación hizo en la toma de posesión «un merecido elogio de la gestión de mi antecesor, de sus acreditadas dotes diplomáticas y el afecto con que se había captado la simpatía de sus colaboradores». Pero en estas palabras se trasluce también una velada crítica a quien había sido también Director General de Seguridad en los años cuarenta. A Mayalde se le achacó pasividad en la gestión de una ciudad que se estaba transformando a gran velocidad. Merece la pena recordar las capacidades que Alonso Vega atribuyó al recién nombrado: en el acto «presentó a Arias como hombre de enorme capacidad de trabajo, de un gran sentido del principio de la autoridad y de la disciplina».

Todo eso era cierto y la anterior pasividad, el volumen de las necesidades y el hecho de que el cargo correspondiera más a la gestión burocrática que a la política, explican que, pasados los años, Arias considerara esta etapa como «la gran compensación de mi vida». Como cuando llegó a la Dirección General de Seguridad, redactó también en esta ocasión notas acerca de las dificultades que experimentaba y propuestas de solución. Sobre la Ley de Régimen Local empleó términos muy duros: era «arqueológica» y «todo en su articulado es una inmensa vitrina en la que se exhiben venerables antigüedades que no sólo entorpecen sino que ridiculizan ante propios y extraños la respetable y siempre viva institución del municipio». Sus propuestas reformistas no pasaron de puramente técnicas, eludiendo las cuestiones políticas o dándoles un contenido nada aperturista. Para él, por ejemplo, «elección de alcaldes ... políticamente entraña un grave problema que el Gobierno debe evitar», pero proponía que, «en todo caso, el Gobierno eligiera entre los miembros de la Corporación». Caso de existir «áreas metropolitanas dependerían sólo del Gobierno». Carecía de una visión «regionalista»: en las que tan sólo denominaba como «comarcas» únicamente percibía el peligro de «rencillas».[74]

Lo que más le interesó fue, sin embargo, la gestión y no la posible legislación reformadora. «Comprendo [las] necesidades que el Gobierno debe atender —escribió en un texto íntimo mediada su etapa municipal—, pero llevo cuatro años haciendo de Pinito del Oro [una famosa equilibrista] y necesito una red.» «El desarrollo y la reforma de la Villa no puede interrumpirse» y resultaba «preferible [la] velocidad mantenida a [los] arranques espectaculares».[75] De hecho, Madrid cambió mucho en los años de la alcaldía de Arias Navarro. Lo hizo tanto como, por ejemplo, la costa mediterránea y de una manera que en un principio pudo dar la sensación de modernidad pero que luego no tardó en ser criticada. Entre los papeles de Arias se encuentran referencias repetidas a lo que fueron sus preocupaciones: el cuartel del Conde Duque, la Casa de la Moneda, la Universidad de San Bernardo y el cuartel de la Montaña.[76] De todas estas reformas sólo la última se vio libre de críticas: la primera y la tercera no se ejecutaron por el momento y el derribo de los edificios de Jareño en la que luego fue la plaza del Descubrimiento mereció críticas entonces y después. También la supresión de bulevares, la construcción de pasos elevados o de la torre de Valencia levantaron críticas. Pero las dos primeras fueron consideradas como factores de modernización de la vida urbana madrileña al menos por una parte de la opinión. Se pudo pensar que había concluido la pasividad de tiempos de Mayalde.

El cargo de alcalde dio a Arias Navarro una dimensión política nacional. En marzo de 1970, cuando ya llevaba un lustro al frente de la ciudad, recibió la visita de don Juan Carlos, ya convertido en príncipe de España, en relación con algunas obras y realizaciones municipales.[77] Lo que escribió en sus notas biográficas al respecto resulta de interés, aunque el contenido preciso sea también indescifrable: «Mi obligada relación con el príncipe. Mi encuentro en la carretera de El Pardo». Su primera «borbonada». ¿Qué fue esa «borbonada»? Se puede calcular que algún incidente menor, provocado por el futuro rey, le diera a él la sensación de quedar mal de modo gratuito. Como ya se ha advertido, es posible que la distancia con el príncipe se explicara por la época en la que estuvo en el Ministerio de la Gobernación en la Dirección General de Seguridad, porque en ella tuvo conocimiento de la distancia pero también de la cercanía entre don Juan y él.[78] Con todo, cabe pensar que también la relación conflictiva pudo ser mayor en la leyenda que en la realidad. Por otra parte, sin duda el final de la experiencia gubernamental de Arias contribuye a explicar que él mismo la percibiera al final de su vida como siempre conflictiva. Como veremos, el término «borbonada» lo empleó también con ocasión de otro incidente sonado.

La condición de alcalde de Madrid también dio a Arias una cierta proyección internacional. Viajó a Estados Unidos en 1968 y jugó un papel importante en los congresos hispano-luso-americanos de municipios celebrados en 1967 y 1969.[79] Pero sobre todo su gestión, considerada exitosa en los círculos gubernamentales, empezó a proyectarle hacia la condición de ministrable. Tal condición parecía lo bastante consolidada en 1969 como para ser aludida en su correspondencia privada. Un corresponsal daba por supuesto en el verano de ese año que le iban a nombrar ministro de la Gobernación.[80] Otro, más íntimo, Rufo Gamazo, le contó los rumores de que la vicepresidencia le había puesto un cable a Santiago de Chile, adonde había viajado, ordenando que acudiera a una reunión del Consejo del Reino y acerca de la posibilidad de que fuera nombrado ministro de Obras Públicas.[81] Lo curioso del caso es que en este texto daba la sensación de que los remitentes no eran entusiastas del Gobierno cuyo vicepresidente era Carrero. Arias Navarro siempre tuvo poco que ver con el almirante y menos aún con el mundo de López Rodó.

Sabemos que la promoción de Arias Navarro al rango ministerial fue iniciativa del propio Franco. Lo que ahora nos interesa es describir brevemente el clima político cuando llegó al cargo, constatable por los documentos que guardó en su archivo particular. Conservó, por ejemplo, una intervención de Carrero en el Consejo Nacional en marzo de 1973. La Ley Orgánica, dijo entonces el vicepresidente, no debía ser un «punto de partida para una aventura que pueda llevar al régimen fuera de sí mismo». Por algunos sectores «se reconoce el desarrollo económico y social, pero se dice que el desarrollo político no ha seguido el mismo ritmo ... y con ello se pretende disociar lo que es inseparable». Pero «en la vida colectiva no existen compartimentos estancos. Y lo económico, lo social y lo político no son, ni podrán ser nunca, más que tres aspectos de una misma realidad». En España habría al mismo tiempo una «conciencia de seguridad» y una «insistente crítica» en relación con el desarrollo político que desembocaba en la «creación de problemas artificiales».[82] Por eso Carrero pedía una amplia respuesta al Consejo Nacional acerca de los problemas de la España de los años setenta. De ellos a Arias le llegó un informe acerca de la juventud, que ya ha sido citado.[83] Lo que nos importa, de cualquier modo, es que Arias Navarro llegó al Ministerio de la Gobernación en un momento en que el propio régimen sufría una grave crisis.

Por el momento nada le identificaba con una actitud reformista. Tenía fama de gran trabajador y buen gestor; completaba su perfil con un carácter enérgico, «de autoridad», como diría Alonso Vega. Era un franquista puro sin familia concreta, lo que podía ser positivo para la promoción política propia durante el tardofranquismo. Eso explica que su trayectoria biográfica justifique la elección de sus colaboradores: a García Hernández le había conocido en la carrera judicial. Carro era maragato, comarca con la que Arias mantuvo una relación estrecha. Juan Valverde, que se hizo cargo de los Servicios de Información Militar, colaboró con él en el Ayuntamiento.

Completemos alguno de los rasgos de su personalidad, tal como ya se habían manifestado hasta el momento. El entusiasmo por la persona de Franco fue en él pleno, casi equivalente a la adoración; en ello se distinguía poco del resto de la clase política dirigente de su edad. Otro factor determinante en su actitud ante la vida fue un profundo sentimiento religioso, vinculado eso sí a un radical nacionalcatolicismo. Unas notas tomadas en torno a marzo de 1961 parecen indicar que en algún momento pudo tener relación con la espiritualidad religiosa del Opus Dei: hacía alusión a «plan de vida», «vida oculta de Jesús», «horario fijo», «director espiritual», «mis trabajos, mis deberes ... para qué sirven si no los cumplo pensando en Dios». Pero también tomó notas de libros de contenido religioso que no tenían nada que ver con ese mundo del que ya hemos visto que distaba en su versión política.[84] Su profundo sentimiento religioso no entró nunca en contradicción con un evidente anticlericalismo, nacido de la radical discrepancia ante la evolución de la Iglesia después del concilio Vaticano II. Entre sus papeles se encuentra un folleto titulado «Acción judeo-masónica en el Concilio» que sería «de lectura exclusiva para los reverendos padres conciliares» y habría nacido del sector más integrista de la Iglesia.[85] Llama la atención el grado de asentimiento que pareció mostrar con respecto a su contenido, perceptible a través de los subrayados. «Tenemos la seguridad absoluta —decía el texto que conservó hasta el final de su vida— de que se pretende llevar a la Santa Madre Iglesia por cauces distintos a las enseñanzas del Divino Redentor y a su misión divina.» El autor de esta conjura sería «el judaísmo internacional». El escrito contenía alusiones denigrantes contra algún cardenal progresista y aparecían subrayadas unas líneas que aseguraban que «[los judíos] hemos inducido a algunos de nuestros hijos a unirse al cuerpo católico con la explícita misión de que ellos deben trabajar de manera mucho más eficaz para la desintegración». Merecían un doble subrayado las líneas en que se aludía al «admirable apoyo» que los protestantes nos proporcionan en nuestra lucha contra la fortaleza de la civilización cristiana. La actitud de Arias ante el cambio de la Iglesia fue, pues, a la vez parecida y más extremada aún que la de Franco y la de Carrero, al no estar moderada por la prudencia del primero y el sometimiento del segundo a la autoridad religiosa.

Pero este rasgo, que parecía remitirle a un mundo muy remoto, contrastaba con otras características. Arias, por ejemplo, era un hombre de lecturas amplias que no se referían tan sólo a materias jurídicas sino también a la historia española más próxima. Lo prueba su biblioteca personal, ubicada hoy donde se encuentra su archivo. Porque debía saberlo, Ricardo de la Cierva, que venía a ser el historiador oficial del régimen a esas alturas, le envió tan pronto fue nombrado su juicio acerca de publicaciones recientes sobre esta materia.[86] Arias fue, además, un político que tenía en cuenta la opinión pública, al menos en la forma muy limitada como se expresaba en la prensa española de la época. Se daba cuenta de quién obtenía éxito en ella y por qué; además, la seguía puntualmente y subrayaba cuidadosamente las noticias relativas a su persona. Era plenamente consciente de quién dentro de la clase política del régimen lograba mayores apoyos y quién, en cambio, era criticado o, simplemente, olvidado. Probablemente fue el primer político español del régimen de Franco que tuvo una nota acerca de cómo actuar en televisión.[87] Ullastres, otro ministro cuya imagen pública se proyectó a través de este medio, actuó de forma espontánea.

Llegamos así al momento en que el asesinato de Carrero hizo posible que Arias Navarro se convirtiera en su sucesor. Como es natural, no pretendemos realizar aquí una reconstrucción de la operación terrorista que concluyó en aquel asesinato. Lo que de ella se conoce ha quedado resumido en un libro periodístico excelente.[88] Otro libro de fecha posterior pretende insistir en que las autoridades policiales debían de conocer más de lo que admitieron y deja planear la sospecha de que todavía hay algo extraño o no desvelado por completo en el asesinato.[89]

En realidad, los rumores en este sentido se produjeron en fecha ya muy temprana y tuvieron como primeros motivos la conmoción y la sorpresa que provocó el magnicidio.[90] Lo curioso del caso es que este tipo de especulación nació desde opciones políticas contrapuestas. Carrillo llegó a afirmar que habían sido servicios de inteligencia extranjeros, y más en concreto los norteamericanos, los responsables; luego, la agencia Tass lo repitió en forma mucho más burda. El dirigente comunista no creyó de ninguna manera que ETA tuviera capacidad para llevar a cabo el atentado; temió también que le fuera achacado a su partido, que mantenía una actitud política muy alejada de la lucha armada. Pero la explicación según la cual el culpable fue la CIA es absurda por la simple razón de que Carrero era netamente pronorteamericano.

Entre miembros de la familia del asesinado, un sector de la extrema derecha y quienes se vieron desplazados por lo sucedido hubo quienes, sin precisar, culparon a extrañas e imprecisas conspiraciones en las que algo habrían tenido que ver algunos de quienes estaban en el poder o lo alcanzaron luego. Pero, en realidad, la explicación resulta más sencilla. Incluso puede decirse que la propia ETA no pensó demasiado en las consecuencias de lo que iba a hacer, sino que se guió por el simple vértigo de la acción y no por un alambicado juicio sobre las consecuencias de la desaparición del almirante. Resultaba más fácil asesinarlo que secuestrarlo, como la organización terrorista planeó en un principio. La preparación del atentado fue larga y se benefició de las facilidades materiales y humanas dadas por algunos heterodoxos del comunismo, lo que a su vez explica la reacción de Carrillo. Fue el primer atentado de ETA fuera del País Vasco y, no obstante, logró éxito. De ahí nació la especulación.

Disponemos ahora de una nueva prueba de esta interpretación. Un informe de Eduardo Blanco, el director general de Seguridad en 1973, escrito en fecha muy posterior, cuando ya se habían difundido esos rumores en torno a la muerte de Carrero, sirve para completar la información que tenemos sobre el magnicidio.[91] Blanco, coronel del Ejército, inteligente y católico muy tradicional, era la persona directamente responsable de la protección de personalidades y de investigar los delitos en esos momentos, de tal modo que su testimonio reviste el mayor interés. Cuando emitió su informe, en el décimo aniversario del atentado, no tenía el menor sentido dar una información que no correspondiera a la realidad. Además, el informe fue solicitado por el propio Arias Navarro y nunca se hizo público. Quizá lo originó el hecho de que se insinuara alguna responsabilidad del propio Carrero en lo acontecido.

En su texto se prueban los titubeos iniciales en la información de la policía. Lo primero que se dijo sobre el atentado fue que en la calle por donde pasó el almirante había un boquete lleno de agua y que el coche del almirante podía estar allí; luego, en cambio, se dijo que había pasado sin daños. Fue el olor lo que llevó a pensar en la posibilidad de una explosión de gas que, por tanto, no puede atribuirse a una mera voluntad de quitar importancia a lo ocurrido. De cualquier modo, la nota primera relativa a ello vio la luz «previa consulta a las mayores autoridades de la nación» (Franco o, al menos, Fernández Miranda).

Confirmado ya que se trataba de un atentado, la autoridad policial pensó en que los autores podían ser los maoístas, hasta tal punto parecía imposible que ETA resultara la culpable. Sólo cuando se conocieron los comunicados de la organización terrorista, uno de ellos desmintiendo las afirmaciones de Leizaola (PNV) y del PCE en el sentido de que no habían sido los culpables, la policía tuvo la certeza completa. ETA argumentó que con el magnicidio multiplicaba «las tensiones en el seno del poder entre las diferentes tendencias adictas al régimen fascista». Pero ésa era una racionalización a posteriori. Lo fundamental para la policía fue que la buena información ofrecida por los comunicados probaba que tenían razón los etarras. Así fue posible descubrir un coche cargado de explosivos que hubiera tenido que explotar por simpatía, pero que no lo hizo y que fue retirado. Da la sensación de que en un primer momento la policía avanzó muy poco en la investigación, pues tan sólo descubrió detalles de menor importancia como la vía de huida o la intervención de alguna persona concreta vinculada a ETA en el magnicidio.

Según Blanco, principalmente se trató de evitar que en el momento inmediatamente posterior al atentado se cometieran «excesos». La preocupación más inmediata fue controlar la posible reacción de sectores incontrolados del propio régimen. El contacto con la oposición, que se llevó a cabo a través del SECED —los servicios militares de información en Presidencia— tuvo lugar «en un clima de dolor, colaboración, serenidad y alerta». A ellos Blanco les culpó, sin embargo, de no haber creado una red informativa capaz de evitar el atentado. Hubo casi un centenar de detenidos aunque, según Blanco, lo fueron a título de control y prevención de posibles peligros: Sánchez Montero, el líder de Comisiones Obreras, estuvo «probablemente encantado de refugiarse en la cárcel durante los días de serio peligro». Según el informe, «nada perjudicó más a las maniobras de Comisiones Obreras que la coincidencia del día del proceso con el asesinato», afirmación que parece cierta. En resumen, «sólo existió realmente un peligro el día 20 de diciembre y en las fechas inmediatamente posteriores: la histeria de los grupos violentos de la ultraderecha española». Acerca del mensaje transmitido por Iniesta, como director general de la Guardia Civil, Blanco escribió a las unidades a su mando que Sáenz de Santamaría, «jefe inteligente y prestigioso que desempeñaba la Jefatura del Estado Mayor de la Guardia Civil», había manifestado que «la motivación del telegrama era el espíritu de colaboración» aunque, en realidad, fue «absolutamente innecesario» y «respondía a una falta de control emocional».

El informe del ex director general de Seguridad concluye con una reflexión política y otra policial: «La desaparición del almirante —escribió— no era un auténtico objetivo político en el sentido de que el mismo pudiera abrir posibilidades nuevas o mayores a la subversión en España». Al desaparecido almirante, en definitiva, desde la óptica de Blanco, «le faltaba la imaginación creadora». En realidad, añadió, «el primer interesado en que se mantuviera en el poder era el PCE», sugiriendo que de este modo disminuirían (y no crecerían) las posibilidades de perduración del régimen. Por otro lado, la explicación de cómo había podido producirse el atentado la hizo eludiendo interpretaciones demasiado alambicadas. Fue decisivo el «factor sorpresa», puesto que se trataba de «un asesinato [de ETA] por vez primera fuera del País Vasco». A fines de 1972 hubo una nota de la Guardia Civil y otra de la Jefatura

Superior de la Policía de Bilbao acerca de las posibilidades de un secuestro o atentado y como consecuencia de ambas se avisó a Carrero. Pero «el almirante, que era providencialista, no lo tomó en serio» y tan sólo le puso una escolta a su mujer; no cambió sus hábitos y «aun sin esa rutina, el atentado, aunque más dificultoso, se hubiera producido lo mismo». Y el informe de Blanco concluye con una sentencia poco discutible: «No era posible defender a quien no tiene la preocupación de la propia defensa». Ni a Arias ni a él les correspondía, por tanto, ninguna responsabilidad en lo sucedido.

2

1974: Año de esperanzas y desconciertos

L A NOTICIA DE LA MUERTE de Carrero Blanco fue seguida por todos los españoles en edad de razón política con apasionada intensidad. Es lógico que en el ambiente social y político del franquismo se produjera un auténtico terremoto de cara a la opinión pública. La crisis del régimen era patente para la oposición e incluso sus partidarios percibían tensiones inéditas hasta entonces. Pero lo sucedido, por su novedad, brutalidad e inesperado carácter, causó sensación. Nadie olvidó en adelante dónde se encontraba y qué pensó en este momento; como a continuación se produjeron muchos acontecimientos y todos ellos importantes durante al menos un quinquenio, en el recuerdo quedó acentuada la impresión descrita. Consecuencia de ella fue un interés mucho mayor por la política y el nacimiento de un nuevo estilo periodístico, de gran impacto en la opinión pública. El periodista Joaquín Bardavío publicó pocos meses después, en abril de 1974, un libro autorizado por el director general de Cultura Popular en el que narró lo sucedido en los días inmediatamente posteriores a la muerte de Carrero hasta la configuración del nuevo Gobierno presidido por Arias Navarro. Partiendo del testimonio de los personajes que intervinieron en el momento. Un alto personaje del régimen, nada menos que don Alfonso de Borbón, le reprochó que lo hubiera hecho. En otro momento esta publicidad y transparencia habrían sido impensables.[1]

La reacción en los círculos oficiales fue en gran medida de desconcierto y perplejidad. Allí «no mandaba casi nadie», escribió nada menos que el jefe de los servicios de información militar adscritos a Presidencia.[2] Según el director general de la Guardia Civil pareció abrirse un concurso de serenidades y los más nerviosos eran los que reclamaban mayor serenidad.[3] En realidad, él mismo, como sabemos, fue uno de los que no la mostraron. Pasada la primera conmoción se impuso, como figura en el informe de Blanco, la calma sobre una histeria de la que hizo gala exterior tan sólo la extrema derecha del régimen.

Nos interesa llamar la atención acerca del papel desempeñado por Arias Navarro en las primeras horas tras el atentado. El día 20 de diciembre de 1973 a las 9.30, pocos minutos después del atentado, el ministro de Presidencia, Gamazo, recibió la llamada de Eduardo Blanco preguntando si Carrero había llegado a su despacho. Arias informó a Presidencia a las 10.10 de la desaparición del coche del presidente. Pocos minutos después, el ministro de la Gobernación estaba ya en el lugar del atentado. La primera parte de la mañana la pasó en la Residencia Francisco Franco y luego se trasladó a Presidencia, donde habían ido reuniéndose los ministros, que acabaron celebrando un Consejo. A pesar del nerviosismo, desde un principio se evitó una reacción que transmitiera sensación de dureza. A la pregunta de López Rodó que presumía su postura en contra del estado de excepción, Fernández Miranda, presidente en funciones, respondió sin ninguna duda confirmándoselo. El Gobierno, en las primeras horas, no estaba convencido de que fuera un atentado y de cualquier modo, consultado Franco, que fue obligado a levantarse convaleciente como estaba de una gripe, indicó que no se descartara el accidente.

Pudo acrecentar el nerviosismo la amenaza de un atentado en varios edificios públicos relacionado con el proceso 1.001 contra los dirigentes de Comisiones Obreras: quizá ello contribuyó a que Blanco pensara en la culpabilidad de los maoístas. Se acrecentó el malestar entre los ministros cuando por la tarde se conoció la noticia de la suspensión del juicio; hubo quejas de que el diario *Pueblo* publicara la noticia. La decisión más acertada en aquellas horas, quizá espontánea, fue que San Martín, el jefe de los Servicios de Información, militar y futuro golpista, estableciera contactos con la oposición negando que se fuera a producir un vuelco hacia posiciones de dureza represiva; al mismo tiempo, le comunicaba a la autoridad eclesiástica que no podía hacer un comunicado prejuzgando que se trataba de un atentado.

Arias tuvo un día no sólo agitado sino ocupadísimo: la prueba es que almorzó solo en el Ministerio de la Gobernación.[4] En las narraciones de lo sucedido en las primeras horas y días después del atentado no aparece significado por ninguna postura especialmente marcada. Fernández de la Mora, que luego daría de él una imagen pésima en sus memorias, llegó a decirle que le consideraba «uno de los candidatos más cualificados» para la sucesión, pero eso puede tomarse como una mera cortesía. El mismo día 20 por la tarde las autoridades locales y provinciales se enteraron por Arias o por sus subordinados de que lo sucedido había sido un atentado terrorista. Fue el ministro de la Gobernación el encargado de preparar todo lo relativo al funeral de Carrero, según consta en su archivo.[5] Era lógico que así fuera por obvias razones de seguridad. No apareció en Televisión Española; lo hizo Liñán, ministro de Información, todavía sin descartar la posibilidad de que se tratara de un accidente. La intervención pública en que se reconoció que lo sucedido era un magnicidio la hizo Fernández Miranda, siempre frío y en esta ocasión incluso levemente amenazador: «Hemos olvidado —dijo— la guerra pero no olvidaremos la victoria».

Fue, como ya se ha indicado, un subordinado de Arias quien dio la muestra de histeria más evidente en estos momentos. El general Iniesta remitió a los mandos de la Guardia Civil una circular que presentó luego como algo rutinario pero que no consultó con Arias; afirmaba que en caso de choque con manifestantes debería «actuarse enérgicamente sin restringir en lo más mínimo el uso de las armas». Era una gravísima imprudencia que hubiera podido producir derramamiento de sangre. Luego, el general declaró que no había podido conectar con Arias, lo cual es posible pero improbable. No hubo un reproche público de Arias a Iniesta, pero éste sí fue reprendido ante terceros por el almirante Pita da Veiga, ministro y superior militar suyo al menos en dos ocasiones, los días 20 y 21.

Este segundo día se repitieron las muestras de histeria de la extrema derecha, en esta ocasión tras la misa de responso, contra el cardenal Tarancón, a quien el periodista describió «pálido y muy tranquilo mirando de cuando en cuando a la policía de escolta sin hacer ningún tipo de comentario».[6] Ya Blas Piñar había venido a ofrecerse a los ministros el día anterior como forma de hacerse presente; ahora, Sánchez Covisa y los llamados «guerrilleros de Cristo Rey» protagonizaron la protesta contra el cardenal, que fue acallada a gritos por Oriol, Solís y Nieto Antúnez. También el día 20 los doctores Gil y Martínez Bordiu habían expresado a voz en grito sus quejas sobre la información dada en Televisión.

La tercera muestra de histeria, como siempre protagonizada por un personaje insignificante, ocurrió cuando el 22 de diciembre se celebraron los funerales en San Francisco el Grande. En el Consejo de Ministros hubo cierta hostilidad por parte de alguno de sus componentes al hecho de que Tarancón, quien estaba recibiendo llamadas amenazadoras, oficiara el funeral. Franco, no obstante, estuvo de acuerdo en ello y, en cambio, el vicario general castrense López Ortiz eludió tomar parte en la función religiosa. Durante la misma a Franco le sorprendió que Tarancón le abrazara en el momento de darle la paz; luego fue haciendo lo mismo de forma sucesiva con el resto de los más significados asistentes. Al llegar al ministro de Educación, Rodríguez Martínez, éste se dio la vuelta ostensiblemente y evitó estrecharle la mano. Tarancón quiso que se ignorara el incidente, pero todo el mundo lo había visto. Más tarde, Fernández Miranda obligó al ministro a pedir perdón. Rodríguez Martínez era un individuo estrambótico, cuya gestión fue lamentable y que quizá fue nombrado por error, confundido con otro posible candidato. Incluso Gil, el médico falangista de Franco, cuya opinión política extremosa podía parecer coincidente con la del ministro, le describía como «un loco». Argumentó que «la fidelidad al presidente asesinado y el amor a España bien valen una cartera ministerial» y luego publicó unas desnortadas memorias en las que se presentaba a sí mismo como «ministro de Carrero», pero todo hace pensar que éste, como todo el mundo, estaba muy poco satisfecho de su gestión.[7] Ese mismo día la policía ya conocía la identidad de los responsables del atentado.

El mensaje de Fin de Año de Franco el 30 de diciembre, emitido por Televisión, le presentó por vez primera sentado. De su contenido, abundante en lugares comunes, como la referencia a la «serenidad» con que había reaccionado la sociedad española ante el atentado y «la paz como objetivo cardinal», sorprendió, sin embargo, una frase: «Es virtud del hombre político, dijo, la de convertir males en bienes. No en vano reza el adagio popular que no hay mal que por bien no venga. De ahí la necesidad de reformar nuestras estructuras políticas y recoger los anhelos de tantos españoles beneméritos que constituyen la solera de nuestro Movimiento».[8] Para algunos, incluidos los familiares de Carrero, tal frase podía ser ofensiva para la memoria del fallecido; otros, como Licinio de la Fuente, la interpretaron como una expresión de la «pura conformidad con la voluntad de Dios». Es posible que no quisiera ser más que eso, pero entonces su contenido resultaba muy desgraciado. Franco también se refirió al príncipe de España alabando en él «la discreción, prudencia y virtudes castrenses».

LA CRISIS

Entretanto ya se habían desatado todos los rumores e iniciativas que darían lugar a la formación de un nuevo Gobierno. La propia Ley Orgánica imponía el cese de todos los miembros del Gobierno, aunque permanecieran en funciones, con la excepción de Fernández Miranda, que parecía una opción presidencial evidente y, de momento, concentraba en sus manos el poder. Arias, por tanto, no tenía siquiera la seguridad de conservar su puesto. Aparte de que se le podía atribuir falta de diligencia en la protección del fallecido, durante el Gobierno de Carrero las relaciones entre él y Fernández Miranda no fueron buenas. Se le vetó el nombramiento del gobernador civil de Madrid por considerar que era persona que no reunía las condiciones adecuadas.

Para entender la promoción de Arias a la presidencia debemos considerarla como una resultante y no como una primera opción. Una vez elegido, fue descrito como «asiduo visitante» de El Pardo, donde en ocasiones había tenido acceso a la tertulia en la que tomaban parte Alonso Vega y Nieto Antúnez. El grado de intimidad que pudo alcanzar allí resulta imposible de precisar, pero conocemos su trato asiduo con Alonso Vega y comprobaremos la cercanía con Nieto Antúnez. De cualquier modo, el único texto público de memorias acerca de su pasado que dejó a su muerte Arias testimonia su sorpresa. No se trata de una narración larga y expresiva sino que debe ser completada con la de alguno de sus colaboradores, como el más tarde ministro Antonio Carro.[9] Arias no hace alusión a su cercanía a los medios de El Pardo, pero sí a la relación que tuvo con Franco en su condición de alcalde de Madrid. De todos modos, en lo que escribió brilla como realidad más evidente su sorpresa, compartida con la totalidad de los observadores políticos. Incluso ciertos pronósticos oficiosos que hizo el Ministerio de Información y Turismo se demostraron errados.[10]

Hay, por tanto, que recurrir a otras fuentes para tratar de comprender lo ocurrido. Lo primero que llama la atención del examen de los movimientos que se produjeron en torno a la sucesión es la evidente voluntad de ruptura con el pasado. Todos los que en algún momento fueron considerados como candidatos posibles a la sucesión de Carrero y que merodearon por El Pardo con el propósito de influir en el nombramiento del nuevo presidente remitían al pasado. Nieto Antúnez se había alineado con Fraga-Solís en 1969 y luego había protestado contra el «monopolio político» ejercido por el equipo Carrero-López Rodó. Girón suponía la vuelta al falangismo de los años cuarenta o cincuenta; su propia oratoria, a años luz de la sociedad española de los años setenta, así lo atestigua. Resulta por lo menos improbable que tuviera posibilidades reales de ejercer un papel político fundamental. Las circunstancias habían propiciado, no obstante, su resurrección. Él mismo cuenta en sus memorias que un grupo de generales le ofreció la posibilidad de ser presidente. Sin embargo, su apoyo más efectivo en estos momentos lo constituían Vicente Gil, el médico de Franco, Gavilán, el segundo jefe de la Casa Militar de Franco, y Urcelay, uno de sus ayudantes.[11] Eso le dio alas para tener una intervención política inesperada destinada a prolongarse pese a su mala salud y a que, en realidad, tan sólo podía considerarse dirigente indiscutible de la familia falangista del régimen. El propio Silva, que también se consideró una posibilidad, ministerial al menos, suponía una vuelta a 1969 o al momento de su dimisión posterior.

La vuelta atrás nos ha conducido a otra evidencia: la intervención del cerrado mundo de la camarilla del Pardo. Llama la atención la insignificancia y la simplicidad de sus componentes. Tenemos noticias acerca de lo que debían de pensar gracias a las memorias de Vicente Gil. «Seguimos rodeados de imbéciles y traidores», escribe en un determinado momento refiriéndose al Gobierno Carrero. Doña Carmen, como ya hemos visto, coincidía en este extremo: «Y Paco sin querer hacer nada». Para este pequeño mundo, Girón, que según Gil «tiene la esperanza de que el Caudillo reaccione», era un sólido capital político. Don Alfonso de Borbón, por su parte, era el «Príncipe» por excelencia; sobre don Juan Carlos los juicios eran mucho menos entusiastas pero, en definitiva, condescendientes: «Me tiene maravillado por lo correcto que es».[12] De estos círculos sólo podía venir una propuesta situada en la extrema derecha, lejana a Carrero; incluso Nieto Antúnez, y, por supuesto Fernández Miranda, parecían condenados a la imposibilidad. Si la camarilla promovió nombres se explica por las insuficiencias de los inquilinos del Pardo. La propia doña Carmen durante estos días hizo, al decir de Gil, insistencias no muy claras, más bien balbuceantes. Hubo algún ministro que se mantuvo en su cargo que, pasado algún tiempo juzgó que doña Carmen no influyó de forma decisiva;[13] resulta aún más peregrino e inesperado que resultaran más decisivos los ayudantes de Franco, como Urcelay. Por su parte Franco, «mentalmente bajísimo», resultó siempre «tardo en sus reacciones».

Otro punto de partida que debe tenerse en cuenta y que coadyuvó a la sorpresa final es que la crisis se llevó a cabo en un ambiente de tensión en el que los finalmente sustituidos no parecían tener ningún motivo para temer el abandono del poder, pues algunos llevaban tan sólo siete meses en él. López Rodó creía que podría seguir por sus servicios previos y porque el aprendizaje de Asuntos Exteriores no era fácil y Fernández de la Mora, ministro supuestamente tecnocrático pero también político, muy activo y propagandista esencial del régimen en esta última etapa, pensaba que a lo sumo podía cambiar de cartera. Quien más decepcionado resultó fue Fernández Miranda, que podía albergar razonables esperanzas de contar para la sucesión y muy pronto observó que Franco no le apoyaba, en especial de cara al Consejo del Reino, quizá por esa visceral falta de entendimiento del general con respecto a los intelectuales o profesores; de ahí también la caracterización que de él hizo como «muy buen político pero no me fío de él».[14] La promoción de Fernández Miranda fue obra de Carrero y no de Franco.

Nos queda tratar de este último y no basta con hacerlo aludiendo a su lamentable estado físico. Hay que concluir, atendiendo a su discurso de Fin de Año y al resultado final de la crisis, que Franco fue consciente de la ruptura con el pasado y jugó con ella. Es posible que, una vez asesinado Carrero, se sintiera desvalido: «Me han cortado el último hilo que me unía al mundo», le dijo a un ayudante suyo. Pero cuando se decidió por Arias lo hizo con decisión y tolerándole la máxima libertad. Luego le diría a Julio Rodríguez que cada torero debía «lidiar con su cuadrilla». Tuvo que soportar que López Rodó le dijera que ETA había conseguido eliminar no sólo a Carrero sino a todo su equipo. Probablemente hubiera deseado conservarle como ministro, pero Arias no aceptó. Tan sólo parece que se resistiera cuando trataron de convencerle para que cesara al ministro de Hacienda, Barrera de Irimo, principal responsable de las cuestiones económicas.

Finalmente, nos queda aludir al príncipe don Juan Carlos. La lectura de las memorias de los principales protagonistas de la crisis, e incluso la agenda de Arias, revela que no intervino en absoluto en la crisis y que observó su desarrollo con preocupación. A Fernández Miranda le diría, ya en enero, que «Carrero era para mí mucho más difícil, pero me era leal, era de verdad monárquico ... Arias no lo sé». De entrada, parecía de trato más fácil, pero dudaba de la lealtad a su persona. Sin duda refiriéndose a la camarilla del Pardo, añadió que «en esto del nombramiento de Arias cada vez veo más cosas turbias».[15]

A partir de cuanto antecede podemos ya examinar con detenimiento las distintas alternativas que experimentó la crisis. Los rumores sobre la sucesión ya se habían desatado el día 22: se pensaba entonces en Fernández Miranda, la solución en apariencia más sencilla, o en el general Castañón de Mena, que llevaba trece años al lado de Franco como ayudante de campo y jefe de su Casa Militar; siempre se le había caracterizado por su significación monárquica.[16] La condición de militar, además, parecía atribuirle una especie de reaseguro en un momento en que la crisis del régimen era patente. La prueba de que esta sensación era generalizada en el seno de la clase dirigente la encontramos en una carta que Franco recibió este mismo día. José María Oriol, en nombre propio pero sobre todo de la Comunión Tradicionalista, le escribió afirmando la unión de los carlistas en torno «al Caudillo y a la trayectoria y línea que para el futuro nos ha señalado». «Por percibir un anhelo muy sentido por propios y extraños —añadió—, nos permitimos sugerir la posible conveniencia de que sea designado un general de nuestros Ejércitos, trayectoria ya mantenida por S. E. para la Presidencia de su Gobierno y que en éste tomen parte, entre otros, personas que representen e inspiren confianza a los distintos sectores del Alzamiento Nacional.»[17] Esta última petición recordaba la habitual composición del Gobierno en familias pero, como sabemos, éstas estaban ya un tanto diluidas. Aquella misma mañana del día 22 juraron los representantes de la Administración local, la organización sindical y los rectores de universidad en el Consejo del Reino que era, en teoría, quien debía proponer a Franco la terna de los presidenciables.

El día 23 se rumoreó la candidatura de Nieto Antúnez, mientras que el día 24 Fernández Miranda ya tenía la seguridad de que no le correspondería la presidencia. Rodríguez de Valcárcel, presidente del Consejo del Reino al serlo de las Cortes, y Franco consideraron una lista de veinticinco nombres que el primero le entregó. A lo largo de la crisis y de los meses sucesivos habría de jugar un papel político muy importante, sin duda más que el de cualquier ministro. La razón estribó en la relevancia de su cargo, que le situaba como una especie de representante del conjunto de la clase política ante la que ya Franco, disminuido en sus capacidades, no podía actuar con una libertad parecida a la del pasado. En la conversación entre ambos la lista pronto se redujo a cinco personas: el propio Valcárcel, Girón, Nieto Antúnez, Fraga y Arias. Rodríguez de Valcárcel pudo haber convencido a Franco de nombrar a Arias y no a Nieto. En torno al día 26, la candidatura de Nieto Antúnez casi parecía confirmada. Fraga, embajador en Londres y persona muy vinculada a él, pensó hasta el final en que sería quien heredaría la presidencia del Gobierno.[18] En cierto momento, el propio Nieto Antúnez se creyó presidente, pero circuló en El Pardo un informe de una alta personalidad militar en su contra, que se refería a su supuesta participación en un sonado escándalo económico, el de SOFICO, que arruinó a muchos pequeños ahorradores. Contra él se movieron también Gil y el citado Urcelay, ambos indignados porque la crisis desembocara en el marino.[19] El inconveniente más destacado y objetivo que podía tener el citado personaje era su avanzada edad (si Franco tenía ochenta y un años, Nieto había cumplido setenta y seis, con lo cual se reproducía la situación existente entre el primero y Carrero). Ese mismo día Franco recibió a Arias Navarro, a la una de la tarde, y a López Rodó, pero no llegó a tratar de la crisis con ellos. El día 27 despacharon con él Fernández Miranda y Rodríguez de Valcárcel.

El día 28 circularon los primeros rumores de que Arias Navarro iba a ser presidente. Arias recibió la noticia del propio Nieto Antúnez, quien repitió el argumento que debía de haber oído del entonces jefe del Estado: «Un viejo no es el mejor apoyo de otro viejo». No pareció ofendido ni tampoco dominado por el resquemor. Arias, como informa Carro, presente en la conversación, recibió la noticia con inequívoca sorpresa. En el único texto público que dejó Arias afirma haber recibido la noticia de labios del propio Franco afirmando «sus escasos merecimientos y escasas fuerzas»; su interlocutor le repuso que «le basta con su lealtad». Aquella misma mañana le recibió en El Pardo e incluso —los rumores corrían rápido por Madrid— hubo quien empezó a felicitarle. Lo cierto es que el sentimiento de que había sucedido algo inesperado debió compartirlo el propio Franco, que fue quien decidió en última instancia, y Rodríguez de Valcárcel, que probablemente fue un apoyo importante para Arias y debía cumplimentar la decisión de Franco en el Consejo del Reino, que a las cuatro de aquella tarde se reunió sin que hubiera problema alguno. La decisión de Franco iba a ser una realidad en cualquier caso, pero Arias contaba además con la ayuda de Rodríguez de Varcárcel —que tal vez fuera en algún momento candidato— y de Pío Cabanillas. Tal vez fue Cabanillas quien sugirió que no figurara en la terna ningún ministro saliente, es decir ningún igual en currículo político a Arias; eso fue lo que permitió la presencia de García Hernández, que sería vicepresidente. También figuró en la terna Solís, por delante de este último. Arias pudo haber obtenido la unanimidad, conocida la decisión de Franco.

El 29 de diciembre Arias ya era presidente in péctore. Como suele suceder en política, lo logró a causa de una combinación de factores que, como un actor teatral en un escenario, hicieron que los focos se concentraran sobre él. No era el jefe de ninguna de las familias del régimen, como Girón, ni estaba enfermo; no tenía la edad de Nieto Antúnez. No procedía sino del franquismo puro y tenía fama de trabajador y buen gestor. Probablemente no tenía tantos apoyos en El Pardo como algunos especularon. Fue consciente de que había alcanzado la presidencia con el beneplácito de la extrema derecha: según Gil, a través de su persona agradeció a García Serrano y a Blas Piñar su ayuda y les prometió que les recibiría, cosa que luego no hizo. Pero estos dos personajes representaban poco y en el futuro todavía menos; con otro interviniente en la crisis la cuestión se convirtió en más complicada. Después de nombrado Arias, Girón —«porque, según Gil, es de mi entera confianza y oro de ley»— visitó a Franco y también al recién nombrado, acompañado por Urcelay. Los términos precisos de la conversación se ignoran, aunque Girón estuvo al parecer dispuesto a ser vicepresidente y Arias se negó con decisión a que ocupara tal puesto. El falangista le envió ideas para un discurso, redactado a toda prisa durante tres noches, pero Arias no las utilizó. En adelante mantuvo una permanente actitud de guerrillero contra el Gobierno y éste lo sufrió en los momentos en que menos le convenía.[20] Pero, como veremos, Girón había instalado algunos afines en el propio Consejo de Ministros, lo cual acabó por complicar la situación.

Durante la tarde del 29 de diciembre Rodríguez de Valcárcel comunicó a Arias de forma oficial su nombramiento. Esa misma tarde ya se perfiló el contenido del núcleo esencial del Gobierno: como colaboradores más directos, García Hernández, Rodríguez de Miguel, Carro y Pío Cabanillas; en un segundo escalón Antonio del Valle y Carlos Álvarez Romero. Merece la pena llamar la atención sobre los paralelismos en las respectivas carreras políticas. José García Hernández, abogado del Estado, había seguido una larga trayectoria provincial como presidente de la Diputación de Guadalajara primero, y como gobernador civil de Lugo y Las Palmas después. En la provincia gallega ejerció sus responsabilidades cuando Arias estaba en León y ahí nació una amistad. Luego fue director general de Administración Local en el Ministerio de Alonso Vega y posterior subsecretario; también fue importante su actuación en la Comisión de Presupuestos en las Cortes. Fue el único que pudo oponer cierta resistencia que, de todos modos, había concluido el 1 de enero de 1974. Conviene recalcar otros tres datos importantes de su nombramiento. Figuró en las listas de propuestas de la extrema derecha sin que ésta fuera la razón de su nombramiento. Por otro lado, dadas las características de su carrera política personal, Gobernación era para Arias el puesto clave, mucho más que la Secretaría General del Movimiento, y le concedió la categoría de vicepresidente primero del Gobierno; por eso colocó en este puesto a una persona de su confianza, con fama de duro y habituado a relacionarse con los gobernadores civiles. Finalmente, era persona ajena y adversaria del grupo Carrero-López Rodó, en especial de López Bravo, quien en su momento cesó como presidente del Banco Exterior. Antonio Carro, letrado del Consejo de Estado y profesor de Derecho Político, fue secretario general técnico del Ministerio de la Gobernación y director general de Administración Local, cargos en los que mantuvo contacto con Arias; desempeñó el Ministerio de Presidencia, el más cercano desde el punto de vista físico al presidente, y como veremos, de hecho sirvió de enlace con los reformistas más jóvenes. Rodríguez de Miguel era fiscal, había desempeñado los gobiernos civiles de Baleares y Guipúzcoa y de ahí pasó a la Dirección General de Correos y a la Subsecretaría de Gobernación, donde tuvo contacto con Arias. Él fue quien le propuso ser alcalde de Madrid. A Rodríguez de Miguel se le asignó la cartera de Vivienda, de importancia muy relativa, como correspondía a una persona que ya no deseaba un especial protagonismo político. Estos tres colaboradores de Arias, en definitiva, procedían del Ministerio de la Gobernación de Alonso Vega, en donde la influencia del grupo político dominante hasta 1973 había sido limitada. Pío Cabanillas, antiguo subsecretario de Información con Fraga, debió de ser un recién llegado al círculo de relaciones de Arias, pero había desempeñado un papel importante liquidando cualquier tipo de posibilidad de Fernández Miranda en el Consejo del Reino; ahora le correspondió el Ministerio de Información. Había sido también quien comunicó a Arias su nombramiento para Gobernación en el verano de 1973. Todos los hasta ahora citados, incluido Arias, unían a su condición de miembros del ejecutivo una carrera en el legislativo. Del Valle, cuñado de Arias, y Álvarez Romero ocuparon las dos subsecretarías de apoyo que hubo en adelante en Presidencia. Del resto de los ministros nombrados, a Antonio Valdés González Roldán, ingeniero que había sido delegado de Circulación en Madrid y que también había tenido una relación previa con Arias, le correspondió la cartera de Obras Públicas.[21]

El resto de los ministros carecieron de esa relación directa y fueron o bien herencia del inmediato pasado o decisión final derivada de las circunstancias. En realidad, por sí misma, la extrema derecha a través de Girón y Gil no logró crear un grupo compacto: entre los nombres propuestos por ella figuraron Utrera y Cortina, que acabaron siendo ministros o elevados de rango, pero también hubo propuestas inesperadas precedentes de estos medios, como dos futuros ministros de UCD, Mayor y Mata. Ruiz Jarabo, que fue ministro de Justicia y se alineó con los sectores más conservadores, no fue, con seguridad, propuesto por ese sector. De cualquier modo, parece evidente que en la España de 1973-1974 existían nutridas listas de ministrables: fueron considerados como tales quienes luego lo serían con Arias (León Herrera y Herrero Tejedor) o con la UCD (Calvo Sotelo).

La recta final de la crisis se cubrió el 3 de enero. El día anterior Arias Navarro juró como presidente en El Pardo. Ese mismo día, a la una, visitó a Franco en El Pardo y a las cuatro de la tarde volvió a despachar con él. Parece evidente que en esas dos ocasiones se decidió acerca de la composición final del Gobierno. Franco pudo presentar alguna resistencia a la marginación de López Rodó y otra mayor al desplazamiento de Barrera de Irimo.

Arias tomó nota y al día siguiente resolvió lo que quedaba del relevo ministerial. Mientras tanto, aparecía en la prensa una foto que parecía testimoniar cuál había sido el origen de su promoción a la Presidencia: en ella aparecía riendo al lado de doña Carmen. El periodista Bardavío informa de que la imagen se difundió para desmentir la supuesta muerte de la mujer del jefe del Estado, pero el efecto político fue el indicado. En realidad, según un futuro ministro, la mujer de Franco «no era una intrigante aunque compusiera situaciones»,[22] pero en la determinación precisa del Gobierno no parece haber jugado papel alguno. Como quiera que sea, el 3 de enero Arias recibió a las 10.00 en Presidencia a Barrera.[23] Éste había dado por inevitable el abandono de su puesto, pero se encontró con que el deseo de Arias (o el de Franco, más propiamente) era el contrario, lo cual le permitía poner condiciones. Al final, el presidente convenció a Barrera de que se quedara, pero éste exigió que hubiera un coordinador en materia económica en el Gobierno, que sería él mismo. El ministro de Hacienda con Carrero aceptó, pues, continuar en el cargo, pero mantuvo la tesis de que la situación económica del país exigía un estricto control de todos los ministerios económicos y, por consiguiente, pidió nombrar él mismo a los ministros. Eso al final supuso que los ministros de Industria, Santos Blanco, y Comercio, Fernández Cuesta, fueran personas propuestas por él. En Agricultura permaneció el ministro saliente Tomás Allende. Barrera recibió, además, el título de vicepresidente segundo del Gobierno, pero Arias «nunca estructuró las vicepresidencias ni les otorgó competencia alguna».[24]

En la práctica hubo por un lado vicepresidencias, sin verdadera capacidad de coordinación, mientras por otro ejercían influencia determinados ministros, los que habían sido nombrados en primer lugar. Licinio de la Fuente, que siguió como ministro de Trabajo y recibió el título de vicepresidente tercero, propuso a Arias dar contenido concreto a las vicepresidencias. Esto se podía hacer por el procedimiento de constituir una especie de gabinete restringido con los vicepresidentes que coordinarían las diversas áreas ministeriales en tres campos concretos: político, económico y social. Otro procedimiento podría ser potenciar las comisiones delegadas del Gobierno, que ya existían, y extenderlas a otros ámbitos como podían ser los asuntos sociales. Sin embargo, Arias no resolvió nada acerca de esta materia y tan sólo cabe señalar que los vicepresidentes tuvieron cierta preeminencia formal. Las fórmulas propuestas por Licinio de la Fuente tenían la dificultad de que los ministros del área social se solapaban en sus competencias con los de carácter económico. A lo largo del régimen, por otro lado, habían existido siempre tensiones entre estos dos mundos y parece lógico que Barrera se opusiera a un área social desvinculada de sus competencias económicas. Al mismo tiempo, la irresolución de este planteamiento revela que, bajo la presidencia de Arias, iban a manifestarse idénticos problemas de falta de coordinación y coherencia que con Carrero.[25]

Sólo después de solucionar el problema surgido con Barrera recibió Arias, el 3 de enero, a otros personajes políticos, ministros o ministrables. A la una se entrevistó con García Hernández y con Rodríguez de Miguel, quizá para darles cuenta de su gestión anterior. Luego se vio con Martínez Esteruelas y Utrera, sobre los que había decidido que cambiaran de cartera. El primero, abogado del Estado y letrado de las Cortes, pasó de Planificación a Educación; no era catedrático pero había dirigido la Fundación Juan March. A Utrera, a quien había confirmado como ministro de Vivienda, sólo entonces debió de decirle que pasaba a la Secretaría General del Movimiento. Quizá hubiera preferido nombrar a Herrero Tejedor, pero tenía que dar alguna satisfacción, al menos remota, a Girón.[26] Esa misma mañana del 3 de enero también vio a León Herrera, quizá para decirle que de momento no contaba con él como ministro. Por la tarde recibió a quienes había decidido en el último momento: el ya citado Ruiz Jarabo y el diplomático Gutiérrez Cano, sobre quien recayó Planificación, a las cinco. De nuevo habló con Barrera a las seis, esta vez junto a Fernández Cuesta. Interrumpió la serie de reuniones para ir a La Zarzuela a las siete, señal evidente de que a don Juan Carlos se le informó de la crisis una vez estuvo resuelta, y a las nueve recibió a Fernández Sordo, cuya carrera en la organización sindical parecía facultarle para el Ministerio de Relaciones Sindicales. Cortina Mauri, ministro de Asuntos Exteriores y embajador en París, sólo fue nombrado el día 3 y con él no debió de existir otra relación que la telefónica. Quizá su nombramiento pudo proceder de El Pardo.

Por sugerencia escrita de Franco, Fernández Miranda aceptó pronunciar algunas palabras en solitario durante la toma de posesión colectiva, que tuvo lugar el 4 de enero por la tarde. El ex vicepresidente no volvió a conversar con Arias Navarro hasta el 3 de enero por la tarde, cuando recibió la carta comunicándole el cese. Se puede adivinar su irritación, siendo como siempre fue persona consciente de su valía y además muy directamente relacionada con quien al cabo de poco tiempo iba a ser jefe del Estado. La lectura de sus palabras puede parecer enigmática pero trasluce sentimientos nítidos. Cuando recordó que «se había dicho que soy un hombre sin corazón, frío y sin nervios», se estaba refiriendo al aluvión de críticas que recibió, procedentes de personas tan distintas como Franco o Cabanillas, contra su candidatura. Al reafirmar sus lealtades mencionó al príncipe. Su, en apariencia confusa, mención a las brumas y a las brujas sólo puede ser interpretada hoy como una referencia a doña Carmen, cuya influencia quizá exageró, y a la camarilla de El Pardo. Advirtió además que «no termino, continúo un nuevo caminar político al servicio del pueblo», porque sabía que había de corresponderle un papel al lado de don Juan Carlos. García Hernández, aparentemente sorprendido por lo que había oído, repuso que no hacía falta reafirmar lealtades y que el propósito del Gobierno era «el desarrollo y perfeccionamiento de los principios políticos del Movimiento». Fue la primera ocasión en que el nuevo Gobierno se mostraba aperturista, por supuesto a partir de los presupuestos del régimen. Arias, en su intervención, se refirió a la realidad política negativa padecida en el pasado: «Por primera vez los miembros de un consejo de ministros toman posesión de sus cargos conjuntamente». Silva le había mencionado los años que estuvo en el Gobierno sin saber cuál era la dirección y sin que existiera coordinación; el propio Arias debía de haber sido sujeto paciente de esta situación. Aparte de hacer mención a la «coordinación», se hizo eco también de la necesidad de «reforzar las estructuras políticas» y del «desarrollo de la participación política». No era un lenguaje político que se hubiera utilizado de forma sistemática e incluso abrumadora hasta entonces. Pero pronto lo utilizaron los ministros. Cabanillas, por ejemplo, aseguró: «Soy partidario de la anticipación informativa frente a la información de pura reacción».

En los días siguientes, concluido el relevo ministerial, la situación política pareció normalizarse. El mismo día 4 Arias visitó al príncipe en La Zarzuela y por la tarde a las cinco despachó con Cabanillas y Carro, sus más cercanos colaboradores. Los despachos del presidente con el príncipe fueron en un principio semanales, mientras que los de Franco eran más espaciados. Pero el hecho no contradecía la realidad de que de los nuevos ministros don Juan Carlos sólo tenía buenas relaciones previas con Fernández Sordo y Pío Cabanillas; al resto apenas los había tratado por más que su actividad hubiera consistido durante años en anudar relaciones con la joven clase dirigente del régimen. Se explica que así fuera porque el grupo político dirigente del nuevo Gobierno había quedado descolgado en la crisis de 1969, tanto que alguno se había dedicado a la actividad privada (Carro). Aquella persona que le hizo ver al príncipe las leyes fundamentales del régimen como modificables —Fernández Miranda—, ahora había quedado refugiada en un puesto de jubilado, el Banco de Crédito Local. A López Rodó, insistente a la hora de hablar de la profundidad del relevo producido, don Juan Carlos hubo de admitirle: «Ahora resulta que los que me van a proclamar rey son los que antes no me querían».[27] En realidad, se habían sumado a los apoyos que tenía, pero éstos habían procedido en lo esencial de la familia política encabezada por Carrero y López Rodó.

Por tanto, la crisis, junto con los cambios ministeriales de 1943, 1945, 1956-1957 y 1969, debe describirse como una de las más importantes, por lo que tuvo de giro cardinal en la historia del régimen. Si se recalcan determinados perfiles de los nuevos ministros, apenas parecía haber diferencia con el pasado: la edad media era de cincuenta y cuatro años y por profesiones predominaban los abogados que habían hecho carrera en la burocracia administrativa. Sin embargo, la diferencia se medía en otros terrenos. De los 19 ministros, tan sólo ocho pertenecían al Gobierno de Carrero; sólo cinco conservaban la misma cartera. Pero, además, el cambio producido no se detuvo en el nivel ministerial, sino que llegó incluso a los cargos de segundo nivel, por ejemplo en Planificación del Desarrollo. López Rodó presenta lo sucedido como un «auténtico frenesí», seguido de una «caza de brujas» de la que él habría sido principal sujeto paciente. Navarro Rubio, tecnócrata pero no exactamente un miembro de la familia Carrero-López Rodó, describió lo sucedido como «la revancha de la Falange, humillada por el éxito del Plan de Estabilización realizado por sus oponentes llamados tecnócratas».[28] Lo inexacto de la frase reside en atribuir a Falange lo que fue una reacción más genérica de la clase política marginada por la hegemonía de Carrero, en 1969. En ella había falangismo pero también ecos más o menos remotos del aperturismo de Fraga, una sensación de que era necesaria una reacción ante la creciente actividad de la oposición, y unas actitudes airadas ante la jerarquía eclesiástica que llevaban hacia un anticlericalismo y el antivaticanismo más radicales. Puede parecer una confusa amalgama, pero hacía posible su unión el repudio a un adversario poderoso y súbitamente desaparecido.

Lo indudable de esta afirmación se prueba con la simple enumeración del elenco de quienes desempeñaron papeles importantes en torno al caso Matesa y ahora ocupaban cargos ministeriales. Ruiz Jarabo, presidente del Tribunal Supremo, fue nombrado ministro de Justicia, y Antonio Carro, ponente del suplicatorio en las Cortes, pasó al Ministerio de Presidencia. También García Hernández y Martínez Esteruelas jugaron un papel importante en las Cortes sobre esta cuestión.

No hay duda sobre qué pensaban los máximos responsables del nuevo Gobierno respecto de aquellos a quienes habían desplazado. García Hernández, muy poco tiempo después de formarse el nuevo Gobierno, envió a Arias un informe en el que se denunciaba el supuesto beneficio obtenido por la mujer de Mariano Navarro Rubio a consecuencia de la subasta de unas fincas en Denia mientras el citado político desempeñaba la cartera de ministro de Hacienda. La tarjeta que acompañaba al documento decía simplemente «sin comentarios».[29] Por su parte, el propio Navarro Rubio se dirigió al ministro de Justicia y al propio presidente del Gobierno en relación con el proceso de que había sido objeto como consecuencia del asunto Matesa. En la nota de resumen que se le hizo a Arias se decía que el escrito era «de una gran dignidad» e indudablemente era así, aunque también resultaba potencialmente explosivo desde el punto de vista político. Navarro Rubio, que decía que los suyos eran los argumentos que hubiera empleado en el caso de ser sometido a juicio, aseguraba que «en el caso Matesa hay que hablar necesariamente de política». El error cometido consistiría en primer lugar en «someter al enjuiciamiento de los Tribunales las decisiones políticas, en este caso de política económica», porque eso implicaba que el Consejo de Ministros «como cuerpo colegiado de responsabilidad solidaria» era el responsable de lo acontecido. El Gobierno habría decidido en 1969 hacer todo lo posible para que la empresa no quedara perjudicada; la cuestión pendiente era, pues, «hasta qué punto se puede juzgar penalmente una política del Gobierno». Además, se había abierto un «proceso de grandes ausentes», el conjunto del Gobierno, presidido por el propio Franco y los consejeros del Banco de Crédito Industrial. La responsabilidad del Instituto de Crédito Oficial se centró de forma exclusiva en su presidente, él mismo, sin tener en cuenta que le correspondían tan sólo funciones puramente representativas. El indulto, en fin, habría privado al Tribunal Supremo de la posibilidad de limpiar al caso Matesa de «ganga extrajurídica». El escrito concluía en tono patético: «Escucha la dignidad de un hombre que debió merecer el respeto de su honor personal conforme declara el Fuero de los Españoles y que salió de este proceso sin la reparación que le era debida».[30] No fue atendido ni parece probable que su autor pensara siquiera en serlo, dadas las circunstancias. Se trataba de una bomba política pero su autor no la lanzó.

Nos queda para contemplar la crisis en su conjunto analizar las reacciones que se produjeron desde un punto de vista externo al régimen. Arias trató de aparecer como un hombre de leyes en las informaciones distribuidas desde las embajadas españolas en el extranjero, según indicaciones emanadas del Ministerio de Asuntos Exteriores español. Pero estos portavoces no consiguieron sus objetivos. El dirigente comunista Santiago Carrillo se limitó a describir el nuevo ejecutivo como «el Gobierno gris».

Más enterada del fondo de las cuestiones resultó la reacción de don Juan de Borbón en unas declaraciones publicadas en París: de acuerdo con ellas, la muerte de Carrero cambiaría el conjunto de la vida política española y su hijo no había tenido nada que ver con la constitución y la composición del nuevo Gobierno. Da toda la sensación, en efecto, de que don Juan captó muy bien lo sucedido merced a los informes que le llegaban desde Madrid.[31] Según uno de ellos, Carrero era a la vez «garante de la sucesión», pero también «vigilante» del nuevo rey. Su desaparición había supuesto un cambio de Gobierno del que don Juan Carlos se había visto desplazado; él mismo había «querido demostrar abiertamente que no participaba en esa operación con un viaje de tres días fuera de Madrid en las fechas clave», haciéndolo, además a Portugal para entrevistarse con su padre. La crisis hizo aparecer «un factor decisivo y hasta entonces silencioso en la política nacional: la familia [de Franco]». Se había asistido al «ascenso fulminante de políticos que se confesaban quemados hasta la próxima década», como Pío Cabanillas.

El semanario L'Express y el periodista de Le Figaro Jacques Guilleme-Brulon se hicieron eco entonces de que don Juan iba a volver a la vida pública y, en efecto, a partir de este momento reapareció en la arena política española. Pueblo le atacó y su director Emilio Romero llegó a sugerir que de forma espontánea Franco hubiera hecho sucesor a don Alfonso y no a don Juan Carlos. Idéntica actitud mostró *El Alcázar,* pero con mayor aspereza, a través de un artículo de Ismael Medina, aparecido con el seudónimo de *Hispanus;* repuso *Pueblo* que coincidía en los objetivos del mismo, pero también contraponía la «objeción de irritación innecesaria». Gabriel Cisneros, que habría de desempeñar un papel político de importancia en lo inmediato, calificó lo escrito en *El Alcázar* como «uno de los más lamentables desahogos en forma de artículo». No por eso se aplacaron las actitudes, en especial en el exterior. Calvo Serer, seguidor de don Juan y empeñado en su *rentrée* política, lanzó en *Le Monde* una andanada afirmando que Alonso Vega y Carrero habían sido los promotores de la operación Príncipe y ahora habían desaparecido; recordaba, además, que su padre no había cedido sus derechos. *Pueblo* consideró desdeñosamente como «conspiradores galdosianos» a Calvo Serer y a García Trevijano.[32] Pronto habría en la política española conflictos más inmediatos a los que enfrentarse en vez de estas alusiones a don Juan.

Conviene también tener en cuenta cómo reaccionaron otros países europeos ante lo sucedido en esta crisis gubernamental. Lo haremos teniendo en consideración un solo caso, el de la Francia posgaullista, por las especiales relaciones que como sabemos, mantenía con la España de Franco. Pompidou, en una carta personal, le había mostrado a éste su «simpatía entristecida» al enterarse de la muerte, «en condiciones trágicas», de quien había sido su primer presidente del Gobierno. Cuando Cortina, hasta entonces embajador español en París y nombrado ahora nuevo ministro de Asuntos Exteriores, acudió a despedirse de Pompidou, los diplomáticos franceses ya habían llegado a algunas conclusiones respecto a cómo el magnicidio había afectado a la política interna española. El atentado, sin haber provocado problemas inmediatos, había sido «un serio golpe a la obra de edificación del posfranquismo emprendida pacientemente por el Caudillo». El nuevo Gobierno, «que agrupa en gran medida a técnicos y no tiene personalidades destacadas» era «homogéneo y de un franquismo ortodoxo». Sin embargo, apuntó con inteligencia el redactor del informe, se «había comprometido en una política de firmeza que podría provocar reacciones poco favorables al acercamiento a Europa». En esta frase ya estaba prevista la actitud de Arias ante los problemas de orden público y la reacción de los países democráticos europeos. Desde el punto de vista político, los franceses captaron muy bien la difícil situación en que había quedado el futuro rey. Aunque no se había reconsiderado la persona del sucesor, don Juan Carlos, «nunca había tenido con el nuevo jefe de Gobierno relaciones parecidas a las que le unían al almirante», de modo que «su posición corría el peligro de verse debilitada» y se creaba respecto del futuro «un nuevo elemento de incertidumbre». Los propios franceses la sintieron, pues, «después de haber llegado a un acuerdo en todos nuestros asuntos con el equipo del Opus Dei de 1973 —escribió el embajador—, ha sido necesario volver a empezar de nuevo por completo», dada la amplitud del relevo de cargos. No obstante, no hubo problemas por el momento: pronto el representante galo descubrió en Barrera a «la personalidad con una autoridad más firme en el seno del Gobierno» en las materias que más le interesaban, es decir, las económicas. Francia, por tanto, estaba dispuesta a llevarse bien con el franquismo final. Cuando pasaron unas semanas y el régimen hizo uso de la pena de muerte contra el disidente político Puig Antich, acusado de terrorismo, Pompidou, en respuesta a una carta de una ciudadana francesa, se negó a realizar cualquier tipo de intervención para pedir clemencia y unos días después se dio luz verde a una visita oficial de una alta personalidad política gala a España, pero tan sólo en el verano, transcurridos algunos meses desde la citada ejecución.[33]

Discurso en febrero

Nos hemos adelantado en el tiempo al hacer mención al referido acontecimiento. Antes, 12 de febrero, Arias Navarro pronunció en las Cortes un discurso programático y solemne del que ante todo es preciso resaltar su novedad en el seno del régimen franquista. No había existido, por descontado, nada parecido antes de los años setenta. Carrero hizo algo parecido a un discurso programático, pero no resultó en nada resonante; además, llevaba ya en el poder desde hacía mucho tiempo, y en los últimos años como vicepresidente, y sus propias ideas impedían que recalcara otra cosa que la continuidad. El discurso de Arias tuvo impacto porque él mismo significaba una novedad, pero también por su contenido. No fue ni siquiera consultado con la Secretaría General del Movimiento, que era el ministerio político por excelencia. Se dijo que habían colaborado en él Ortega Díaz Ambrona, director del Instituto de Estudios Administrativos, y Jáudenes, director de Relaciones Institucionales de Presidencia.

En realidad, el discurso del 12 de febrero fue elaborado, en lo esencial, por Gabriel Cisneros, que ocupaba una subdirección general de estudios en Presidencia de Gobierno.[34] La decisión fue tomada por Carro, quien proporcionó las líneas generales, no por el propio Arias. Cisneros había sido desde la época anterior a que Carrero llegara a la presidencia del Gobierno uno de los jóvenes aperturistas más conocidos en el seno del régimen. Había tomado parte en la redacción de la Ley de Libertad Religiosa y desempeñado la Delegación Nacional de la Juventud hasta 1972, momento en que se distanció de Fernández Miranda, para quien su reformismo debía de ser un engorro en un momento en que la figura determinante de la política española era Carrero y la tendencia más consolidada el empantanamiento. Durante este período había mantenido cierta relación con el príncipe don Juan Carlos, deseoso de establecer contactos con los jóvenes alevines del régimen. Por actitud generacional, de quien Cisneros difería profundamente era de Carrero, a quien le molestaba que en el Consejo Nacional describiera lo que él persistía en designar como «Cruzada» como «nuestro doloroso conflicto civil». Cuando le propuso al almirante una campaña de popularización de la figura del príncipe, el entonces vicepresidente del Gobierno lo consideró innecesario. «Nos ha salido católico, patriota y con lealtad», repuso, pero, además, tampoco podría hacer nada a partir de la asunción de sus poderes «con las leyes que tenemos». Según Cisneros, el almirante era el único que realmente creía en la perdurabilidad absoluta, total y definitiva de todo el aparato institucional del régimen. Tenía opiniones chocantes incluso en lo relativo al propio cambio social, perceptible en las modas juveniles de la España de la época: «Hay que pelar a esos chicos», le dijo a Cisneros cuando vio las espesas cabelleras de algunos de los muchachos de la OJE (Organización Juvenil Española).[35] Cisneros, tras su paso por el citado cargo, desarrollaba una actividad frecuente e importante como articulista en *Pueblo* y luego en *Blanco y Negro*. Como consecuencia de lo que escribió, fue objeto de irritadas invectivas por parte de la extrema derecha del régimen, en especial de Fuerza Nueva.

No conocía personalmente a Carro, si bien éste debía de conocer su trayectoria porque era un atento lector de prensa. En las Navidades de 1973 le encargó que hiciera un discurso, «como uno de tus escritos más aperturistas». Cisneros lo hizo a lo largo de una noche sin demasiada esperanza en que lo que había redactado como borrador acabara siendo viable. Pero sí lo fue: en las Cortes, al oírlo, tuvo la sensación de que Arias actuaba como David Cubedo, el locutor radiofónico y televisivo más habitual de la España oficial de entonces, personaje imprescindible a la hora de dar noticias solemnes. Párrafos enteros repetían lo escrito por él. Como había utilizado parte de sus propios artículos en *Blanco y Negro* hubo quien reconoció su mano. La mirada de Cisneros se cruzó durante el discurso con la de Martín Villa, que era como él un joven aperturista. «Pero, coño...», musitó éste. El autor sustancial del texto afirma que Franco, con quien Arias había despachado, y al que le entregó el texto, sólo introdujo dos novedades: evitar la precisión en lo relativo al plazo en que debía ser aprobado el Estatuto de Asociaciones Políticas y en lo referente a la sucesión en favor del infante don Felipe.[36] Lo primero revela la habitual reticencia de Franco respecto de las asociaciones, pero el mismo hecho de que aceptara una declaración programática de este cariz prueba cierta disponibilidad inicial para el cambio; nada más pronunciado, no obstante, le recomendó «prudencia». Resulta también importante señalar que Arias conectó por una vez con el ambiente que se respiraba en los sectores juveniles más valiosos del régimen. Fraga creyó o pretendió en algún momento que eran sus hombres a través de Cabanillas quienes estaban influyendo, pero no era así.

El discurso, de una hora y cuarto de duración, merece una breve glosa. Fue una presentación del nuevo Gobierno ante las Cortes como si aquéllas fueran una cámara del parlamentarismo liberal. Prometió, de entrada, un nuevo talante: «información escrupulosa» y «resuelta apertura de los asuntos de Gobierno al debate institucional y a la confrontación de la opinión pública». Carrero no hubiera empleado este lenguaje que él, además, justificó en Franco, como «clave fundante» del régimen. «No nos es lícito por más tiempo —añadió— continuar transfiriendo, inconscientemente, sobre los nobles hombros del Jefe del Estado la responsabilidad de la innovación política.» En ella, llegó a asegurar, «no excluimos sino a aquellos que se autoexcluyen».

A la hora de la concreción, el lenguaje aperturista se precisó en cuatro medidas que, por supuesto, estaban muy lejanas a nada parecido a la democracia. Se retiraría el proyecto de ley de Régimen Local y se elaboraría en su lugar uno nuevo que permitiría la elección de alcaldes y presidentes de Diputación Provincial y que entraría en las Cortes antes del 31 de mayo. A fines de junio se prometía haber regulado un régimen nuevo de incompatibilidades en las Cortes. Se afirmaba, en tercer lugar, un desarrollo de la Ley Sindical, un guiño a los procuradores de esta significación. Pero, sobre todo, se prometía «la redacción de un Estatuto de derecho de asociación para promover la ordenada concurrencia de criterios»; se haría «sin que proceda aquí un señalamiento de plazo», pero «sin tardanza». Su contenido trataría de llegar a las soluciones «más generosas e integradoras ... para promover la ordenada concurrencia de criterios conformes a los principios y normas de nuestras leyes fundamentales». El asociacionismo había estado en el centro de gravedad de la política en los años anteriores y ahora, por vez primera, daba la sensación de salir del pantano en que lo había situado la cerrazón de Franco y Carrero o el conformismo de Fernández Miranda; incluso se situaba en el centro de la política gubernamental.

En esos cuatro propósitos, sobre todo en el último, se cifró lo que en adelante fue denominado como «el espíritu del 12 de febrero». El resto del discurso incidió en obviedades. Era necesaria «una línea coherente de decisiones», lo que motivó la creación de las vicepresidencias, pero sabemos que no funcionaron como tales, ni tan siquiera se intentó que lo hicieran. Era imprescindible el desarrollo, «pero cuidando que los frutos del progreso se repartan con equidad», «con pleno empleo» y «una distribución más equitativa de las oportunidades». En el entrecomillado parecía existir una crítica, imprecisa pero al menos de lenguaje, a la tecnocracia, si bien aun así, se prometía para el futuro, «una política económica realista». Por el momento nadie prestó atención a la escueta referencia a la Iglesia: «El Gobierno mantendrá las condiciones que permitan a la Iglesia desempeñar sin trabas su sagrada misión ... pero rechazará con la misma firmeza cualquier interferencia en las cuestiones que por estar enmarcadas en el horizonte temporal de la comunidad están reservadas al juicio y decisión de la autoridad civil».

En la España de 1974 habría sido inimaginable que el discurso inaugural de un presidente del Gobierno no fuera bien acogido por los medios de comunicación y los políticos que vivían en la legalidad. Lo que llama la atención es, no obstante, la expresividad de los juicios positivos procedentes de sectores muy diversos con proyectos de futuro muy distintos. Girón, todavía convencido de que podría jugar un papel político en el entorno de Arias, lo describió como «un discurso extraordinario»; los tenientes generales García Rebull e Iniesta, significados entre el generalato más reaccionario, lo describieron respectivamente como «completísimo» e «inmejorable». El primero, que había redactado un borrador que Arias desechó luego, afirmó que no le había gustado nada el que oyó pero no fue eso lo que dijo en el momento. Areilza, que había polemizado en la prensa con Carrero, juzgó ahora que el discurso de Arias respondía «al estilo de un hombre moderno y europeo». El grupo Tácito, que en *Ya* publicaba artículos de inequívoco sentido aperturista, lo alabó sin reservas. Las interpretaciones más equilibradas fueron, no obstante, las que se publicaron en la prensa extranjera. *The Washington Post* interpretó que Arias ofrecía una «liberalización limitada» y una mayor participación, «pero no especificó ni cómo ni cuándo».

Lo trascendental del discurso de Arias fue que contribuyó a crear una dialéctica sobre el cambio político, dialéctica que jugó un papel decisivo en los meses siguientes. Una vez enunciada, la reforma política se convirtió en el centro de gravedad de la vida pública. La tenaz oposición de la extrema derecha contribuyó de forma decisiva a paralizarla, pero el paso del tiempo en esa situación obligó a una parte de quienes creían genéricamente en ella a ampliarla. Todo ello sucedía en el campo político del régimen, mientras que en el antagónico crecía la movilización.

La sorpresa por el contenido del discurso de Arias se vio acompañada desde el primer momento por una evidente ambigüedad. El redactor del mismo —Cisneros— llegó a considerar que al quedar desbordado el éxito previsible se ponía en peligro el contenido de la tarea que se debía realizar. No dejaba de estar justificado porque, como veremos, inmediatamente se produjo un movimiento dentro del propio Gobierno antagónico contrario a la apertura. En realidad, esta conexión inicial entre Arias y los jóvenes reformistas resultó por completo efímera. La relación entre estos dos mundos resultó más bien indirecta y se quebró desde su nacimiento. Después de inspirar su discurso inaugural, Cisneros no despachó nunca a solas con el presidente del Gobierno; sus mayores apoyos se encontraban en colaboradores de Arias, como Jáudenes. La influencia sobre Arias la ejercieron de forma oscilante el tándem Carro-García Hernández, aperturista el primero y proclive al autoritarismo el segundo.

La ambivalencia gubernamental fue patente desde el primer día. Lo hemos visto ya en la pluralidad de significaciones políticas de quienes alabaron al Gobierno, pero podemos comprobarla también en los segundos escalones del ejecutivo. Entre los ministros pronto destacó de cara a la opinión pública Pío Cabanillas, que sólo entonces dejó de ser el segundo de Fraga para adquirir una dimensión política propia. Sus declaraciones siempre tendieron a ampliar el contenido del aperturismo. Consistían en frases como las que siguen: «Entendemos la información como un instrumento de solidaridad social y como un medio responsable ante la sociedad»; «resulta urgente perfeccionar los mecanismos de la democratización del régimen»; «sería injusto ignorar las culturas regionales». Nada concreto, en suma, pero sí sugerente de una actitud. En una encuesta realizada entre periodistas, Cabanillas fue considerado por entonces como el cuarto político con más futuro. El primero era Fraga; del resto de los miembros del Ejecutivo fueron citados Fernández Sordo y Barrera.

En el Ministerio de Información, regido por Cabanillas, desempeñó un protagonismo muy característico del momento Ricardo de la Cierva, director general de Cultura Popular. Cuando Arias pronunció su discurso, le escribió haciendo alusión a recientes publicaciones de historia contemporánea; debía saber que era lector habitual de lo que se publicaba sobre la materia. De la Cierva declaró al presidente «la recarga de moral política que supuso para mí su discurso» y le pidió una entrevista para «ponerse a sus órdenes».[37] También él hacía declaraciones, como las de Cabanillas, aperturistas aunque imprecisas, del tipo «no hay que asustarse por la elevación del nivel crítico del pueblo» y «una política de aproximación al mundo intelectual será también factor de integración institucional». Tuvo iniciativas en el marco de sus competencias que resultan significativas y brillantes, aunque hoy en día alguna pueda parecernos incluso grotesca. Intentó nombrar a Cela presidente del Ateneo, cargo controlado desde el Ministerio, pero el escritor acabó rechazándolo después de las ejecuciones de marzo; le sustituyó Carmen Llorca, una funcionaria y profesora. La censura aceptó una versión pop del *Cara al sol* falangista y De la Cierva adujo que se lo había comunicado previamente a Pilar Primo de Rivera y Utrera Molina. Era un simple gesto (y muy superficial) pero, como veremos, produjo una considerable controversia política.

Ahora bien, al mismo tiempo, desde las primeras semanas y frente a estas declaraciones, otros dejaron claro que el rumbo que seguir debía ser distinto, principalmente por procedimientos subterráneos. Emilio Romero desde *Pueblo,* a pesar del carácter oficial del diario, mantuvo una posición cercana al falangismo de Girón, que comprobaremos más adelante. Además, desde el primer momento inició las denuncias en privado ante Arias. Aludiendo a un periodista de Barcelona, que «me ha contado cosas de Cataluña que me han dejado preocupadísimo», «como tengo una estimación por tu persona y un deseo sincero y no oportunista de que tu gestión constituya un acierto al frente del Gobierno de la Nación», le propuso una entrevista con él.[38] Arias recibió, además, denuncias frecuentes de sectores muy reaccionarios contra periodistas. Una nota confidencial describió a Josep Melià, futuro secretario de Estado con Suárez, como «separatista». Había sido jefe de Prensa del Ministerio de la Vivienda y durante ese cargo «una alta personalidad» del Pardo se quejó de que hubiera ironizado acerca de la manifestación de diciembre de 1970 tras el consejo de guerra en Burgos.[39] De nuevo, pues, nos encontramos con la camarilla de El Pardo, que se resistía a retroceder en la influencia alcanzada.

EJECUCIONES EN MARZO

Ante la mayor parte de la prensa extranjera, pero no ante la diplomacia gala, e incluso ante una parte de la española, quizá no pareció evidente que la trayectoria biográfica de los nuevos presidente y vicepresidente del Gobierno suponía una inflexión en otro terreno. El orden público, tal como la clase dirigente del régimen lo entendía, era una obsesión permanente, pues interpretaba que quienes se habían responsabilizado en el pasado de él actuaban con lenidad. Al mismo tiempo que Cabanillas hacía declaraciones como las transcritas, García Hernández, en el momento de dar posesión al nuevo director general de Seguridad, había dicho que «no habrá fisuras ni debilidades en el mantenimiento del orden público». La periodista Mary Mérida se atrevió a preguntarle a Utrera si el Gobierno era «de orden público». Quien pronto lo notó fue la oposición: desde las primeras semanas del nuevo Gobierno se produjeron numerosas detenciones de militantes de organizaciones de extrema izquierda así como de Comisiones Obreras y de USO.

Sin embargo, el indicio más evidente de una inflexión en la política de orden público fue la ejecución de dos personas a comienzos de marzo. Sólo una de ellas, Salvador Puig Antich, puede ser considerada como militante de izquierdas. Su biografía revela el abismo existente entre un joven como él y la generación de Arias Navarro o García Hernández.[40] La familia de Puig Antich era una familia de clase media, de tradición católica y pasado republicano (el padre estuvo condenado a muerte tras la guerra civil). Salvador, a los veinte años, no era muy diferente de la mayor parte de los jóvenes barceloneses de la época: no estaba metido en política ni había tenido incidentes con la policía.

La politización le vino luego, tras el contacto con el fundador del Movimiento Ibérico de Liberación, Oriol Solé, detenido en Francia en marzo de 1971. El MIL mantuvo contactos con los exiliados anarquistas de Toulouse, pero pertenecían a un mundo muy distinto. En sus actuaciones, entre lúdicas y gangsteriles, sus miembros «disfrutaban como enanos» y se declaraban con orgullo «hijos de mayo del 68». Desde 1972 iniciaron los atracos a entidades pero sin perder el talante original irreverente y humorístico. A veces, fraguaban proyectos inverosímiles como que el propio Salvador fuera a grabar un disco a Suiza en homenaje a *Che* Guevara, disco que se editaría con el resultado de los atracos. Después de cada acción la celebraban con una gran comida. Atracaban a cara descubierta y para disfrazarse se vestían de traje y corbata. Algunos militantes apenas tenían dieciséis años y otros secaban piel de plátano para fumársela como sustitutivo de droga. Su publicación se titulaba *CIA*, siglas de Conspiración Internacional Anarquista, y editaban en ella cómics irreverentes con una buena dosis de humor y algo de pornografía.

En marzo de 1973 su suerte declinó cuando en el curso de un atraco dejaron ciego a un empleado. Lo que había parecido hasta entonces una broma o una aventura romántica basculó hacia la tragedia. Por el momento, la autoridad militar, que era la que se enfrentaba a los delitos de terrorismo, se inhibió de los atracos pues consideró que los llevaban a cabo delincuentes y no terroristas. En realidad, la policía apenas conocía la existencia del MIL, y los obreros, a quienes en teoría se dirigían los militantes anarquistas lo desconocían por completo. Como en tantas ocasiones, el terrorismo había creado un modo de vida: los miembros del MIL subsistían en un círculo vicioso consistente en atracar bancos para obtener dinero para atracar bancos. Eso, como es lógico, favorecía la inestabilidad emocional. Luego, cuando fue detenido, Puig Antich reconoció haber pedido consejo a su hermano psiquiatra, quien le recomendó que visitara a otros colegas por tener graves problemas personales y afectivos. Detenido, su abogado pidió que fuera reconocido por un psiquiatra de fama y altura, pero el Juzgado Militar le respondió proponiendo a psiquiatras militares.

El grupo especial de la policía destinado a perseguir el MIL era pequeño, señal de que no se le concedía especial peligrosidad; quien lo dirigía apenas tenía treinta años. El inspector Francisco Anguas, que formaba parte de él, había cumplido sólo veinticuatro años; estaba a punto de casarse y entre sus lecturas tenía un libro sobre Buñuel. El 25 de septiembre de 1973, en el momento de la detención, Puig Antich se resistió haciendo uso de un arma de fuego y le alcanzó. Un testigo declaró que Anguas había recibido más tiros que los disparados por el anarquista, sin duda procedentes de las armas de los compañeros policías que le acompañaban en la confusión de la refriega. Durante el juicio se rechazaron las pruebas de balística; la autopsia de Anguas había sido muy irregular porque se hizo en la comisaría.

En la cárcel, Puig Antich, sufrió al parecer el maltrato habitual en la época para los militantes de izquierdas: se le cacheaba tres o cuatro veces al día y a veces se dejaba la luz encendida en la celda. No tuvo apenas solidaridad porque la oposición no se la prestó; el MIL era pequeño y además los grupos políticos más influyentes estaban contra la violencia. El mismo Puig Antich no la quería por no desear ser «utilizado por los reformistas». La entrevista de la familia del detenido con el cardenal Jubany resultó tensa, pero los obispos catalanes se dirigieron a Franco para pedir el indulto. También el doctor Puigvert, Ruiz Jiménez o el abad Casià Just, personalidades independientes o del mundo católico, trataron de intervenir en idéntico sentido.

Pero las circunstancias resultaban poco propicias para el reo. Cuando tuvo noticia del atentado contra Carrero, Puig Antich declaró: «ETA me ha matado». En buena parte así fue, pero otro hecho agravó su situación. La autoridad militar en Barcelona, sin duda la más activamente reaccionaria en España, quizá por el roce con la sociedad en que vivía, tuvo desde un principio una actitud que hacía prever el resultado final. La segunda sección del Estado Mayor de la Capitanía General de Cataluña redactó un informe en que se pedía la asistencia al consejo de guerra «de diverso personal de probada rectitud patriótica» y «elegir capitanes resolutivos» para formar parte del tribunal; para los designados fue «mala suerte» la decisión del mando al elegirlos, pero hicieron lo que de ellos se esperaba. Puig Antich fue condenado a muerte. El 11 de febrero de 1974 la sentencia fue revisada en el Consejo Supremo de Justicia Militar, pero resultó una pura formalidad. En realidad, la decisión había sido tomada con anterioridad y en ella jugó un papel decisivo la imagen que el Gobierno quería dar de sí mismo como especialmente cuidadoso del orden público.

Así se desprende gracias a una información inédita hasta el momento. El gobernador civil de Barcelona, nada más formado el Gobierno Arias Navarro, emitió una nota dirigida a García Hernández en la que proporcionaba datos interesantes acerca del caso Puig Antich y tímidamente sugería el indulto. Había en lo acontecido dos circunstancias que convenía tener en cuenta. «La primera de ellas —escribió—, es la duda existente sobre si Puig Antich tiene un perfecto conocimiento de los hechos realizados o se encuentra afectado por algún trastorno mental.» «La segunda cuestión —añadió—, es si los disparos que recibió el cuerpo del policía señor Anguas procedían todos ellos del arma empuñada por Puig Antich, puesto que no está suficientemente demostrado cuántas veces disparó.» «En estas dos circunstancias —concluyó—, es, al parecer, en lo que se basó la defensa, afirmando que en el tiroteo que se ocasionó en el lugar de autos no se podía asegurar de dónde provenían la totalidad de los disparos, e incluso si alguno de los que ocasionó la muerte del policía provino de algunos de sus compañeros, nerviosos por los hechos.»

El gobernador civil añadió algo más. Pelayo Ros —ése era su nombre— era fiscal y opinaba que «la ejecución de la pena de muerte es legalmente de imposible cumplimiento», pues «no existe un modo legalmente establecido y garantizado de privar de la vida al reo» por parte de la autoridad civil. Recordaba que «desde 1959 hasta la fecha no se ha ejecutado ninguna pena capital a consecuencia de resoluciones de la jurisdicción ordinaria» (en ese año era director general de Seguridad Arias Navarro). Venía a continuación la propuesta que dejaba caer Pelayo Ros: «Compulsadas opiniones (aunque nadie supone que sean para informarte), creo que late la opinión de que Puig Antich, tanto por su actuación en los interrogatorios como en el acto del juicio oral, no es persona que estuviese centrada y que quizá una decisión final pueda ser tomada recordando hechos ocurridos que no se relacionan con lo actual».[41] La alusión al asesinato de Carrero parece, pues, transparente. Junto a esta carta, encontrada en un archivo oficial, figura una anotación sin duda de la mano misma de Arias Navarro; su texto es el siguiente: «Al subsecretario de despacho para que me hable y prepare contestación evasiva». Este último calificativo implicaba la muerte de Puig Antich.

El 1 de marzo se tomó la decisión formal de no conmutar las penas de Heinz Chez, un desequilibrado polaco, reo en Tarragona de haber robado en un establecimiento y haber matado a un suboficial de la Guardia Civil, y del militante anarquista catalán. Al día siguiente se cumplieron las penas; coincidió con la retransmisión de un combate del boxeador Urtain por televisión. Chez se convirtió al catolicismo. Puig Antich sólo se descompuso cuando supo que iba a ser ejecutado mediante garrote vil; al parecer, finalmente se había juzgado legal su uso. Cumplida la sentencia, la hermana del reo gritó a la policía: «Vosotros lo matáis, vosotros lo enterráis», negándose a colaborar en el sepelio. En la prensa la noticia recibió un tratamiento muy discreto: ni se recordaron los antecedentes mencionados por el gobernador de Barcelona ni se dudó en agrupar a los ejecutados bajo la común denominación de «terroristas». Según los periódicos, «Puig Antich reconoció su participación en siete atracos a mano armada y mató a un inspector de policía». Desde la perspectiva actual, asombra que la promesa de apertura coincidiera con las dos ejecuciones. Pero la contradicción retrata de forma clara la naturaleza del Gobierno Arias Navarro.

¿EXCOMUNIÓN EN MARZO?

Conocemos de forma suficiente las malas relaciones entre Iglesia y Estado; sabemos también hasta qué punto el sentimiento religioso era decisivo en Arias Navarro. Sus antecedentes biográficos como director general de Seguridad tal vez contribuyeron también a su actitud de indignación frente a una clase política de oposición que nació en buena parte del movimiento católico; de cualquier modo, el anticlericalismo de derechas era una actitud compartida por otros miembros del Gobierno, como García Hernández o incluso Carro, aperturista en otras materias. Sea así o no, los propios papeles del archivo personal de Arias revelan que la relación con la Iglesia le importó mucho. Conservó toda la correspondencia acerca de ella, los documentos de la Conferencia Episcopal e incluso aquella información de rango inferior que debería haber quedado en archivos oficiales. Sin duda acabó de irritarle el considerar que el Vaticano no había condenado el asesinato de Carrero; en realidad, no lo hizo porque ya se había enviado un mensaje de condolencia, pero sabemos que López Rodó lo intentó una y otra vez.[42]

La primera y sonadísima crisis entre ambos poderes se produjo a los doce días de la presentación del programa de Arias, aunque fue el 3 de marzo cuando se dio a conocer a la luz pública. Era, desde luego, posible desde el punto de vista del Gobierno y de quien lo presidía pero no de quien estaba al frente de la Conferencia Episcopal. Tarancón no debe ser considerado de ninguna manera como un personaje político empeñado en enfrentarse por motivos intrascendentes con las autoridades civiles. Por el contrario, su disposición, en continuidad con la que había adoptado al final de la presidencia de Carrero, consistía en intentar mantener un diálogo, difícil pero que permitiera evitar los choques, con la cúpula política del régimen.

Por eso tomó la iniciativa por escrito, nada más nombrado Arias, «para hablarse con absoluta sinceridad, seguro de que es fácil la inteligencia mutua y la colaboración leal», pues «soy un convencido de la eficacia del diálogo abierto y amistoso y de la necesidad absoluta de una sincera colaboración entre las autoridades de la Iglesia y el Estado». «Esa colaboración —añadía—, si no ha existido siempre en la medida que sería de desear ha sido quizá por falta de un diálogo que sin culpa de nadie no se realizó suficientemente.» «Yo había iniciado —recordó—, desde hace un par de meses, una serie de conversaciones con el fallecido presidente, el admirado almirante Carrero, y algunos otros señores ministros y pude apreciar que era fácil aclarar muchas cosas y llegar a un acuerdo que podía ser ventajoso para todos.»[43] La noticia de esta carta no tardó en filtrarse a través de la prensa más afín a la Conferencia Episcopal.[44] La primera impresión de Tarancón acerca de la difícil transición de Carrero a Arias debió de ser inequívocamente positiva, pues elevó al Vaticano un breve informe en el que destacaba la «serenidad» con que se había hecho frente a la crisis.

Arias respondió en términos amables: «Acojo con satisfacción su deseo de continuar las conversaciones con mi predecesor, el llorado almirante Carrero Blanco, expresándole la confianza de poder reanudarlas una vez superada la agobiante tarea que en estos momentos pesa sobre mí y ello con el fin de establecer un clima más propicio para una fructífera colaboración que sólo beneficios puede reportar tanto para la Iglesia como para el Estado».[45] De hecho, el cardenal y el presidente se entrevistaron en una conversación que no pasó de inicial y protocolaria.

Tarancón asegura en sus memorias que esta promesa inicial de buenas relaciones fue arruinada por el estallido del conflicto protagonizado con Añoveros. Hay, no obstante, razones para pensar que el choque se habría producido de todas maneras. Al mismo tiempo que Arias recibía a Tarancón llegaban otras informaciones que fueron verdaderamente determinantes en su postura.

Una de ellas se titulaba «Nueva ofensiva contra el régimen español» y motivaría un nuevo cruce de correspondencia entre ambos personajes. El texto versaba sobre el episcopado y el régimen español y hacía una interpretación estrictamente política de las tomas de postura del primero sobre cuyas deliberaciones estaba muy informado, lo que induce a pensar que fue un clérigo, quizá un obispo, el autor de este documento. Da por tanto, la sensación de que la actitud de una minoría reaccionaria en lo religioso alimentó la reacción gubernamental y, con ella, el conflicto. Se describía como «un documento dolorosamente trascendental» y alertaba: «A pesar de los suaves comunicados de estos días y de la cacareada distensión en las relaciones Iglesia-Estado se demuestra aquí que sigue fluyendo subterránea una corriente socavadora de cimientos, quizá más peligrosa que la carga explosiva de Claudio Coello [el asesinato de Carrero]». «A la luz de esta información —añadía—, otras campañas aparecen trágicamente traidoras.» Según el autor resultaría que monseñor Yanes, secretario de la Conferencia Episcopal, en un escrito preparatorio para una decisión de ésta, dedicaba tan sólo dieciocho líneas a los problemas de carácter eclesial que dividían a la jerarquía y al propio mundo católico mientras que, en cambio, insistía en otras materias de carácter social y político. En ese texto apuntaría con suficiente claridad «la necesidad de evitar que se consolide el régimen español, la de revocar los principios del Movimiento Nacional, la introducción de los partidos políticos y de la oposición política organizada [y] la sugerencia de que es injusta la actual administración de la Justicia».[46]

El mismo día en que Arias pronunció su discurso en las Cortes, en que ya sabemos que hizo alusión a la relación con la Iglesia, una nota interna del Ministerio de Exteriores reveló la absoluta coincidencia de la cúpula de este ministerio con el redactor del citado texto. De acuerdo con ella, órganos más o menos vinculados a la Conferencia Episcopal «habrían recibido consignas de activar las campañas destinadas a congelar cualquier posibilidad de firma de un nuevo concordato entre la Santa Sede y España», pues podía significar «un reconocimiento de la política del Gobierno español y de sus posibilidades de continuar». El viaje del secretario de Estado vaticano a Polonia demostraría, según el redactor, que, por el contrario, la Iglesia trataba «por encima de las iglesias locales» los temas de su interés cuando descubría que la otra parte «tiene garantías de permanencia». Por eso la Conferencia Episcopal, según el anónimo redactor, trataba de presentar al régimen a través de un «prisma desfavorable» y preparaba un documento en que aparecerían las «líneas extremas» que no habían sido puestas por escrito. De acuerdo con él «los inspiradores de este proyecto actúan en una línea destinada a demostrar a la Santa Sede que el Estado español no es un Estado de derecho y que no posee las condiciones necesarias para su continuidad»; ello tendría que ver con el «recrudecimiento de la campaña subversiva a escala internacional que está siendo orquestada desde el exterior».

Una vez más llama la atención el hecho de que las autoridades del régimen, católicas como sin duda eran, entendieran el conflicto con la Iglesia en términos de exclusivo contenido político en que lo estrictamente religioso apenas era tomado en consideración. Sabían quién era su aliado: monseñor Guerra Campos, el obispo de Cuenca, quien habría sido desplazado por completo de la televisión pública mientras Tarancón controlaría las secciones religiosas de *Informaciones, ABC* y *Ya,* «e incluso de otros periódicos que podrían considerarse más vinculados con la política del Gobierno».[47] En realidad, la propia información de Exteriores revela que no había existido por parte de ningún miembro de la Comisión Episcopal de Medios de Comunicación Social ninguna reivindicación sobre los contenidos de los programas religiosos de TVE. En cambio, Guerra Campos había insistido en ver a su director general; lo había hecho indicando, además, que no existía ninguna norma concordataria que obligara a la dependencia de la programación de la Conferencia Episcopal, como si de ésta sólo pudieran surgir doctrinas erradas.[48] Al Gobierno no sólo le preocupaba la relación con el episcopado en materia de asesoramiento de sus propios programas religiosos, sino también el papel mismo de la Iglesia en la radio española. Un informe acerca de la COPE, elaborado en instancias gubernamentales, denunciaba que en España «una Iglesia determinada no sólo tiene la exclusiva de difusión religiosa sino, además, cuenta con más emisoras en un país que cualquier otra Iglesia en el resto del mundo». Al autor le preocupaba sobre todo la información política, en especial la difundida en el País Vasco y en Cataluña. Proponía, entonces, la «adecuación a la normativa técnica» de las emisoras que la incumplieran, la «presentación sin excusa ni excepción de los cuadernos de emisiones íntegros en las delegaciones provinciales en el tiempo reglamentario» y la clausura de las estaciones cuyo director no hubiera sido nombrado mediante la «autorización previa» de la Dirección General.[49]

Ése era el sentir real del Gobierno respecto de la Iglesia que hacía prever negros nubarrones sobre cualquier posibilidad de diálogo. Algo de ello debió de traslucirse porque Tarancón volvió a escribir una carta a Arias de la que no da cuenta en sus *Memorias* y en la que brilla de nuevo el deseo de entendimiento. Algunos ministros estaban preocupados por un documento episcopal en elaboración que podría ser «manifestación» pública de la Conferencia Episcopal o de su Comisión Permanente. Tarancón, con voluntad de apaciguar posibles reacciones, afirmaba que «dicho trabajo fue preparado exclusivamente para presentar a la consideración de los obispos», y que se refería a los temas que podían dividir a los cristianos y que, por tanto, debían ser objeto de reconciliación. Además, dadas las circunstancias, se optó por no someterlo a discusión, pues «estamos empeñados en reconstruir plenamente la unidad del Episcopado». La «filtración» del citado documento había sido una «lástima» porque «ni se había utilizado ni se iba a utilizar» y podía crear un ambiente de «desconfianza». De nuevo Tarancón mostró su disposición a dialogar «siempre que nosotros vayamos a tratar una cuestión que pueda interesar al Gobierno». Las únicas actitudes expresivas de la real tensión existente aparecían cuando el cardenal afirmaba que «agradecería que cuando por cualquier razón puedan surgir recelos me presentasen directamente el problema para darles las explicaciones pertinentes», lo que parecía una queja indirecta contra quienes estimulaban los rumores. Además, cuando prometía «colaboración leal» añadía «dentro de la independencia mutua».[50]

Este texto parece dar fe de un decidido y auténtico deseo de diálogo por parte de Tarancón. La posición de Arias, en cambio, se caracterizó por su escasa cordialidad y un evidente tono desabrido; es evidente que en él hacían mella los informes políticos que hemos transcrito. Cuando le contestó al cardenal, aludió a su carta como si fuera la confirmación y el reconocimiento de la existencia de un texto que «podría producir alarma en el Gobierno». Ratificó en su respuesta que la referencia por parte de la Conferencia Episcopal a estas cuestiones podía crear un ambiente de desconfianza y que ésta «sólo puede obedecer al hecho real de que se postulen cuestiones que afecten al orden civil y estén en contradicción con las normas constitucionales refrendadas por la inmensa mayoría del pueblo español».[51]

Ni siquiera el tono cambió de forma sustancial cuando Tarancón se pronunció por escrito en términos muy encomiásticos respecto del discurso del 12 de febrero, cuestión ésta que tampoco menciona en sus *Memorias*. «Gracias por su discurso», decía al comienzo de su carta; «como español me he sentido fielmente interpretado y estoy seguro de que sus palabras —serenas y comprometidas— han abierto un horizonte de esperanza que fortalecerá la confianza del pueblo español en V. E.» Resulta interesante transcribir esta opinión, que coincide con la de tantas otras personas que luego jugaron un protagonismo importante en la Transición a la democracia. Como es lógico, al cardenal le interesó de forma especial la referencia de Arias a las relaciones entre la Iglesia y el Estado. Para lograr el diálogo pensaba que era necesario «que ustedes como nosotros demos importancia relativa a las anécdotas evitando la presión de los grupos extremistas que buscan positivamente el conflicto». En las cuestiones de carácter mixto era donde podían presentarse mayores problemas, pero incluso si las discrepancias resultaban graves era posible encontrar un modo de enfrentarse a ellas. «Puede darse el caso —añadía el cardenal— de que en el diálogo o en la negociación no lleguemos a compartir plenamente los puntos de vista», pero «aun en estos casos, que no serán muchos y creo que nunca en cuestiones fundamentales, podemos ponernos fácilmente de acuerdo sobre el modo de actuar unos y otros para disminuir los roces y evitar a todo trance los enfrentamientos». Veía el peor peligro en el «clima de recelo» del que en realidad —el cardenal no lo indicaba— era expresión la propia posición de Arias. «Si le digo estas cosas, Señor Presidente, es para iniciar con esta carta el diálogo», añadía. «Quiero terminar —concluyó— agradeciéndole de nuevo, como español y como obispo, su discurso tan realista, tan político y tan esperanzador asegurándole que contará siempre con mi colaboración sincera y leal y con mis oraciones frecuentes para que pueda desarrollar ese programa ambicioso que, evidentemente, no le resultará nada fácil.»[52] De una manera que demostraba poca receptividad a un lenguaje tan cordial, Arias respondió que su «estricta lealtad a la potestad temporal» no implicaría «ningún demérito en su fe de creyente». Su carta concluía afirmando que «todo se verá facilitado si los fieles y ciudadanos se persuaden, mediante pruebas y hechos concretos, de que ambas potestades estamos en vías de un franco y mutuo entendimiento».[53] Un escrito posterior de Presidencia del Gobierno describe esta respuesta como «de tono frío y reservado», y sin duda es ésta una forma muy oportuna de calificarlo.

En este clima ya amenazador se produjo el incidente Añoveros. Arias había quedado retratado en esta correspondencia. También, sin duda, el de su entorno inmediato: fue García Hernández quien le envió los escritos de la Conferencia Episcopal en relación con materias como la situación económica y la crisis energética y Arias los subrayó de forma cuidadosa. Por otro lado, muy a menudo recibió también abundante correspondencia de extrema derecha en relación con el concordato y las relaciones con la Iglesia.[54]

Según se revela en la documentación conservada por Arias Navarro, ya hacia el 20 de febrero se tuvo noticias de la homilía redactada en la diócesis de Bilbao y el Gobierno hizo las primeras gestiones para evitar su lectura. Lo curioso del caso es que Tarancón intentaba algo parecido por la misma fecha. El 19 de febrero tenía lugar la reunión de la Comisión Permanente de la Conferencia Episcopal; en ella tuvo Tarancón la primera noticia sobre el documento. Se la dieron otros prelados, como Cirarda y Jubany, que no figuraban en el sector conservador. El segundo la consideraba «francamente imprudente» por tocar una cuestión nada fácil y hacerlo de una manera inadecuada; Añoveros, el obispo de Bilbao, decía de ella que era «agua bendita», pero acabó poniéndose nervioso en la discusión con los otros obispos. Ese mismo día Tarancón recibió una llamada del ministro de Justicia —recordemos que figuraba entre los sectores menos aperturistas del Gobierno— con su queja. De él recibió también el texto de la homilía. Su juicio fue negativo: no le gustó «ni por el fondo ni por la forma», aunque el ministro exagerara. A fin de cuentas, Añoveros había sido capellán voluntario de los requetés durante la guerra civil.[55]

Es hora de referirse al contenido de un texto que habría de causar tanta conmoción. La homilía había sido remitida en enero de 1974 por el vicario general, José Ángel Ubieta, como parte de un ciclo de tres exposiciones a los fieles; la última, titulada «El cristianismo, mensaje de salvación para los pueblos», debía ser leída íntegramente. Constaba de tan sólo cinco folios y su contenido era mucho más concreto de lo que el título inducía a pensar. Se refería al «problema vasco» y lo presentaba afirmando que para un grupo de ciudadanos existía «una opresión» mientras otros «rechazan indignados esta acusación» y repudiaban cualquier intento de modificar la situación existente. La salvación cristiana sería «inseparable de la liberación del pueblo a la que la persona pertenece», pues «el derecho de los pueblos a conservar su identidad incluye también la facultad de estar dotados de una organización sociopolítica que proteja y promueva su justa libertad y personalidad colectiva». «La unidad política no se identificaba, pues, con la uniformidad.» La Iglesia sería infiel a su misión «si pretendiera anunciarle [a un pueblo] el Evangelio utilizando unas expresiones culturales ajenas a su forma de ser». «El pueblo vasco —añadía— tiene unas características propias de tipo cultural, entre las que destaca su lengua milenaria. Esos rasgos peculiares le dan al pueblo vasco una personalidad específica dentro del conjunto de pueblos que constituyen el Estado español actual.» Tendría, pues, derecho a conservar «su propia identidad cultivando y desarrollando su patrimonio espiritual» y, «sin embargo, en las actuales circunstancias tropieza con serios obstáculos para poder disfrutar de este derecho». La Iglesia debía «exhortar y estimular» en el sentido de que se modificara la situación del pueblo vasco y «llevar a la práctica en su vida interna lo que aconseja instaurar en la vida civil». Leído el texto en la actualidad, revela una visión de la idea de «pueblo» poco pluralista y escasa finura intelectual, pero también constituye una obviedad política: implícitamente, pedía mucho más un estatuto que la autodeterminación.[56] Si nos trasladamos a 1974, se comprende la conmoción que podía causar el escrito. Desde luego arruinaba la política de diálogo de Tarancón, que trató de conseguir que Añoveros diera marcha atrás, pero sólo logró que aceptara retirar la obligatoriedad de la lectura. La posición de Añoveros le pareció «terca» y la del propio nuncio «fría». Sólo él parece haber sido consciente de lo que se avecinaba.

Los días 24 y 25 de febrero tuvo lugar la lectura de la homilía de Añoveros en su diócesis. Por un momento pareció que la repercusión no sería tan grande. Tanto *Ya* como *Blanco y Negro,* que figuraban como medios de comunicación aperturistas, juzgaron la homilía como «desafortunada». Pero en el propio País Vasco la situación se complicó. Añoveros recibió el apoyo de 10.000 firmas y de 600 de los 720 sacerdotes de la diócesis, pero el diario *La Gaceta del Norte,* en manos reaccionarias, publicó un editorial muy duro contra la homilía y, al parecer, elementos políticos del régimen, entre ellos la alcaldesa de Bilbao, próxima a *Fuerza Nueva*, apelaron a Madrid.

El día 27 se tomaron, según los papeles del archivo de Carlos Arias, las primeras medidas «precautorias con Añoveros y se comunicaron las decisiones adoptadas al Nuncio y al cardenal Tarancón».[57] Tuvo lugar una reunión de varios ministros —García Hernández, Ruiz Jarabo, Carro, Cortina— con Arias en la que se optó por un camino que llevaba el conflicto hacia una difícil solución. Por un lado, Añoveros quedó detenido en su casa. Las instancias oficiales argumentaron que de esta manera quedaba protegido frente a posibles atentados de la extrema derecha. Pero tanto al nuncio como a Tarancón esas mismas autoridades les pidieron que el Vaticano llamara a Añoveros y le mantuviera alejado de España durante largo tiempo sin poder en ningún caso regresar a Bilbao. Sin duda pensaban en el ejemplo de Portugal, donde al obispo de Oporto, opositor del régimen, se le impidió volver a su diócesis tras un viaje a Roma. Pero tanto Tarancón como el nuncio Dadaglio consideraron que, con esta medida, el Gobierno rompía cualquier posibilidad de diálogo. El primero llegó a proponer al ministro de Justicia, que le visitó, que Añoveros fuera juzgado. Durante algunos días estuvo convencido de que el Gobierno haría «una barbaridad», incluyendo una ruptura unilateral con la Santa Sede; no comprendía cómo Franco «mucho más listo y sagaz», no intervenía para evitar el enfrentamiento. Pero interpretó también que quizá por este procedimiento el pueblo español se acercara a comprender qué significaba el concilio, que «no acababa de entender». El traslado del nuncio a Roma y la posible intervención del Vaticano constituían el único horizonte de entendimiento posible.

El momento álgido de la crisis se produjo el 3 de marzo, descrito por Tarancón como «un domingo de locura». Hubo tres llamadas sucesivas por parte de la policía para que Añoveros tomara un avión y abandonara Bilbao. El obispo afirmó que no saldría sin el consentimiento de Pablo VI y que, de ser una medida impuesta, quien la tomara podía ser objeto de graves medidas canónicas como la excomunión. Inmediatamente después el Comité Ejecutivo de la Conferencia Episcopal respaldó a Añoveros recordando los artículos del derecho canónico que garantizaban la libertad de los obispos en el cumplimiento de su misión. De este modo, sin quedar explícita la excomunión, se apoyaba la posición de Añoveros. Durante todo el día las noticias recibidas en los medios episcopales acerca de la salida del obispo de Bilbao fueron contradictorias. En los medios oficiales se vivió idéntica fiebre; León Herrera, subsecretario de Gobernación, cuenta que el comisario Sainz, de Bilbao, cuando recibió la orden de llevar al obispo al aeropuerto, preguntó qué hacía en caso de resistencia.[58] Por la tarde la tensión se relajó para los medios episcopales, cuando otros indicios procedentes del Pardo permitieron albergar esperanzas.

Sin embargo, ese mismo 3 de marzo, el día después de la ejecución de Puig Antich, una nota del Ministerio de Información y Turismo, elaborada en realidad por Justicia y Presidencia, acusó al obispo de haber realizado «un gravísimo ataque a la unidad nacional» mediante su homilía, que habría sido distribuida previamente en los medios periodísticos internacionales. Se indicaba, además, que Añoveros se había negado al procesamiento de un clérigo en cuyo recinto religioso se había encontrado una cantidad importante de explosivos, que el presidente de la Conferencia Episcopal no había sido recibido por Franco y que podían adoptarse «medidas» adecuadas a la gravedad de lo sucedido. En realidad, la nota, centrada en la sospecha de una conspiración, contaba con el asentimiento de algunos ministros nada más. Carro, por ejemplo, en algún momento de esta crisis ordenó preparar un documento denunciando el concordato.[59] Algunos ministros como Barrera o Cabanillas eran manifiestamente contrarios; luego, Pita da Veiga, el de Marina, diría: «Yo jamás llevaría a un obispo entre una pareja de la Guardia Civil».[60] Cabanillas no intervino en absoluto en la determinación de la política informativa de los periódicos, de modo que éstos manifestaron espontánea y casi unánimemente una postura muy lejana a la posición del Gobierno. *ABC* afirmó que «imaginarnos la expulsión de un obispo en la España de hoy contra la voluntad del Papa es algo que no cabe en nuestra cabeza», sobre todo teniendo en cuenta las «inevitables y automáticas consecuencias canónicas y el caos jurídico que para España supondría un contrafuero creado por una hipotética excomunión». *Ya* también se refirió a «las consecuencias graves políticas y religiosas» que el hecho podía tener.

En las *Memorias* de Tarancón los tres días sucesivos aparecen descritos como «angustiosos» y «el ambiente —refiere un texto del Ministerio de Presidencia— es de ruptura hasta la entrevista de Cabanillas y Carro con el cardenal Tarancón el miércoles día 6». La impresión coincidente llama la atención, si bien, de cualquier modo, pasado el clímax del día 3, las impresiones empezaron a ser mejores. Añoveros aceptó a sugerencia de Tarancón redactar una nota en respuesta a aquella gubernamental de que había sido objeto. El Vaticano, por su parte, mostró su genérico respaldo a Añoveros. El día 5 regresó a Madrid el nuncio Dadaglio, que había viajado a Roma para recibir instrucciones. Se empezó a vislumbrar una solución mediante una declaración paralela de Añoveros y de la Comisión Permanente de la Conferencia Episcopal, pero el Gobierno no parecía querer saber nada de la segunda. Tarancón, consciente de que podía ser un modo de llegar a Franco, habló con Rodríguez de Valcárcel, pero lo encontró muy poco informado. El día 6 circularon rumores de que había disparidad de criterios entre los ministros. Para Tarancón, el acontecimiento más importante del día fue la visita del primado, don Marcelo González, a Franco y a Arias. El jefe del Estado acusó a Añoveros de perjuro y dijo que «el Concordato había saltado hecho astillas por culpa de la Iglesia»; Arias estaba «nerviosísimo, casi descompuesto». En este momento parece ser, por tanto, que el propio Franco se alineaba con el sector más duro del Gobierno, a pesar de que para Tarancón era «el único rayo de esperanza que me queda».

Lo que quizá no supo Tarancón pero revela una nota de Presidencia es que «ese mismo día [el 6] se celebró Consejo de Ministros en la Presidencia de Gobierno en el que, uno por uno, todos los ministros expusieron su opinión personal sobre la materia». Por la noche llamó Cabanillas a Tarancón, a quien recibió en su ministerio en compañía de Carro. Éste adoptó la postura más dura: llegó a enseñar al cardenal unos papeles que, según él, se referían a la ruptura de relaciones entre los dos poderes y a la nota que se leería por televisión para dar cuenta de ella. Aludió también a que el vicario de la diócesis de Bilbao, Ubieta, había sido juzgado por colaborar con ETA. Pío Cabanillas se mostró mucho más deseoso de encontrar una solución (Tarancón creyó que era consciente de que el Gobierno había dado un resbalón y debía superarlo). Fue este ministro quien propuso que Añoveros saliera de Bilbao, que hiciera una declaración de amor a España y que la Comisión Permanente del Episcopado añadiera una declaración en torno a las materias abordadas en la homilía. Eran condiciones aceptables para un Tarancón deseoso de llegar a un acuerdo y que hasta el momento no había jugado papel alguno de cara al Gobierno. Aquella misma noche consiguió que Añoveros se mostrara dispuesto a viajar al día siguiente a Madrid. Cuando le dio la noticia a Cabanillas, éste no pudo contenerse: «Gracias a Dios ... Usted nos ha salvado». Martín Patino, que había hablado con los jóvenes políticos de Presidencia (Cisneros, Ortega Díaz Ambrona, Jáudenes) durante la conversación del cardenal, observó su dificultad de influir en Arias y en los ministros sobre esta materia, apreciando, sin embargo, la mayor accesibilidad de Cabanillas.[61]

El día 7 por la mañana Añoveros se trasladó a la nunciatura en Madrid. Allí empezó a redactar la nota, que se demoró mientras se ejercían presiones desde Presidencia. Tarancón llegó a hablar aquella tarde con Arias, al que encontró amable y con disponibilidad para el diálogo, aunque exigía un texto de rectificación de Añoveros cuanto antes, pues debía despachar la cuestión de forma inmediata con Franco. La remisión de la nota quedó, no obstante, para el día siguiente.

El 8 de marzo hubo reunión del Consejo de Ministros; informaron en él los ministros de la Gobernación, Asuntos Exteriores, Marina, Educación, Información y Presidencia. En pleno Consejo recibió Arias un texto de Añoveros que suavizaba el contenido de la homilía.[62] En él se hacía alusión a la «profunda extrañeza» que había experimentado al saber que su escrito pudiera ser considerado como «atentatorio a la unidad nacional». Mencionaba, además, su «intachable ejecutoria ciudadana dentro del Estado español» y su decisión de «no comprometerme jamás en ninguna opción política concreta entre las que lícitamente pueda escoger la conciencia cristiana». La nota iba a ser publicada por la Comisión Permanente del Episcopado, que de esta manera respaldaba al obispo y hasta cierto punto le matizaba. Al texto de Añoveros le acompañaba una carta de Tarancón que, por otro lado, dejaba bien clara la pena canónica que recaería sobre el Gobierno en el caso de que se expulsara al obispo de su sede: «Con hondo dolor y no menor preocupación —concluía—, estoy viviendo estos momentos como obispo y como español y pido a Dios que les ilumine al tomar una decisión que puede tener tantas consecuencias».

«Durante la celebración del Consejo en El Pardo —reza una nota de Presidencia— se recibió una carta de rectificación de monseñor Añoveros que no resultaba aceptable por lo que se le dice así por teléfono al cardenal Tarancón.» Fue Carro quien habló con Tarancón comunicándoselo «con frases más bien duras». Luego llamó Cabanillas en otro tono: pidió que, puesto que se iba a producir una retractación verdadera del Gobierno, se le facilitara el hacerlo. Tarancón no tenía el menor inconveniente: de modo que se redactó una nota de la Comisión Permanente, luego hecha pública, en la que se defendía al obispo y se declaraba taxativamente que «eran especialmente dolorosas e inaceptables» las interpretaciones que le presentaban como ansioso de romper la unidad de España o sembrar la discordia entre los ciudadanos. Señalaba, además, que era misión exclusiva de la Santa Sede «juzgar con autoridad las actuaciones pastorales de los obispos». «Si el poder civil, por su parte, añadía, creyere encontrar en alguna de aquellas actuaciones una violación del orden jurídico, a él correspondería ejercitar su acción utilizando los cauces concordados.»

Ese mismo día 8 se recibió en pleno Consejo de Ministros, procedente de la embajada española ante la Santa Sede, un télex en el que se explicaba la posición del Vaticano. La Santa Sede había condenado el terrorismo y no había tenido noticia de la homilía del obispo de Bilbao, pero tampoco, por motivos canónicos, había considerado posible intervenir en el caso Añoveros. El alejamiento definitivo del obispo de su sede, que había sido iniciativa del Gobierno español, constituiría un «daño más grave»; el Vaticano estaba seguro de que no sería difícil obtener seguridades del prelado «de respeto al principio de unidad de la patria». En el caso de que el obispo fuese objeto de medidas punitivas, se producirían «daños irreparables, fuente de largas recriminaciones» entre ambos poderes.[63] Según una nota redactada por el Ministerio de la Presidencia con los datos mencionados, y «con mucha frialdad», Franco recondujo el tema evitando plantear cualquier tipo de ruptura con el Vaticano. En este segundo momento y sólo entonces se impuso lo que Tarancón denominó en sus *Memorias* como «la clarividencia y decisión» del entonces jefe del Estado. Luego, cuando sus relaciones con Arias empeoraron, no tuvo inconveniente en describir lo sucedido como «una rabieta de Arias»,[64] si bien en ella había participado él mismo.

La tensión se prolongó durante algunos días más. Partidos políticos de inspiración cristiana y una llamada Asamblea de Eclesiásticos de Cataluña manifestaron su adhesión a Añoveros, que sería ovacionado luego en Montserrat con ocasión de una visita al lugar. Los escritos de protesta declaraban al país «falto de derechos fundamentales». Por su parte, Herrero Tejedor, futuro ministro de Arias y en aquellas fechas fiscal general del Estado, desmintió en la prensa haber asegurado que Añoveros cometió «graves delitos» con su homilía. Pero el Gobierno trató de obtener alguna satisfacción más, pese a haberse retractado en lo fundamental. Consiguió que desde Roma fuera enviado un diplomático vaticano, Acerbi, para pedir a los obispos españoles «generosidad»; el enviado parecía dispuesto a aceptar que Añoveros se fuera de Madrid para «disfrutar» de unas largas vacaciones sin aparecer por su diócesis. En el Gobierno algunos ministros, como el de Asuntos Exteriores, deseaban ahora no tomar en cuenta para nada a la Conferencia Episcopal y reanudar la negociación directa entre el Estado y el Vaticano. El nuncio, acompañado de Acerbi, se entrevistó con Cortina. El emisario vaticano argumentó que si Añoveros regresaba a su diócesis, allí podía aclarar su postura. Cortina repuso que nada añadiría a lo que ya había afirmado la Conferencia Episcopal aunque tampoco ésta le había satisfecho: en la homilía los textos papales habían sido «truncados» y eso había llevado a considerar que el pueblo vasco estaba oprimido. La interpretación de la Conferencia Episcopal le parecía que podía dar lugar a «constantes conflictos» si invadía las competencias del Estado; incluso afirmó que el texto de la Conferencia Episcopal en lugar de hacer disminuir la tensión la incrementaba. Mostró su molestia por el hecho de que la Conferencia se hubiera convertido en un «órgano activo» terciando en el conflicto Añoveros y dándole envergadura nacional cuando su función era meramente consultiva, y expresó sus quejas ante el «aguijoneamiento desde diversos frentes eclesiales». Ni el nuncio ni el emisario vaticano quisieron referirse al conjunto de las relaciones entre Iglesia y Estado. Cortina, sin embargo, confirmó que el Gobierno había decidido que la relación se definiera entre las dos partes, sin terciar la Conferencia Episcopal.[65] Resulta evidente que tanto él como otros miembros del Gobierno estaban indignados por lo sucedido, pues suponía una retractación casi vergonzosa del Gobierno.

Fue Tarancón, ayudado por la propia dureza del Gobierno, quien se negó a hacer mayores concesiones y convenció al resto de los miembros de la Comisión Permanente Episcopal; también influyó sobre el nuncio y el enviado vaticano. Los cuatro cardenales españoles enviaron una carta al presidente del Gobierno de genérica invocación al diálogo pero que, de hecho, daba por concluido el incidente Añoveros. «Los problemas que están planteados pueden encontrar solución —decían— aunque ello exija ese diálogo paciente al que la Comisión Permanente se ha referido [en la nota hecha pública].» «En todo caso —añadían—, por si una contingencia imprevisible entorpeciese, sin quererlo nadie, el pacífico arreglo de las cuestiones suscitadas, pedimos encarecidamente a Vuestra Excelencia (y éste es nuestro ruego) que el Gobierno español quiera considerar con nosotros el problema planteado antes de que, en cualquier eventualidad posible, se decidiera a tomar otras medidas.» Y concluían: «Formulamos este ruego como demostración de nuestra buena disposición».[66] En Presidencia se pensó luego que este texto había sido redactado «deseando quizá no ser causante de la ruptura del diálogo». A continuación los cuatro cardenales se dispersaron por la geografía peninsular evitando de esta manera una convocatoria por parte del Gobierno que sólo podía tener como objeto presionarles a hacer una mayor concesión, aunque fuera verbal.

De hecho, el 12 de marzo Arias trató de convocar a los cardenales en Madrid para el día siguiente. Tarancón juzgó la cita intimidatoria; no acudieron y alguno, como Jubany, se quejó de que el presidente pretendía tratarles «como monaguillos». En estas circunstancias, al Gobierno no le quedaba otro remedio que dar por concluido el incidente, aunque fuera tratando de sacar conclusiones de futuro amenazadoras. El 15 de marzo, tras el Consejo de Ministros, publicó otra nota afirmando que «las normas [concordatarias] vigentes en la materia no son adecuadas a la actual realidad». Según Presidencia, esa nota se habría realizado tras el Consejo de Ministros en El Pardo y habría tenido un carácter «conciliatorio». Pero para los obispos españoles encerraba el peligro de que el Estado y el Vaticano se entendieran sin contar con ellos.

La respuesta de Arias a la carta de los cardenales llegó pronto, pero estaba cargada de aspereza. Era la de quien de forma implícita admitía, irritado, haberse visto superado por los acontecimientos y tener perdida la partida para lograr una retractación. Se limitó a un «acuse de recibo» e implícitamente culpó a Tarancón de la insuficiencia del diálogo. Escribió: «Nada más recibir esta carta hice gestiones con el primer firmante, monseñor Tarancón, para que considerase la posibilidad de reunir en mi despacho a Sus Eminencias Reverendísimas en la mañana del 13 de marzo, precisamente la víspera de una reunión de Gobierno en que probablemente se tratarán algunos de dichos temas. No saben cuánto lamento que el secretario de la Conferencia me comunique por teléfono que no puede celebrarse la reunión prevista, lo que impide el diálogo que ustedes ofrecían». La despedida final era un modelo de frialdad por mucho que hiciera alusión a sus manifestaciones de patriotismo, «firme propósito de diálogo y sana cooperación».[67]

Pese a todo, Tarancón volvió a insistir en lo que, para él se había convertido en una obsesión, sin duda sincera pero potenciada además por lo que había sido una victoria objetiva. «Los acontecimientos de los últimos días —repuso—, que a todos nos han hecho sufrir y que todos desearíamos que no se vuelvan a repetir», imponían unas «sugerencias» que se atrevía a hacerle al presidente. «Se impone un cambio bastante profundo en el estatuto jurídico que regula las relaciones Iglesia-Estado», afirmaba aceptando en principio la actitud del Gobierno, pero, «si la ordenación jurídica es indispensable y básica, no es suficiente para la convivencia pacífica y para la colaboración sana y eficaz entre las dos sociedades»; eran indispensables también las «relaciones humanas», y en este terreno a los obispos españoles les correspondía «una intervención y una responsabilidad insustituibles». Proponía, por ello «aclarar los malentendidos que existen en las dos partes presentando cada una de ellas las quejas que pueda tener contra la otra» y «ponernos de acuerdo no sólo en el planteamiento de las cuestiones y en su resolución, sino también en el modo de proceder unos y otros cuando el acuerdo no sea perfecto». Pedía, por tanto, un diálogo abierto, aunque no fuera al más alto nivel, dejando sobre la mesa las quejas respectivas; luego podrían tener lugar las conversaciones para, incluso, «ponerse de acuerdo en la manera de proceder unos y otros en aquellas cuestiones en las que quizá no llegásemos a un acuerdo pleno».[68] En definitiva, se trataba ahora de iniciar el verdadero diálogo, pero para ello habría sido imprescindible un clima de confianza auténtica que por parte del Gobierno no existía. La respuesta de Arias fue tardía y cargada de dureza. Recordando su carta anterior, repuso que «toda invitación al diálogo que aspire a resultados positivos debe ser consecuencia de pruebas y hechos concretos que lo aseguren y corroboren». Parecía, así, desde su óptica, que la Iglesia española había incumplido esos requisitos.[69]

Este género de respuesta equivalía a la pura y simple negativa radical a celebrar cualquier tipo de conversación entre el Gobierno y la Conferencia Episcopal. En Presidencia, un informe posterior describió la carta como «un frío acuse de recibo» y no merece otra descripción. De hecho, así lo entendió Tarancón. «Lamento que mi ofrecimiento no pueda ser aceptado de momento», escribió. «Yo puedo asegurar a V. E. —añadió— que mi ofrecimiento es sincero. Y creía que había dado pruebas con mi actuación de la buena voluntad que me guiaba en dicho ofrecimiento. Es usted ciertamente quien ha de tomar la decisión y yo respeto sus determinaciones.»[70] Pasados unos días, Tarancón propuso a Arias que escribiera en la revista *Iglesia en Madrid*, pero ni siquiera se respondió a su invitación.[71]

Para entonces ya se había celebrado una entrevista, de Carro y su director general de Relaciones Institucionales Jáudenes, con Tarancón y el padre Martín Patino. El cardenal se limita a informar en sus *Memorias* que fue «larguísima y no solucionó nada». Sus interlocutores gubernamentales, aperturistas pero sólidamente anticlericales, elaboraron una amplia información que revela el abismo de incomprensión entre ambas partes.

Empezó Carro por señalar la «perplejidad que [se] había producido» en Arias, pues «lo que resultaba de la [correspondencia de Tarancón] no concordaba con los hechos que posteriormente se producían»: las «continuas apelaciones del cardenal al diálogo y leal colaboración» quedaban «desvirtuadas» «al no desautorizar las actuaciones de obispos y sacerdotes ... que constituían flagrantes ataques a la autoridad civil, al sistema político e incluso a la propia legitimidad de éste». Por lo tanto, «era necesario reconocer ... que el Concordato de 1953 estaba totalmente desfasado y que a veces sólo servía de patente de corso para actividades de carácter netamente subversivo». Quería «pruebas o la realización de actos que demostrasen el deseo de la Iglesia española de colaborar». Y atribuía a los obispos una división que el propio Gobierno tendía a multiplicar y a magnificar: «Así como el Gobierno podía fijar un criterio válido de actuación, dudaba mucho que la Iglesia española con sus luchas intestinas pudiese presentar un frente dialogante válido y operativo». Tarancón, de acuerdo con lo que ya había escrito, le repuso que con independencia de que hubiera una normativa jurídica nueva, era necesario abrir «unos cauces de diálogo». El interlocutor válido para ello era la Conferencia Episcopal, que en algún momento había sido considerada como tal por el Gobierno, pero a la que últimamente se le había negado tal condición. La posición de Cortina era una buena prueba.

Pronto pareció claro que el Gobierno seguía indignado por lo sucedido con Añoveros. Carro afirmó que «de las condiciones de que se habló en su anterior reunión con el cardenal en relación con el tema de monseñor Añoveros sólo se había producido la satisfacción completa de la primera, la salida del obispo de la diócesis; que la segunda, declaración de españolismo de monseñor Añoveros, tan sólo podría ser considerada cumplida en parte y que la tercera y cuarta, respectivamente, la fijación de la doctrina de la Iglesia en el punto tocado por la homilía y la excardinación de monseñor Ubieta de la diócesis de Bilbao, habían sido totalmente incumplidas». En realidad, la nota de la Comisión Permanente cubría la tercera exigencia y la cuarta no había aparecido tan clara en el curso de la conversación. Se quejó, además, de que Añoveros, en su supuesto viaje de descanso por España, creara en torno suyo «una presencia pública» aprobatoria y solidaria (de hecho, así estaba sucediendo). Proclamó la «igualdad de los ciudadanos ante la ley» porque «el Concordato no podía ser una patente de corso». Jáudenes recordó que la Iglesia mantenía en una situación ambigua a la Comisión Iustitia et Pax «amparando manifestaciones políticas concretas, todas ellas en la línea de oposición al Sistema y al Gobierno».

Tarancón repuso que «la Iglesia podía sentirse agredida por el apoyo que el Gobierno prestaba a los eclesiásticos extremistas, señalando como ejemplo la revista *Iglesia-Mundo,* que incluso era subvencionada por el Gobierno». Por otro lado, «el privilegio del Fuero era fácilmente renunciable para la Iglesia pero ... en tal sentido sería conveniente que el Estado permitiese la provisión de las Diócesis vacantes».

La entrevista, según resumieron los portavoces gubernamentales, fue «correcta en la forma pero dura»; «el diálogo no [resultó] concluyente porque no se hizo ninguna concesión mutua», por más que quedara abierta la posibilidad de reanudar contactos. Ambas partes se habían dado cuenta de cuál era la posición del antagonista. De la actitud de Tarancón «parecía deducirse el temor de que el Gobierno puentee a la Iglesia española y, en definitiva, a su posición como presidente, dialogando unilateralmente con la Santa Sede». El Gobierno, por su lado, «no aceptará nunca la actitud beligerante y partidista que está adoptando un importante sector de la Iglesia española, avalado constantemente por la actitud de la jerarquía».[72] Así seguirían las cosas hasta la llegada de la monarquía.

Ahora bien, el Gobierno no sólo dio un paso en falso sino que, de acuerdo con López Rodó, «quedó en ridículo». Había hecho una gran denuncia pero había acabado por no conseguir nada: ni Añoveros abandonó de modo definitivo su diócesis ni fue procesado; Roma y la Iglesia española mantuvieron posturas firmes e hicieron concesiones mínimas. Un Estado hiperconfesional había dado muestras de chocar con la Iglesia que en teoría lo alimentaba desde el punto de vista doctrinal. No debe creerse que aquel duro término es tan sólo el propio de un adversario político. Cisneros, subdirector general en Presidencia, escribió que el Ejecutivo «ha sufrido en tres semanas el desgaste que en condiciones normales podían suponer tres años de ejercicio». Fraga resumió en Londres la opinión de la mayoría de sus contactos en Madrid escribiendo que «el Gobierno ha dado un paso en falso; ni calculó los efectos de la medida ni superó la prueba de la fuerza».[73]

EL DIFÍCIL CAMINO HACIA UN NUEVO CONCORDATO

Aunque se produzca un salto cronológico, es preciso tratar ahora del proyecto gubernamental de elaborar un nuevo concordato. Es cierto que, en la época en que López Rodó fue ministro de Asuntos Exteriores se habían iniciado las gestiones, pero la derrota del Ejecutivo en el conflicto Añoveros multiplicó la sensación de obligada urgencia. El Gobierno sólo podría tener la sensación de que iba a ser posible cambiar un resultado adverso con la modificación del marco de relaciones entre Iglesia y Estado.

Las espadas, pues, habían quedado en alto y ésa es la razón por la que el Gobierno se lanzó inmediatamente a la labor de puenteo directo con el Vaticano que Tarancón había previsto y temido. Lo justificaba la profundísima desconfianza de todas las autoridades, incluidas las más altas, con respecto a la Iglesia. Franco podía haber actuado con frialdad y prudencia en la fase final de la crisis Añoveros, pero el tono de los informes que recibía acerca de la actitud de la Iglesia española era muy semejante al de los de Arias y todo lleva a pensar que el destinatario concordaba por completo con ellos.[74] En un texto recibido en abril de 1974 la «subversión político religiosa» contra su régimen aparecía remontándose hasta nada menos que 1956 con el juicio de Julio Cerón, inspirador del Frente de Liberación Popular, que había contado como testigos a su favor con personalidades como los sacerdotes jesuitas Llanos y Díez Alegría, Benzo —consiliario de la Asociación Católica Nacional de Propagandistas— y Maldonado, capellán de la Iglesia Universitaria de la Universidad Complutense, mientras que su abogado defensor era Gil Robles. Ya en los años setenta «la metodología marxista-leninista con su táctica de enmascaramiento y promiscuidad entre organizaciones y dirigentes» había sido «sorprendentemente eficaz» en España. Ahora, el peor enemigo del régimen sería la «coalición cristiano-comunista» a cuyo frente estaba Ruiz Jiménez, quien «sirve de cebo y tapadera para la captación de adeptos». La penetración de este ideario habría llegado incluso a los colegios femeninos de Madrid, como Loreto o Nuestra Señora del Camino, detallaba el informe. Sin duda creía en parte en este tipo de informaciones aunque al final se impusiera su prudencia.

Quien estaba al frente de la Iglesia española, Tarancón, ha dejado escrito que los años de Gobierno de Arias fueron «los más incómodos» que le tocó vivir. Estaba a años luz de quienes tenían en sus manos la relación Iglesia-Estado: juzgó como «realmente extraño» a De los Arcos, el director general de Política Exterior, y en la única conversación que mantuvo con Cortina se encontró con una personalidad prepotente que le insistía sobre todo en que la Conferencia Episcopal no tenía existencia legal y en que los obispos se entrometían en cuestiones políticas que no eran de su incumbencia. Pero para él hubo además otras dificultades mayores, surgidas de lo que consideró como «debilidad» de Pablo VI, propenso en los últimos años de su pontificado a sentirse afectado por quienes le reprochaban que «no amaba a España».[75] Por su parte, Casaroli, el secretario de Estado, no tenía inconveniente en llegar a un nuevo concordato, pero Tarancón entendía lo contraproducente que podía resultar dada la situación española, tan habituada al solapamiento de lo político y lo religioso, cuando además existía un régimen como el de Franco. Desde enero de 1974 juzgó positivo que no hubiera miembros del Opus Dei en el Gobierno, pues así desaparecerían confusiones peligrosas de cara a la Iglesia. No quería acuerdos jurídicos rápidos entre los dos poderes ni tampoco implicación con fuerzas políticas, incluida la democracia cristiana. Ya en abril de 1974 estuvo Tarancón en Roma, donde se entrevistó con el papa. Luego hizo unas declaraciones a Radio Vaticana: frente a un pasado en el que existió una profunda identificación entre la Iglesia y el Estado, hoy había «quienes quisieran que continuase esta misma práctica antigua, porque les parece buena y temen que la separación pueda ser algún peligro, y los que buscan, dentro de una sana cooperación, como dice el Concilio, la independencia de la Iglesia». De cualquier modo, la reconciliación en el terreno religioso era «indispensable y hay que urgirla por todos los caminos».[76]

Pero, al margen de esa actitud vaticana, significativamente distinta, la Iglesia española tenía una gran debilidad que las autoridades del régimen conocían. Como principal instrumento de presión, el Estado podía utilizar las carencias económicas de la Iglesia. Una nota del Ministerio de Justicia, que le llegó a Arias, proponía elevar el salario de los sacerdotes españoles atendiendo a que realizan «una importantísima labor tanto en el orden religioso como en el social y hasta educativo y parece por tanto de justicia que el Estado, reconociendo aquella labor, contribuya a su sostenimiento». «A estas razones de justicia —proseguía—, se añaden otras de buena política porque más del 85 por 100 de los miembros del clero español son partidarios decisivos del Movimiento Nacional. Resulta, por tanto, paradójico que las consecuencias de ciertas actitudes hostiles de algunos miembros de la Iglesia las sufran quienes dan su apoyo entusiasta al Estado español.»[77] En julio de 1974 la revista *Ecclesia* afirmaba que «la economía de la Iglesia española es insostenible». De acuerdo con ella, habría sacerdotes que tan sólo ingresarían 7.000 o 8.000 pesetas al mes, incluidas las 5.000 proporcionadas por la dotación del Estado. Y concluía: «La aportación del Estado —de persistir— debería clarificarse y adecuarse a las necesidades de hoy, pero también la comunidad eclesial tiene que revisar y renovar profundamente sus criterios y su gestión económica».[78] De no ser por la avanzada edad de Franco, la Iglesia española no habría podido soportar una confrontación muy prolongada.

Eran las autoridades españolas las más interesadas en llegar rápidamente a un acuerdo. Los tanteos se iniciaron probablemente en Roma por parte del embajador ante el Vaticano. Partió de la base de lo positivo que sería cubrir las diócesis vacantes (lo que le interesaba a la Iglesia), y acerca de la cárcel de Zamora para mantener presos a los sacerdotes supuesta o realmente subversivos, recogió la impresión en la Secretaría de Estado «de encontrarse [Casaroli] sumamente perplejo, pues comprende y comparte los puntos de vista del Gobierno español pero se da cuenta de que es una cuestión sobre la que la propia jerarquía española no tiene hasta el momento un criterio unánime».[79]

Tras los primeros contactos para los que la parte española exigió la máxima discreción[80] —no deseaba que la cuestión agitara a la opinión pública—, a fines de mayo monseñor Casaroli viajó a Madrid, de donde surgió dicha iniciativa. Su presencia pasó casi inadvertida y Tarancón no participó en los actos oficiales, pues estaba totalmente desvinculado de la negociación en su fase inicial. En realidad, el Vaticano quería dar cierta satisfacción al Gobierno tras el incidente Añoveros, si bien resulta mucho más dudoso que pensara seriamente en la conveniencia de un acuerdo concordatario. El Gobierno estableció desde el primer momento «como [dato] primero, fundamental y en cierto modo condicionante», la firma de un acuerdo en que se hiciera constar una clara distinción de los campos de actuación entre ambas potestades, expulsando de lo que consideraba político a la Iglesia. El Vaticano estaba dispuesto, a lo sumo, a que la Conferencia Episcopal ejerciera un cierto «autocontrol» que permitiera evitar «intervenciones imprudentes e inoportunas incluso a nivel episcopal». Con motivo de este viaje se elaboró una nota secreta para el presidente del Gobierno que no tiene desperdicio, pues revela la distancia política existente entre ambas potestades. Consistía el documento en una larga enumeración de quejas sobre la politización de los movimientos apostólicos, principalmente los patrocinados por Justicia y Paz; también lamentaba la «clara y manifiesta implicación de sacerdotes y religiosos» en tareas subversivas. Sería propósito del Gobierno difundir la entrevista en pro de un «clima de distensión» y, al mismo tiempo, «suprimir las infiltraciones ilegales en las comunidades apostólicas» y «evitar un enfrentamiento entre los distintos sectores de la Iglesia y entre Jerarquía y Gobierno».[81]

Durante la estancia de Casaroli en Madrid probablemente se decidió acordar un principio de negociación con la Santa Sede para la reforma del concordato, que luego se llevó a cabo en Roma con la presencia del propio Casaroli y Cortina. La diplomacia del régimen fue muy consciente de las evasivas vaticanas y amenazó con solucionar las discrepancias de manera unilateral. Desde la primera sesión celebrada en la capital italiana quedó muy claro que era primordial para el régimen evitar una intromisión en el campo político, que consideraba exclusivamente suyo; de ahí que insistiera en que la Conferencia Episcopal no era un órgano aceptable para el Estado. Llegó a pedir que en el nuevo texto incluyera un artículo por el que el episcopado se comprometiera a «urgir» a los fieles a que acataran a las autoridades civiles; también quería potenciar la figura del primado (porque era el único cardenal cercano al régimen). Casaroli se limitó a manifestar su deseo de que existiera un cierto «autocontrol razonable» por parte de los obispos españoles en sus declaraciones; no aceptó un nuevo concordato sino tan sólo una actualización del que estaba vigente desde 1953. Como es natural, surgieron luego los habituales problemas entre Iglesia y Estado: el fuero de los eclesiásticos, el régimen de los lugares sagrados (iglesias que servían para reuniones clandestinas) o el nombramiento de obispos; a ellos se sumaron las cuestiones educativas y las relativas a las asociaciones de apostolado seglar. Las diferencias eran muy considerables y la lentitud de las conversaciones pronto se hizo evidente. Cuando Casaroli se refirió a la posición del papa Pablo VI acerca del particular lo hizo indicando que deseaba ampliar la libertad de la Iglesia en España, algo por completo contradictorio con los propósitos del régimen.

Aun así, ya a la altura del mes de julio las conversaciones entre ambas partes habían dado lugar a un texto. La fórmula a la que tras mucha polémica se había llegado respecto de las relaciones entre Iglesia y Estado era tan vaga como que la primera «respetaba» al poder político e «inculcaba el respeto» a las autoridades civiles. El «nombramiento de arzobispos y obispos sería de la sola competencia de la Santa Sede» pero ésta comunicaría reservadamente al Gobierno el nombre del candidato y, «si hubiera objeciones por parte del Gobierno, la Santa Sede las tendrá debidamente en cuenta». Las autoridades civiles deberían informar a las religiosas en el caso de que un clérigo cometiera una infracción que determinara una actuación gubernativa o judicial. Las religiosas evitarían la utilización de los edificios para fines distintos de los propios; los edificios destinados al culto no podrían ser allanados por la policía. Las asociaciones de apostolado seglar realizarían sus labores «con pleno respeto de las Leyes del Estado». Por mera omisión de cualquier referencia, se producía un desplazamiento absoluto de la Conferencia Episcopal de cualquier tipo de conflicto que, en adelante, quedaría en manos del nuncio, quien se comprometía a colaborar en la resolución de posibles divergencias.[82] Todo induce a pensar que al régimen le interesaba una negociación rápida y discreta. Muy de acuerdo con la mentalidad de Arias, daba la sensación de haber considerado imposible la vuelta a la situación preconciliar y estaba dispuesto a mantener una tensión permanente en que impondría su fuerza por intermedio de Roma. La Iglesia, por su parte, ganaba en este acuerdo la libertad de nombramiento de los obispos. En una carta remitida el embajador español ante el Vaticano dio la sensación de considerar que su mayor objeción se refería a la inconcreción de la expresión «tener debidamente en cuenta» las objeciones de la autoridad civil al nombramiento de los prelados. Por otra parte, el Vaticano se negó siempre a un «entendimiento secreto» en el caso de los nombramientos de obispos auxiliares.[83]

La dificultad principal con que tropezó el proyecto surgió de la propia Iglesia española. Tarancón, según consta en sus *Memorias*, mantuvo siempre una postura dura negándose a retroceder más allá de la posición que había mantenido hasta entonces. Cuando se le sugirió —por el embajador español ante el Vaticano— que la Iglesia podía obtener en el momento del declive de Franco mayores ventajas que nunca repuso que precisamente no podía considerarse un nuevo concordato como una especie de trueque de favores entre Estado e Iglesia. Cualquier acuerdo entre Iglesia y Estado en estos momentos hubiera sido interpretado como una prolongación de la situación anterior. Las circunstancias políticas españolas, incluidas la enfermedad de Franco en el verano, lo hicieron todavía más inviable. Tarancón se quejó ante el embajador en la Santa Sede de que en el texto no se hiciera alusión alguna a las Conferencia Episcopal, lo cual revelaba «el recelo» del Gobierno. «Me añadió —escribió el diplomático— que en su opinión se podría llegar o no rápidamente a la firma de un documento entre la Santa Sede y el Gobierno, pero poco solucionaría los problemas actuales y los que se puedan presentar si no existía la posibilidad de diálogo franco y abierto entre la Conferencia y la correspondiente representación del Gobierno español.» El embajador creía que la postura de Tarancón podía encontrar apoyo en algunos ambientes eclesiásticos, aunque no tanto en Casaroli.[84] Quizá no se equivocaba en esto. La realidad es que la diplomacia vaticana estaba dispuesta a llegar a un acuerdo para el que pensaba que luego podría obtener el apoyo del episcopado español. Pero Tarancón (y sin duda la mayoría de los obispos españoles) no estuvo dispuesto a ello. Cuando el cardenal narra en sus *Memorias* la conversación que mantuvo con Casaroli lo hace con calificativos rotundos: le pareció «antipastoral y hasta absurdo» un acuerdo a cambio de tan sólo «algunas ventajas», e «inadmisible» que se impusiera a los obispos españoles el resultado de una negociación de la que se les había mantenido al margen.

Así se lo hicieron entender al papa en una conversación que tuvo lugar el 25 de octubre.[85] Pablo VI preguntó a tres de los cardenales españoles —Tarancón, Jubany, González— sobre si debían proseguir unas conversaciones en las que el Gobierno manifestaba en aquellos momentos «muchísima prisa»; quizá el régimen creía que había llegado el momento de la revancha por el caso Añoveros. Muy hábilmente Tarancón aconsejó «no manifestar prisas por la terminación de las conversaciones, ni aun dar un signo llamativo» de que fueran bien, como aceptar un viaje de Casaroli a Madrid; el Gobierno no merecía «ni atenciones ni debilidades». Jubany se pronunció en sentido parecido. Sólo Marcelo González recomendó que las negociaciones continuaran e incluso que Casaroli acudiera a Madrid; pues creía que se obtendrían más beneficios para la Iglesia en ese momento que en cualquiera de las hipótesis sucesorias en la lontananza inmediata. Pablo VI concluyó afirmando ante los obispos españoles que «esa independencia que ustedes propugnan y procuran mantener con dificultades debe considerarse como una auténtica maduración en la fe y como una exigencia ineludible de los tiempos actuales». A pesar de su supuesta «debilidad», al final se había decantado por la posición taranconiana.

De ahí que en otoño las negociaciones estuvieran detenidas y no hubiera demasiadas esperanzas de reanudarlas. Por un momento en el Ministerio de Exteriores se pensó que el Vaticano iba a trasladar a varios obispos de sede y a contribuir al desplazamiento de Tarancón de la presidencia de la Conferencia Episcopal.[86] Sin embargo, más tarde esas supuestas buenas noticias para el Gobierno se trocaron en malas: la Santa Sede no quería enviar a Casaroli a Madrid y menos aún dar la sensación de que lo hacía en la recta final de una negociación prácticamente concluida pero que no quería suscribir. Además, contó el embajador español, consideraba necesario que desaparecieran elementos de fricción permanente como las severas sanciones contra individuos del clero, la entrada de la fuerza pública en las iglesias, la falta de adecuación de las consignaciones del clero y la provisión de las diócesis va-

cantes (sólo dos se cubrieron en 1974).[87] Aludir a estos problemas con carácter previo equivalía a hacer imposible el acuerdo. Determinadas incidencias de la política española contribuían a empeorar la situación. Jubany, durante la conversación con el papa ya mencionada, se había quejado ante el
pontífice de que, de acuerdo con una disposición reciente, cualquier agrupación de niños o adolescentes quedaba obligatoriamente encuadrada en la Organización Juvenil Española, de carácter oficial, con lo que cualquier actividad parroquial quedaba mediatizada. El papa —según se enteró el embajador
español— estaba «muy disgustado por esta noticia»[88] y no sólo se lo dijo así
a los cardenales españoles, sino que empleó el calificativo «totalitario» para
denominar a un régimen de tales características. En definitiva, el acuerdo era
imposible, aunque agonizara algunos meses más y las relaciones entre los poderes no mejoraron.

HORIZONTES BORRASCOSOS Y DISIDENCIAS INTERNAS

Con la larga descripción de las tirantes relaciones entre Iglesia y Estado
hemos avanzado hasta los últimos meses de 1974. Conviene ahora volver a
las semanas posteriores al incidente Añoveros para examinar la evolución de
la política interna española.

Hemos comprobado que la gestión del Gobierno Arias se había traducido sobre todo en una rigurosa política de orden público en los términos habituales en el régimen. Desde enero a abril hubo más de trescientas detenciones sin que por ello las muestras de disidencia disminuyeran. Determinados
ámbitos sociales habían llegado a un estado tal que los propios servicios encargados de realizar la investigación policial acerca de la conflictividad daban la sensación de sentirse abrumados por la situación y de asumir por los
menos una parte de las razones de los que protestaban. Ésta es precisamente
la sensación que se desprende de la lectura de los informes oficiales y secretos sobre la agitación en el ámbito de la enseñanza. Los problemas detectados eran enormes y asaltaban a los responsables políticos en todos los niveles de la enseñanza, al tiempo que transmitían la sensación de que resultaban
poco menos que irresolubles. «Las necesidades de escolarización son muy superiores a las disponibilidades», no había una real adaptación de las plantillas a las necesidades; las protestas contra la reglamentación laboral en la enseñanza privada estaban justificadas toda vez que, «reglamentada por la Ley
General de Educación la entrada del estudio de las lenguas vernáculas, result[aba] contraproducente el retraso de su estudio y especialmente la desinformación oficial sobre el tema». Todavía más: «Las reivindicaciones contractuales y salariales [de los profesores no numerarios], motivo del malestar,
agitación y consiguiente toma de posturas de fuerza por parte de este esta

mento necesitan una urgente solución». El informe evaluaba el porcentaje de estos profesores entre 70-75 por 100 en enseñanza media. En ella «de alarmante puede calificarse la infiltración de los grupos comunistas ...; el resultado más palpable ha sido un considerable aumento de la agitación y otro más peligroso, aunque no tan a la vista, es la mentalización progresiva de nuestros jóvenes en ideas marxistas radicalizadas». Pero la situación resultaba peor en la universidad: «La desproporción profesor-alumno, cada año más acusada, obliga a acelerar la puesta en marcha del Proyecto de Ley para la ampliación del profesorado de carrera», aseguraba el informe, que incluía una sugerencia en relación con la promoción de la investigación, que parece impropia en un documento dedicado a la lucha antisubversiva.

Todo ello abocaba a una situación lamentable para el régimen desde el punto de vista del orden público. El enfrentamiento entre las autoridades académicas y las policiales era creciente. «Cada vez es más patente —aseguraba el informe—, la crisis de la autoridad académica amparándose en la acción de las FOP a las que se inculpan de sus propios errores.» Pero, además, la actividad subversiva, lejos ya de actitudes moderadas, estaba en manos de grupos cada vez más radicalizados. El PCE (i) «ha venido a ocupar el primer lugar» (en la universidad) y «una constante de la agitación ha sido aprovechar todas las circunstancias de la vida política del país que pudieran motivarla», pues juzgaba que se daban «condiciones objetivas» favorables para asestar un golpe definitivo al régimen mediante la huelga general pacífica o la revolucionaria. El grupo más moderado era el constituido por PCE y Bandera Roja, «que domina en la mayoría de los distritos, es el más fuerte y sus programas bastante aceptables para el estudiante medio». Como consecuencia de ello, «se han registrado [a fines de 1974] unos niveles de agitación —desórdenes académicos y públicos— que han superado netamente a los alcanzados en los primeros trimestres de los dos últimos cursos, igualando las cotas de los anteriores más conflictivos». Y no había esperanza de que la situación cambiara, pues «otro dato importante ha sido el considerable aumento de militantes en los primeros cursos de los centros universitarios».[89] Es toda una paradoja que, con Franco vivo, el régimen admitiera una situación como la descrita —de virtual hegemonía del adversario más odiado en la enseñanza superior— contra la cual ni siquiera disponía de armas efectivas.

Si todo lo que antecede se movía en la ilegalidad, también se producían movimientos a la luz pública. Ya desde finales de marzo había hecho acto de presencia el grupo Tácito en la tribuna que le proporcionó el diario *Ya.* El periodista Luis Apostúa supo ver con inteligencia lo que significaba: «Procedentes de otra vieja etiqueta del régimen, los "tácitos" han adoptado una mecánica distinta. No rompen con los viejos nombres pero no los convocan. Intentan una formulación concreta de las opciones políticas a partir de una cierta cohesión generacional». Venía a ser, en efecto, una reformulación de la familia católica del régimen, pero ahora ya, a diferencia de lo sucedido en 1945, no para proporcionarle un apoyo suplementario sino para indicarle una salida pacífica que le llevase a un cambio sustancial. Para los medios más cerrados a cualquier cambio, los «tácitos» fueron no sólo el principal adversario que batir sino el testimonio de que una traición estaba en marcha.

Con todo, por si no fueran graves las complicaciones del régimen y el Gobierno, en abril Marcelo Caetano fue derribado en Portugal. López Rodó, catedrático de Derecho Administrativo y la figura más parecida a él dentro de la política española, le había visitado recientemente y apreciado sus dificultades crecientes, nacidas sobre todo de una guerra colonial en la que resultaba imposible vencer. Franco sabía que los dos regímenes eran hermanos gemelos y que difícilmente podría sobrevivir el otro si moría uno de ellos. En el verano de 1969 escribió a Caetano en este sentido asegurándole que «sigo con todo interés los problemas en estos momentos en un mundo tan anárquica y egoístamente dirigido y hago votos por que el éxito os acompañe en estos empeños tan trascendentes».[90] Consideraba, además, vigente el tratado que había anudado las relaciones entre las dos dictaduras peninsulares, lo cual equivalía a declarar la interdependencia política de ambas, pues su origen había sido precisamente ése.

Como era inevitable, el caso del vecino Portugal tuvo un impacto profundo en España. El más evidente se produjo en la prensa más o menos veladamente de izquierdas y consistió en actitudes que iban desde el súbito enamoramiento del vecino país hasta la sugerencia de todo tipo de paralelismos. Quienes se movían en la órbita del régimen recibieron de lo sucedido la lección que ya sabían. Un día después de conocerse el golpe de Estado en Portugal, el diario *Arriba* publicaba un editorial con un encabezamiento titulado «Potenciación de las Fuerzas Armadas»; a las que de forma clara consideraba garantes del régimen español.[91] El entonces aperturista Ansón aconsejó, en cambio, que «la evolución democratizadora rectamente entendida prosiga; hay que hacerla ahora con el programa Arias, [pues] sería una mala jugada endosar íntegramente al futuro rey la necesaria organización de la libertad y la moderación de España».

En los círculos gubernamentales se debatió al parecer, con ocasión de algún Consejo de Ministros, la situación de Portugal. La «tolerancia represiva» con la prensa hizo que la información fluyera de manera imparable; resulta en cambio, inaceptable, tal como pretende Victoria Prego, que Pío Cabanillas fomentara la información procedente del país luso para que tuviera impacto en España. Franco estuvo informado de lo sucedido en Portugal incluso con cierto detenimiento, es decir, con documentos en portugués que revelaban las tensiones existentes en el seno de las fuerzas armadas entre los que habían expulsado del poder a Salazar.[92] Por supuesto, la visión que le proporcionaron fue tan catastrofista como él, desde un principio, estaba dispuesto a interpretar. Otro informe que pasó por sus manos aludía a la situación en Portugal tras la Revolución de los claveles. Spínola sería tan sólo un «hombre ambiguo, oportunista y de transición» condenado a conducir a su país de forma inevitable hacia el comunismo. La situación económica resultaría «desastrosa» por el «fuerte paro», mientras que en las colonias «predomina la anarquía». En cuanto a España, «se alienta [desde el lado portugués] la hostilidad, aunque de forma solapada» y las noticias sobre el vecino país estarían «sistemáticamente distorsionadas».[93] No puede extrañar que a Franco le preocupara de forma especial cómo se interpretó en España el golpe portugués y que viera en este juicio una especie de «campaña al revés», tal como le dijo a López Rodó.

En realidad, el efecto que la Revolución portuguesa tuvo sobre la Transición española fue cambiante, como zigzagueante fue también su curso. En un principio, cuando mantenía una versión conservadora, pudo incitar al cambio propuesto por la oposición o por los aperturistas. Luego, en los últimos meses de 1974 y primeros de 1975, al radicalizarse, dio argumentos a la derecha en su pretensión de que nada cambiara. Cuando Franco murió, la situación portuguesa se había enderezado ya hacia una democracia occidental de modo que con ello jugó un papel positivo respecto de España.[94] Conviene, por tanto, no exagerar ni interpretar de forma lineal los paralelismos entre la España de Arias y el Portugal de Caetano. Se puede comparar la significación histórica de ambas figuras: los dos intentaron reformas modestas y las vieron obstaculizadas por su respectivo jefe del Estado (Americo Thomas en el caso luso). Pero Caetano fue derribado y Arias no. El ejército portugués pasó de estar dominado por la minoría derechista que encabezaba Kaulza a estarlo por un personaje moderado como Spínola. En España, los Kaulza permanecieron sólidamente instalados en el poder con pretensiones de intervencionismo político que preocupaban a Arias. Antes de que tuviera lugar el golpe de Estado portugués, en España circuló un manifiesto, suscrito en febrero de 1974, por «un grupo de jefes y oficiales». Bajo el título *¿A dónde nos quieren llevar?* se manifestaba en contra de Piñar e Iniesta y de la politización de extrema derecha que querían introducir entre los militares españoles, que tenía ya muy poco que ver con el espíritu de la joven oficialidad.[95] He ahí el germen de la Unión Militar Democrática, pero de nuevo el paralelismo con Portugal resulta un poco forzado. En España, como veremos, las personalidades del tipo Spínola-Díez Alegría eran marginadas y el sector militar antirrégimen era claramente minoritario y situado a la defensiva, aunque también resultaba profesionalmente brillante.

Todas las presiones que anteceden eran externas o internas y se ejercían sobre un Gobierno que, a las alturas de abril, estaba ya profundamente dividido: Utrera no tenía inconveniente en declarar a una visita que, en su seno «todo lo que se pueda imaginar de deslealtad es poco».[96] La división nacía de la actitud diferente ante problemas concretos, como el incidente Añoveros, pero también de otros factores, el primero de los cuales se refería al propio rumbo fundamental que seguir en la reforma política. Ya hemos visto que Utrera no era persona del equipo de Arias; no se le tuvo en absoluto en cuenta a la hora de la redacción del discurso del 12 de febrero, a pesar de ser en teoría el ministro político por excelencia. En sus memorias afirma haber recibido firmes seguridades de Arias en relación con el papel que tanto él como el Movimiento habrían de desempeñar en el futuro. Lo cierto es que no tenía por qué creer tales afirmaciones; la biografía de Arias, como sabemos, poco tenía que ver con el falangismo.

El hecho es que muy pronto se apreció una diferencia sustancial entre Arias y Utrera. Según éste se encontró «acosado y obligado a actuar en la más absoluta soledad». Desde un principio vio maniobras desde la sede del Ministerio de la Presidencia; llegó a afirmar que en los inicios de 1974 Arias ya deseaba sustituirle por Herrero Tejedor, o que escuchó de Barrera de Irimo afirmaciones equivalentes a la ruptura con todo el pasado del régimen. No es menos cierto que la mentalidad de Utrera estaba en las antípodas de la de Arias. Quería volver a movilizar el Movimiento y convocó a las figuras históricas del partido único como Fernández Cuesta, Arrese, Solís o Girón; quiso poner al frente del Instituto de Estudios Políticos a Fueyo, coautor del intento de institucionalización de 1956, y lo logró, no sin una fuerte resistencia del propio Arias. Llegó a pensar en unos «círculos de convivencia y participación» en el Movimiento que de forma inevitable habrían acentuado la sensación de volver al partido único. Pero, además y sobre todo, tenía la pretensión de actuar como cada uno de esos cuatro dirigentes falangistas, es decir, el ministro político por excelencia con comunicación directa y privada con Franco. Ya en el mes de marzo un Arias indignado exigió que le remitiera los temas que iba a tratar con Franco. Sin duda, el jefe del Estado, para detener los tímidos esfuerzos reformistas de Arias, se servía de los argumentos y actitudes de Utrera. La mejor prueba de ello es que, de forma muy habitual en él, Franco preguntó a Utrera «qué era eso del espíritu del 12 de febrero» y añadió que el régimen se suicidaría si permitiera ataques a su sustancia doctrinal.[97] Algún ministro, sin embargo, defiende en la actualidad que Franco había alabado el discurso de Arias cuando éste lo pronunció.

Muy pronto se apreció la rápida sucesión de imágenes contradictorias de las que el Gobierno era capaz. El 20 de abril el ministro de Información, Pío Cabanillas de visita en Barcelona, apareció tocado con la barretina catalana y fue víctima de una suspicacia creciente por parte de los medios más reaccionarios, no tanto por este gesto como por lo que declaró. Con ocasión del Día del Libro afirmó que negar el conflicto era negar la realidad y que se estaba emprendiendo el «camino de libertad para la convivencia nacional en lo cultural y en lo político». «De una etapa colectiva basada en ideas de defensa, aislamiento y conservadurismo —añadió—, hemos abocado finalmente a otra donde las ideas que circulan son las de desarrollo, renovación, comunicación y participación y hemos de dotar a esas palabras de contenido auténtico.» Por vez primera tenía lugar la entrega de los Premios Nacionales de Teatro en Barcelona y el entonces triunfante Marsillach hizo en presencia del ministro unas declaraciones muy expresivas: «Nunca hemos pedido una libertad que sirva para ofender los principios más honestos del ser humano, sino al revés, una libertad que ayude a los hombres a ser más dignos. No siempre, por desgracia, la censura administrativa ha sabido comprender nuestras razones». «Me siento, nos sentimos —concluyó— esperanzados. Confiamos en usted señor ministro.» El falangista y oficial *Arriba* ironizó acerca de esas intervenciones congratulándose de que «por fin acabamos de salir de la Edad de Piedra».[98] El 26 de abril Utrera tuvo un encontronazo personal con Cabanillas por la posición de un diario como *Arriba,* que dependía de él. En el mundo burocrático del Movimiento resultaba posible encontrar afirmaciones escritas relativas a la carencia de «un programa de actuación» por parte del Gobierno o, al menos, de «matices» en su contenido.[99]

Los propósitos de Utrera tan sólo se habían plasmado en un vago principio de coordinación entre el Gobierno y el Consejo Nacional, pero pronto se demostró que no cumplía un requisito que en todo momento había caracterizado a los secretarios generales del Movimiento, es decir, controlar al antiguo partido único. El 28 de abril, tan sólo setenta y dos horas después del golpe de Estado en Portugal, ocasión que eligió para lanzar un discurso programático en Alcubierre, descubrió que *Arriba,* el diario oficial del partido, publicaba una enorme foto de Girón y un titular resonante: «Se pretende que los españoles pierdan la fe en Franco y su Revolución Nacional». Mientras él mismo hacía su intervención, descubrió que los ojos de sus oyentes estaban más ocupados en el titular del periódico que en sus palabras.

Fue una maniobra urdida por Antonio Izquierdo, director de *Arriba,* y Antonio Castro, delegado nacional de Prensa y Radio del Movimiento. El 27 de abril Girón estuvo hablando mucho tiempo con Antonio Izquierdo, impuesto por Utrera Molina como también lo había sido García Serrano como director de Pyresa. En teoría, pues, se trataba de hombres suyos. El artículo fue elaborado por el propio Izquierdo, quien supervisó la composición en linotipia; no fue visado por el Ministerio. Utrera Molina, por supuesto, no llegó a leerlo antes de pronunciar su discurso, y dada la situación en que se enteró de lo sucedido, quedó en ridículo. «Vivimos tiempos difíciles pero no seremos derrotados por la confusión», afirmaba Girón. «Lo que se pretende, en nombre de no sé qué extraña libertad —proseguía— es olvidar el compromiso sagrado que contrajimos con el pueblo español quienes un día nos vimos en el deber inexcusable de empuñar las armas...; proclamamos el derecho de esgrimir frente a las banderas rojas las banderas de esperanza y realidades que izamos el 18 de julio de 1936.» Girón se definía contra los «falsos liberales». «A José Antonio se le quiere secuestrar ideológicamente —denunciaba—; se le proscribe pero en cambio se tienen toda clase de liberalidades administrativas y de licencias para que circule el pensamiento marxista o el pensamiento de los enemigos de la eterna metafísica de España.» La diana se situaba, por tanto, en el Ministerio de Información y aun se recalcaba con la afirmación de que se podían encontrar ataques a Franco o al régimen en los quioscos. Era el tiempo de la vuelta a los «gemidos balbuceantes de las Cortes de Cádiz..., la hora de los falsos liberales de quienes, cuando no consiguen cuanto se proponen asoman con feroz intransigencia sus instintos sectarios de poder». Pero «no consentiremos que se cerque impunemente» ni a Arias, ni a Utrera.[100] Ésta era la frase más denigrante para ambos, a los que se presentaba poco menos que rodeados por Cabanillas y Carro. Poco después, García Rebull afirmó que «como falangista no admito asociaciones de ninguna clase».

Lo sucedido en Alcubierre fue el testimonio público de la ruptura entre Girón y Arias y constituyó un auténtico «anti-12 de febrero». Girón se vengaba así de la negativa de Arias a contar con él para la vicepresidencia y para cualquier otra cosa. Un Utrera indignado escribió luego en sus memorias que «la forma solemne, el estilo de anatema y la magnificación catastrófica utilizada en la declaración constituían tácticamente un grave error», pero también que «no encontré, en líneas generales, ninguna idea sustancial que no compartiera bajo otras circunstancias»; no obstante, había dicho, obligado por el talante del Gobierno, en Alcubierre que «la apertura está en la base de nuestro sistema». En el documental de TVE dirigido por Victoria Prego aparece afirmando que la declaración fue «disparatada» y un «gravísimo error». Lo más evidente e inmediato para él fue que le puso en peligro. A su vuelta a Madrid se entrevistó con Arias y, para su sorpresa, el presidente se solidarizó por completo con él indicándole que en la siguiente reunión del Consejo de Ministros le prestaría todo su apoyo.[101] Claro está que Arias no podía deponerle después de que el Gobierno hubiera logrado tan escasos éxitos. Pero más peregrino aún resulta el que Utrera pretendiera seguir con sus planes, como si nada hubiera sucedido, e incluso sin despedir a los causantes del episodio. Explicó a Franco lo sucedido y sus propósitos de movilizar el Movimiento-organización. Según afirma en sus memorias, Franco se mostró entonces más preocupado por las expectativas de llegar a los partidos a través de las asociaciones que por la posición de Girón, descrita como «una figura con Historia». Tras el incidente, ya nunca hubo auténtica cordialidad entre Arias y Utrera. El segundo se sentía espiado e incluso creía intervenidas sus conversaciones telefónicas; los términos que emplea para describir las relaciones con el presidente son «dolorosa desconfianza».

A corto plazo, el beneficiado por lo sucedido fue Pío Cabanillas. García

Hernández pronto pensó que el ministro de Información iba demasiado rápido, pero éste por el momento mantuvo la solidaridad del presidente y la tácita de la mayoría de los ministros.[102] La prensa más influyente se revolvió contra Girón. Así, *Cambio 16* afirmó que si alguien quería conducir a España a una crisis sin salida lo único que tenía que hacer era seguir al pie de la letra la receta de Girón. Para *ABC* el ex ministro falangista «no parece haberse dado cuenta de que se dirige a una galería que no existe». *Pueblo,* en cambio, a pesar de su condición oficial, defendió a Girón mediante la pluma de Emilio Romero: «El manifiesto de Fuengirola, cualquiera que sea su valor político —aseguró—, es una seria invitación a la claridad»; cuyo valor esencial habría sido la «pulcritud dialéctica». «Verdaderamente —añadió— existe confusión y la doctrina del 18 de julio aparece batida en una turmix en que se combinan Alcubierre y Marsillach ... *Triunfo* y *Fuerza Nueva*.» Una postura semejante dejaba malparados a los miembros más liberales del Gobierno. Más a la derecha, *El Alcázar* afirmó que Girón se había pronunciado por una apertura política desde los presupuestos del régimen y Blas Piñar expresó su identificación con su persona. Los más reticentes al régimen trataron de ironizar y así *Sábado Gráfico* realizó una encuesta entre gente joven, alguna de la cual describía a Girón como «un torero».

En realidad, la polémica suscitada por el incidente de Alcubierre se prolongó hasta el verano, a pesar de que el presidente del Gobierno intentó reconducirla. Tras un largo encuentro entre Arias y Girón, se paralizó una segunda declaración del segundo que también iba a publicarse en *Arriba,* y que circuló multicopiada. En ella negaba el inmovilismo propio «pero —decía—, tampoco deseo que el régimen dé atolondradamente un paso atrás para complacer las apetencias de los nuevos liberales». Pío Cabanillas se mostró moderado y seguro de su posición: «El señor Girón es un político importante que, en uso de su libertad, ha expresado sus convicciones sobre determinados temas. Pienso que el Gobierno sigue dispuesto a cumplir el programa que su presidente marcó el 12 de febrero». Argos, en *ABC,* se preguntó de modo retórico «contra quién disparan». En el mismo diario Ricardo de la Cierva aludió a la que denominó «la tercera apertura» del régimen: «Si, contra lo que todos esperamos, se frustra también ... o se queda en las entrelíneas del nominalismo habrá, por supuesto, una cuarta. Pero ya no la podrá hacer este régimen ni otro nacido de él».

Contraatacaron luego los partidarios de cualquier cambio con una serie de artículos. Fernández de la Mora, convertido en opositor del Gobierno, escribió un artículo sobre Berenguer que concluía con las líneas siguientes: «No todos los gobernantes han de poseer una idea del Estado, pero es necesario que la tengan los llamados a decidir en momentos de crisis porque, en caso contrario, el Estado se lo harán otros, o sea los enemigos». Eso habría sucedido durante el Gobierno del general, que «se habría limitado a asistir a la disolución del Estado y a la progresiva sustitución por el que preconizaban no el país sino unas minorías de frívolos o de resentidos». No sólo por el contenido (que identificaba a Arias con Berenguer), sino por la tribuna (*ABC*), el artículo tuvo inmediata resonancia. *Informaciones,* en nombre de los aperturistas, replicó inmediatamente: «Ni estamos en la época de Berenguer, ni hay un Berenguer, ni queremos la desintegración del Estado».

Un «piñarazo» vino después del «berenguerazo» de Fernández de la Mora, tal como describieron desde los diarios independientes los pronunciamientos sucesivos de políticos reaccionarios. El 20 de mayo, Blas Piñar presentó las *Obras completas* de Carrero Blanco; entre el público se encontraban los ex ministros López Rodó y Fernández Cuesta. «El asesinato de Carrero Blanco —interpretó el orador— no fue un crimen al azar, sino un magnicidio preconcebido dentro de un plan dirigido contra el régimen y el pueblo de España.» «Si la sucesión se hubiera realizado en él —añadió— habría rectificado a fondo la actual política de entrega» porque «queramos o no, lo cierto es que la guerra [civil] no ha terminado». Olvidar su persona y su actuación sería «un segundo asesinato». Se manifestó a favor del espíritu del 17 de diciembre (de 1970), la manifestación de apoyo a Franco con ocasión del proceso de Burgos; en cuanto al del 12 de febrero, «no es más que una promesa, necesitada del yunque de la prueba, suponiendo que sea ortodoxo». Pero él mismo no daba la sensación de tener la más mínima duda: «El enemigo está dentro» del régimen, infiltrado de «enanos y niños mimados». No olvidó referirse al futuro jefe del Estado: «Prestamos nuestra adhesión a la monarquía del 18 de julio, pero no a ninguna otra», pues sería «el puente para una República laica y masónica». No contento con reinventar a un Carrero de acuerdo con sus necesidades, ni con descalificar a Arias y advertir al futuro rey, Piñar sentenció: «Hay una prensa canallesca, antinacional, que desata malas campañas». Lo que fue invectiva en labios de Piñar —los «enanos», la prensa «canallesca»...— los aludidos lo tomaron a broma.

También se lanzó a la carga García Serrano desde *El Alcázar*. Simuló buscar en qué consistía el 12 de febrero, pero llegó a la conclusión de que, en ese mes, la única fecha importante era la del 16, aniversario de la victoria electoral del Frente Popular. Y a partir de esta constatación presentaba la situación política española en el tono trágico de quien en su momento fue joven falangista: «Pienso que estoy contemplando uno de los últimos desfiles de la Victoria», pero ahora, dentro del Ejército, «los escalones de la guerra se agotarán en el mando supremo en muy pocos años, cinco o seis años como máximo». Ya había previsto todo lo que iba a suceder: «Cuando se nos dijo "vamos a entrar en Europa" empezamos a tocar mierda». «He decidido —concluyó— instalarme en el final del bienio estúpido que, como ustedes saben, fue aquel que dominaron al alimón un *mandil* y un *luis*, don Ale Lerroux y don José María Gil Robles, que por ahí anda. *Luises* y *mandiles* están al aparato otra vez. Y algunos, dicen, contestarían al de Carrillo.»[103]

Los días finales de mayo presenciaron una oleada de incidentes con la prensa, tan directamente aludida por Piñar; se vieron involucrados hasta periodistas de *Arriba*. Pío Cabanillas se ganó la simpatía de la profesión con tan sólo afirmar que «los periodistas debían defenderse de los ataques con dignidad en el ejercicio de la profesión». Pero ésa fue la única reacción gubernamental ante unos ataques de los que había sido diana precisa; a menudo dio la sensación de que el Gobierno no se enfrentaba a la ofensiva ultra sino que trataba de ponerse a la cabeza de la misma. El mismo García Hernández no tardó en participar en un homenaje a Carrero, un personaje de quien había estado lejanísimo. «No nos dejaremos seducir por los gestos teatrales vengan de donde vinieran», aseguró refiriéndose a no se sabe bien quién. Gutiérrez Cano intervino en el aniversario de la toma de Bilbao por las tropas de Mola con un lenguaje parecido al de los que se situaban frente al Gobierno.[104] Cuando el 21 de mayo se reunió la Comisión Permanente del Consejo Nacional bajo la presidencia de Utrera Molina, utilizó el lenguaje de siempre cumpliendo «las directrices expuestas por nuestro jefe nacional». «El Movimiento —reza el acta— debe pasar resueltamente a la vanguardia acometiendo todo tipo de acciones con audacia y realismo, con sentido de la modernidad para hacer de él un sereno y entrañable lugar de concurrencia.» En «perfecto encaje» con el discurso de Arias, el 12 de febrero se debía pretender «la puesta en plena actividad del Consejo Nacional, la reafirmación doctrinal y el rearme ideológico y el permanente contacto con la amplia base popular de las Organizaciones del Movimiento». Todo ello sonaba a un retorno al partido único, pero lo último no pasaba de consistir en viajes del propio Utrera por las provincias.[105] Los propósitos no debieron de tardar de empantanarse en los consabidos problemas que siempre obstaculizaron los intentos de institucionalización del franquismo. Un tradicionalista, por ejemplo, se apresuró a contraponer el Movimiento Nacional que intentó crear Falange y el que realmente creó Franco.[106] Otros —Herrero Tejedor— mencionaron la necesidad de un rearme ideológico. Pero todo ello quedaba en insignificancias que bordeaban lo grotesco. Utrera no tuvo mejor idea para celebrar el cuadragésimo aniversario del *Cara al sol* que financiar una versión sinfónica de la canción.[107] La apertura consistía, pues, alternativamente, en ofrecer una visión pop u orquestal del himno falangista.

Hasta el verano siguió intensificándose la imagen de titubeo entre las opciones de reacción y apertura. A finales de mayo se publicaba un artículo titulado «Pena de muerte para un libro», en que se relataba el cizallamiento de uno de carácter religioso, con el en apariencia inocente título de *Moniciones de la misa*.[108] La película *La prima Angélica* de Carlos Saura fue enviada al Festival de Cannes representando al cine español; había sido rodada con el equipo ministerial anterior, pero pasó la censura con el actual. Sus claras referencias políticas motivaron la indignada reacción de Blas Piñar, con ocasión de un homenaje a su persona celebrado en Logroño. «Nosotros preferimos estar muertos a ser rojos», afirmó entonces. También reapareció Girón con unas declaraciones a *La Vanguardia* en que explicó su anterior toma de postura. «Veía —manifestó— un cerco por la manera de expresarse determinadas personas en torno al presidente, que no estaba de acuerdo en absoluto con lo que yo he oído al propio presidente.» Preguntado si había obtenido algo positivo de lo sucedido en abril, repuso: «A lo mejor, nada, pero algo sí he visto: mucha, mucha libertad no hay. Si a mí no me dejan contestar, esta libertad ¿dónde está? Libertad para meterse conmigo sí existe. Yo sigo igual. Ellos piensan que soy un bárbaro, un troglodita que me como los niños crudos». Estas palabras, que reflejan tanto la persistente inquina de Girón contra Arias como la intervención de éste para evitar que continuara la polémica, ofrecen también la prueba de que quienes representaban la posición reaccionaria en ocasiones se sentían capitidisminuidos ante una sociedad que vislumbraban ya muy lejana.

Este ambiente dentro de la política interna ayuda a explicar un nuevo acto de presencia de don Juan con ocasión de su onomástica, en junio. Ante un auditorio en el que figuraron entre otros los futuros presidentes de las dos cámaras de las Cortes Constituyentes de 1977 y en ausencia de Pemán y Sáinz Rodríguez pero también de Calvo Serer, don Juan advirtió: «Se avecinan días cargados de graves problemas políticos y económicos». «Siempre he afirmado —añadió— que no deseaba que mi persona fuera motivo de discordia entre los españoles. Lo repito, pero eso no quiere decir que yo no continúe, como siempre, a la disposición y al servicio del pueblo español.» «Yo —concluyó— jamás he sido ni seré un conspirador movido por la ambición pero, contra lo que muchos pueden pensar, tengo irrenunciables deberes que cumplir.»[109] Estas frases son testimonio de una voluntad de presencia que, a su vez, estaba justificada por la situación en el seno del régimen.

Unos días antes, el Gobierno dio uno de los bruscos giros de timón tan habituales en Arias. El 15 de junio tuvo lugar una Asamblea de Consejos Locales y Provinciales del Movimiento de Barcelona. Para la ocasión Carro había preparado una intervención del presidente de la que cabe esperar que estuviera acorde con el llamado «espíritu del 12 de febrero». Sin embargo, las intervenciones de Utrera y Arias poco tuvieron que ver con el ambiente creado en torno a esta fecha; el texto de Carro fue desechado y probablemente sustituido por otro de uno de sus subsecretarios, Álvarez Romero.[110] Utrera, coincidiendo con los ataques de Girón al liberalismo, describió el Movimiento como «cauce por el que ha de discurrir la savia que ha de dar la vida a nuestro desarrollo político relajando la tentación de tener que beber en fuentes que se secaron en nuestra Patria hace ya muchos años». Había, pues, que «desarrollarlo, potenciarlo y dotarlo de energía social, de dinamismo político y de realidad participante». Pero la sorpresa vino a continuación: Arias se identificó netamente con lo declarado por Utrera, y el auditorio, formado por esos cuadros del antiguo partido único, compuesto por gentes de edad que se comportaban con aparente timidez, le interrumpieron con sus aplausos hasta doce veces. Sobre el espíritu del 12 de febrero dijo Arias que «no puede ni quiere ser nada distinto del espíritu permanente e indeclinable del régimen de Franco»; se ganó a los oyentes cuando afirmó que el marco del Movimiento «no puede resultar jamás rebasado». Citó veinticuatro veces el Movimiento y sólo dos las asociaciones; dio por supuesto que éstas desarrollarían sus actividades en el marco del Movimiento-organización.[111] En el acto, que aparece recogido en el documental de Victoria Prego, se ve cómo al final Arias inició el *Cara al sol* brazo en alto y de forma titubeante. Poco después, *El Alcázar* aprovechó la ocasión para afirmar que era una burda patraña contraponer el espíritu del 12 de febrero y el del 18 de julio. Para Utrera se trataba de «una decorosa y a la verdad inesperada rectificación de los excesos dialécticos y de los puntos contradictorios que figuraban en sus anteriores declaraciones».[112] A Franco le gustó el gesto y llamó al presidente para decírselo.

LA CUESTIÓN MILITAR: EL INCIDENTE DÍEZ ALEGRÍA. EL HORIZONTE EXTERIOR

Sin duda no es éste el momento de abordar la complejidad interna del Ejército español en la fase final del franquismo; lo haremos más adelante en el momento en que afloraron tensiones políticas precisas y concretas. Sin embargo, ahora el propio encadenamiento de las circunstancias obliga a tratar de un suceso importante y en gran parte subterráneo, la destitución del general Manuel Díez Alegría al frente del Estado Mayor.

Pese a que la inmensa mayoría de la cúpula militar (tenientes generales y generales, e incluso coroneles) mantenían una actitud reaccionaria, ésta no era la posición de un sector reducido, pero ilustrado e influyente por su capacidad y sus contactos de cara a las negociaciones con Estados Unidos. Así lo prueba un informe calificado de «confidencial» que circuló poco tiempo después de que Arias Navarro iniciara su gestión.[113] El informe aseguraba representar la posición colectiva del Ministerio (en realidad del Ejército mismo) y en teoría trataba acerca de la economía, si bien lo más importante era sin lugar a dudas su vertiente política. Expresaba inquietud, pues «si [el futuro] siempre fue problemático, ahora más que nunca resulta imprevisible», aunque también manifestaba el deseo de un cierto cambio e ingenuidad con respecto a los medios para lograrlo.

El problema que se le planteaba a España en la primavera de 1974 era, de acuerdo con su interpretación, «acercarnos a la Comunidad con concesiones económicas, pero manteniendo nuestra postura política». Ahora bien, «los condicionamientos que Europa exige» eran del segundo tipo y no del primero; no obstante todo ello el documento hacía un ejercicio de realismo. «Hay que reconocer con valentía —añadía— que España no es un país europeo en lo político y que las perspectivas de integración serán, en el futuro, similares a las actuales y a las de hace diez años si nos estancamos en un inmovilismo rechazable desde todos los puntos de vista.» Había, pues, que asumir una «evolución política presidida por una gran capacidad de imaginación para no caer en el fácil y, en España nefasto, sistema de antiguos partidos», pues «renunciar a la integración parece una postura ilógica y contra la corriente histórica». En definitiva, «se hace aconsejable reconsiderar la postura política española, por otra parte ya iniciada». De modo muy diferente a como pensaban Franco y los tenientes generales se afirmaba que «la actual crisis portuguesa es consecuencia de la falta de evolución política». Lo previsible en el vecino país sería una «liberalización» que «habrá de incidir en nuestro sistema ya que la proximidad entre los dos países serviría como catalizador para favorecer la evolución del perfeccionamiento de nuestras instituciones políticas» (sic). A quien eso escribió, la radicalización de la revolución portuguesa debió de producirle un serio disgusto. Por el momento consideraba que «organizar el pluralismo no significa que se deba abrir la puerta a la disgregación de la sociedad», sino que la promesa de una mayor participación había producido «plena satisfacción en amplios sectores de la sociedad».

Por lo demás, el documento revelaba una actitud hasta cierto punto ambivalente en lo político: mientras repudiaba la intervención de los tribunales militares en juicios durante tiempo de paz y afirmaba que el Ejército no debía intervenir en política, decía de él que era «una reserva de poder político». En aspectos concretos el texto era realista y honesto: del desarrollo económico afirmaba que «estamos expuestos a vernos desbordados por las fuerzas que hemos despertado». La universidad aparecía descrita como «un ejemplo permanente de desorden y situación de conflicto». Veía como peligro creciente la aparición de sentimientos regionalistas, y con respecto a las relaciones con la Iglesia, afirmaba que si antes había existido «casi maridaje», ahora convendría revisar la confesionalidad. En suma, bien puede definirse este escrito militar como la traducción a este campo de lo que el espíritu del 12 de febrero había significado.

No se entiende este informe sin tener en cuenta la personalidad de quien lo redactó o permitió que circulara. Manuel Díez Alegría, nacido en 1906, era capitán cuando estalló la guerra civil. Fue ingeniero del Ejército y abogado y ocupó destinos docentes hasta llegar, en 1967, siendo ya teniente general, a la dirección del CESEDEN (Centro Superior de Estudios de la Defensa

Nacional); en julio de 1969 fue designado jefe del Alto Estado Mayor. Lo que decía de sí mismo le definía muy bien: «Yo no soy militar político; mi trayectoria ha sido exclusivamente militar» y, ante Salvador Pániker, añadió que «el Ejército español está despolitizado». En parte era así, pero en la oficialidad más joven o en los estratos medios; los superiores, en cualquier caso, mantenían un sustancial conservadurismo. La mayor parte de los tenientes generales hubieran suscrito por el contrario las palabras pronunciadas por Carlos Iniesta, el antiguo director general de la Guardia Civil cuando en mayo se retiró: era misión de la milicia «mantener y transmitir sin la menor disminución fundamental, de intensidad ni brillo, la llama viva de ideales eternos por los que se inmolaron en admirable gesta» los vencedores en la guerra civil. Resulta significativo que el cese de Iniesta fuera cubierto por el general Vega Rodríguez y no, como se pensó, por Campano, personaje más reaccionario. Las declaraciones públicas de Díez Alegría siempre fueron a favor de la apertura de Arias: «Veo —dijo— más aparentemente confuso el momento político de lo que lo está en realidad», puesto que «yo creo que el Gobierno está siguiendo una línea de conducta claramente expuesta y hasta ahora claramente realizada».

Sus propósitos, sin embargo, como habría de suceder con la reforma de Arias, quedaron en nada. No tardó en publicarse un proyecto de Ley Orgánica de Defensa Nacional.[114] Lo fundamental era la creación de un órgano encargado del estudio y preparación de los asuntos de índole militar, contando con las tres armas y destinado a proponer «los planes que desarrollen la política militar y entenderá en la valoración de la estrategia adecuada a cada situación». En definitiva, se trataba de la creación de una Junta de Jefes de Estado Mayor bajo la dependencia del presidente del Gobierno. A él se opusieron diversas personalidades ultras de la milicia, como los tenientes generales Iniesta Cano, García Rebull y Campano. Cano Portal atacó el proyecto desde *El Alcázar* firmando con el seudónimo Jerjes. En parte, sus argumentos eran supuestamente profesionales —defendía un Ministerio de Defensa Nacional—, pero, además, estaban fundamentados en inquinas personales y, por supuesto, un talante muy distinto.

Es el momento de hacer hablar al principal protagonista del incidente con las palabras que él mismo empleó para describir lo sucedido. «Nadie —dejó escrito— podía acusarme de una actuación contraria al régimen político imperante ni de servir a alguno de los movimientos que apuntaban a su reforma, ni mucho menos a las conspiraciones, bastante inocuas por cierto, de la oposición clandestina.» Sabía, sin embargo que tenía como opositores «militares de alto rango», encrespados «por lo inesperado de mi encumbramiento a puestos elevados en mi carrera que yo nunca busqué y hasta traté de evitar».[115] Eran los citados con anterioridad. Pero si estaban contra él, no debió de ser porque hubiera dado muestras de separarse de la ortodoxia del régimen. Los juicios esperanzados que desde el exilio hizo Carrillo acerca de su supuesto despegue político del régimen no parecen fundamentados.

El caso es que un diplomático le dio a conocer los deseos de Ceaucescu, el presidente rumano, de hablar con él. Arias le autorizó a «que hiciera el viaje con carácter privado y ostensiblemente con fines de puro turismo». El viaje en sí tuvo poca historia: visitó los monasterios moldavos y sus acompañantes le hablaron con mucha reticencia nacionalista de los rusos. El 1 de junio estaba en Bucarest para la entrevista con Ceaucescu. Éste se presentó como una persona liberal y señaló la continuidad del Ejército rumano anterior al comunismo y la supuesta tolerancia religiosa existente bajo su régimen. Pero, como era previsible, quería sobre todo hablar de España. Se refirió, en primer lugar, al papel que podía jugar el Ejército en España de cara a un cambio político. Díez Alegría respondió aludiendo al pasado liberal del Ejército español, pero advirtiendo que los militares «en ningún caso estaban dispuestos a hacer nada que pudiera contribuir a un cambio político». El rumano le sugirió una posible intervención suya. «Para eso —repuso— habría hecho falta ... que yo tuviera ambiciones.» Se describió a sí mismo como «soldado leal y disciplinado que en ningún caso aprovecharía las facultades, por otra parte muy reducidas, del puesto que se me había confiado para desde él maniobrar en contra precisamente del que lo había hecho». Finalmente, Ceaucescu mencionó la posibilidad de un retorno de Dolores Ibárruri y Santiago Carrillo a España. «Todo lo tratado —concluyó el militar— procedía de una mala interpretación comparativa de la Revolución portuguesa, llamada de los claveles.» Carrillo habría juzgado la apenas naciente agitación de oficiales «y el cuento de los monóculos que se decía estaba yo recibiendo», algo que no se produjo; así, sin duda, el líder comunista español había magnificado las perspectivas de cambio y tratado de demostrar ante Ceaucescu su conocimiento de los asuntos internos de su país. En suma, el general lo interpretó como un «resbalón» provocado por el líder comunista. Tras la entrevista con el presidente, apareció en el diario oficial del régimen, *Scinteia,* una fotografía y, en el momento de la despedida, «mi acompañante me dijo algo, medio sibilino, en lo que yo creía comprender una invitación a celebrar una entrevista con una personalidad española que supuse era Carrillo», a lo que se negó.

Éste había tenido noticias acerca de Díez Alegría de forma indirecta, a través de su hermano sacerdote, bien conocido por sus posturas izquierdistas: le describió, sin embargo, tan sólo como «un profesional interesado por las cuestiones militares, vagamente liberal». Pero uno de los hijos del militar estaba relacionado con el grupo socialdemócrata de García López y éste llamó al dirigente comunista desde Madrid, inmediatamente después del atentado de Carrero, para comunicar que en los altos medios militares españoles se sabía que el PCE no había sido el culpable.[116] Nada más añade Carrillo en sus memorias acerca del particular, como no sea que el también general Vega Rodríguez era asimismo candidato a desempeñar un papel semejante a aquel en que creyó situado a Díez Alegría, pero, en cambio, en el documental televisivo dirigido por Victoria Prego deja aparecer la impresión de que él pudo, en efecto, haber inspirado la invitación a Ceaucescu. Además, estuvo en Rumanía coincidiendo con la visita del general y estaba dispuesto a mantener una entrevista.

A su regreso a España, cuenta Díez Alegría, no se encontraba Arias en Madrid pues había acompañado a Franco a pescar. El viajero trató con naturalidad, incluso con falangistas significativos como Fernández Cuesta, del viaje, pero pronto «llegaron a mi conocimiento rumores de la circulación de un número de cartas dirigidas por generales "azules" y conocí concretamente la suscrita por el teniente general Pérez Viñeta, dirigida a "crear escándalo" para prejuzgar lo que ignoraba». Hubo rumores de que los generales «azules» ya citados habían mantenido reuniones destinadas a presionar para el relevo.

Díez Alegría no fue recibido por Arias hasta el 6 de junio. Le explicó lo sucedido sin mencionar la sugerencia del presidente rumano respecto a la posibilidad de que él mismo pudiera jugar un papel en caso de que se produjera un cambio político. Pero a los siete días, por directa intervención de Franco, fue destituido; sin duda, los generales «azules» habían conseguido que su presión tuviera efecto. Arias Navarro, que al parecer no estaba muy de acuerdo, no opuso resistencia; la decisión y responsabilidad fueron exclusivas del jefe del Estado. Díez Alegría escribió de modo irónico e inteligente sobre la peculiar histeria que se vivió en aquel y en otros momentos posteriores, movida por la «obsesión excesivamente pudibunda que le llevaba a tener [a Franco] como muy peligroso cualquier anuncio de prendas exteriores más o menos ceñidas». Todo el mundo reconocía su valía, pero no se levantaron voces en su defensa; el más relevante de sus colaboradores, Gutiérrez Mellado, lo recordaría luego con amargura. En las Cortes se acumularon, además, 53 enmiendas al Proyecto de Ley de Defensa Nacional, que no llegaría a ser aprobado.

Lo sucedido en el caso de Díez Alegría fue, sin duda, un incidente de política interior, pero no se entiende sin tener en cuenta el interés con que se observaba desde el exterior la cuestión española (en este caso, desde un país comunista) durante los meses centrales de 1974. Entre los países europeos democráticos, el que observaba con mayor atención lo que sucedía en España era Francia. Como sabemos, fue ésta una política seguida desde hacía mucho tiempo por el general De Gaulle, que defendió incluso que la España de Franco accediera a convertirse en miembro del Mercado Común. Con Pompidou se mantuvo una política muy parecida. En tiempos más recientes, sin embargo, a consecuencia de los atentados de ETA y de la protección que obtenían como refugiados políticos más allá de la frontera los pertenecientes a este movimiento terrorista, las relaciones se habían deteriorado de forma muy considerable.

Ante una situación como la descrita el régimen se sentía abocado a un estado de inestabilidad interior como consecuencia de lo que consideraba una intolerable presión exterior. En el verano de 1974 los ministros recibieron un informe policial titulado «Francia. Su hostilidad hacia España».[117] Con una absoluta incomprensión de las instituciones políticas del vecino país, comenzaba afirmando que «para no remontarse demasiado en la Historia, puede afirmarse que es a partir del final de la segunda guerra mundial cuando España ha sido hostilizada, más sistemáticamente en lo político y en otros aspectos, desde Francia, bien por organizaciones de aquel país, por grupos indiscriminados o por las facilidades que en todo momento han sido dispensadas por muchos ciudadanos franceses a los activistas españoles». «Ningún país ha mostrado contra España tanta manifiesta y constante animadversión», añadía. Para ejemplificar esta actitud se sumaban las actitudes de los más diversos grupos políticos, desde anarquistas hasta separatistas catalanes, pasando por lo que entonces preocupaba más a las autoridades del régimen, es decir, el terrorismo etarra. «Todas las cacareadas medidas de endurecimiento contra los activistas españoles —concluía—, no parecen tener más fin que el de servir de pantalla ante la real pasividad e indiferencia.» La información denotaba un conocimiento muy detallado de lo que sucedía en el vecino país y contenía una larga relación de huidos pertenecientes a ETA así como de personas de nacionalidad francesa que prestaban ayuda a esta organización, con descripción de los locales y establecimientos en que se reunían.

Consciente de que los juicios de los dirigentes españoles iban por ahí, se explica que el embajador francés en el momento del nombramiento de Arias procurara expresarse con especial amabilidad respecto de quien «con tanta personalidad y eficacia» había desempeñado el cargo de alcalde de Madrid. «España y Francia atraviesan actualmente un período difícil tras los problemas hacia los cuales, quizá sepa ya por sus colaboradores del Ministerio de la Gobernación, he dedicado la máxima atención durante estos últimos años», indicaba el diplomático, pero «sigo y seguiré haciendo cuanto esté en mi poder para que entre París y Madrid volvamos a conseguir la atmósfera sin nubes que hemos conocido estos últimos tiempos». «Demasiados vínculos me unen a España —añadió—, querido señor Presidente, para no sentir que, al defender sus intereses cerca de mi propio Gobierno no traiciono en manera alguna los de mi Patria, sino muy al contrario; hasta ahora, siempre he encontrado a este efecto la ayuda de mis amigos españoles y estoy convencido de que ésta no me faltará en lo sucesivo en un período delicado que deseo lo más breve posible.»

Sin embargo, el «período delicado» se prolongó porque en el fondo era del todo inevitable. Arias respondió por escrito en tono amable aunque con dureza de fondo. «Comparto su criterio —escribió— de que permanezcan inalterables las limpias relaciones que han existido entre Francia y España», pero dijo también «esperar de su Gobierno que adopte aquellas actitudes que hagan posible un pleno entendimiento».[118]

Como se ha indicado, las relaciones no mejoraron. Una nota de la Subsecretaría de despacho de Arias lo prueba porque testimonia hasta qué punto era profunda la herida en los dirigentes del régimen causada por la postura francesa. Se pretendía, no obstante (y en ello probablemente jugó un papel importante Cortina, el ministro de Asuntos Exteriores) que España «podía influir en la posición francesa». «A Francia —indicó una nota explicativa— le interesaba el fraccionamiento de los problemas», pues «así puede obtener satisfacción en cada uno de los terrenos técnicos que le interese sin entrar en una negociación política; más aún en los momentos actuales en que el presidente Giscard está interesado en echar lastre demagógico». En consecuencia, por la parte española era imprescindible una «coordinación absoluta de todos los departamentos ministeriales». En la presente fase todo contacto debía «pasar por Exteriores», porque «por muchas muestras de endurecimiento que demos, éstas no tendrán credibilidad si, al mismo tiempo, el Ministro de Defensa francés marcha a España y negocia parcialmente» (sic). Como veremos, también en esta materia, como en la concordataria, Cortina, que era buen jurista y diplomático profesional pero muy conservador, mantuvo idéntico criterio. Francia, pensaba, siempre negociaría desde la política de la *grandeur,* de manera que parcelaría las exigencias españolas sin dar satisfacción alguna a sus deseos políticos. Había que proceder al «traslado del centro de gravedad de las relaciones» a la embajada española en París, de tal manera que ésta actuara con dinamismo y dispusiera de «todo el caudal informativo».[119]

Frente a esta actitud que sólo se puede describir como incomprensiva y hosca de parte del ministro de Exteriores respecto del más próximo de los países democráticos, otros ministros más aperturistas veían las cosas de diferente manera. Cabanillas recibió al embajador alemán durante el verano. Luego informó de que «el Gobierno [alemán] está en el mejor propósito de relaciones con España, que nunca esta posición resultó más clara que en el presente y que la República Federal prestará todo tipo de ayuda para el ingreso y la presencia española en Organismos Internacionales».[120] Pero eso presuponía que la reforma política española, hasta el momento tan sólo verbal, concluyera en un cambio sustancial de régimen.

¿Y qué pensaba Arias? Sin duda en este terreno estuvo más cercano a Cortina, como correspondía a sus antecedentes biográficos y queda de relieve en un dato significativo. Ocho senadores norteamericanos le visitaron en una fecha indeterminada de 1974; algunos de ellos tenían una significación política muy importante, como era el caso de Humphrey, antiguo vicepresidente con Johnson y posterior candidato presidencial demócrata. Para la conversión con ellos se redactó una nota —sin duda con la contribución de Exteriores— que recorría los principales centros de gravedad en la relación entre los dos países o, lo que es lo mismo, los ejes esenciales de la política exterior española. Se partía de que no había ningún problema en torno a la renegociación de los tratados, que «siguen su curso normal previamente establecido»; si acaso, mayores dificultades nacían de la exclusión de España del sistema de preferencias comerciales generalizadas. Como veremos más adelante, en las relaciones entre las respectivas administraciones la parte española quería obtener, con la contrapartida de las bases, algún reconocimiento de la contribución española a la defensa occidental.

Pero lo que era mucho más trascendental, para Arias o sus consejeros de política exterior, era la situación política de Portugal y el peligro procedente de Marruecos. En torno al vecino occidental, la nota llegaba a adquirir un tono casi dramático: «Convendría destacar la situación extremadamente grave en que se halla la política interior portuguesa en el momento actual, en donde se han apoderado de los resortes del poder los elementos izquierdistas más radicales, no sólo del Movimiento de las Fuerzas Armadas sino incluso de los partidos políticos. Convendría señalar el hecho de que para las próximas elecciones han quedado eliminados de las mismas tres partidos políticos, incluyendo el Partido Demócrata Cristiano. Asimismo podría llamarse la atención por el hecho de que el portavoz del Movimiento de las Fuerzas Armadas manifestó recientemente que, cualquiera que sea el resultado de los comicios, las líneas básicas revolucionarias de las Fuerzas Armadas serían adoptadas sin tener en cuenta la consulta electoral». Todas estas afirmaciones eran ciertas, pero sobre todo revelaban el temor del régimen al contagio revolucionario y el deseo de promover algún tipo de soterrada intervención norteamericana en Portugal. Franco mismo fue mucho más prudente.

También preocupaba a Arias y a los suyos la relación con Marruecos, en especial en referencia al contencioso del Sáhara: «Hacer notar —recomendaba la nota— que España sigue rigurosamente las resoluciones adoptadas por Naciones Unidas en lo que a la descolonización se refiere. Convendría hacer destacar el peligro que una venta excesiva de material militar por parte de Estados Unidos a Marruecos podría suponer para la paz y la estabilidad de dicha región y para el cumplimiento del compromiso español relacionado con las resoluciones citadas». Otras explicaciones de Arias hacían referencia a la política española en torno a Israel y a Cuba. En lo que respecta al primer tema, se podía aludir al motivo por el que no se les autorizó a los norteamericanos el uso de las bases españolas durante la guerra de 1973: los tratados vigentes «están concebidos exclusivamente como dispositivo para la defensa de Occidente y dentro del marco de esa defensa»; no afectaban, por tanto, a otras materias. En cuanto a Cuba, España no podría hacer distinción en el seno de los países de la comunidad hispánica y debería tener en cuenta a la colonia española allí existente.[121]

En resumen, la política exterior del Gobierno Arias seguía siendo, como no podía ser menos, idéntica a la habitual en la época franquista, es decir fundada principalmente en motivos de política interior, alejada de los países democráticos europeos y sólidamente fundamentada en un acuerdo con Estados Unidos, cuyo principal interés eran las bases militares sobre cualquier cambio político interno. A mediados de octubre, tras la crisis final de Nixon, Arias felicitó a Nelson Rockefeller por su nombramiento como vicepresidente de Estados Unidos, en sustitución de Gerald Ford, que alcanzaba así la presidencia.[122] Poco más de un año después moría Franco, sin que los parámetros esenciales de la política exterior hubieran cambiado aunque en muchos aspectos la situación de España en el concierto mundial se hubiera deteriorado.

Don Juan Carlos. La primera enfermedad de Franco

Por el momento hemos dejado a un lado a dos personajes que eran, o iban a ser con el paso de no mucho tiempo, decisivos en el destino político del país: Franco y don Juan Carlos. A este último pocas líneas hay que dedicarle, por razones que resultan fácilmente explicables.

El príncipe había quedado marginado de la gestión de la crisis gubernamental y sabía que quienes ahora gobernaban no eran quienes le habían propuesto en 1969. Sabemos acerca de su actitud en los meses iniciales de 1974, gracias sobre todo a las conversaciones que mantuvo con López Rodó. Son fiables porque el ex ministro fue, en esos meses, habitual en La Zarzuela y minucioso anotador de conversaciones, pero no por completo, porque estaba en una situación en que se le atribuía estar en oposición al Gobierno, y don Juan Carlos, como es natural, se adaptaba a su interlocutor. Por eso le dijo en una ocasión que el Gobierno no hacía otra cosa que «agraviar». No parece que la relación Arias-príncipe fuera, por el momento, mala, pero López Rodó informa de pequeños roces (deseo de crearle una secretaría al príncipe o ligeros cambios en los discursos que le proponía). Lo decisivo es, sin embargo, lo que recoge el propio ex ministro: don Juan Carlos aseguraba que «no tocaba pelota» y que debía «colocarse por encima de la pequeña política y estar en guardia». Esto implicaba ausencia de protagonismo, por lo que no puede extrañar que la eclosión de su iniciativa en los días de la muerte de Franco sorprendiera a Arias. Apenas podía hacer nada sino esperar. Para él hubiera sido el ideal en ese momento que Franco le cediera de forma definitiva sus poderes en vida («Cuando sea el momento espero sucederle a título de Rey y que Vd. lo vea», le dijo). Pero eso hubiera sido, quizá, problemático para él; peor, no obstante, resultaba una suplencia interina, sobre todo con las responsabilidades concretas del momento, tan graves. Tenía pocos apoyos instrumentales y hubo de recurrir a Emilio Romero para que quedara recalcada la trascendencia de su asunción de poderes cuando Franco enfermó.[123]

¿Y éste? Una primera forma de acercarse a él consiste en dar cuenta de las notas que los ministros tomaban con ocasión de sus despachos con él. Se pueden citar los que tuvo, por ejemplo, con Licinio de la Fuente, ministro de Trabajo y vicepresidente tercero del Gobierno. Los despachos duraban entre hora y hora y media. En general, Franco recibía las informaciones y tan sólo respondía con alguna frase que solía limitarse a un mero asentimiento; las inauguraciones o actos de parecida naturaleza recaían ahora en el príncipe y no quería resolver aquellas cuestiones que afectaran a conflictos de competencia o la supuesta función directiva del presidente del Gobierno. Se interesaba en ocasiones por algún tema específico de la política concreta de su interlocutor, como la asistencia sanitaria en las grandes ciudades. Pero, sobre todo, aludía a sus preocupaciones generales como «las relaciones con la Iglesia, la actitud de los medios informativos, el regionalismo» o «la situación social», sobre la que recomendaba despachar con el presidente del Gobierno. Al tratar de estas cuestiones hacía gala de sus arraigadas convicciones nacidas de toda una biografía. «Desengáñese usted, Licinio; usted es muy joven», le decía al ministro de Trabajo aludiendo a cuestiones como el asociacionismo y el regionalismo. No daba instrucciones ni ejercía un verdadero arbitraje salvo de forma muy genérica: cuando, por ejemplo, Licinio de la Fuente le propuso plantear y aprobar una Ley Básica de Trabajo anotó, ante sus palabras, «seguir adelante» y «convencer al presidente y ministros económicos».[124]

De cuanto antecede nos interesa sobre todo la fijación de Franco en sus convicciones políticas sólidamente arraigadas. A ellas hay que sumar la constante presión que sobre él ejercía la extrema derecha ultra en los más variados aspectos. Al margen de las procedentes de sus ministros, Franco recibía abundantes notas políticas. Sin excepción procedían de una extrema derecha reacia a cualquier cambio, y si le eran dirigidas la razón estriba en la esperanza de que concordaran con su pensamiento y le empujaran a la acción.

Dos ejemplos concretos pueden servir para precisar en qué consistían este tipo de notas. Una de ellas estuvo motivada por las declaraciones de Fernández Sordo al diario *La Libre Belgique*, que el propio Franco subrayó.[125] «Las asociaciones sindicales —aseguró el ministro— serán horizontales y totalmente distintas para los obreros y empresarios.» «Actualmente, como se sabe, escribió el anónimo redactor de la nota, la base sindical está ocupada en gran parte por las comisiones obreras.» «Por tanto —añadía—, si se abre el portillo de la asociación sindical, en un plazo más o menos largo o corto va a desaparecer la actual estructura del sindicalismo español.» «Esto debe cortarse de raíz», concluía. «Otra de las cosas que ha causado verdadero asombro [en las declaraciones] —añadía—, es decir que los sindicatos son los que controlan al Gobierno» porque esa posición podría animar a los sindicalistas a hacer «exigencias no previstas». «Creemos —concluía— que es muy peligroso seguir por el asociacionismo sindical [pues] se puede desmembrar a los Sindicatos», lo que abría el camino al comunismo. Incluso se mofaba de la utilización de la «autocrítica», como si eso no fuera necesario y supusiera «imitar al Partido Comunista». Lo cierto es que la peligrosidad de las declaraciones era remota: los ministros siempre decían fuera lo que luego no hacían dentro.

Otro escrito recibido por Franco se refería a la tolerancia con respecto a los partidos políticos que la legislación prohibía.[126] Lo peculiar de su contenido es su carácter crítico respecto del propio presidente. «Se da ya como seguro que el Partido Socialista español y el Gobierno Arias han mantenido contactos estrechos en Ginebra», denunciaba. *Cambio 16,* «revista más o menos socialista», alabaría siempre «el aperturismo Arias»; su presidente, González Seara, sería «íntimo» de Pío Cabanillas. Además, «el ministro Carro, estrecho e íntimo colaborador de Arias, ha mantenido contactos con diversas figuras del socialismo para que participaran en el estudio sociológico de cara a saber el cómo y las respuestas en unas elecciones más o menos democráticas». Como veremos, esta afirmación, totalmente incierta en lo que se refiere a relaciones políticas con la oposición, tenía cierto fundamento remoto: según la nota, Tierno habría recibido 400.000 pesetas. El escrito trasladaba incluso rumores de disidencia en los servicios de documentación de Presidencia por supuestas filtraciones «de elementos rojos». «Fraga Iribarne, vía Pío Cabanillas, y Arias Navarro —concluía—, están jugando a demostrar a Europa una democratización en España y que si ésta no se consigue más rápido es por culpa de la familia Franco y la ultraderecha.»

Una denuncia todavía más concreta fue la relativa a una supuesta reunión de Jáudenes, director general en Presidencia y «uno de los más directos colaboradores» de Carro, con tres representantes de la oposición democrática, Castellanos, Álvarez Miranda y Baeza.[127] Dicha reunión «estaba autorizada» por Arias y «se encuadraba en el conjunto del plan de democratización del sistema político español confeccionado por los señores Carro y Cabanillas»; «pieza esencial de dicho plan sería un asociacionismo sin vinculación directa al Movimiento en la línea sugerida por el grupo Tácito con el fin de allanar los obstáculos a una decidida entrada en juego de la oposición democrática». De acuerdo con el texto, Garrigues Walker sería conocedor de esos contactos y les prestaría su asentimiento don Juan, y se llegaría incluso a incluir la legalización del PCE. Eso fue lo que realmente sucedió, pero Arias siempre estuvo muy lejos de un programa como el descrito que no puede atribuirse sino a alguno de los más jóvenes colaboradores de Carro.

A menudo este tipo de notas fueron subrayadas por Franco, indudable prueba de su lectura. Pero no parece que se las pasara a Arias. En realidad, pronto debió de existir una desconfianza profunda entre ambos hasta el punto de que quizá el primero se arrepintió de su nombramiento o, al menos, no estuvo ya tan seguro de haber acertado. Nunca existió verdadera sintonía entre ambos, a pesar de la subordinación estricta del uno al otro. A Franco, que permitía decir con cierta frecuencia pero dejaba hacer muy poco, Arias le desazonaba cuando le hacía preguntas y éste no sabía a menudo cómo interpretar las ambiguas respuestas de aquél.[128] Todas las breves frases que Franco decía ante quienes se entrevistaban con él denotaban la desconfianza respecto del presidente, así como una actitud negativa ante cualquier apertura real. Claro está que quien acudía al Pardo acostumbraba a hacerlo, en este tiempo, para lanzar maledicencias contra el presidente del Gobierno: López Rodó le habló de la «desorientación, escepticismo y entreguismo de la clase política». «Esté tranquilo, que no habrá asociaciones», le dijo a Fernández Miranda (que se las había propuesto en su momento, pero ahora las denunciaba). A Rodríguez de Valcárcel le dijo que «una cosa es apertura y otra entreguismo», y a López Rodó que en torno a lo sucedido en Portugal en los medios de comunicación españoles había tenido lugar una especie de «campaña de prensa al revés».[129] En definitiva, el programa de Arias era suyo y no el de Franco, quien, al mismo tiempo que hasta cierto punto dejaba hacer, también frenaba mediante procedimientos indirectos.

El 7 de julio ya hubo indicios de empeoramiento en la salud de Franco. Se trataba, según cuenta el médico Vicente Pozuelo, de una tromboflebitis aparecida como consecuencia de una infección producida debajo de un callo; Franco utilizaba unos zapatos de la marca Segarra, que le regalaban desde hacía muchos años y que no se caracterizaban precisamente por su flexibilidad. Utrera recibió información de uno de los ayudantes de Franco y se la comunicó a algunos de los gobernadores civiles más próximos a su postura política, pero no parece que comentara la noticia con el resto de los ministros, indicio una vez más de hasta qué punto estaba dividido el Gobierno y de cómo se filtraban desde El Pardo las noticias fundamentales. Al día siguiente se le detectó a Franco una flebitis tras despachar con cinco ministros. «¡Vaya una bomba que me has preparado!», le dijo el jefe del Estado a Vicente Gil, su médico, cuando se le comunicó la enfermedad y la consiguiente necesidad de internarse.

El día 10, ya en la clínica, los únicos personajes políticos que conversaron con Franco fueron Girón, Nieto Antúnez y, según algunos, Castañón de Mena; despacho formal sólo lo tuvo con Rodríguez de Valcárcel. Parece que los ministros emitieron su opinión acerca de la transmisión de poderes de acuerdo con el artículo 11 de la Ley Orgánica. Según Utrera, Barrera de Irimo y Carro, sobre todo el primero, parecen haber sido partidarios de la dilación en el cumplimiento de la Ley Orgánica; como veremos, eso tenía mucho que ver con la posición del príncipe. Al final, se impuso la asunción de poderes por parte del mismo pero sólo cuando la situación de Franco pareció dramática. De esta manera, a don Juan Carlos le correspondía una función en apariencia esencial pero que, en realidad, le proporcionaba un escaso margen para una acción efectiva. Así, por ejemplo, la enfermedad de Franco se produjo coincidiendo con la visita a España de Kissinger; la declaración de principios en que habían de basarse los acuerdos hispano-norteamericanos fue suscrita por don Juan Carlos como jefe del Estado interino, al mismo tiempo que Nixon lo hizo en San Clemente (California). También los actos conmemorativos del 18 de julio en La Granja los presidió el príncipe de España.

Al día siguiente Franco sufrió una doble hemorragia por la boca y por el ano motivada por los anticoagulantes. Se tuvo entonces la sensación de que Franco iba a morir. La decisión de efectuar la transmisión de poderes se había hecho de forma verbal; se dijo, no obstante, que Franco no había padecido en ningún momento una situación delirante. Cabanillas, como ministro de Información, habló ante los periodistas «del control del Jefe del Estado sobre sus propios actos». La inminencia de la desaparición del dictador provocó la consiguiente toma de postura de los adictos. Emilio Romero escribió en *Pueblo* que «la verdadera talla política e histórica de la llamada oposición se verá en su día solamente en su capacidad —todavía no probada— de asumir inteligentemente, imaginativamente, una época dilatada de la Historia». El reaccionario obispo de Cuenca, Guerra Campos, recordó que en 1937 la jerarquía «formuló entonces su interpretación de los hechos [y] sus palabras redactadas en las horas del martirio y de la tensión más pura mantienen todo su vigor», «para que los valores fundamentales cuyo descuido llevó a la guerra sean siempre reconocidos y fomentados».[130] Aparte de esta movilización hubo también incidentes en apariencia de menor trascendencia pero que retratan el ambiente valleinclanesco imperante en el entorno inmediato de Franco. Pronto se produjo un choque entre Gil, el médico habitual del Pardo, y Martínez Bordiu, al que el primero describe como «chulesco» y capaz de impedir la entrada de Arias en la habitación de Franco. Los dos administraban el acceso a Franco: Gil llegó a empujar al príncipe para que entrara en la habitación cuando declaró que no quería asumir los poderes de Franco sin su autorización explícita. Tras un segundo enfrentamiento entre Gil y Arias, el primero fue relevado de sus funciones por probable influencia de las mujeres de la familia Franco. Como un antiguo sirviente fiel recibió, a título de propina o de recuerdo, un televisor, aparato de consumo hogareño que ya era habitual en cualquier hogar.[131]

Entre tanto, la causa monárquica se encontraba ante una situación inédita y muy complicada. Según alguna fuente, parte de las conversaciones que mantuvieron el príncipe y don Juan habrían sido espiadas por la policía.[132] Ya veremos que durante toda esta época esa práctica fue habitual, pero no está probado que se produjera en este caso. En el entorno de don Juan no se pensaba en la posibilidad de que Franco transmitiera sus poderes de manera definitiva a don Juan Carlos. Sáinz Rodríguez le escribió al primero que «mientras funcione la interinidad, tenemos un respiro» hasta una acción posterior. «Ya habrá visto S. M. —añadió—, que el príncipe ha aceptado la fórmula que decía haber rechazado; por poco que dure esta situación, creo que servirá para que el ánimo del príncipe madure palpando la realidad de las dificultades de su situación».[133] Estas líneas revelan la tensión existente entre las perspectivas del príncipe y de su padre, pero también ofrecen pistas acerca de la actitud del primero sobre la asunción interina de los poderes de Franco. Sin duda al principio su posición fue de resistencia, lo cual pudo haber influido en algún ministro en el sentido de propiciar que no se produjera la asunción interina de poderes. Puede incluso que tratara de desviar hacia el Consejo de Regencia la responsabilidad que finalmente cayó sobre sus espaldas. Pero, una vez asumida ésta, habría preferido no verse privado de ella y, menos aún, de forma súbita como finalmente sucedió.

El 21 de julio, tras el momento de crisis aguda, casi una veintena de médicos participaron en una consulta en la que estuvieron presentes los ministros, el presidente del Gobierno, los Villaverde, Nieto Antúnez y algún ayudante. Se decidió finalmente no intervenir y en ello jugó un papel muy importante Cristóbal Martínez Bordiu, lo que explica su influencia posterior, también en el terreno político, ejercida al margen de cualquier tipo de formalidad. El acuerdo fue positivo de momento y el 30 de julio tuvo lugar el regreso de Franco al Pardo. En esos días finales del mes se aprobó un documento sobre «desarrollo político» en el Consejo Nacional con el único voto en contra de Blas Piñar, mientras que en París se formaba la Junta Democrática, en torno al PCE. En las semanas siguientes todo pareció recuperar una cierta normalidad. El mismo día 17 de agosto en que Franco abandonó Madrid para dirigirse al Pazo de Meirás, don Juan Carlos se dirigió a Marivent, en Palma de Mallorca.

Disponemos de una información inédita de aquellos días acerca de la actitud de la familia real. Don Juan de Borbón estuvo a mediados de agosto en Palma, de paso para Cannes, en donde tenía que recoger a su mujer. Allí mantuvo una conversación con el gobernador civil, con quien parece haber mantenido cierta relación aunque sólo desde hacía poco tiempo. El padre del futuro rey le manifestó dos «preocupaciones esenciales»: el desgaste que para su hijo supone la interinidad y «la sensación de que Franco está rodeado por una camarilla, capitaneada por Villaverde, que es el que hace y deshace, sin tener ya el contrapeso de la presencia de Vicente Gil». Como se puede imaginar, la respuesta del gobernador civil resultó del todo contraria a este tipo de apreciaciones. Replicó que «el posible desgaste tiene la contrapartida del enriquecimiento de su experiencia en la Jefatura del Estado y la confianza que está produciendo en el país el tránsito sin traumas a una situación de continuidad». Por otra parte, le objetó a don Juan que «Franco jamás se hizo eco de camarillas, que la salida de Gil —al margen de querellas domésticas— representa sencillamente el cambio en el tratamiento médico» y que «conocía poco al presidente del Gobierno si pensaba que Villaverde podía dominar políticamente alguna situación».[134] Poco después, el *Diario de Mallorca* se hizo eco de que una organización extremista podía haber intentado secuestrar a don Juan; también hubo algún intento relativo a su hijo. Sin embargo, lo verdaderamente interesante es que ambos coincidían en lo peligroso de la situación en que había quedado el segundo y en su desconfianza con respecto a la camarilla del Pardo.

Entre tanto, en esos medios se habían recrudecido las presiones en sentido reaccionario. Utrera presionó a través de Vicente Gil, cuando éste todavía influía, y en julio logró de Franco unas palabras de alabanza («pocos tan leales como Utrera»). En el mes de agosto el secretario general del Movimiento trató con Franco la cuestión de los nombramientos de consejeros nacionales. Buena prueba de que se mantenía en su actitud contraria a la apertura lo constituye el hecho de que propusiera, como consejeros nacionales de nombramiento de Franco, a sí mismo y al almirante Pita da Veiga. Lo peregrino del caso es que Arias se enteró a posteriori y «no pareció muy entusiasmado», comenta el secretario general del Movimiento en sus memorias. Difícilmente podía estarlo no habiendo sido consultado con carácter previo.

En el ambiente crepuscular de un Franco ya enfermo, durante aquel verano, la batalla política fundamental que se planteó fue la relativa al Movimiento. La Jefatura Nacional no estaba incluida en la delegación de funciones de la magistratura desempeñada por Franco. Utrera parecía no desear ninguna modificación legal, a pesar de este aparente vacío. Pero mayor motivo de preocupación fue, para él, la posible desarticulación del aparato del partido único aprovechando la ocasión. Según cuenta en sus memorias, Carro informó a un periodista, Manuel Leguineche, de que la Secretaría General del Movimiento iba a ser suprimida con traspaso de sus funciones a la Administración. De hecho, de acuerdo con el testimonio de uno de los colaboradores de Utrera, éste afirmaba tener una copia de la disposición en sus manos antes de su publicación. Por su parte, López Rodó se hizo eco de los rumores que circulaban por Madrid en una etapa previa de acuerdo con los cuales el jefe del Estado delegaría, por una ley de prerrogativa, la Jefatura del Movimiento en el presidente del Gobierno.[135]

Indignado por estos rumores y sin ningún tipo de entrevista previa con Arias, el 28 de agosto Utrera se entrevistó con Franco durante tres cuartos de hora. Le planteó la posibilidad de que el régimen fuera modificado desde dentro y le sugirió la necesidad de realizar un cambio ministerial que le incluyera a él mismo. Franco le respondió que «no estimaba de tanta gravedad la situación que le había expuesto». Le habló entonces Utrera de que algunos pretendían forzar su incapacidad y, por tanto, evitar que volviera a ejercer sus poderes. «Ése no es un objetivo político, ésa es una pretensión miserable», respondió un indignado Franco. Utrera aconsejó que «debía volver y decidir un cambio», a lo que su interlocutor acabó asintiendo; le preguntó además por los nombres que supuestamente defendían la incapacitación. También afirmó que «mientras él viviera» no se produciría la desaparición del Movimiento; era para él un hábito y un seguro, aunque también lo hubiera definido como «la claque», si bien tal vez pensaba que no debía perdurar más adelante. De cualquier modo, su seguridad fundamental en relación con el futuro procedía de otra fuente: «En último término, el Ejército defenderá su victoria».[136]

No nos cabe duda que Utrera se atribuye un exceso de influencia sobre el anciano Franco. Esta conversación, no obstante, la tuvo, como se aprecia por sus consecuencias. Aquel mismo día el príncipe, el presidente y el ministro de Asuntos Exteriores mantuvieron amplias conversaciones con Franco. En la que protagonizó don Juan Carlos, según luego narró, le pidió a Franco que volviera a asumir sus poderes, ya que estaba bien de salud, pero se encontró con una alabanza a su modo de ejercer la interinidad y una negativa. Quizá la conversación con Utrera fue posterior.

Al día siguiente hubo Consejo de Ministros, presidido por el príncipe. Fue una de las situaciones más peregrinas imaginables porque en el exterior, en el jardín, tomando el sol, estaba el propio Franco. Luego, los ministros hablaron con él. Utrera sugiere que García Hernández hizo alguna alusión a que el jefe del Estado debía descargarse de sus responsabilidades. Arias, por su parte, pronunció una frase huraña relativa a la influencia de Utrera en las alturas. Por lo que parece deducirse de las escasas fuentes de que disponemos, resulta muy posible que quienes representaban la posición más aperturista dentro del Gobierno pensaran, en efecto, en una especie de «transición dulce» sin que Franco volviera a recuperar sus poderes. Eso, por descontado, les habría otorgado un poder político considerable también de cara al propio príncipe.

Concluido el Consejo, Arias marchó a su habitual residencia veraniega en Salinas. El 1 de septiembre, sin embargo, escuchó de boca de Franco las siguientes palabras: «Arias: ya estoy curado». Había estado unas horas antes con él y como la noticia directa le llegó a través del marqués de Villaverde quiso confirmarla; la respuesta de Franco fue tan contundente como queda descrita. Entonces Arias telefoneó a Carro: «Antonio, estoy desolado», le dijo; había sido para él un auténtico «jarro de agua fría», porque sin duda Franco no estaba en condiciones de desempeñar con normalidad su papel. Fue Carro quien redactó la disposición sobre reasunción de poderes, la llevó a Salinas para ser firmada y volvió a Madrid.[137]

No fue probablemente el marqués de Villaverde quien influyó de forma decisiva en que la reasunción de poderes tuviera lugar. Él había sustituido, junto con Vicente Pozuelo, a Gil en el cuidado del enfermo; un foniatra le dio clases para que pudiera volver a hablar, pues había perdido esta capacidad, probablemente como consecuencia de la suspensión de la medicación destinada a combatir el Parkinson. Aunque el yerno de Franco mandaba al margen de todo y tenía una influencia desmesurada, debido a su parentesco y a la centralidad que en la política del régimen tenía la salud de Franco —doña Carmen tuvo también un problema cardíaco en el mes de septiembre de 1974—, tampoco podía ser tan decisivo. Franco debía de conocerle bien, igual que conocía sus limitaciones, por otro lado bastante transparentes. En consecuencia, cabe pensar que fue el propio Franco el que tomó la decisión. Debió de percibir lo peculiar de la situación y las graves tensiones en el seno de su propio régimen con respecto al futuro político. Siempre había sido desconfiado, pero ahora su propia fragilidad multiplicó este rasgo de su carácter y le hizo ser reticente respecto de su propio sucesor. Además, por vez primera en su vida, debió de sentirse desvalido. Sabía que todo cambiaría después de él, pero también que su estatus había quedado inevitablemente averiado desde el momento, aunque fuera tan sólo provisionalmente, que había cedido sus poderes al príncipe.

Éste se sintió especialmente afectado por que Franco reasumiera la Jefatura del Estado. Creía que existía suficiente confianza con él para que Franco le comunicara previamente su decisión; además, él mismo había tomado la iniciativa para que lo hiciera. Nieto Antúnez le había alertado de que no habría reasunción de poderes y la propia Carmen Franco (hija) se lo confirmó porque su padre necesitaba rehabilitación. Pero Franco le comunicó telefónicamente su cambio de postura. El entonces príncipe no dudó luego en emplear el término «enfado» para describir su reacción, pero acabó por asegurar a su interlocutor que era una «buena noticia». En realidad, no lo era: había pasado cincuenta días sin poder tener iniciativa alguna y ello para acabar perdiendo su puesto decorativo; además, lo sucedido equivalía a una auténtica humillación personal. Otro factor que pudo influir fue que quizá había errado en el diagnóstico ante su padre, que pudo estar entonces con él.[138] Aquella noche bebió demasiado. Villaverde le visitó pasado el tiempo y quiso convencerle de que él no había intervenido en lo sucedido, pero «quien se excusa se acusa» le comentó el príncipe a López Rodó.[139] Por lo menos una parte de la responsabilidad en lo ocurrido le correspondía al entorno familiar, el resto al propio Franco. El 2 de septiembre se informó al pueblo español de su decisión. La mayor parte de los ministros se enteraron de lo sucedido gracias a la televisión.

Octubre golpea a la apertura

En la fábrica incesante de rumores que era la España de 1974, durante la etapa de la enfermedad los hubo en el sentido de que los ministros liberales podían ser desplazados. Sin embargo, Arias seguía creyendo en sus propósitos y, a primeros de septiembre, hizo unas declaraciones en las que, después de la rectificación de junio, pretendía volver al espíritu de febrero. Sobre su contenido merece la pena tomar nota de quién preparó el borrador.

Juan Antonio Ortega Díaz-Ambrona, letrado del Consejo de Estado como, por ejemplo, Romay Beccaría, había recibido a principios de 1974 la oferta de asumir la Secretaría General Técnica del Ministerio de Presidencia. No la aceptó porque lo consideró incompatible con su militancia política en el grupo democristiano de Ruiz Jiménez y en Tácito, pero, en cambio, asumió la dirección del Instituto de Estudios Administrativos. Desde allí suscribió contratos de asesoría para la redacción de proyectos legislativos con personas de medios burocráticos o universitarios que procedían del mismo campo político. Se refirieron a cuestiones tan variadas como un posible estatuto de autonomía para el Sáhara, una ley electoral, un estatuto de asociaciones, etc. Quienes recibieron los encargos fueron personas como Óscar Alzaga, Miguel Herrero, José María Gil Robles e incluso Tierno, todas ellas pertenecientes a la «oposición tolerada». Algún fundamento tuvieron, pues, las acusaciones de Blas Piñar en el sentido de que en el régimen había «enanos infiltrados». Ortega, como es natural, sufrió los vaivenes de la apertura que llevaban en un momento a la esperanza y en el siguiente a la dimisión. Su caso demuestra hasta qué punto las diferencias entre dos personas de procedencias tan distintas como Cisneros y él podían coincidir; es la prueba, además, de los sólidos vínculos que, al margen de la pura amistad o del ambiente generacional, creaba la común pertenencia a los altos cuerpos de la Administración. Pero una situación como la suya era muy inestable: un día recibía las seguridades de que personas como Utrera y Ruiz Jarabo resultarían desplazadas y otro le pedían un borrador para la denuncia del concordato.[140]

El caso es que las declaraciones de Arias Navarro en septiembre las hizo Ortega en lo esencial, aunque el presidente, que ni siquiera puede haberlo sabido si las encargó a través de Carro, añadiera algo más de su propia cosecha. En contradicción con lo que dijo en junio, afirmó ahora que su labor era «continuar la democratización del país desde sus propias bases constitucionales con vistas a ensanchar la base social de la participación y de cara al enraizamiento de la monarquía». «Nada de cuanto dije en Barcelona —añadió—, debe ser interpretado como corrección o limitación del compromiso político asumido por el Gobierno el 12 de febrero.» Ya habían sido enviados los proyectos de Régimen Local y de Incompatibilidades a las Cortes; el primero suponía la elección de alcaldes y presidentes de Diputación por los plenos respectivos. «Nuestro deseo —indicó sobre este punto—, sería que los debates parlamentarios respetaran la filosofía y sentido de estos proyectos», aun partiendo de la autonomía de las Cortes. Sobre las asociaciones desmintió que fuera a producirse un «considerable retraso» y recordó que se disponía ya de un documento aprobado por el Consejo Nacional. A continuación señaló que «el Movimiento no se identifica con su estructura organizativa ... [que] no puede ni debe ser confundida con las asociaciones». Por lo tanto, no se debía pensar que se limitara a la organización existente aunque, por su parte, «las futuras asociaciones, al respetar, como habrán de respetar la legalidad vigente, se moverán por definición en el seno de esta comunión que es el Movimiento-organización». El lenguaje político aquí empleado derivaba en este punto hacia el puro galimatías, pero el resto de lo expuesto concordaba con la apertura. El futuro no era de «tranquilidad» sino de «responsabilidad, trabajo y confianza». Su obligación era «encauzar [los] procesos necesarios de evolución sin negarlos ni entorpecerlos y a la vez sin dejarnos arrollar por ellos; esa pretensión, concluyó, supone trabajo, coraje, imaginación e invocación al protagonismo popular». Prácticamente no abordó ninguna otra cuestión salvo la apertura política. Estaba reciente el peor día de la Bolsa en el año, pero se limitó a decir que «los sacrificios económicos de los últimos meses no serán baldíos». Todo había ido normal en los meses precedentes: «La prensa ha estado a la altura de las circunstancias y ha reflejado el mes pasado los sentimientos dominantes del pueblo español» y «la marcha de los asuntos que competen al Gobierno ha seguido ... durante la forzada ausencia de Franco». Utrera leyó con prevención la afirmación de que era imperativo «no continuar transfiriendo sobre la Jefatura del Estado preocupaciones y responsabilidades».[141]

Las declaraciones de Arias fueron muy bien recibidas por la prensa o columnistas aperturistas. Pedro Rodríguez llegó a afirmar que había nacido «un nuevo carlismo» (por el nombre del presidente). *Ya* juzgó que «se ha clarificado el ambiente». Argos (Julián Cortés Cavanillas) juzgó las afirmaciones «clarísimas y en algunos puntos valentísimas» e *Informaciones* aseguró que había «un Gobierno solidario y sin nerviosismos».[142] Era exactamente lo contrario, pero conviene tener en cuenta que este género de publicaciones magnificaba las alabanzas al aperturismo con el propósito de alimentarlo. Y, sin duda, Arias Navarro, a diferencia de Carrero, le concedía un papel muy importante a la prensa. La subrayaba con rotulador y bolígrafo rojo y parecía leerla con todo detenimiento. El día en que hizo sus declaraciones, Pío Cabanillas le envió al final de la tarde un resumen completo de la reacción positiva despertada en los medios de comunicación. Claro está que para Arias también contaban mucho los editoriales de publicaciones reaccionarias como pudieran ser *Iglesia-Mundo* y *Fuerza Nueva,* y que también recibía un informe diario de prensa de la Delegación Nacional correspondiente del Movimiento.[143]

El presidente, en cualquier caso, tuvo mala suerte en la elección del momento de sus declaraciones. El 13 de septiembre, setenta y dos horas después de haberlas hecho, se produjo el atentado en la cafetería Orlando que causó doce muertos. Carrillo la interpretó como una acción de la extrema derecha, pero hoy sabemos que fue obra de ETA, que contó con la colaboración de algunas personas vinculadas con el comunismo pero que actuaban al margen de la disciplina del partido. Sólo el 24 de septiembre se produjeron las primeras detenciones que revelaron esta conexión.

Utrera oyó decir a Arias que «esto nos va a resolver un gran problema, voy a mandar al diablo a las asociaciones».[144] Pero ésa debió de ser una de sus repetidas y poco duraderas descargas de adrenalina (o «rabietas», como las calificaba Franco). «El bárbaro atentado —se señaló de forma oficial— no altera la política de apertura señalada por el presidente del Gobierno.» La prensa aperturista, *Informaciones,* por ejemplo, reclamó «serenidad frente a la provocación terrorista» y mostró «satisfacción ante el hecho de que el Gobierno no la hubiera perdido. En cambio, *Pueblo* aprovechó la ocasión para denunciar un artículo de *Hermano Lobo,* revista de humor izquierdista, titulado «Perros políticos asilvestrados». *Fuerza Nueva* exigió «una buena operación de cirugía que saje y extirpe el mal de raíz y sin contemplaciones».[145]

Inevitablemente, en los días sucesivos se entrecruzaron las reacciones ante los dos acontecimientos. Romero, ambiguo entre la apertura oficial y el Movimiento, calificó las declaraciones de Arias como «inesperadas». *El Alcázar* dudó de que las asociaciones sirvieran para solucionar los problemas económicos. *Arriba* denunció a quienes interpretaban el programa del Gobierno «de forma simple y maximalista, cuando no intencionada y defectuosa», para servir como pretexto al «desmantelamiento» del régimen.

Pero la actitud reaccionaria más directa y nítida la expresó *Fuerza Nueva* en un editorial titulado «Señor presidente» en el que se autoexcluía de la política del 12 de febrero.[146] «No podemos, después de lo que usted ha dicho —aseguraba—, colaborar con usted ni siquiera en la oposición.» Según la revista, España era ya una democracia, por lo que el proyecto de democratización «no puede ser otro que su transformación en una democracia inorgánica y liberal» y «nosotros no queremos ni obedecerle ni acompañarle en ello». «Fíjese bien —advertía—, en quiénes le acompañan y adónde le acompañan ...; piense si le dirigen o le empujan ... y no se lamente al final si ... ese tipo de democratización que tanto urge se levanta sobre una legión de cadáveres de los que eran anuncio y adelanto» los de la cafetería Orlando. Cabanillas, como ministro de Información, explicó que Arias había dado el «adelante» a la publicación de la revista y el artículo. A título personal, añadió: «No soy partidario de este tipo de artículos, [pues] parecen desear que no sea posible la convivencia pacífica entre españoles». Esperaba, sin duda, obtener el apoyo del aperturismo periodístico y sin duda lo tuvo.

Ya, en un nuevo artículo titulado «Señor presidente», le aseguró que «podía estar tranquilo» en su contraposición a los ultras, mientras afirmaba que crecía su prestigio. El propio *El Alcázar* pareció apoyar al Gobierno publicando un artículo también encabezado con «Señor presidente»; debió de hacerlo en contrapartida a la subvención que percibía. *Informaciones* recordó que Blas Piñar había dicho que la guerra no había concluido. *Cambio 16* ironizó afirmando que *Fuerza Nueva* había dado un ejemplo de pluralismo político, «que, de seguro, no caerá en saco roto», porque «parece inaugurar oficialmente la diversidad». En *Pueblo*, Emilio Romero advirtió que Arias debería tener «buen cuidado en librarse de las especies liberales que lo animen». Cisneros, acusado por *Fuerza Nueva* de ser «amanuense distinguido y retórico que cuela lo que más le acomoda», glosó en *Blanco y Negro* los trucos empleados en contra del presidente del Gobierno: «la prensa perversa» que lo acosaría, «las interpretaciones» de sus palabras distantes de su pensamiento, «el supuesto cerco» y «el desmantelamiento», que él no pretendería.[147]

A lo largo de la presidencia de Arias hubo varias controversias de este tipo que sin duda contribuyeron a aglutinar a aperturistas, reformistas y oposición «moderada» en un mismo bando. Fueron públicas, aunque sus protagonistas sin duda ocultaran una parte de su pensamiento, y contribuyeron a que el nivel de demanda de libertades se acrecentara. No obstante, al mismo tiempo, había una política subterránea que sólo ocasionalmente afloraba.

Si ésta se hubiera conocido, habría sido patente que la unidad atribuida al Gobierno era en realidad por completo ficticia. Tomemos, por ejemplo, el caso de la gestión del ministro de Trabajo: quien tenía a su cargo esta importante responsabilidad pudo pensar que la creación de la vicepresidencia suponía «una revalorización de la función del Ministerio que ... adquiere una posición más fuerte en el Gobierno». A lo largo de 1974, según aparece claro en las actas de los Consejos de Dirección del Ministerio, fue dibujándose un amplio programa de acciones, tanto legislativas como de gestión; las mismas incluían, por ejemplo, una Ley Básica de Trabajo y otra de Cooperativas. En relación con esta cuestión pareció, a partir de mayo, necesario hacer unas declaraciones que deberían ser «muy realistas, a un nivel muy llano, sin eslóganes y de cara al país real». Lógicamente, las que hiciera Licinio de la Fuente no podían tener el carácter de un programa de Gobierno propiamente dicho.[148] Por eso a comienzos de octubre de 1974 le propuso a Arias que avanzara en una línea política de contenido social. «A medida que hablo con la gente y que he ido avanzando en el tratamiento del tema —le escribió—, me parece más importante que hagas un discurso de este tipo y tomes en tus manos la bandera de una política social que cada día es más necesaria.» De esta manera, «el indudable prestigio que has ido ganándote a pulso en tu ofensiva política se ampliaría en dimensión y profundidad con esta ofensiva social que te propongo». Con la asunción de las medidas propuestas, obviamente quería compromisos de cara a su responsabilidad ministerial.[149]

Sin embargo, Arias Navarro se negó a hacer una intervención pública suscribiendo el programa que le presentaba su propio vicepresidente, aduciendo que bastaba su presencia en el acto para indicar que respaldaba a su colaborador. Lo hizo en una ocasión conmemorativa, en Burgos, el propio Licinio de la Fuente, pero de este modo tuvo menor significación política. «La promoción social —dijo entonces—, constituye presupuesto de libertad, de participación y de justicia para el pueblo trabajador» y debe «contribuir a facilitar a los trabajadores no sólo una mayor participación en los resultados del esfuerzo nacional sino también una mayor participación en la construcción del destino nacional». Al margen de esos principios generales, que querían ser la aparente vertiente «social» del aperturismo político, el vicepresidente se refirió a reformas concretas como la igualdad en la capacidad de la mujer casada o una nueva regulación de los conflictos colectivos cuya necesidad era bien patente. Muy de acuerdo con la «familia» del régimen a la que pertenecía, Licinio de la Fuente citó a José Antonio y aseguró que el Estado de Franco habría de mantenerse «fiel a la raíz profundamente social de su origen».[150]

Esta discrepancia entre presidente y vicepresidente en nada se tradujo por el momento, aunque acabaría fraguando en una crisis. Pero otra la precedería; por esos mismos días se estaba gestando y este hecho puede contribuir a explicar que Arias, devorado por el vértigo del día a día, no quisiera compromisos. Su gestación y desarrollo revela que, aunque entre Franco y Arias hubiera una apariencia de intimidad —como sabemos, pescaron juntos a fines de mayo y principios de junio, antes de la enfermedad del primero—, ésta era ficticia.[151]

Según parece, el 17 de octubre Franco le expresó a Utrera su opinión «demoledora» acerca de Pío Cabanillas.[152] Con ello, en realidad, no hacía otra cosa que explicarle su propia decisión ante la crisis que le había propuesto, semanas pasadas, el secretario general del Movimiento. Iba a emprender un giro hacia la derecha, el último movimiento verdaderamente autónomo en su trayectoria política pero, muy de acuerdo con lo que en él era habitual, lo haría de forma limitada. López Rodó afirma que lo último achacado a Pío Cabanillas fue que había permitido unas declaraciones públicas de Felipe González. Es posible que influyera también algún programa de televisión y, desde luego, no le ayudó nada a Cabanillas el que una revista económica hubiera descrito a Arias como «carbonero mayor», en alusión a la fortuna de su mujer.

Esta información procede de Carro, quien la completa con otros datos.[153] Como íntimo e incluso cercano desde el punto de vista físico a Arias, se daba cuenta de que personas influyentes, habituales en El Pardo e incluso ministros, acudían también al presidente con la denuncia de que se seguía una política informativa «cada vez más permisiva, cosa lógica en una sociedad cada vez más desarrollada y con mayor bienestar». En 1974 se dijo que las visitas de algunos ex ministros habían influido muy directamente sobre Franco; en especial, parece haber estado muy crítico Gonzalo Fernández de la Mora. Carro asegura haber advertido a Cabanillas de que se producía el «desacompasamiento de que mientras caminaba a cien, el resto del Gobierno iba a otra velocidad» si bien, como otros ministros, no discrepaba del fondo de su política.

La documentación prueba que el malestar de las alturas políticas acerca del equipo de Cabanillas databa de meses. En junio se había producido un incidente protagonizado por Ricardo de la Cierva. Un alférez provisional puso en duda la lealtad y la fidelidad de este director general por estar dispuesto a aceptar un *Cara al sol* en versión pop. De la Cierva respondió con las cifras de venta de ejemplares de su biografía afirmando que «el Caudillo conoce muy de cerca la génesis y realización de esta obra» y autodefiniéndose como «el primer historiador español que ha demostrado definitivamente el carácter popular del Alzamiento». «En la última de mis conversaciones con el Caudillo —añadió—, le prometí que yo sería, cuando inevitablemente arrecien los ataques contra él después de su muerte, el testamentario de su defensa.» Pero la propia Hermandad de Alféreces Provisionales consideró la carta insuficiente y envió el borrador de una mucho más breve que el director general tenía que aceptar como evidencia de ortodoxia. En ella se haría alusión a la decisión del secretario general del Movimiento de que no habría esa nueva versión del *Cara al sol* e incluso De la Cierva reconocería de forma pública que, de acuerdo con las leyes, los emblemas del Movimiento quedaban bajo amparo; esto supondría la admisión implícita de que él mismo no las había cumplido. Tan interesante como lo absurdo de estas imputaciones (o de que fuera aperturista ponerle música moderna al himno falangista) fue la nota elaborada por el subsecretario del presidente, pues a éste mismo le llegó la cuestión. Según el citado personaje resultaba «poco afortunado ofrecer un texto ya terminado para la misma [pues] supondría una claudicación y una humillación difíciles de aceptar». Además, la carta ofrecida era muy dura, incluso inaceptable. Hasta aquí la reacción lógica de Presidencia, aunque se justificó hasta cierto punto la queja desde el punto de vista político: «En este momento no se considera adecuado el cese de De la Cierva [después del 15 de junio y el cese de Díez Alegría] ni menos provocar su dimisión».[154] El exuberante De la Cierva, siempre un tanto por libre, solía crearse conflictos gratuitos. Así, Pío Cabanillas, con ocasión de un viaje a Oriente Medio, al despedirse instruyó irónicamente a su subsecretario Oreja con esta advertencia: «Marcelino, dile a Ricardo que no hagáis declaraciones».[155]

Pero si Cabanillas, hábil entre los hábiles en la percepción del momento político, en los últimos tiempos se mostraba abatido, al ser consciente de que sus posibilidades políticas iban decreciendo, no era por la actuación de uno de sus directores generales, sino porque sabía que al Pardo llegaban imputaciones que se referían no tanto a los aspectos políticos de su gestión como a su permisividad en otros terrenos. Tras el cese del ministro de Información, se dijo que sobre la mesa de despacho de Franco había un dossier dedicado a la apertura en materia erótica. Se rumoreó que los autores habían sido Antonio Izquierdo y Emilio Romero, y que el contenido del dossier mostraba haber sido chapuceramente elaborado.

No se ha encontrado este dossier, aunque sin duda existió, pues Cabanillas elaboró una réplica que debió de llegar a Franco y que consta entre los papeles de Arias. Su contenido, redactado en julio de 1974, da la sensación de que el ministro de Información era, por entonces, bastante ajeno a la peligrosidad que podía tener para su supervivencia la tolerancia en materia de publicaciones eróticas. Sin embargo, Franco, anclado en un pasado ya remoto, tenía una idea muy peculiar acerca no ya del erotismo, sino de la moda femenina. «Pero, ¿vais a salir así?», parece ser que había preguntado a sus nietas, que iban vestidas de forma no muy diferente a la habitual entonces.[156]

El sesudo informe de Información y Turismo empezaba afirmando la «dificultad de establecer criterios distintivos entre lo erótico y lo pornográfico por el subjetivismo que encierra esta materia y la influencia de factores sociales, educativos, religiosos, etc., cambiantes». Por otro lado, «el desarrollo socioeconómico supone una progresiva aminoración de los rígidos criterios tradicionales en este tipo de manifestaciones». Además, «en los países que han mantenido un cierto grado de tolerancia en lo erótico, aunque proscriban la pornografía, el hábito ha determinado la pérdida de interés de la gente salvo en sectores o personas que no pueden considerarse representativas del ciudadano medio». «Nuestra legislación —añadía— ofrece medios suficientes para combatir no sólo la pornografía sino incluso el erotismo de cierto grado», aunque las autoridades judiciales tenían criterios más amplios que las administrativas. En cuanto a éstas, recordaba el Ministerio, prohibían el 28 por 100 de las películas examinadas, «aunque el contexto mundial ejerce una presión muy fuerte existiendo una cierta tolerancia en las salas especiales, de audiencia minoritaria». Según Cabanillas, en España tan sólo existiría una decena de publicaciones de carácter erótico y habían sido objeto de 125 expedientes desde el momento de la aprobación de la Ley de Prensa, «ejerciéndose, incluso, una acción administrativa con empresas y directores que no se reflejan en expedientes». Gracias a ella, habrían desaparecido algunas publicaciones como las significativamente tituladas *Can-can, El pito, Bocaccio,* etc. En total, las multas habían ascendido a unos tres millones trescientas mil pesetas y los períodos de sanción habían sido de hasta diez meses. En cuanto a los libros, sólo se podía actuar en el caso de depósito previo mientras que en las consultas voluntarias «las editoriales en general suelen aceptar las sugerencias de la Administración». «En las publicaciones importadas del extranjero —concluía—, se actúa con gran celo, incautando y destruyendo el material pornográfico.»[157] El aire del informe no incluye nada parecido a una promesa de rectificación. No cabe duda de que el ministro no atribuía a la cuestión la misma importancia que Franco.

El 24 de octubre Cabanillas regresó de su viaje por Oriente Medio. En su despacho con Franco, Arias se encontró con la noticia de que tenía que deponer a Cabanillas. La vida política siguió con su ritmo habitual por el momento. El 25 de octubre se aprobaron en Consejo las medidas económicas propuestas por Barrera de Irimo. Eran modestas, en realidad, y no daban la sensación de que el Gobierno fuera realmente consciente de la magnitud de la crisis económica. El acuerdo partía del hecho de que ya se habían tomado medidas en relación con el consumo de productos petrolíferos y de refuerzo de los impuestos sobre los productos de lujo y se refería a la política de precios y al perfeccionamiento de las estructuras comerciales. Además, se procedía a una organización adecuada de los servicios de inspección del Ministerio de Comercio, a la prórroga del régimen de apoyo fiscal a la inversión, el interés de demora de la deuda tributaria y la elevación del mínimo exento en el caso del impuesto sobre los rendimientos del trabajo personal.[158] Ese día Arias no informó a nadie de la crisis impuesta por Franco, ni siquiera a Carro, con el que se reunió. No se lo dijo hasta el 26, durante una cacería. El ministro de Presidencia trató de disuadir al presidente durante ese día y el siguiente de darle trámite, pero la respuesta que recibió insistía en que la crisis venía de las alturas («Quien manda, manda», le dijo Arias).

El día 28, lunes, por la mañana, durante un despacho de tan sólo veinte minutos, Arias le comunicó a Cabanillas el cese. Le dijo que procedía directamente de Franco y obedecía a tres razones concretas: en la opinión de Franco, la prensa estaba desmadrada, la televisión era un «nido de rojos» y en las librerías aparecían toda clase de libros marxistas. Sabemos, no obstante, que la supuesta difusión de pornografía jugó un papel más importante. Muy pronto, durante esa misma tarde, la noticia corrió por los mentideros madrileños.

El 29 de octubre estaba prevista la conmemoración del discurso fundacional de Falange. Carro ese día tenía que dar posesión de su cargo como secretario general técnico de su ministerio a Fernando Suárez, pero poco antes recibió la noticia, de labios del propio Barrera de Irimo, de que él, por su parte, dimitía. Carro lo interpretó como «el aviso de un buen amigo» y «una tácita invitación a la solidaridad». En esta ocasión, también se vio tentado de abandonar el cargo, pero siguió en él por fidelidad a quien le había nombrado.[159]

Con la ausencia ostensible de Cabanillas tuvo lugar en el Consejo Nacional el acto citado. Antes, en un aparte, Barrera comunicó su decisión al presidente; quedaron en hablar pero el vicepresidente económico se limitó a enviar una carta de dimisión que ratificaba su decisión. El discurso en la ocasión conmemorativa fue pronunciado por Labadíe Otermín. «Ciertas filtraciones habían informado de que pintaban bastos», comenta un periodista.[160] En realidad, la ocasión era la más propicia para que hiciera acto de presencia la negativa más rotunda a cualquier cambio. Labadíe denunció que «se buscaba destruir la legitimidad de la victoria creadora del Estado nacido el 18 de julio de 1936». «Yo proclamo aquí con energía —añadió— dos verdades políticas que no estamos dispuestos a someter a debate ni a consideración electoral: que ganamos una guerra para construir un nuevo Estado ... y que defenderemos con uñas y dientes la legitimidad de una victoria que es hoy patrimonio del pueblo español.» Las imágenes del documental de Victoria Prego ofrecen el espectáculo de un Rodríguez de Valcárcel con camisa azul, un Barrera que no aplaudió sino que cruzó los brazos durante el discurso y unos aplausos premiosos del príncipe al concluir. Labadíe comentó luego que con su discurso pretendió dar satisfacción al anciano Franco.[161] Sin duda lo hizo por esa razón, pero no cabe duda de que en aquel momento ese género de discursos podían acabar también en una autopromoción.

La reacción de Arias fue al mismo tiempo airada contra el dimisionario y contra la situación en que él mismo quedaba. «Me sobran ministros de Hacienda», se rumoreó que dijo a Rodríguez de Valcárcel. Utrera transcribe supuestas palabras literales del presidente: «Barrera cree que es insustituible y su actitud me parece tan presuntuosa como ridícula».[162] No merece, desde luego, esos calificativos: el vicepresidente económico había mantenido en lo político una coherente actitud aperturista, en ocasiones más manifiesta que la de los titulares de carteras políticas. El aperturismo de Arias había quedado palmariamente desautorizado, hasta el punto que Carro insinúa que quizá él también pensó en dimitir; no lo hizo, pero, como veremos, consiguió de Franco una incierta luz verde para las asociaciones.

El presidente, que comunicó a más de un ministro que el cese de Cabanillas procedía directamente de Franco, procuró al mismo tiempo evitar que las dimisiones se propagaran. Debieron de pesar sobre él acusaciones cada vez más absurdas, pero muy difundidas por los mentideros de Madrid, como la de que Carro era masón. Esta visión conspiratoria, muy característica de la derecha española, fomentó como reacción antagónica en Arias una obsesión contra los sectores más regresivos de su equipo ministerial, como Utrera y Ruiz Jarabo. Sin duda intentó, como luego haría a comienzos de 1975, ampliar la crisis en el sentido de librarse de los ministros situados más a la derecha; además, si Barrera quiso en su momento hacer su propio equipo económico, quien le sustituyera querría hacer lo propio.

De esta manera la crisis habría podido tener mucho mayor alcance. La gestionaron, de cualquier modo, aparte de Arias, Carro y García Hernández. Fue este último quien proporcionó los nombres de Rafael Cabello de Alba y de León Herrera, su propio subsecretario, como sustitutos de los dimisionarios. Para el caso de que fueran posibles más cambios, se manejaron nombres como los de Labadíe Otermín y Herrero Tejedor para sustituir, respectivamente, a Utrera y a Ruiz Jarabo; para otras carteras económicas se especuló con los nombres de Calvo Sotelo, Villar Mir, Sánchez Asiain o Fuentes Quintana. El 29 de octubre Arias le planteó a Franco la posibilidad de ampliar la crisis, pero el general no aceptó. Por más que pudiera estar crecientemente insatisfecho con Arias, quería únicamente una rectificación parcial, incluso mínima. Se limitó, por tanto, según Carro, a calificar como «muy leales» a aquellos a los que Arias pretendía sustituir. López Rodó, inagotable acumulador de rumores en sus memorias, recoge el de que Franco llegó a declarar: «Éste es de los nuestros» en referencia a Ruiz Jarabo, con lo cual obligó a Arias a renunciar a su propuesta.[163]

La crisis, así enderezada, se desarrolló de la forma prevista. García Hernández, con «especialísimo y extraordinario sentido del humor», anunció a León Herrera la promoción diciéndole que tenía que prescindir de él como subsecretario. Durante horas, el nuevo ministro de Información pensó que la crisis habría podido implicar una remodelación de más ministerios y acabar en otro puesto.[164] Excepcionalmente, los dimisionarios no recibieron una carta de Franco y no les llegó tampoco la de Arias.

El acto de toma de posesión de los nuevos ministros tuvo lugar el 31 de octubre. Barrera de Irimo, muy tranquilo, se refirió a sus lealtades presentes, pasadas, futuras; de cara hacia afuera presentó su dimisión como una decisión personal, razón por la cual los ministros a los que había promovido no habían abandonado sus puestos. Arias pretendió eludir la idea misma de la crisis y se refirió a la «dolorosa tristeza» con que había tenido que desprenderse de sus colaboradores, «dos hombres que han dejado pálidas sus biografías brillantes». Se reafirmó a continuación en su programa: «Se mantienen íntegras las afirmaciones, el esperanzado programa y el indomable propósito de realización». Lo sucedido no tendría «ninguna significación ni trascendencia», pues «España, bajo la capitanía del Caudillo, sigue siendo cada día más fuerte, más firme, con los mismos objetivos». Cabello de Alba afirmó en la toma de posesión ser partidario de la evolución. «No tenemos filias, ni fobias, ni compromisos con grupos políticos o económicos», añadió. León Herrera, cuya declaración, dadas las circunstancias, iba a ser especialmente escrutada, afirmó que «no vengo a cerrar nada que esté abierto o a parar nada que esté en marcha ... vengo a continuar la labor de Pío Cabanillas, a quien tengo el honor y el dolor de sustituir».[165] Entre los comentaristas de prensa, quien estuvo más cercano a la interpretación oficial fue Ruiz Gallardón en *ABC*: «No ha triunfado el inmovilismo», aseguró; «no ha sucumbido la fuerte corriente de la apertura». «En toda tarea política hay que recibir heridas y rasguños en el largo caminar», concluyó; «mientras con actos el Gobierno no demuestre otra cosa», se debería creer en su aperturismo.

A los relevos de los ministros siguieron los de sus subordinados. Oreja, subsecretario de Información, afirmó que sólo existía una lealtad, la lealtad a España; De la Cierva se apresuró a dimitir pero todo hacía pensar que no podía continuar. Fernández Ordóñez, presidente del INI, hizo la declaración más audaz al afirmar que no podía continuar en su puesto por razones «de ética personal y de convicción política». García Hernández ya había sugerido en Consejo de Ministros la posibilidad de relevarle. Apenas es necesario recordar el papel que en la España de la Transición jugaron todos ellos (con la excepción de Barrera).

En su gran mayoría, la prensa estuvo lejos de la citada interpretación oficial.[166] El *New York Herald Tribune* tituló «Uno destituido, el otro dimite», y aseguró que, «preparándose para los nuevos tiempos, los diarios de Madrid parecen haber vuelto a las informaciones precavidas». Pero no fue siempre así: «Los acontecimientos de última hora nos hacen sentir perplejos sobre la ruta que se va a seguir», aseguró *Ya*. «Debemos pensar que una línea política ha muerto desde ayer», concluyó Tácito, que publicaba en las páginas de este diario del que formaban parte Oreja y Ortega Díaz Ambrona, otro dimisionario futuro. «Se tuvo la oportunidad de elegir un camino, el que los discursos presidenciales señalaban y nosotros apoyamos», añadió. «Se ha elegido el otro», concluyó. «Tácito quiere hoy rendir homenaje a la coherencia en las convicciones de los dos ministros cesantes, actitud que en el clima general reconforta y mantiene la esperanza.» El propio *ABC* admitió que era en la libertad de prensa donde el avance había sido mayor. Situado más hacia la oposición, el *Tele-Express* calificó a los dos políticos licenciados como «dos figuras importantes»; «es seguro que [los ceses] no pueden imputarse a falta de personalidad, sino posiblemente a todo lo contrario». Mientras que *Cambio 16* presentó lo sucedido como «una gravísima crisis». Pío Cabanillas fue durante varias semanas un héroe para la mayoría de los profesionales de la prensa. Sin embargo, algunas publicaciones minoritarias próximas a la izquierda recordaron que durante su ministerio también había existido la censura. *Doblón* afirmó que su política no se podía calificar «en absoluto [de] blanda». *Por Favor* había recibido varias sanciones, *Sol de España* había sido suspendida durante quince días; se produjeron dimisiones forzadas en *Diario de Barcelona* y se ejercieron presiones sobre *Tele-Express* para que Pi y Vázquez Montalbán dejaran de escribir en sus páginas. Sólo *Pueblo* y *El Alcázar* consideraron que nada había cambiado, el primero por oficial y el segundo por negarse a toda posibilidad de cambio.

Éstas fueron visiones públicas y externas al Gobierno acerca de lo acontecido. Nos interesan especialmente las que se produjeron en su seno y sobre ellas disponemos de un interesante texto escrito. Cruz Martínez Esteruelas, ministro de Educación, hombre inteligente pero obsesivo y crispado, le dirigió a Arias una carta en la que hacía alusión a la reciente «crisis parcial». Eso nos da idea del juicio inmediato que se hizo en los círculos políticos más inmediatamente relacionados con Arias. Lo sucedido con el ministro de Hacienda habría sido una «retirada ante los problemas», mientras que el ministro de Información habría «cometido errores por falta de control y quizá exceso de protagonismo». «Sus enemigos públicamente conocidos —añadía— le han atacado en exceso y el Gobierno no ha hecho bastantes definiciones para fijar los límites de lo lícito.»

Pero nos importa más todo cuanto se refiere a la perspectiva de carácter general en la que se basaba la posición de Martínez Esteruelas. Aun más joven que Arias, se fundamentaba en razones religiosas y en un juicio catastrofista de la situación. Para él, lo que sucedía tanto en España como en el conjunto del mundo era «una crisis espiritual» o «religiosa», nacida del descreimiento, y «pensar que este tránsito lo es sin graves consecuencias políticas es completamente ingenuo». Frente a esta situación aparecía en el conjunto del mundo «el avance implacable del marxismo»; en cuanto a España, «la juventud universitaria es no creyente en un porcentaje crecido y parte selecta de ella ... vive de espaldas a la fe». Ahora bien, eso suponía un grave peligro no sólo para el régimen en un corto plazo de tiempo sino también para la monarquía que naciera de él a medio plazo. «El pensamiento fascista es y ha sido minoritario», añadió, e incluso «la auténtica Falange ni era ni es fascista» porque «la base de las creencias de los españoles ha sido el catolicismo». En cuanto a la monarquía, «nace sociológicamente del franquismo», de modo que el «revisionismo antifranquista —sea constitucional o simplemente fáctico— producirá la liquidación de la monarquía».

¿Qué hacer entonces? Martínez Esteruelas creía en la necesidad de una apertura, si bien no traslucía el menor entusiasmo por los «mitos demoparlamentarios». Estaba de acuerdo en que se concediera una amnistía, pero de ninguna forma podía aceptar la legalización del PCE, pues «la lección del comunismo donde llega a poner pie suficiente habla por sí sola»: al ejemplo de Italia había que sumar ahora el de Portugal. Proponía lo que denominó «una actitud audaz», consistente en una política cuyos ejes principales fueran la lucha contra la corrupción, el mantenimiento de los precios de los productos alimenticios básicos, la reforma fiscal, la nacionalización del suelo en áreas metropolitanas y el incremento del gasto en enseñanza (no en vano era ministro de Educación). Intuía que en el futuro a las culturas regionales habría de corresponderles un gran papel en la política española; no obstante, llama la atención que, frente al papel que atribuía al «fortalecimiento de la extrema derecha», no atribuía en cambio ningún papel verdaderamente significativo a la oposición. En el futuro habría, eso sí, junto a ella, una «izquierda nacional» y un «centrismo».[167] En todo el texto de la carta se aprecia la visión de la clase política del régimen en aquel momento, con unas limitaciones obvias que de momento no permitían avizorar siquiera la democracia, aunque pretendieran con sinceridad cierto pluralismo. Ante un panorama como el descrito, sólo cabía esperar incertidumbre y el fuego cruzado de las oposiciones no tuvo otro efecto que el de aumentarla.

LA POLÍTICA DE ARIAS, EN LA INCERTIDUMBRE

Ni Cabello de Alba ni León Herrera eran hombres del búnker. Pese a ello, en el segundo caso muy pronto empezó a definirse una cierta actitud de mayor firmeza ante la prensa aperturista, por más que la significación del ministro no cambió. Pronto hubo, además, un manifiesto de 170 periodistas madrileños, quejosos de una posible involución informativa, al que fue necesario dar respuesta. Además, se emplearon procedimientos más duros, aunque soterrados, incluso respecto de una prensa que no estaba ni mucho menos en una oposición frontal al Gobierno. Cuando se tuvo noticia de que Máximo iba a publicar en *ABC* una viñeta con una caricatura del presidente del Gobierno, «visto por sus enemigos íntimos», Herrera le informó de que, aunque «el pie es suficientemente expresivo como para no confundir la intención, se había intentado, por vía amistosa con Guillermo Luca de Tena, director de *Blanco y Negro* y *ABC*, que no la publicaran». El aludido repuso que la intención era positiva, que su empresa seguía en la línea del total apoyo al presidente.y que, además, ya estaba la tirada completa y les era imposible dar marcha atrás. En todo caso, «como claramente no era cosa de "secuestro"», Herrera le propuso al director de Régimen Jurídico de la Prensa que «iniciara un expediente ... y ya veremos; aparte de eso, les voy a rebajar 2 millones en la subvención que tienen pendiente para el *ABC de las Américas,* así que el retrato les va a costar como si lo hubiera hecho Velázquez».[168] La anécdota resulta curiosa: a esas alturas no era posible caricaturizar al presidente del Gobierno, pero éste tenía que recurrir a maniobras oblicuas para presionar a la prensa si ésta lo hacía.

Durante los meses finales de 1974, la agitación social continuó. No tardó mucho en prepararse una disposición legal de cara a la militarización de los obreros de Construcciones Aeronáuticas en el caso de que hubiera un conflicto laboral.[169] En noviembre, cuando parecía acercarse de nuevo la fecha del juicio de los procesados del 1.001, las mujeres o madres de los procesados se dirigieron al presidente del Gobierno. «En estos días en que tanto se habla de "aperturismo", "asociacionismo", "reconciliación nacional" ... —afirmaban—, representantes elegidos de los trabajadores, representantes de la España marginada y encarcelada van a ser juzgados por el Tribunal Supremo.» Y la pregunta retórica final era: «Una vez más, ¿qué quedará de todo lo anterior sino palabras vacías si condenas tan monstruosas como las de ellos —sin prueba, además— no son anuladas?».[170] La oposición, por tanto, empleaba el lenguaje de la apertura en un intento de aumentar espacios de libertad y con ello incordiaba y estimulaba, al mismo tiempo, al Gobierno.

El Gobierno, por su parte, tenía, sobre todo, problemas por el otro lado del espectro político. Cuando Carro entregó al presidente de las Cortes, Rodríguez de Valcárcel, el proyecto de legislación sobre incompatibilidades parlamentarias, se encontró con una actitud de resistencia dilatoria. «Considero —escribió el segundo— que nuestro sistema político no es fácilmente homologable con otros regímenes de Occidente y, por consiguiente, no nos son de aplicación con rigor las medidas que otros países pueden aplicar ... Hemos de ir, pues, a fórmulas originales, como afortunadamente original es nuestro sistema y, sobre todo, hemos de ir andando, dando la sensación de que nos movemos, pero sin imprimir a nuestra marcha una velocidad tal que nos obligue después a parar para reponer energía. Quiero con esto decir que debemos ir sosegada, armónicamente, en marcha rítmica, desarrollando nuestra evolución.» Con el sistema de incompatibilidades, según el presidente de las Cortes, se impediría que la Administración se nutriera de las Cortes, «uno de los viveros, una de las universidades políticas más importantes del sistema»; además, la reforma legal «afecta a un número muy importante y cualificado de procuradores». En la práctica, Administración y Cortes formaban una sola y misma cosa en un sistema como el franquista en que estas últimas eran sólo «poder resonador». Esto era especialmente cierto en el caso de los procuradores sindicales.

A su vez, Rodríguez de Valcárcel consideraba como peligrosa otra incompatibilidad, más de hecho que de derecho, que era la derivada de que los procuradores de la Administración local no cumplían su función parlamentaria, puesto que solían ser alcaldes o presidentes de la Diputación; de incumplir esta responsabilidad quedaban condenados a ser desposeídos, si bien no podían serlo por desatender sus obligaciones como procuradores. Se oponía incluso a la creación de una comisión de incompatibilidades que creía podía ser asumida por la Comisión Permanente de las Cortes. «En todo caso —concluía—, creo que la resolución de las incompatibilidades debe competer al presidente de las Cortes y no a la Comisión Permanente.»[171]

Hubo, además, otro informe negativo surgido del Movimiento, el principal afectado por la posible innovación.[172] De acuerdo con él, la reforma «no parece fundarse suficientemente en los principios esenciales del sistema institucional establecido en nuestras Leyes Fundamentales». «En el sistema de representación orgánico —añadía—, al ser precisamente la función social desempeñada en el seno de la comunidad la razón y el origen que legitima la participación representativa, debe evitarse cualquier obstáculo que la impida.» Un proyecto como el presupuesto provocaría «la crisis del régimen de democracia orgánica», «asaltada por los enemigos del sistema». En realidad, lo que de verdad promovía el proyecto era que la democracia orgánica se convirtiera en lo que ella misma decía de sí con una separación, obviamente necesaria, del legislativo y el ejecutivo. Pero para los detractores «ni el Movimiento ni la Organización Sindical tienen nada que ver con la función ejecutiva ni con la función pública». Las incompatibilidades deberían limitarse, en cambio, a los funcionarios, al menos desde el nivel de subdirector general.

Una oposición como la descrita hacía inviable un aspecto esencial, aunque no el más importante, de la apertura de Arias. Así se explica que, muy pronto, nada más superada la crisis de Pío Cabanillas, los rumores se multiplicaran; llegaron, por ejemplo, a concretarse en la figura del almirante Pita da Veiga como relevo de Arias Navarro. León Herrera tuvo que desmentirlo, pero ello contribuyó precisamente a negar la impresión de estabilidad del Gobierno que se pretendía transmitir.[173]

A éste no tardó en acecharle de nuevo un adversario tradicional, tanto más peligroso cuanto que se decía amigo y alineado en la ortodoxia del régimen. A fines de año, Girón se situó al frente de la Confederación de Ex Combatientes, que se atribuía nada menos que medio millón de afiliados. Al presentar al dirigente falangista en su nueva función el teniente general García Rebull, repitió que era necesario defender el régimen con «uñas y dientes». «Nos incumbe la misma responsabilidad que, por razones de honor, nos echó al monte en 1936», dijo Girón, pues «el compromiso de esta hora reside en evitar que sobre aquel sacrificio enorme se corra un tupido velo». «Aquí han pasado muchas cosas y van a pasar más», añadió en tono amenazador. Era necesario volver a los «compromisos revolucionarios de la primera hora» y partir del «hecho irrevocable» del 18 de julio. Luego, en *Arriba* defendió una especie de socialismo de raíz joseantoniana.

La Confederación de Ex Combatientes hizo algo más que cobijar tal tipo de declaraciones. Lo sucedido demuestra bien a las claras cuáles eran sus propósitos y sus posibilidades, pues no fue otra cosa que pedir como inmediata ayuda del Estado «un amplio apoyo económico». Aseguró que tenía como propósito «no sólo fortalecer el vínculo comunitario en la defensa de los principios fundamentales del Movimiento sino, además y como tarea urgente, la incorporación ... de las nuevas generaciones a nuestra vida comunitaria». Se dedicaría de forma primordial a actuar en los grandes centros urbanos, «donde se concentra también la acción de la subversión», para «preparar una acción inteligente cerca de los grandes centros de trabajo, de los centros universitarios y de los colegios profesionales». Pedía, en consecuencia, «edificios o instalaciones comunes dignos y suficientes» y para ello reclamaba 380 millones de pesetas. Sólo menos de una tercera parte se dedicaría a actividades propiamente dichas.[174] En realidad, de haberse aceptado, tales proyectos habrían resultado una inútil duplicación de la propia estructura del Movimiento, que ya era inoperante, al margen de que además se recayera en una especie de «refascistización».

Los ex combatientes, pese a todo, no cesaron de exhibirse de un modo que acentuaba la apariencia totalitaria del régimen y presuponía su condición de suprema ortodoxia del mismo. Ante Franco, Girón declaró que «no queremos olvidar ninguna de vuestras órdenes y tampoco queremos que, por comodidad o por fatiga, se facilite el paso a quienes, desde fuera o desde dentro, han pretendido el desmontaje de un régimen político que ha dado a España los años más gozosos y fecundos de su Historia contemporánea». Franco agradeció estas palabras a quienes tenían ya edad avanzada, reconociéndoles que «estáis en activo y en activo servicio»; concluyó con el ritual «¡Arriba España!». También Girón y los suyos se entrevistaron con el príncipe. Girón afirmó que «el 18 de julio no abre un paréntesis ni establece un interregno», y don Juan Carlos le replicó vagamente que «no regatearé esfuerzo ni sacrificio para cumplir la misión que me ha correspondido y que un día acepté porque creía que así servía al pueblo español». Los ex combatientes fueron recibidos también por Arias y por Utrera. El primero afirmó de modo críptico que «hay que administrar muy cauta y prudentemente la victoria» y despidió a los visitantes con el brazo en alto. Tras las declaraciones de septiembre, este acto pareció una nueva vuelta hacia atrás, como ya lo fuera el discurso de Barcelona con respecto al espíritu del 12 de febrero. Además, la exhibición de los ex combatientes coincidió en el tiempo con las detenciones, en un despacho de la calle Segre de Madrid, de militantes de la llamada «oposición moderada».

En pura teoría y en su versión más optimista, éstos, que ya no eran perseguidos sino de forma ocasional, habrían podido ser integrados en un régimen aperturista. A pesar de que periódicamente levantara el brazo, Arias no era en absoluto falangista; tampoco, por supuesto, un demócrata. El hecho de que no concediera especial relevancia al Movimiento se demuestra, como ya se recalcó, con la realidad de que en ninguna de las tres vicepresidencias dejó un puesto para la alta representación del mismo; Carrero, en cambio, había concedido un puesto esencial como primer vicepresidente político al secretario general. Poco a poco, los nuevos gobernadores empezaron a tomar posesión en el Ministerio de la Gobernación y no en la Secretaría General del Movimiento. Utrera, en cambio, era netamente partidario de potenciar el Movimiento, para lo cual trató de promover círculos de participación y de estudio y reorganizó el Instituto de Estudios Políticos con objeto de que inspirara cualquier cambio político. Fracasó en ello, pero quedaba todavía una batalla esencial que se desarrolló en el entorno de Franco, la de las asociaciones.

El 20 de noviembre, Utrera tuvo que sostener a Franco, quien estuvo a punto de caerse en la conmemoración de la muerte de José Antonio Primo de Rivera. Por aquellos días se presentó una y otra vez ante el jefe del Estado no sólo como «cercado por adversarios externos sino sistemáticamente presionado» por los que tenían la obligación de ser solidarios, es decir, los propios ministros. Además volvió con tenacidad a exponer su programa basado en el «rearme ideológico» del régimen, el desarrollo de sus fundamentos y la apelación a los más jóvenes. No pasó de recibir «silencios embarazosos» de su interlocutor. Cuando entregó una nota sobre las asociaciones finalmente logró su pronunciamiento: «Bien llevadas, las asociaciones podían otorgar un mayor atractivo al Movimiento», dijo Franco.[175] Había, por lo tanto, cambiado su punto de vista en un punto esencial, sin duda debido a la presión de Arias, una vez cesado Cabanillas y varado el proyecto de incompatibilidades. Así se llegó a las asociaciones.

¿ASOCIACIONES POLÍTICAS?

Sabemos, por páginas precedentes, hasta qué punto la regulación de las asociaciones jugaba un papel decisivo para los programas aperturistas del régimen; por eso Arias Navarro la incluyó en su programa. También conocemos la resistencia que no escondía Franco sobre esta materia. Tras la crisis protagonizada por Cabanillas y Barrera, a Arias le resultaba por completo imprescindible la aprobación de las asociaciones, al menos a modo de compensación, y Franco difícilmente podía cerrarse en banda a ellas. Durante meses se había especulado al respecto en los mentideros políticos madrileños. Solís ironizaba afirmando que si Arias se había «tragado» tanto, admitir la no aprobación de las asociaciones resultaría para él «un aperitivo». Se decía también que García Hernández le había dicho al presidente: «Si [Franco] no te lo firma, ya podemos organizar aquí un baile de disfraces».[176]

La cuestión del asociacionismo político resulta tan crucial que es necesario tratarla de forma conjunta aludiendo a sus precedentes y rompiendo, por tanto, con la narración cronológica. En realidad, en julio de 1969 se aprobaron ya unas Bases del Régimen Jurídico Asociativo del Movimiento Nacional como desarrollo del Estatuto. En el mismo se preveía la existencia de asociaciones familiares, culturales, profesionales, doctrinales; las de opinión pública o de acción política dependerían estrictamente del Consejo Nacional. Al crearse debían estar tuteladas por tres consejeros nacionales y carecían de trascendencia electoral. Resulta obvio que nada tenían que ver con una auténtica liberalización y en el marco de los antagonismos políticos del momento representaban una victoria de Solís que sus antagonistas no podían aceptar. Tras la crisis, fue Fernández Sordo, futuro ministro de Arias, quien presentó el dictamen ante el pleno del Consejo Nacional, que las aprobó en la primavera de 1970. Se discutió el rango que debía revestir su aprobación legal: se rebajó de decreto a orden ministerial, pero finalmente nunca se publicaron en el Boletín Oficial del Estado. Fue Carrero, pero también el mismo Franco, quienes lo impidieron.[177]

Resultaba inevitable que cualquier otro secretario general del Movimiento intentara plasmar algún tipo de asociacionismo político. En julio de 1970 Fernández Miranda remitió un anteproyecto sobre Asociaciones de Acción Política al Consejo Nacional. La ponencia para tratar de la cuestión estuvo formada, entre otros, por el futuro vicepresidente García Hernández; la pertenencia a una asociación equivaldría a pertenecer al Movimiento. La cuestión asociativa se diluyó por falta de interés de Franco y de Carrero; el propio don Juan Carlos no estaba interesado en ella de no suponer un cambio sustancial en la política interna del régimen y así se lo transmitió a Fernández Miranda en términos expresivos («Tú planea sin aterrizar»).

El nombramiento de Carrero como presidente alimentó una última esperanza de los partidarios del asociacionismo. Fernández Miranda dirigió al Consejo Nacional una nota sobre la participación basada en el discurso programático de Carrero en junio de 1973, en la que proponía una «ley general de participación» en que las asociaciones resultarían posibles, pero con todo tipo de cautelas. «Este sistema de asociaciones —indicaba— rechaza los partidos políticos y supera los encuadramientos del partido único»; también era incompatible con toda «representación paralela» al margen de la oficial. Fernández Miranda repudiaba las ideologías en lo que tenían de proyección hacia el futuro, de «programa de acción», porque «hablar de un asociacionismo que cobije grupos ideológicos es hablar, sea cualquiera la palabra que se emplee, de partidos políticos». De este modo, «quienes buscan en el asociacionismo cobijo para un pluralismo de grupos ideológicos están pugnando por el restablecimiento de los partidos políticos». De ahí su famosa interpretación del asociacionismo como «trampa saducea», que nadie entendió (lo lógico habría sido denominarla «farisea»). Apoyaba en cambio la existencia de corrientes de opinión, convertidas en «asociaciones en el Movimiento». El Consejo Nacional no sólo intervendría en la vida asociativa, sino que sería el supremo organismo en materia electoral. Tanto en este proyecto como en otros anteriores se preveía la posibilidad de elección del alcalde entre los concejales de un municipio. De ahí la ambigüedad de la cuestión asociativa: suponía por un lado una relativa liberalización y conversión del régimen en lo que pretendía ser él mismo, pero atribuía a un Consejo Nacional, hasta entonces inoperante, un papel muy superior al que había tenido en el pasado.

El proyecto fue conocido, al menos en el nivel de ponencia, por el Consejo Nacional; pero todo dependía, como siempre, de Franco. Hubo un momento en que Fernández Miranda anunció a sus colaboradores que «iba a despachar con el Caudillo el proyecto y volveré con su aprobación o con mi dimisión». Inevitablemente, dado su carácter, acompañó tal declaración de un cultismo: como los soldados espartanos, volvería del Pardo «o con el escudo o sobre el escudo» (es decir, muerto). Pero volvió sin ver cumplida ninguna de las dos alternativas. Persona seria, fascinada por el poder y por el servicio a quien lo ocupaba, no se jugó su carrera política por la cuestión asociativa y llegó a la filosófica conclusión de que «en la guerra un soldado debe obedecer al general». El proyecto de asociaciones le costó el puesto a uno de los jóvenes reformistas, José Miguel Ortí Bordás, el único en sentir la urgencia del asociacionismo.[178] Aún así, esta cuestión siguió vegetando en los altos organismos del régimen. En julio de 1973 la Comisión Permanente del Consejo Nacional emitió un informe redactado como base de deliberación acerca de un debate sobre la participación política de los españoles. Las asociaciones debían ser «amparadas y tuteladas» por el Consejo Nacional, integrarse en el Movimiento y no pretender sustituir la representación orgánica. Ahora se mencionaba ya el procedimiento de actuación de cara a las elecciones.

La cuestión permanecía hasta cierto punto abierta, sobre todo para la clase dirigente más joven del régimen. Nombrado presidente Arias Navarro, en la preparación del Estatuto de Asociaciones Políticas trabajaron dos comisiones al mismo tiempo. Una, en Presidencia, fue responsabilidad de Ortega Díaz Ambrona; no respondió a un encargo oficial del Gobierno y no tuvo nunca una existencia oficial, pero sin duda representó la alternativa de los sectores más aperturistas del propio Gobierno, como Carro. La segunda se constituyó en el Consejo Nacional con figuras bien conocidas del Movimiento: Fueyo, Martínez Emperador, uno de los dirigentes de los ex combatientes, y Labadíe, cuyo discurso ya se recordará. El secretario general técnico de la Secretaría General del Movimiento, Eduardo Navarro, enlazaba con esta última. Sin embargo, muy pronto se apreciaron diferencias importantes en este entorno político. Utrera, aunque consciente de que los más jóvenes en la clase dirigente del régimen querían asociaciones, temía el futuro con ellas y se resistía a abandonar cualquier instrumento de control por parte del Consejo Nacional. Tal como narra en sus memorias, la aprobación del Estatuto de Asociaciones fue para él algo así como una extracción de muelas. De hecho, al reformar el Instituto de Estudios Políticos y colocar a su frente a Fueyo, le encargó el «rearme ideológico» del Movimiento y la redacción de todos los proyectos de reforma política, en paralelo a los que Arias encargaba, en versión más aperturista, a Carro.[179]

Ahora bien, sus colaboradores probablemente eran sinceros cuando en unas notas, redactadas en febrero de 1974, hacían alusión, en relación con las asociaciones, a la «urgencia y la necesidad de una respuesta que no admite demora». Por vez primera se planteó en este documento la cuestión de si las asociaciones políticas podían establecerse fuera del Movimiento, el número restringido o abierto de las mismas y si debían ser nacionales o no. La restrictiva propuesta inicial de la Secretaría General del Movimiento atribuyó al Consejo Nacional la competencia sobre unas asociaciones que deberían tener cien mil afiliados y una extensión geográfica nacional. Además, defendía la existencia de otros modos de encuadramiento como los «círculos de participación» y «materias reservadas» de carácter político en que las asociaciones no podrían intervenir.

Desde abril, al anteproyecto se sumaron las observaciones de algunos ministros. En junio existía ya un anteproyecto elaborado por una ponencia y más adelante hubo hasta cuatro redacciones sucesivas. Fue a partir de este momento cuando se planteó la cuestión crucial: si las asociaciones deberían depender en todo y desde un principio del Consejo Nacional o de un registro y una vigilancia dependiente de la Administración del Estado. Sólo en el segundo caso existía una remota posibilidad de que se integraran en la estructura asociativa fuerzas políticas de oposición moderada o temporales disidentes del Gobierno, como Fraga. Lo contrario equivalía a una «desunificación», en palabras de Ortega Díaz Ambrona, es decir, a desandar el proceso que Franco había llevado a cabo durante la guerra civil.[180]

Dada la reticencia de Utrera ante las asociaciones y su convicción personal acerca de la influencia que ejercía sobre Franco, no puede extrañar que interpretara cualquier alejamiento del modelo del estricto control por parte del Consejo Nacional como una traición inspirada desde el exterior. Por eso en sus memorias atribuye a Navarro el haberse dejado influir por Carro (e indirectamente, por el presumible contenido del proyecto de Ortega Díaz Ambrona). De cualquier modo, resulta evidente que en la coincidencia se revela de nuevo una identidad generacional.

«Ni antes ni durante ni después del Estatuto de Asociaciones políticas me he relacionado con el ministro Carro», explicó Navarro mucho tiempo después. «Mi posición en la ponencia, consistente en que las Asociaciones se inscribieran en el Ministerio de la Gobernación y tuvieran la posibilidad de recurrir ante el Tribunal Supremo te la planteé a ti [Utrera] personalmente y tú me autorizaste a mantenerla en el seno de la ponencia.» «Las razones que me movieron a ello —continuaba— eran evidentes: la Administración del Estado ofrecía a los españoles mayores garantías de imparcialidad política que la del Consejo Nacional.» Además, «dada la situación de tensión entre la Secretaría y la Presidencia del Gobierno ..., era mejor para ti contar, en el propio Consejo Nacional, con dos opciones», las ya indicadas.[181] Aun así, las dos fórmulas ofrecidas presentaban coincidencias en lo esencial: una concedía la disolución al Consejo Nacional y, por tanto, a su presidente, y otra al Gobierno, aunque previo informe del Consejo Nacional.

Aparte de la documentación, las noticias aparecidas en la prensa confirman las afirmaciones de Navarro. En el Consejo Nacional la recta final de la discusión tuvo lugar en octubre, el mes en que se sustituyó a Cabanillas y hubo la consiguiente crisis. Cisneros apoyó desde *Blanco y Negro,* «con grandes reservas», lo que denominaba como «un gran experimento histórico». En los medios de comunicación se especuló, a mediados de noviembre, con la posible intervención del Tribunal Supremo en la legalización de las asociaciones y de que fuera una ley de prerrogativa, es decir, del propio Franco, y de que, como tal, no fuera sometida a las Cortes. El 24 de noviembre se dieron por terminados los trabajos del Consejo Nacional, que habían contemplado hasta siete versiones del texto. El proyecto final fue entonces presentado al Consejo de Ministros.

Merece la pena recorrer las observaciones que por escrito hicieron los diferentes ministros. También las hizo el presidente de las Cortes, Rodríguez de Valcárcel, siempre en sentido de ofrecer resistencia a un asociacionismo efectivo: se interesó por el papel futuro de los consejos provinciales y locales del Movimiento y mostró su temor de que el mandato de los procuradores quedara sometido al vínculo asociativo o a la participación de las asociaciones en las elecciones; hizo una propuesta acerca de que hubiera otras asociaciones específicamente electorales. Con ello superó el grado de complicación al que había llegado Fernández Miranda. De los ministros, el de Gobernación y vicepresidente primero del Gobierno, García Hernández, insistió en que la inscripción y el control de las asociaciones no dependían de nada parecido al Movimiento-organización en los países de corte democrático. Por el contrario, añadía, en ellos «la intervención del Gobierno es decisiva en materia de reconocimiento, aprobación, disolución y suspensión de las asociaciones». Sin duda ésta era la posición del propio Arias Navarro. Los ministros militares y los de Comercio e Información se expresaron en términos semejantes acerca del papel que había de corresponder al Gobierno. León Herrera pidió, en concreto, «una mayor presencia en todo el proceso del Gobierno» y manifestó su temor de que se cayera en el partidismo político, lo que sería argumento suficiente para la disolución. Las otras observaciones resultaron intrascendentes. Gutiérrez Cano se mostró muy alejado del espíritu de las asociaciones; Rodríguez de Miguel dictó una nota banal y Cortina recomendó no rebajar la edad relativa a la capacidad asociativa de los veintiuno a los dieciocho años. Carro ni siquiera remitió su opinión por escrito; tampoco parece haber exhibido el proyecto redactado por Ortega Díaz Ambrona. El Consejo de Ministros aprobó el Proyecto de Asociaciones el 22 de noviembre en la versión que atribuía al Ministerio de la Gobernación y al Tribunal Supremo las decisiones sobre la legalidad asociativa. Así le llegó por vía indirecta a Eduardo Navarro. Utrera considera el resultado en sus memorias una «victoria pírrica», y el calificativo vale tanto para el sector más aperturista como para el más opuesto a cualquier tipo de innovación.

Si el primero parecía haber triunfado, aunque con limitaciones, el segundo demostró al poco tiempo que recurriendo al centro de gravedad de todas las decisiones era posible cambiar la disposición en el aspecto sustancial mencionado. De acuerdo con la narración de las memorias de Utrera, ante la inminencia de que se confirmara la dependencia de las asociaciones de la Administración del Estado y no del Consejo Nacional, envió a García Rodríguez Acosta, su vicesecretario general, al Pardo y el propio Franco dictó una nota, que entregó mecanografiada, en la que expresaba una opinión que equivalía a una orden. Es muy probable que Franco, en realidad, no estuviera en condiciones ni siquiera de dictar su juicio. Resulta muy posible que fuera la intervención de Rodríguez de Valcárcel la verdaderamente definitiva y que la articulara Fueyo. Este sector del régimen apoyó el borrador en materia asociativa del Gobierno, pero introduciendo unas matizaciones que acababan por desvirtuarlo en lo poco que tenía de aperturista. De este modo, para los partidarios de Rodríguez de Valcárcel el presidente de las Cortes había salvado al presidente del Gobierno y éste se había entregado a él.[182]

La supuesta nota de Franco en su misma redacción ofrecía un contenido muy lejano a cualquier aperturismo. «Partiendo del hecho ya casi irreversible de la necesidad de instrumentar el juego asociativo como medio complementario de participación en la vida política —decía—, debe ser el Consejo Nacional al que corresponda el reconocimiento, control, suspensión y disolución de las Asociaciones políticas, ya que de otra forma difícilmente podría cumplir los fines que en este orden le encomienda la Ley Orgánica del Estado.» «Por otra parte —añadía—, cuando se cumplan las previsiones sucesorias el presidente del Gobierno pasa a ser Jefe Nacional del Movimiento y con él y con la figura del ministro secretario general del Movimiento ya tiene participación efectiva y eficaz el Gobierno» en todas esas cuestiones. «Aceptada esta tesis, habrá que establecer en alguna base que corresponde al Gobierno el ejercicio de la potestad disciplinaria», de modo que pudiera suspender una asociación política en caso de urgencia.[183]

La intervención de Franco cambió por completo el sentido del proyecto. El propio Navarro, que había inducido a presentar la versión más aperturista junto con la triunfante, contó luego en carta a Utrera que «tuve que acomodar mi propia redacción a los criterios que contenía la citada nota y te rogué —y tú me admitiste— que no fuera yo quien defendiera el proyecto sino que, si era preciso, sólo lo expusiera». «Para mí —concluía—, las Asociaciones en su versión final no sólo llegaban tarde sino que llegaban mal.» «Esto nos va a costar», añadió ante otros miembros del Consejo Nacional. El triunfante y satisfecho Fueyo despachó la cuestión de modo definitivo con un «quien manda, manda», cuando se recibió el escrito de Franco.[184]

El contenido de la deliberación que tuvo lugar en la Comisión Mixta entre el Consejo Nacional y el Gobierno revela las limitaciones de lo que iba a ser aprobado. A sus miembros les fue entregado un informe cuyo contenido merece la pena tomar en consideración. La representación elegida por el sistema político, se decía, había consistido en un primer momento en «las entidades naturales», pero «la experiencia positiva de esta nueva figura de la representación nacional ha puesto de manifiesto, sin embargo, la conveniencia de una acción complementaria de carácter específicamente político». Ahora bien, «en cuanto al ámbito principal de su desenvolvimiento, parece nítidamente determinado en el Consejo Nacional, que es el espacio especialmente configurado en nuestro Orden Constitucional para el desarrollo superior del contraste de pareceres sobre la acción política». Las asociaciones debían ser «instrumento de integración y participación de nuestro pueblo en la construcción del destino colectivo», pero en tal sentido no pasaban de «medios complementarios», pues «el carácter orgánico de la representación política informa el orden institucional», de modo que «toda organización política de cualquier índole al margen de este sistema representativo será considerada ilegal». Si «las Asociaciones políticas se instituían en la comunidad del Movimiento ... correspondía al Consejo Nacional la competencia sobre el régimen jurídico de las mismas».[185] Se exigía a las asociaciones tener al menos 25.000 afiliados en quince provincias de acuerdo con una proporcionalidad con el número de habitantes, y el Consejo Nacional era su único financiador. En las deliberaciones se debatieron de forma pormenorizada cuestiones que demostraban que muchos de los consejeros nacionales que iban a votar el Estatuto de Asociaciones, aun sintiéndose obligados a hacerlo, estaban íntimamente en contra de lo que éstas hubieran podido significar para los aperturistas. Alguno argumentó que si las asociaciones querían tener un periódico, debían también obtener permiso del Consejo Nacional. Fueyo mostró su preocupación por si podían acudir a las elecciones. Romero argumentó que si una persona perteneciente a una asociación podía ser elegida por el tercio sindical y familiar, luego actuaría unida a los que le hubieran apoyado, de modo que se desvirtuaría la representación orgánica y la unidad sindical. Herrero Tejedor insistió en que no se aceptara la disciplina de grupo, de modo que los procuradores no tuvieran mandato imperativo. Fueyo recordó que la financiación de las asociaciones no podía provenir del Estado sino del Movimiento nacional. Incluso si las asociaciones hubieran despegado, si a alguno de estos consejeros nacionales le hubiera correspondido desarrollarlas reglamentariamente lo habría hecho en un sentido restrictivo.

La mejor prueba de hasta qué punto lo sucedido había sido una «victoria pírrica» la encontramos en la actitud del presidente del Gobierno. Arias Navarro había perdido kilos en la brega política y su enfermedad de gota le obligaba a ser muy cuidadoso con las comidas. Conocida su decisión final, le pidió a Franco la posibilidad de explicar las asociaciones a la opinión pública. Lo hizo el 2 de diciembre en unos términos que no ocultaban que el resultado final de su proyecto estaba lejos de satisfacerle, pero era el único posible por el momento. Por eso demandó por televisión «comprensión» y, también y «sobre todo», «generosidad» para, «abdicando de lo que no es esencial, contribuir al nacimiento de una ilusión que la experiencia nos permitirá con sucesivos pasos, firmes y seguros, ir completando en la medida en que la conveniencia nacional ... lo vaya aconsejando». Por lo tanto, consideraba lo que con tantas dificultades había obtenido de Franco un principio susceptible de ser mejorado. Pretendiendo hablar «con un sentido realista de la situación, de nuestro desarrollo político de cara al futuro partiendo de un presente en paz que es el principal legado que ofrecemos a las nuevas generaciones», el Estatuto de Asociaciones era «una importante consolidación del proceso democrático de la nación», pero, al mismo tiempo, «será perfectible» en el futuro. Si todo cuanto antecede era sorprendente en cualquier régimen y más aún en el franquista, todavía lo resultaba más la siguiente frase: «Os ruego que creáis en la buena fe de mis intenciones». Arias pedía condescendencia, consciente de lo alejado que estaba de las expectativas que un día alimentó. Sus ministros hicieron lo propio y de ellos nadie fue más expresivo que León Herrera: el Estatuto de Asociaciones era «lo máximo que se puede conseguir en las actuales circunstancias».

En el fondo, el debate sobre las asociaciones en el Consejo Nacional, que tuvo lugar el 16 de febrero, reveló esta peregrina situación. Hubo tres discursos en contra de su contenido cuyos autores fueron Oreja, Garicano y Cruïlles; el primero había sido subsecretario con Pío Cabanillas y los otros dos, ministro y subsecretario de la Gobernación, respectivamente. El carácter aperturista del primero está avalado por su trayectoria posterior, pero también por la condición de ministro destituido; ya se ha citado la posición de Garicano, que de nuevo insistió en la necesidad de relevo por parte de una nueva generación. Según Utrera, Arrese y Girón apoyaron el Estatuto; era obvio que su ideario era por completo adverso a las asociaciones, en el caso de que supusieran una apertura efectiva a sectores políticos más amplios. Valdés Larrañaga se expresó también a favor de ellas cuando su posición debía de ser también contraria. Los jóvenes aperturistas que luego militarían en UCD —Cisneros, Sánchez de León...— expresaron una actitud aquiescente, pero señalando su discrepancia de fondo porque aspiraban a bastante más. En realidad, reconocían que en la práctica no se podía conseguir más; lo curioso es que Arias les aplaudió. Vino luego la votación en la que tan sólo se computaron tres abstenciones, las de quienes habían hablado en contra. Tácito comentó con sorna que «lo sorprendente para el español medio pudo ser más bien la unanimidad afirmativa de unos y otros a la hora del voto después de posiciones tan dispares frente al texto».

El decreto fue promulgado el 21 de diciembre y publicado dos días después. Ya en noviembre había dimitido de su puesto al frente del Instituto de

Estudios Administrativos Juan Antonio Ortega Díaz Ambrona: en efecto, el Estatuto de Asociaciones no había sido, en el mejor de los casos, más que un decreto de «desunificación». La oposición moderada tuvo de forma inmediata lo aprobado como algo inane. Como se ha señalado, ya en el curso de su tramitación se produjo la detención en la calle Segre de Madrid de un grupo de dirigentes relacionados con este mundo político. Durante la tramitación del Estatuto de Asociaciones ya se habían hecho patentes las discrepancias con el rumbo que se seguía. Luis García San Miguel ironizó sobre la pretensión de que los demócratas permanecieran en una especie de desván mientras que los franquistas ocupaban los pisos principales y tenían que conceder permiso de residencia a los recién llegados. El resultado final fue aún peor que eso. *Ya,* por entonces el diario más aperturista de Madrid, avisó de «dar luz verde a un proyecto que pudiera nacer sin vitalidad». Una vez aprobado, García de Enterría criticó que se atribuyera al Consejo Nacional un papel en la puesta en marcha del derecho de asociación desde un punto de vista estrictamente jurídico-constitucional, pues resultaba contradictorio con el Fuero de los Españoles. Ruiz Giménez concluyó que el estatuto «no responde ni a las ideas ni a las manifestaciones» que el propio Arias había hecho en el pasado.

Entre los aperturistas, De la Cierva escribió que el Estatuto «no es una bandera sino una concesión duramente lograda», lo cual era sin duda cierto. Cisneros, por su parte, expuso durante toda la gestación de la norma citada que «si las Asociaciones no tienen fines electorales, son admitidas o rechazadas por un órgano distinto al Gobierno y no hay garantías jurisdiccionales no hay tales Asociaciones sino un inútil remedo». En realidad, lo engendrado no pasaba de ser ese «inútil remedo», si bien debió de pensar que al menos nacía algo que luego podría cambiar, y de ahí su voto en el Consejo Nacional. De hecho, Carro y los aperturistas trataron de mitigar lo que se había hecho recurriendo a autorizar al Gobierno a modificar por decreto los procedimientos para regular la presentación de candidatos a las elecciones de procuradores familiares. Aun así, a finales de 1974 resultaba más que problemático no ya integrar a la porción más dócil de la oposición —la mayoría de los consejeros nacionales ni siquiera habían pensado en ello—, sino ni tan siquiera al mismo Fraga.

Mientras tanto los partidarios del inmovilismo del régimen o de admitir cambios mínimos seguían adictos a su habitual forma de defenderlo. El 8 de diciembre tuvo lugar ante Franco un acto con la participación de la Organización Juvenil Española. Desde un principio fue patente la falta de entusiasmo de Arias Navarro y de Carro por unas actitudes que recordaban demasiado al pasado; el primero describió a los que formaban parte de la organización juvenil del antiguo partido único como «niños gilipollas». El príncipe don Juan Carlos, cuya asistencia estaba en principio prevista, recibió de Franco la sugerencia de no asistir, señal evidente del papel de futuro que el jefe del Estado atribuía al Movimiento. Franco habló a los jóvenes reunidos en su entorno del presente «mundo descarriado y anárquico», una cuestión de por sí desafortunada ante un auditorio como ése, y puso como modelo al príncipe. Pero actos como éste, que recordaban el pasado, parecían molestar a todos por una razón u otra y, así, Vicente Gil le reprochó a Utrera que no se cantara el *Cara al sol* falangista.

Unos días después, el 19 de diciembre, hallándose ya las asociaciones en su trámite final, tuvo lugar una nueva entrevista entre Utrera y Franco. Éste le preguntó al secretario general del Movimiento si estaba satisfecho y Utrera, en un típico ejemplo de mentalidad del asediado, repuso que todavía podían presentarse circunstancias difíciles. Da la sensación de que el primero quería comprobar si su capacidad de arbitraje había funcionado, mientras que el segundo, cuando aún la cuestión asociativa no había quedado en manos del Consejo Nacional, se atrevió a afirmar que «no creía en modo alguno que su sucesor ... estuviera identificado con proyectos que pudieran representar la continuidad del régimen». Franco entonces le miró con frialdad y con severo gesto declaró: «Eso no es cierto y es muy grave lo que me dice»; y «sé que cuando yo muera todo será distinto, pero hay juramentos que obligan y principios que han de permanecer». En presencia de Franco, Utrera había cometido el error de plantear su incredulidad ante las previsiones políticas sucesorias; eso (y su incapacidad para controlar al sector del antiguo partido único) le ponía en peligro evidente de cara a una posible crisis, como no tardó en demostrarse. La anécdota revela que Franco podía no tomar muy en serio el Movimiento, pero no creía que fueran a producirse cambios sustanciales a su muerte.[186]

Como cada año, también en 1974 Francisco Franco pronunció su discurso de Fin de Año ante las cámaras de Televisión Española. Siempre había sido complicada la grabación por su dicción titubeante e inexpresiva. En otro tiempo se había dirigido al director general de TVE, que casi siempre se hallaba presente, diciéndole: «Lo he hecho muy mal, ¿no?». El director general, y así le sucedió a uno llamado Adolfo Suárez, alababa la intervención pero pedía que se repitiera. En este momento, un Franco delgado, que parpadeaba y que contaba ya ochenta y dos años, exigió de sus oyentes una buena dosis de atención para que pudieran entenderle. Antes había hablado con Pozuelo, su médico, y éste, refiriéndose a su estado, le había dicho que «estamos en un pozo». En su monocorde intervención de 1974 trató de los temas ya previsibles de antemano: la «serena madurez del pueblo español» y el «seguro funcionamiento de la mecánica previsora de nuestras leyes fundamentales», por ejemplo, ante su enfermedad. Hizo la inevitable mención al príncipe de España y glosó entre sus méritos «sus cualidades personales, su prudencia política, su preparación y, sobre todo, su alto sentido del deber». También se hizo eco de la ola terrorista mundial, de la crisis económica y de la necesidad de unidad. Pero no incluyó en el mensaje ni una palabra, no ya sobre el «espíritu del 12 de febrero», sino acerca de la reforma del sistema, como tampoco acerca de las asociaciones, una disposición tan inmediata y tan ligada al destino político de Arias.

No puede extrañar que un periodista, Juan Tomás de Salas, inspirador principal de *Cambio 16*, al prologar un libro de su joven colaborador, José Oneto, definiera este año como «uno de los años más difíciles de la Historia del franquismo». De acuerdo con su juicio, acababa «con muchas esperanzas marchitas y con muchas aperturas que no fueron». Pero daba también una remota sensación de esperanza: «El Gobierno aperturista se vio así frenado en su marcha casi desde el principio».[187]

3

1975: El año en que murió Franco

A MEDIADOS DE FEBRERO DE 1975 Laureano López Rodó, nombrado embajador en Viena, estuvo en Madrid y se entrevistó sucesivamente con don Juan Carlos y con Franco. El primero mantuvo la actitud pasiva a la que le obligaban las circunstancias, si bien debió de coincidir con López Rodó en el juicio acerca de las asociaciones, es decir, que se había tomado una decisión demasiado rápida sólo para cumplir con el programa propuesto por Arias; se había recurrido al procedimiento, en cierto sentido espurio, del decreto ley, y no se habían conseguido los apoyos mínimos en la sociedad y en la política del régimen, menos aún de cualquier oposición moderada. Claro está que el ex ministro no parecía tener en cuenta las dificultades que para Arias supuso lograr este propósito político, arrancado a Franco a la fuerza. De todos modos, lo más importante de la entrevista es que nos revela que don Juan Carlos, tras la reasunción de poderes en el mes de septiembre anterior, aspiraba a desempeñar las responsabilidades políticas totales y a nombrar un presidente del Gobierno. Fue él quien dejó caer ante su interlocutor que le sugiriera a Franco que diera paso a la sucesión en vida, algo a lo que nadie se atrevía pero que era a todas luces un juicio generalizado entre buena parte de la clase política. López Rodó lo hizo al día siguiente y, de paso, le dijo a Franco que una cosa era dejar todo «atado y bien atado» y otra diferente «cerrado y bien cerrado». Su propuesta tropezó con la conocida impenetrabilidad de Franco, que según cuenta en sus memorias, «me escuchó sin mover un músculo».[1]

Se planteaba la posibilidad de esta sucesión en vida a causa del estado de salud del propio Franco. El testimonio inicial de su nuevo médico, el doctor Pozuelo, ya es de por sí todo un diagnóstico: su voz era la de un parkinsoniano, prácticamente sin timbre y con un defecto grave por falta de impulso bronquial. Tuvo que aprender a hablar de nuevo, con enormes dificultades de las que pretendía excusarse afirmando: «Yo no soy un político». Pozuelo advirtió que «lo más importante para él era la misión que tenía que cumplir», pero, al mismo tiempo, el trabajo le volvía irritable, nervioso, le hacía perder peso y le dificultaba el dormir.[2] Le angustiaban acontecimientos internacionales como la situación en Portugal o el asesinato de Faisal en Arabia, pero también otros mucho más cercanos como las arritmias e hipertensión de doña Carmen o el accidente automovilístico sufrido por Nieto Antúnez. Se hallaba en condiciones muy precarias. Se ha especulado acerca de la posibilidad de una retirada, incluso a una cartuja, en especial en el caso de que su mujer hubiera muerto antes. De cualquier modo, predominó en él, frente a lo que hubiera sido lógico, ese sentido del deber nutrido en la convicción de su carácter providencial y en la desconfianza generalizada (incluida en ella al Gobierno y quizá a su sucesor). Al mismo tiempo, no sólo aprendía a hablar de nuevo dictando sus memorias sino a moverse haciendo la instrucción con música militar. En sus manos estaba concentrado todo el poder político, con el agravante de que apenas podía ser ejercido. Probablemente la última decisión propia fue defenestrar a Pío Cabanillas; como veremos, la crisis siguiente le fue impuesta en su origen y en su resolución. En un momento gravísimo, la nave del Estado permanecía al pairo por ausencia de piloto.

El estado de salud de Franco explica un testimonio escrito de la máxima importancia. Hubo un momento, difícil de precisar en el tiempo, pero que quizá pudo tener lugar durante el primer semestre de 1975, cuando el régimen vivía una situación claramente crepuscular, en que Arias regresó desesperado de su audiencia en El Pardo. Como les sucedía a los ministros, hacía propuestas a Franco de nombramientos o disposiciones y se encontraba con la absoluta carencia de respuesta; incluso dudaba si le había oído. Uno de esos días, desesperado, a la vuelta del Pardo, encargó que se redactara una disposición legal que supusiera la incapacitación de Franco.[3]

Entre los papeles de Arias existe otro testimonio de que el relevo en la Jefatura del Estado pudo producirse, siempre con la anuencia de quien la desempeñaba. Consiste en unas cuartillas autógrafas escritas a lápiz, redactadas por el propio Arias, que pretendían ser un borrador de una intervención televisiva de Franco en la que anunciaría su decisión de abandonar sus responsabilidades entregándoselas a don Juan Carlos.[4]

Diría que motivaban su decisión «razones graves: mi edad, que no autoriza a bromas, aunque goce de buena salud» y «la necesidad de evitar las dilaciones y retrasos» previstas en la legislación constitucional. «Hubiera preferido que lo supierais antes», añadiría, pero también pretendía evitar «las inevitables filtraciones» una vez tomada su decisión. De cualquier modo, proseguiría, «os anuncio que, haciendo uso de la prerrogativa que me concede el artículo sexto de la Ley Orgánica, he decidido» dar paso a la cesión a don Juan Carlos de la Jefatura del Estado.

Los españoles no debían tomar esta decisión como «una improvisación». «Desde el mismo día en que se logró la unificación fue mi mayor preocupación —afirmaría Franco—, asegurar el futuro de España para que esta patria, rescatada del caos y la anarquía, encontrase el cauce adecuado para volver a los días de su pasada grandeza». De ahí las disposiciones constitucionales aprobadas a favor de una monarquía de cuyo titular haría la previsible gran alabanza. «Todos —hubiera dicho— conocéis al príncipe que durante años ha acreditado las virtudes necesarias para cumplir su misión: día a día se le ha visto aplicada dedicación en la educación que se le ha dispensado.» Habría demostrado «inteligencia, entereza forjada en su educación en los tres Ejércitos y acreditada al mantener frente a la actitud de su padre su firme decisión de cumplir con los deberes que la Historia le ha marcado». En cambio, Franco habría establecido una distancia con su progenitor: «Su padre es una buena persona pero sin ninguna voluntad, es del último que llega: jamás se identificó ni quiso comprender nuestras leyes ni nuestro régimen».

Resulta muy dudoso que Franco hubiera aceptado estas palabras, pues son demasiado explícitas para lo que era su habitual forma de expresarse. Sin embargo, el hecho de que se conserven escritas por Arias testimonia que, pese a la adoración que sintió por el Caudillo, llegó a pensar que no estaba en condiciones para ejercer su función. Este texto revela también hasta qué punto eran distintos y estaban alejados los mundos mentales del príncipe y el presidente. El primero no habría aceptado de ningún modo un discurso del segundo en que la figura de su padre resultara maltratada en los términos mencionados. Finalmente, cabe preguntarse qué habría sucedido de haberse producido esta sucesión en vida, en la que don Juan Carlos depositó su esperanza en algún momento. La respuesta es que sin duda todo habría sido más complicado para él. Al pensar en tal posibilidad, probablemente se equivocaba.

Pero dejemos de pensar en esta posibilidad y tratemos de adentrarnos en otros testimonios de la situación de Franco. Conviene partir de la realidad de que, si antes intervenía poco, ahora se espaciaron más los momentos en que tomaba la palabra. Los despachos de los ministros en El Pardo se hicieron cada vez más infrecuentes a partir de la enfermedad del verano precedente. Los Consejos presididos por él eran cada vez más ficticios, porque sólo servían para ratificar decisiones ya tomadas e informarle.

Pero, claro está, las percepciones de quienes fueron ministros en este año final se confunden con los sentimientos de veneración, extendidos en toda la clase política, y con la realidad de que, como había sucedido en el caso Añoveros, sobre cuestiones peliagudas a menudo tomaba decisiones o pronunciaba frases más sensatas que las de algunos de sus colaboradores.

Alguno de sus ministros no ha dejado de afirmar que en ocasiones era él quien zanjaba las discusiones en temas decisivos. Fernando Suárez, que fue vicepresidente a partir de 1965, elevó el salario mínimo un 24 por 100, un porcentaje superior a cualquier caso anterior, y argumentó ante el Consejo que invitaba a los ministros a vivir con el salario mínimo. Franco le dio la razón; era un anciano pero podía mostrarse incluso brillante. Cuando se planteó la legislación relativa a la huelga, afirmó que «contra la realidad no se puede ir». Y aceptó que a un Ramón Carande se le concediera la medalla de Oro al Trabajo, a pesar de haber dado muestras de disidencia política.[5]

Claro está que todos esos hechos se explican porque siempre se trató de iniciativas de un ministro y Franco, en general, tendía a apoyarlas, máxime tratándose de medidas de carácter «social». Ahora bien, sin duda junto a este Franco había otro, el que se acercaba a pasos agigantados a la muerte.

Otros testimonios resultan parcialmente contradictorios con el de Suárez. Aunque devotos e incluso entusiastas, incluso sus colaboradores consideraban su entorno como algo crepuscular. Para ellos, El Pardo era tan inevitable como siniestro; todo allí daba la sensación de envejecido. Cuando Eduardo Navarro, secretario general técnico del Movimiento, acudió para obtener de Franco la firma de sendos nombramientos de consejeros nacionales, recibió la recomendación de «que no le vea la señora» (doña Carmen), porque le preocupaba la aparición de gente desconocida. En el momento de despachar con Franco, Navarro vio cómo se cogía una mano con la otra y, con infinito esfuerzo, firmaba los papeles que le había llevado.[6] Herrera cuenta que los despachos consistían en monólogos de los ministros ante un Franco inexpresivo, que ni siquiera parpadeaba. Cada vez que le leía un papel, contaba mentalmente hasta cinco antes de cambiar de tema: sólo le interesaban materias como la evolución de la Iglesia, la relación con Estados Unidos y el Sáhara.[7] Carro confirma que en los despachos, cada vez menos frecuentes, respondía poco o nada, y sobre todo no dirigía; los Consejos de Ministros que presidía no pasaban de ser en la mayor parte de los casos un «paripé».[8] Ante las presiones de los visitantes por obtener alguna indicación, se revolvía molesto. «Pero ¿no es usted el ministro?», le repuso a Allende; le irritaba que se le informara de manera cambiante acerca de un particular (por eso Cortina consiguió importunarle al explicarle los matices respecto de la política sobre el Sáhara de España).[9] Silva narró la última de sus conversaciones con el anciano general: le recibió «con ojos perdidos, vítreos, sin ninguna expresión» y «al levantarse ... se me abrazó y lloró».[10] En suma, la impresión de decadencia parece ser la más fiable, al menos a partir de principios de 1975, sobre todo teniendo en cuenta que un personaje tan importante y singular como Manuel Fraga, cuyo segundo tomo de memorias se abre con la invocación a la significación histórica del general, coincide con ella y la ratifica.

EL FRACASO DE LAS ASOCIACIONES

Fraga representaba mucho para el sector más aperturista del Gobierno, ya que sólo él podía avalar las asociaciones, al fin obtenidas de Franco. En la embajada de Londres ya había recibido bromas con respecto a «Saldos Arias» (una tienda de Madrid famosa por sus precios reducidos); ya hemos citado sus juicios severos con respecto a algunas de las actuaciones del Gobierno. Tenía sus contactos en Madrid al más alto nivel: a Nieto Antúnez, tan próximo a Franco, le escribió que «la reforma es más necesaria que nunca; no se pueden dejar las cosas sin arreglar, como Salazar». Periódicamente, a lo largo de 1974 viajó a Madrid manteniendo incluso entrevistas con Franco. En junio le encontró, «muy cordial, pero, como Nieto me lo había anunciado, oye pero no escucha». En agosto, ya tras la enfermedad, le visitó en el Pazo de Meirás. Su juicio resulta devastador: «Estaba en el parque, con aire convaleciente, distendido y acogedor, pero evidentemente acabado; daba grima pensar en un país entregado a un mando imposible de ejercer».[11]

Fraga afirma en sus memorias haber enviado a fin de año una carta a Arias Navarro incluyendo el programa de una asociación que sería partidaria de la elección de un parlamento con una cámara principal elegida por sufragio universal. No parece que haya sido exactamente así. Aunque el lenguaje aperturista del político gallego rebasaba en mucho lo habitual en la época, no pasaba de declaraciones genéricas, según consta en los papeles de Arias.[12] «Se busca la continuidad sin rompimientos —afirmaba—, pero iniciando la reforma ya porque se considera que no es prudente esperar más»; la declaración se hacía «frente al inmovilismo y la reacción». Contenía, además, una autoubicación en el espectro político parecida a la futura UCD: «Se define este centro político en sentido amplio y extensivo incluyendo desde la derecha evolucionista hasta las posturas socialdemócraticas reformistas e integrando las corrientes humanistas y democráticas de origen cristiano y de talante liberal». Claro está que probablemente Fraga pensaba en que tales adscripciones podían ser válidas para personas procedentes del régimen. Llegaba a afirmar que, además, constituía «un camino de progresismo que parte de unas bases dadas, con ideas irrenunciables de transformación; es decir, la antítesis de la concepción de un nuevo Estado basado sobre los escombros de una tabla rasa de toda la anterior concepción». Propugnaba la «separación amistosa, pero clara y total de Iglesia y Estado» y «el acercamiento a la Europa occidental como objetivo prioritario de la política exterior». Advertía asimismo sobre la coincidencia entre el final de la época de Franco y «la seria crisis económica, social y política que está sufriendo el mundo». Quizá podamos intuir la reacción de Arias al leer la propuesta en los subrayados que hizo sobre el texto: se refirieron a la posibilidad de organizar las regiones de España y parecen indicio de desaprobación.

El 21 de enero Fraga viajó a Madrid; su llegada estuvo precedida por un artículo de Ossorio en *ABC* pidiendo la unión de toda la derecha moderada en torno a él, Silva y Areilza. El embajador en Londres comió con Arias, los tres vicepresidentes del Gobierno, Utrera y Carro. «Les repartí el borrador del programa de una posible asociación, cuenta, insistiendo en que todo lo que se hiciera por debajo de un mínimo era inútil e incluso contraproducente.» Pero se encontró con una respuesta negativa fundamentada en la propia posición de Franco. Fue Carro, el más próximo a él por amistad, quien actuó de abogado del diablo. «El texto —dijo, al parecer (y no hay motivos para dudar de ello)— que [Fraga] presentaba era el bueno, pero la realidad de las actitudes (por otra parte, respetables) del propio Franco y de otras personalidades y grupos influyentes no hacía aconsejable, ni siquiera posible, presentarlo en aquel momento»; por consiguiente, «había que podarlo para hacerlo viable». Hablando con sus interlocutores y con otras personas de los medios políticos madrileños, el embajador en Londres sacó la impresión de que había quien quería que participara, pero muchos deseaban que se lanzara a la arena para ratificar la bondad de las asociaciones o para abrir camino a las propias. El susceptible Utrera creyó adivinar que antes de este almuerzo habían tenido lugar otras conversaciones sin su participación y juzgó a Fraga muy «escéptico» respecto del papel del Movimiento y sus bases populares.[13] Sin duda lo era con plena justificación.

Fraga hizo algo más que charlar con miembros de la clase política madrileña: tuvo un contacto indirecto con el único centro de gravedad política verdaderamente decisorio. Entregó un documento al almirante Nieto Antúnez destinado a Franco. Éste lo recibió y lo leyó subrayándolo profusamente; pensó en devolverlo a Nieto, pero se quedó entre sus papeles y figura en su archivo. Merece la pena llamar la atención acerca de lo que en él aparece subrayado, pues hacerlo era costumbre habitual en Franco y solía denotar discrepancia o asombro. En el documento, que modificaba ligeramente el que ya conocemos, aparecían señaladas de esta forma grupos de palabras como «el hecho ineluctable de la sucesión», «ensanchar la vida política mediante una auténtica representación de todo el pueblo español», «acercar, a través de una evolución real y en todo caso pactada, nuestro país a la Europa comunitaria» o «la continuidad así prevista nada tiene que ver con un continuismo puro». También subrayó el calificativo «insuficiente» relativo a la normativa aprobada en torno a las asociaciones, el «reconocimiento de las regiones», el «objetivo prioritario» en política exterior consistente en el acercamiento a Europa o, incluso, el reconocimiento del derecho de huelga. Sumados todos esos subrayados, ratifican la actitud claramente negativa de Franco, mucho más extensa y profunda que la de Arias. Fraga explica en sus memorias que el documento enviado dio lugar al comentario interrogativo de Franco acerca de «para qué país estaba yo [Fraga] escribiendo estos papeles»; es posible que lo hiciese, pero a mí Nieto, siempre discreto, no me lo dijo.[14]

Ya en Londres, durante el mes de febrero, Fraga tomó la decisión de no participar en las asociaciones aprobadas. Cabanillas y Nieto le informaron, el segundo de modo directo de los labios de Franco, de la postura de éste equivalente a un veto. El caudillo tenía como eje de su postura dos negativas: «No a los choques» entre diversas tendencias y «no a Fraga», por pretender alzarse con la sucesión política. «Sin un techo mínimo y sin participaciones nuevas —concluyó Fraga—, lo que naciera tendría poca vida.» Tenía razón y una de las paradojas de lo sucedido fue que Gutiérrez Mellado, entonces coronel, muy relacionado con Arias y luego gran personaje de la Transición, trató también de convencerle de lo necesario de la participación.[15]

Sin embargo, la decisión de Fraga no fue definitiva. El cambio en el Gobierno de marzo de 1975, del que más adelante se tratará, le hizo dudar. Quizá apremiado por el nuevo secretario general del Movimiento, Herrero Tejedor, volvió a Madrid en abril y mantuvo contactos con él. Llegó, sin embargo, a la conclusión de que «el plan definitivo es hacer la gran asociación continuista, más que reformista». Lo que esta frase extraída de sus memorias significa es que la opción gubernamental era menos aperturista que la suya y, además, le quitaba protagonismo. Al poco tiempo escribió a Herrero una carta muy expresiva, cuyo original le llegó a Arias, en la cual se refería a proyectos no sólo políticos sino también editoriales:

> Mis deseos son sinceros como te consta por una vieja amistad. Dicho esto, como ha llegado un momento en que los asuntos públicos se traten públicamente nada tengo que añadir por ahora a las declaraciones públicas [sic] que hice en Madrid hace un mes.
>
> Creo sinceramente que aún no se dan las condiciones para una acción asociativa seria y he deducido por lo mismo aplazar todo intento por mi parte.
>
> Mientras El País no esté autorizado; mientras que yo tenga que discutir, ausente de un Consejo Nacional (del que fui purgado por defender las Asociaciones) de Derecho Constitucional con mi buen amigo Fueyo; mientras la Prensa del Movimiento (de la que tú eres ahora políticamente responsable) dé patente de corso, en contra mía, al señor Romero y sus muchachos, mi sitio estará donde pueda trabajar seriamente por España aunque sea en cosas menores. Dios dirá (y vosotros) cuáles son éstas en los próximos y decisivos meses.

El tono de confrontación empleado por Fraga revela no sólo un carácter sino también una mayor adaptabilidad para una democracia plena futura. A su vuelta a Londres declaró que «habría posibilidades para crear una asociación política de amplio arraigo pero, de momento, no me parece oportuno». Un último dato resulta de la mayor relevancia para completar el panorama. Franco, cuando despachaba con Herrero Tejedor, al decirle éste que no había conseguido convencer a Fraga de que participara en las asociaciones, le respondió: «Créame, Herrero, no se pierde nada».[16] Con ello ratificaba una posición de cerrazón a una mínima apertura de la que ya tenemos —y más ejemplos se verán— abundantes pruebas.

Fraga afirma que el asociacionismo creado en las condiciones previstas por el Estatuto estaba condenado a ser ficticio y existen pruebas concretas de ello, demostrables no sólo por el escaso impacto electoral posterior. Entre las personalidades con las que habló Fraga durante sus estancias en Madrid figuró Silva, siempre reticente a una colaboración que le quitara protagonismo. Al final, el ex ministro de Obras Públicas fundó UDE, Unión Democrática Española. Su declaración programática, en marzo de 1975, empleaba un lenguaje hasta cierto punto parecido al de los textos nacidos de la pluma de Fraga. Se mostraba partidario de «un sistema representativo y pluralista, equiparable a los que rigen en los países del mundo occidental», «el desarrollo y la interpretación evolutiva de los Principios Fundamentales» o el reconocimiento de «la personalidad de las regiones». Lo significativo es que ese vaguísimo programa fue corregido en Presidencia, un buen indicio de que lo que estaba en juego era la «desunificación» y no el verdadero pluralismo.[17]

Sin la presencia de Fraga o del grupo Tácito en la arena de las asociaciones, la apertura de Arias sería un fracaso. En meses sucesivos surgieron, sin embargo, grupos dispuestos a aceptar el Estatuto. Aparte de la citada UDE aparecieron otras como la UNE de Fernández de la Mora, Reforma Social Española e incluso una curiosa asociación «proverista». Pero las dos más importantes fueron UDPE (Unión del Pueblo Español), cuya primera reunión tuvo lugar en marzo, y ANEPA (Asociación Nacional para el Estudio de los Problemas Actuales). En la primera, sin duda directamente inspirada por Herrero, figuraron algunos de los colaboradores más estables de Adolfo Suárez, que la presidía, como Fernando Abril y Manuel Ortiz, pero también ex ministros como García Ramal y Solís. Con el paso de los meses, fueron estas dos asociaciones las que recibieron mayores subvenciones oficiales (unos veintitrés millones de pesetas cada una de ellas), mientras que el resto de las creadas no percibieron más que un millón. Quienes participaban en ellas eran personalidades habituales de la clase política del régimen, pero mucho menos expresivos en relación con la apertura que Fraga.

Otros que habían evolucionado ya hacia una homologación con la democracia resolvieron, como Fraga, no participar en las asociaciones. Tácito declaró a *Cambio 16* que «el tiempo y la voluntad que demuestre el Gobierno nos dirán si las Asociaciones son un verdadero instrumento para la evolución democrática del régimen», pero permaneció al margen. Areilza afirmaba, por entonces, acerca de Arias, que tenía «temple y tenacidad nada comunes», y añadía que «con Fraga yo iría a todas partes, por no decir a cualquier sitio».[18]

Fraga permaneció al margen del Estatuto aunque merodeando a la espera de una mejora de sus oportunidades. Ya disponía de una asociación civil —GODSA— y, en julio, puso en marcha otra (FEDISA), en la que ya hubo futuros dirigentes de UCD (Cabanillas, Álvarez, Fernández Ordóñez...). De los dirigentes del régimen en su año final él debió de ser el que con mayor valentía propuso un programa alternativo. En sus memorias da la sensación de desdeñar a un Solís, antiguo aliado, que expresaba sus temores a que una presión reformista echara a Franco en manos de los inmovilistas de forma definitiva. La última descripción que de Franco hace Fraga en sus memorias —al final del verano de 1975— resulta incluso cruel: «Estaba claramente próximo al tránsito final; hizo todo lo posible por estar atento e incluso cordial; me dio la razón en algunas cosas; la mayor parte del tiempo callaba».[19] Cualquier suceso político del año 1975 debe interpretarse de cara a esta realidad.

EL IMPACTO DE LA PROTESTA POLÍTICA Y SOCIAL

A comienzos de 1975 el escritor, ex falangista y ahora una de las personalidades claves de la oposición tolerada, Dionisio Ridruejo, describió con términos precisos a *Tele-Express* el fenómeno que estaba produciéndose en España: «El país real gana terreno y sale a la superficie». Esta eclosión era cierta; cualquiera que la vivió la recuerda y quien la investigue la verá aparecer en cualquier información que consulte. Se expresó en todos los campos y tuvo consecuencias irreversibles; de ella fue ejemplo la conversión de la prensa en una especie de «parlamento de papel» donde aparecían más claras las opciones de futuro que en las propias instituciones del régimen, sobre las que, además, influía. Nos toca, por tanto, ahora ver algunas manifestaciones de la movilización política y social, aunque teniendo en cuenta de manera exclusiva su impacto sobre quienes ejercían el poder y no su dialéctica interna.

Paradójicamente, es preciso empezar por mencionar a la extrema derecha. Formaba parte de la España real pero era, a la vez, una porción mínima de la sociedad y, al mismo tiempo, enormemente influyente en el entorno gubernamental. Arias y la mayor parte de sus ministros —algunos pertenecían a ella— eran otra cosa y, a la vez, la consideraban un estorbo y la temían, no sólo porque Franco se pudiera decantar hacia ella, sino porque en algunos acontecimientos, los sentimientos de uno y otra coincidían.

Las denuncias «ultras» eran siempre dramáticas e impertinentes. Llegaban en ocasiones a la prensa, pero a menudo quedaban en escritos privados; siempre pretendían dar indicaciones al Gobierno sobre el cumplimiento de su misión. Lo que indignaba, por ejemplo, a los alféreces provisionales era la situación informativa «pues no existe un sólo sector del régimen, excepción hecha hasta ahora de las personas de Franco y del príncipe don Juan Carlos, que no fueran víctimas» de lo que se consideraba como una campaña sistemática de la prensa. Por el contrario, los medios favorables resultaban «de escasísima audiencia y poco numerosos», por lo que resultaba necesario que alguien defendiera «esencias y postulados que hoy parecen en trance de total revisión». «Estos medios —concluían los alféreces— son, a nuestro juicio, la televisión y las emisoras de radio que controla el Gobierno, el cual en esta pugna no puede ni debe ser neutral por tener la indudable obligación de defender al régimen y a sus instituciones», como ellos proponían «respetuosa pero enérgicamente».[20] La descripción parece bastante cercana a la realidad y explica esa conversión de la prensa en «parlamento de papel». Ya veremos que la actitud del Ministerio de Información fue más moderada y subterránea.

En sus escritos, la Confederación Nacional de Hermandades de Ex Combatientes denunció a los «tontos útiles, algunos encaramados al sistema y otros en actitud de liberal oposición y no pocos perjuros» que pululaban en torno al poder. Al emplear este lenguaje, que no eran «exageraciones», se refería, sin duda, a algunos cargos de segundo nivel o incluso a miembros del Gobierno. En ella había no sólo un componente combativo, sino que implicaba una cierta «refascistización», contraria a la supuesta o real manipulación de entidades ciudadanas. En determinadas grandes ciudades, objeto de su «atención prioritaria», la Confederación percibió la aparición de «Mesas de Barrio y de Distrito», controladas por la izquierda, en las asociaciones familiares legales existentes. Es obvio que esa situación se produjo, pero lo significativo es la misión que se atribuyó la Confederación: debía recoger la mayor información posible acerca de los dirigentes del movimiento asociativo —una función parapolicial— y, además, ingresar en dicho movimiento asociativo para «promover una acción comunitaria intensa», lo cual habría supuesto en cualquier caso sustituir al Movimiento haciendo aparecer algo parecido a un partido único. Las denuncias de los ex combatientes se mostraban especialmente indignadas en lo relativo a la enseñanza. «La caótica situación en que vive la universidad española» demostraría «la falta de altos ideales políticos y la propia inhibición dialéctica del Estado y de aquella parte de la sociedad que todavía permanece adicta al régimen vigente». «Unas minorías subversivas —añadía—, se han ido adueñando del ámbito universitario sin que haya existido una respuesta adecuada por parte del Ministerio de Educación, que viene tolerándolas cuando no confiriendo las cátedras y agregadurías a los profesores que más contestatarios se muestran frente al régimen mientras que abandona al estamento docente que ha tratado de defender las instituciones.» Tenían, con su lenguaje particular, razón: entre el profesorado universitario joven, ser franquista había empezado a ser una extravagancia. Para el régimen lo peor podía ser que también en las universidades laborales y en la enseñanza media, «la subversión está en su comienzo». Entre las medidas propuestas revestía especial importancia el «cuidado en la selección y formación del profesorado, impidiendo el acceso a sus cuadros de personas bien conocidas por su posición e ideas contrarias al sistema vigente».[21] Esta posibilidad, amenazadora pero nunca pensada con determinación, y menos aún llevada a la práctica, pendió sobre el profesorado joven de la época.

¿Qué actitud mantuvo el Gobierno, y de forma más específica Arias Navarro ante este tipo de actitudes «ultras»? Existe un caso que se puede narrar de forma precisa. Al principio del verano de 1975, empezó a funcionar la nueva administración de *El Alcázar*, antiguo órgano de los ex combatientes, ahora rescatado para ellos, sin duda con apoyos oficiales. La nueva administración solicitó publicidad a los bancos estatales, cajas de ahorro y empresas nacionales y, por si fuera poco, tuvo la audacia de anunciar que «llamaría a estos efectos a las secretarías particulares de los señores ministros, en previsión del comienzo del período de vacaciones», para que la contratación quedara cerrada en el plazo de quince días. Las instrucciones que uno de los subsecretarios de Arias repartió a los ministros fueron las siguientes: «El presidente me señala que deja el tema a tu absoluta libertad de criterio, si bien desearía que hablases con él antes de adoptar cualquier decisión».[22] Quienes atacaban su programa solían mostrarse airados, pero también mendicantes; Arias no estaba con ellos, pero daba la sensación de tolerar que sí lo estuvieran aquellos a quienes había nombrado.

De este modo, además, atribuía a los «ultras» una importancia infinitamente superior a la que tenían. De cara al futuro habrían de tener mucha mayor trascendencia los movimientos de oposición política. Narrar sus avatares no es objeto de este libro, pero puede hacerse con brevedad citando en algún caso concreto el impacto que acciones determinadas de la oposición tuvieron sobre los gobernantes.

Acerca de la oposición política lo primero que es preciso constatar es que permaneció desunida hasta la primavera de 1976. Existe, hasta cierto punto, un paralelismo entre la división entre la clase política del régimen en dos tendencias de carácter general, pero con muchas subdivisiones y matices, y lo sucedido en la oposición. Nada resultaría más simplista, por lo tanto, que presentar la Transición española a la democracia como una contraposición entre reforma y ruptura. La movilización directamente producida por la oposición fue creciente y, en ocasiones, muy importante en ciertos ámbitos, pero lo que se podría designar como «movilización social» resultó muy superior, la protagonizaran o no líderes políticos (la segunda posibilidad parece más frecuente). La excepción a este panorama general estaría constituida por Cataluña, donde la unidad de la oposición resultó muy temprana y el País Vasco, donde en más de una ocasión se alcanzaron situaciones equiparables a una huelga general.

Los dos principales grupos de la oposición, comunistas y socialistas, actuaron sin perderse de vista el uno al otro y proponiendo unidad aunque tardaron en lograrla. El PCE creó la Junta Democrática en julio de 1974, sin contar con el resto de los grupos de la oposición y ni siquiera con los organismos que ella misma había creado con carácter previo como, por ejemplo, las llamadas «mesas democráticas». El intento unitario comunista estuvo nutrido de colaboraciones caracterizadas por su escasa relevancia política y por estar conectado con don Juan. Tuvo una virtud iniciadora, pero en otoño de 1974 estaba detenido por falta de representatividad real. Aunque Felipe González ha afirmado que «siempre fue un moderado», el PSOE mantenía en teoría una actitud política mucho más radical. Para él, don Juan no podía ser considerado de cara al futuro por su «negra biografía» y repudiaba al «pacto interclasista» como algo burgués. Claro está que sus dirigentes estaban mucho más en contra de una hegemonía del PCE que a favor de un revolucionarismo desbordante. De cualquier modo, desde su voluntad de «conquista del poder político y económico por la clase trabajadora y la radical transformación de la sociedad capitalista en sociedad socialista» hasta la muerte de Franco ya había iniciado un cambio que demuestra que la Transición fue posible por la adaptación progresiva de los grupos políticos a las demandas de la sociedad. A lo largo del año 1975 este camino se aprecia, por ejemplo, en un manifiesto de la Junta Democrática en el que se emplea a la vez el lenguaje de la «ruptura» y de la «reconciliación», así como en la creación de la Plataforma de Convergencia Democrática (junio de 1975), en la que se reunieron grupos muy diversos en torno a socialistas y democristianos, pero también liberales o situados en la extrema izquierda. La nueva entidad se manifestaba contra la monarquía «de las leyes sucesorias» y declaraba su voluntad federal; por supuesto, eso la diferenciaba de la Junta aunque también creaba una entidad capaz, por su previsible apoyo social, de negociar con ella. Sin embargo, a fines de 1975, cuando Franco murió, esta negociación no se había iniciado y la propia Plataforma emprendía con lentitud su singladura.

Citaremos a continuación mediante dos casos concretos el impacto que sobre los medios gubernamentales tuvieron ciertos acontecimientos en la vida de la oposición no comunista (el PCE tenía siempre un tratamiento policial, aunque variable según las circunstancias).

En primer lugar, resulta del mayor interés conocer el grado de información de altos dirigentes del régimen acerca del Congreso del PSOE de Suresnes, en octubre de 1974, cuyos asistentes «hicieron votos para que el próximo congreso se realice en España».[23] La documentación repartida a los ministros revela, desde luego, procedencia interna y perfecto conocimiento de lo sucedido; también resulta interesante lo que subrayaron los lectores. A uno de ellos le llamó la atención que Felipe González afirmara que no había que pedir amnistía, sino la libertad, o que al régimen franquista le habían abandonado sus tres apoyos fundamentales: la burguesía, la Iglesia y el Ejército. También tenía que estar de acuerdo, al menos parcialmente, en que «la crisis y descomposición del régimen franquista se manifiesta en una desconfianza casi general dentro del propio sistema, en las posibilidades de su funcionamiento y continuidad de sus instituciones», y en que existía «una lucha sorda por el poder dentro de la propia dictadura». Aunque los dirigentes socialistas utilizaban seudónimos, todos ellos eran sobradamente conocidos por la policía aunque no existe constancia, en cambio, de que supieran el de Alfonso Guerra. En cambio conocían de forma precisa las cifras de afiliación. Apenas había 3.722 afiliados, de los cuales 1.174 en el exterior emigrado; de los aproximadamente 2.500 del interior, tres provincias del norte (Guipúzcoa, Asturias y Vizcaya) sumaban 1.500, mientras los 135 de Madrid venían a ser una insignificancia. A comienzos de 1975 había razones para no temer al PSOE por parte del Gobierno; los confiados podían creer que en un futuro más plural cualquier asociación política conectada con el sindicalismo oficial les desplazaría.

El congreso de Suresnes ha sido recordado con frecuencia en la reciente historia de España, lo que tiene todo su sentido dada su relevancia objetiva. En cambio, apenas sí se ha recordado que a comienzos de 1975 tuvo lugar una reunión de la llamada «oposición tolerada» en Bruselas en contacto con los medios europeístas.[24] Uno de sus organizadores fue Enrique Adroer Gironella, quien tuvo un papel muy considerable, casi decisivo, en la gestación de la reunión de Múnich en 1962. Desde el verano de 1973 este personaje, un gran desconocido, fue recabando y obteniendo los más amplios apoyos entre los dirigentes del europeísmo como Rey, Spinelli, etc. En la relación de asistentes españoles figuraron entre treinta y cuarenta personas; todas ellas habrían de jugar un papel de primera importancia en la futura Transición a la democracia. Intervinieron, por ejemplo, Garrigues, Trías, González Seara, Morodo, Altares, Rojas Marcos, Lasuén, Fanjul, Álvarez de Miranda, Fernández Ordóñez, Roca Junyent, Múgica, Ortega Díaz Ambrona, etc. La lista ofrece un panorama muy completo del futuro político español, con exclusión de la extrema izquierda y la extrema derecha. Más interesante resulta, sin embargo, el hecho de que no fueran objeto de represión, como sucedió en 1962, sino que el embajador ante el Mercado Común, Ullastres, les invitara a una comida de la que desistieron (no por cuestión de principio, sino por los problemas que creaba la distribución de un reducido número de invitaciones entre tan variadas tendencias políticas). Se produjo, por tanto, un cambio absoluto con respecto a lo sucedido en el llamado «contubernio de Múnich» con un importante impacto en el futuro: 17 de los asistentes fueron luego diputados, y 9 ministros o presidentes de alguna de las cámaras. Los organizadores europeístas habían acertado. La celebración de este acto y la reacción del Gobierno prueba que, aunque creciera la represión en el franquismo final, también crecía la «tolerancia represiva». El hecho de que, un par de meses después, Gil Robles presentara una solicitud de legalización de su partido, al amparo de la Ley de Asociaciones de 1964, ante el gobernador civil de Madrid, y que llegara a Presidencia, resulta también revelador.[25] No se permitió su legalización, pero el hecho resulta de nuevo revelador. Al margen del comunismo, la oposición le parecía al sector reformista del régimen inocua y asimilable en un futuro; ésa era, además, una diferencia esencial respecto de los ultras.

Lo verdaderamente novedoso en los últimos meses del franquismo fue más que los movimientos concretos de los grupos políticos, ese despertar perceptible de la sociedad al que se refería Dionisio Ridruejo. Ya hemos citado el número de huelgas, siempre creciente, aunque su número se disparó durante los primeros pasos de la monarquía. Pero ése no es el único indicador. En mayo y junio de 1975 se celebraron las elecciones sindicales. El resultado global fue objeto de una interpretación reconfortante por parte de las autoridades: en cuanto a número de vocales jurados había, de acuerdo con un informe confidencial, un 67 por 100 de «integrados», 2,8 por 100 de oposición y 29,7 por 100 indiferentes.[26] Pero las cifras indicaban poco a nada, aun si hubieran sido elaboradas con absoluta honestidad, porque dependían mucho de las zonas y las ramas de la producción; por otro lado, el sistema piramidal en que se basaba la Organización Sindical tenía como consecuencia que las viejas jerarquías burocráticas acabaran presidiéndola. Las candidaturas propuestas por Comisiones Obreras y otros sindicatos como USO lograron un éxito considerable en los cinturones industriales, aunque probablemente no tan marcado como se ha pretendido. De cualquier modo, se había instalado en la realidad la evidencia de un «divorcio», como escribió Martín Villa, entre la cúpula y las bases sindicales, lo cual favorecía una idea de reforma, sobre todo teniendo en cuenta el decisivo papel que los sindicatos jugaban dentro de la estructura del Estado.[27]

Como siempre, donde la situación del régimen parecía dramática, a causa de la confluencia entre la cuestión nacional y la protesta social, era en el País Vasco, del que las autoridades policiales ni siquiera estaban dispuestas a admitir que recibiera tal nombre, sino que lo ocultaban bajo la púdica denominación de «las provincias del Norte».[28] Todas ellas, según el ministro de la Gobernación, tenían problemas parecidos como la conflictividad laboral, el funcionamiento de asociaciones paralelas (de vecinos, por ejemplo) y el terrorismo. La situación sin embargo, variaba de unas a otras. En Vizcaya existía «una fuerte oligarquía que apoya decididamente a la Administración central»; en Navarra se había producido un «despegue industrial, campo en que se perfila una clara influencia de tipo comunista». Pero la disociación respecto de las instituciones era mucho mayor en Guipúzcoa, donde «el pueblo piensa que no pueden arreglar sus problemas».

Para diferentes problemas se proponían distintas soluciones. En Navarra podía venir de «la colaboración con la Diputación Foral el camino más idóneo para solucionar los problemas». Sin embargo, se admitía que había concejales en Pamplona «ligados a la agitación»; aunque «el alcalde y los concejales que le apoyan dominan la corporación, pueden sin embargo surgir en algún momento situaciones tensas». Ahora bien, Guipúzcoa «es la provincia que plantea mayores problemas». En parte derivaban de los «graves problemas de infraestructura, nacidos del rápido desarrollo sin previsión de futuro», pero también de la «creencia de que se pretende acabar con sus tradiciones y cultura, lo que aglutina a gran parte de la población con sectores subversivos». En todas las provincias, «en el mundo laboral, por estar desprestigiados Sindicatos y Trabajo», cualquier conflicto concluía «con intervención obligada de las Fuerzas de Orden Público». Se recomendaban actuaciones administrativas en campos como las obras públicas, pero también potenciar las diputaciones, en especial en lo referente a la cultura; también «habría que solucionar el tema del concierto económico, enormemente sensibilizado y politizado, dejando en la Ley de Régimen Local una puerta abierta a una discusión ulterior». Incluso «la enseñanza del vascuence debía articularse a través de las instituciones del Estado competente con profesorado preparado y adicto». Eso era sencillamente imposible. Pero, claro está, el informe también se refería a las fuerzas de orden público, cuya presencia en las cuatro provincias, «sin perjuicio de las mejoras económicas», exigía «estímulos indirectos que la hagan más llevadera», pues «su disociación con el pueblo es prácticamente total». No se puede negar sinceridad al informe. Como resultaba previsible, al final según el régimen sólo quedaba la solución represiva: el 25 de abril se declaró, por novena vez desde 1956, el estado de excepción en Vizcaya y Guipúzcoa.

En ocasiones se puede tener la impresión de que la protesta obrera era la única en la España de entonces o, al menos, para el Gobierno, la primordial y más peligrosa. Puede que fuera así, pero interesa recalcar que a la altura de comienzos de 1975 la actitud protestataria llegaba a ámbitos inesperados y, además, con una virulencia inusitada. Los artistas plásticos, por ejemplo, elevaron un escrito a Arias expresándole su «desconcierto y desagrado» por el hecho de que se hubiera suprimido la Dirección General de Bellas Artes. Firmaban personas de todas las generaciones y significaciones estéticas: Palencia, Ortega Muñoz, Lucio Muñoz, Rivera, Genovés, Chillida, Redondela, Bueno, Canogar, Martínez Novillo y tantos otros. Fue un manifiesto prácticamente unánime de un sector cultural al que hasta entonces cabía describir como en su mayoría despolitizado. Le preguntaban, además con notorio descaro, a Arias, «¿qué misterioso influjo tecnocrático ha podido inducir a V. E. a volverse de espaldas a las exigencias, nunca bien satisfechas, de un país que tiene en su arte lo más diferenciado y valioso de su patrimonio y en sus artistas el mejor vehículo de comunicación prestigiante en el mundo?». Si «siempre había sido insuficiente la dotación» dedicada a esa parcela de la cultura, «nuestra sorpresa no tiene límites» cuando ese organismo, que «nos parecía que comenzaba a despertar», era amortizado.[29]

Otro acontecimiento revelador, no puramente anecdótico, fue la huelga de actores en los meses de enero y febrero. La originó un tipo de conflicto muy característico del momento, indudable prueba del desbordamiento padecido por la Organización Sindical. A la hora de negociar un nuevo convenio colectivo los actores eligieron una comisión y no quisieron seguir el cauce oficial. La consiguiente celebración de asambleas concluyó con la intervención policial, con detenciones y multas. Actores y actrices muy conocidos se sumaron a una huelga que tuvo el previsible impacto sobre la opinión pública. El Ministerio de la Gobernación por su parte llegó a acusar a algunos artistas de formar parte de organizaciones terroristas. La cuestión acabó por llegar al propio Arias a través de un escrito en el que se denunciaba que «se encuentran detenidos y en prisión cuatro compañeros nuestros siendo el deseo unánime de toda la profesión su libertad en el plazo más breve posible» y se le solicitaba una entrevista. Firmaban María Asquerino, Ana Belén, Rocío Dúrcal, Fernando Rey y Conchita Velasco.[30] La entrevista no se celebró, pero, al día siguiente de haberse remitido la carta, se reanudaba la actividad profesional en los teatros.

En la universidad la conflictividad estaba sólidamente instalada desde hacía tiempo y, como hemos visto, de ello eran muy conscientes los ultras. En la de Valladolid los procedimientos policiales provocaron tal reacción en contra que la enseñanza se paralizó; Martínez Esteruelas, el ministro de Educación, reaccionó decretando un cierre con pérdida de matrícula, que atizó todavía más el conflicto extendiéndolo a otros centros. Personalidad inteligente como era pero de reacciones volcánicas, aún hizo más: preparó un anteproyecto de decreto ley sobre «garantías para el funcionamiento de la universidad», en el que se preveía una «limitación del tiempo de estancia» para los alumnos, aun «atendiendo al cálculo más razonable y generoso». Sólo sería posible prolongar dos cursos más la duración de una carrera y sólo se admitirían cuatro convocatorias por asignatura. Para hacer frente a las situaciones conflictivas, que tuvieran un origen extraacadémico y «restaurar un clima de convivencia, participación y orden en la universidad», se crearía una Comisión Especial, al margen de los rectorados, cuya misión sería denegación de matrícula o inhabilitación para examinarse «en los casos de comisión de actos que perturben gravemente el orden académico». «Sus deliberaciones y votaciones tendrían la consideración de materia clasificada como «reservada»; por si fuera poco, el inculpado dispondría de tan sólo cuarenta y ocho horas para responder. Los acuerdos serían susceptibles de recurso contencioso administrativo, pero no podrían suspenderse una vez tomados aunque el estudiante pudiera trasladarse de universidad.[31] De haberse conocido tan sólo tamaña monstruosidad jurídica, sin necesidad de aplicarse, no habría hecho más que multiplicar la protesta; era el palmario testimonio de la impotencia del régimen con respecto a la universidad.

Nos queda, en fin, aludir brevemente a los colegios profesionales, también testimonio de una sociedad en ebullición y de un régimen desbordado que a menudo pensaba en soluciones de dureza pero que en la mayoría de las ocasiones, afortunadamente, no se decidía a aplicarlas.[32] El desarrollo de la Ley de Colegios Profesionales, aprobada en febrero de 1974, se llevó a cabo a partir de 1975. Al margen de los problemas de carácter jurídico y de los económicos, había otros de carácter político. Según los informes reservados gubernamentales, «una motivación política» había guiado la protesta contra ese desarrollo legislativo, pues «es un hecho evidente que diversas fuerzas de oposición han conseguido asentarse en algunas organizaciones colegiales... [y] han encontrado en el anteproyecto una oportunidad para hostigar la labor gubernamental, sea ésta cual fuere». El anteproyecto afirmaba que la actividad de los colegios se limitaría «exclusivamente al ámbito de competencias y problemas peculiares de la profesión». Sólo ocho colegios aceptaban sustancialmente el texto, mientras que 22 lo rechazaban, y entre ellos estaban la abogacía, los economistas, médicos, las ingenierías y los arquitectos. Una nota de uno de los subsecretarios de Arias revela reiteradas peticiones no atendidas de audiencia por parte de alguno de los presidentes de esas organizaciones colegiales. Lo peor del caso para el régimen era que quienes permanecían adictos, «rebasados por la base, al no tener nada que ofrecer se desentenderán del tema ante el temor de que los colegios pidan su dimisión». A ellos, por lo menos, «les satisfaría que el Gobierno diga que no tiene intención de adoptar ninguna decisión sin contar con la intervención activa de las profesiones a través de sus órganos representativos».[33] Ya en 1976 percibían un horizonte tenebroso en el futuro pidiendo la urgente ayuda del Gobierno. El doctor Lafuente Chaos, que presidía la organización médica colegial, pidió a Fraga, entonces ministro de la Gobernación, un aplazamiento, «absolutamente necesario», de las elecciones porque de momento en 46 de los 52 colegios predominaba una actitud favorable al régimen pero, en las circunstancias que se vivían, los profesionales de la medicina tendían a desentenderse de la vida colegial y «una mayoría contraria» tendría como consecuencia «huelgas continuadas». Como sabían perfectamente quienes estaban en el poder, a Lafuente le guiaban intereses personales y no corporativos, y en un momento en que el Gobierno estaba defendiendo la participación de los españoles en la vida pública difícilmente tenía justificación la suspensión de las elecciones.[34]

Todo lo sucedido en el escenario de la política española a lo largo de 1975 debe entenderse sobre el telón de fondo del despertar, a veces muy irritado, de la sociedad española. De un sector de ella, especialmente relevante para Arias y su Gobierno, no hemos tratado y resulta ahora imprescindible abordar la cuestión.

LOS INACABABLES PROBLEMAS CON LA IGLESIA

Aunque con ello avancemos algo en el tiempo, resulta asimismo necesario tratar de la Iglesia que representaba un problema crucial para los gobernantes de la etapa Arias. Tarancón, puntualmente informado de la realidad política española y capaz de juzgarla con frialdad, dictaminó en un texto remitido al Vaticano a fines de 1974 que «nunca en los treinta y siete años del régimen ha existido una situación tan fluida políticamente». A Franco, que «pierde con alguna frecuencia la facultad de hablar», las propias leyes de reforma no le interesaban y, en ocasiones, daba la sensación de que tampoco al presidente del Gobierno. Por tanto, «poco podía esperarse de un programa renovador que no cuenta con el apoyo decidido del Jefe del Estado». Esto no obstó para que Tarancón, como veremos, animara a Arias en otras ocasiones por la senda aperturista.

El hecho de que el cardenal pensara así y de que no fuera partidario de un nuevo concordato no resulta, además, contradictorio con que intentara mantener con sinceridad una relación cordial con el Gobierno. Inició el año 1975 con una carta al presidente cargada de toda la expresión de buenos deseos políticos, dada la presión existente por parte del sector más reaccionario del régimen, y de la voluntad de llegar a un acuerdo en algunos de los numerosos temas conflictivos que enfrentaban a la Iglesia y el Estado en España.

«Veo —afirmaba— el esfuerzo que está haciendo para conseguir ese futuro en el que podamos convivir en armonía todos los españoles. Sé que es difícil su misión y para nadie es un secreto que está encontrando y seguirán surgiendo enormes dificultades para lograr su noble propósito. Yo le pediría no sólo que no se desanime ante la dificultad de la tarea, sino que piense en el bien que puede hacer al país y utilice toda su inteligencia y toda la habilidad posible para seguir por ese camino. Puedo asegurarle que la Conferencia Episcopal siente un gran respeto hacia V. E. y tiene los mejores deseos de colaborar, desde su ministerio apostólico, manteniendo la independencia de las dos esferas. Nada más consolador para mí si supiera que había llegado la hora de disipar los malentendidos que puedan existir por ambas partes reconociéndonos y aceptándonos en pro de una sana colaboración que tanto bien puede hacer a la comunidad española.»[35]

Existe otro texto escrito que confirma la posición del supremo mentor de la Iglesia española de la época. A Arias le llegó un documento informativo acerca de una posible visita de Tarancón a algún alto cargo político a comienzos de 1975. En él se expresaba la «actitud de preocupación por la situación», pues «una regresión hacia otras formas políticas plantearía problemas serios a la Iglesia». Tarancón habría ratificado su «plena simpatía y apoyo hacia el discurso del 12 de febrero y su significación en la vida nacional» pues, para él, «la línea mejor es la de la evolución democrática realizada razonablemente desde el sistema». Todavía habría llegado a más, manifestando su «deseo de continuidad del presidente y su línea por considerar que es sin duda la mejor en las actuales circunstancias». Temía, desde luego, una vuelta hacia atrás. Él recibía «consultas de muchas personalidades para recabar su apoyo o solicitar orientación ante la posibilidad asociativa» y, «a pesar de la insuficiencia del Estatuto de Asociaciones, el criterio básico es que conviene participar». Añadía, además, una posición personal que mantuvo sin cambio alguno con el transcurso del tiempo: «No desea asociación de signo confesional explícito o implícito» puesto que «la jerarquía no piensa apoyar ni potenciar ninguna ni dar su bendición moral a ninguna persona o grupo». Tarancón, en fin, tendría la «convicción de que un contacto personal a alto nivel sería muy útil» y el «deseo de una entrevista larga y privada, sin declaración ante la opinión pública».[36] Esa buena relación mediante el contacto personal evitaría choques entre Iglesia y Estado y no comprometería a la primera mientras que, por otra parte, la declaración en favor de una apertura —que, como hemos visto, juzgaba ya averiada o inexistente— no pasaba de indicar un deseo genérico de la jerarquía de cualquier modo muy alejada de los grupos ultras. Arias, sin embargo, desde un principio consideró a Tarancón como un enemigo y no estuvo en absoluto dispuesto a la citada entrevista.

Así lo demuestra el hecho de que la negociación sobre el concordato permaneciera estancada. Casaroli, el secretario de Estado del Vaticano, volvió a Madrid a finales de 1974, pero su presencia en la capital española obtuvo nulos resultados. Un resumen de la situación existente entre ambos poderes, elaborado con tal motivo por el Ministerio de Asuntos Exteriores, aseguraba que «lo que se pretende evitar (y así lo dijo Casaroli) es que se trate a la Iglesia como mero ente de Derecho privado, aun no aceptando que no tenga personalidad de Derecho público». «En suma —concluía—, quiere que se le reconozca el derecho a actuar en un marco de privilegio». Esto se traducía en muchas reivindicaciones en puntos concretos: se quería dar a las asociaciones confesionales la mayor amplitud posible para hacerlas autónomas respecto del poder político, o se insistía en la posibilidad de «evaluar» la actuación de los eclesiásticos de acuerdo con la doctrina de la Iglesia, lo cual desde la óptica del Gobierno supondría una cierta pervivencia del fuero eclesiástico. También quería el Vaticano que, en el texto del concordato, España aceptara una cierta confesionalidad sociológica y que se aludiera a la Conferencia Episcopal. Al mismo tiempo, la Santa Sede se oponía a las posibles observaciones que la autoridad civil opusiera a la división de las circunscripciones eclesiásticas, al veto gubernamental en el nombramiento de obispos y a aceptar prenotificación en el caso de los obispos auxiliares. «Éstas son las dificultades principales —concluía la nota—, agudizadas por las maniobras de la Conferencia Episcopal española, contraria a la conclusión de un nuevo Concordato.» Para el Ministerio de Asuntos Exteriores, regido por un duro negociador, escasamente proclive a hacer cualquier cesión, Tarancón era un enemigo, pues «no es un secreto la posición negativa adoptada en Roma por el presidente de la Conferencia ni las campañas que, con su apoyo y el de la Nunciatura, se hacen en España».

En definitiva, según la diplomacia de Cortina, era posible que la negociación «se viera frenada e incluso encalle»; tenía razón en ello hasta el punto que bien cabe pensar que el Vaticano mantenía una posición voluntariamente dilatoria. La actitud del Estado debía consistir en mostrarse propicio a la negociación, pero también «extremar el rigor en la aplicación del Concordato vigente». La Conferencia Episcopal, según Exteriores, «se había convertido en un grupo político de presión», por lo que había que «evitar cuanto pueda reforzarla y eludir el reconocimiento de su personalidad jurídica, obstaculizar en lo posible el ingreso en su seno de obispos hostiles al Estado y negarle el carácter de interlocutor del Estado, especialmente en materias concordatarias».[37] «Ahora —concluía Cortina—, le correspondía a la Santa Sede mostrar que tiene voluntad de llevar a buen fin una negociación concordataria con el Estado español.» Afirmó, además, que España no denunciaría nunca el viejo concordato y que haría la aplicación del mismo que hiciera la Santa Sede, una declaración manifiestamente amenazadora.[38]

De resultas de ello en nada se avanzó en la negociación, principalmente porque en la interpretación dada a los juicios de la Iglesia sobre materias mixtas existía el abismo entre dos concepciones muy alejadas del cristianismo. Arias Navarro recibió y coleccionó muchas cartas indignadas de católicos reaccionarios que abominaban del cardenal Tarancón. Por su parte, éste, con ocasión del aniversario del 12 de febrero, que daba título al espíritu político que pretendía dirigir el rumbo del Gobierno, transmitió a Franco una petición de Justicia y Paz que contenía nada menos que 160.000 firmas en demanda de amnistía. Ese mismo día la Asamblea Plenaria de la Conferencia Episcopal pidió el indulto como consecuencia del año jubilar universal.[39]

Algo mejoraron las perspectivas a partir de marzo, tras la crisis de Gobierno, a la que se hará mención más adelante. La sustitución en el Ministerio de Justicia de Ruiz Jarabo por Sánchez Ventura tuvo un efecto positivo en las relaciones Iglesia-Estado. Vinculado con los medios asociativos católicos, el nuevo ministro aseguró al papa en una entrevista celebrada con él en Roma que trataría de cubrir todas las vacantes episcopales existentes. De hecho, quiso hacerlo y en un determinado momento parecía haber logrado un acercamiento e incluso un posible principio de acuerdo en cuanto a las personas con la nunciatura en Madrid. Pero, como le había indicado al titular de Justicia el cardenal Tarancón, las dificultades en este terreno se iban a producir con el Ministerio de Asuntos Exteriores y, en efecto, así sucedió, pues se impuso su duro criterio.

Con todo, ni el Gobierno consiguió que Tarancón viera disminuir su liderazgo en el seno de la Conferencia Episcopal, ni tampoco forzar un cambio de la nunciatura en el sentido de mostrarse más receptiva a las pretensiones del régimen sobre el nombramiento de los obispos. A comienzos de marzo volvió a escribir Tarancón a Arias. «Al renovar mi mandato como presidente de la Conferencia Episcopal española —le decía—, deseo manifestarle que mantengo los mejores sentimientos hacia V. E. para una efectiva colaboración que deseo vivamente se incremente. Creo que interpreto el pensamiento de la inmensa mayoría del episcopado español si reitero a V. E. este ofrecimiento. Como obispo y como español, nada deseo tanto como servir a los intereses de este nuestro pueblo al que todos deseamos entregarnos.»[40]

No sólo no tuvo lugar este acercamiento, sino que ni siquiera recibió respuesta ni fue posible tampoco una entrevista entre ambos. La estrategia gubernamental, dirigida por el Ministerio de Asuntos Exteriores, consistió siempre en la pura confrontación, como lo prueban documentos reservados procedentes del citado Ministerio. Según uno de ellos, «desde su llegada a España» el nuncio Dadaglio «se había consagrado a cambiar radicalmente» la composición del episcopado español con vistas a separar la Iglesia del Estado no sólo desde el punto de vista institucional sino también afectivo. Cuando el Estado se había negado a renunciar al privilegio de presentación, Dadaglio habría buscado por otros caminos la modificación en la composición de la Conferencia. Para ello, en «una carta secreta» de 1969, reveló su voluntad de sustituir a Morcillo por Tarancón. Además, se procedió al nombramiento por la Santa Sede de 21 obispos auxiliares, de los cuales nueve eran candidatos ya rechazados en las seisenas propuestas por el Gobierno. Hubo a continuación, de acuerdo con esta interpretación de lo sucedido, dos intentos sucesivos de llegar a un acuerdo concordatario global. Desde 1974 venía tratando de negociarlo Cortina, consiguiendo supuestos éxitos de acuerdo con el redactor del documento, a todas luces en exceso optimista.

Ahora, ya en marzo de 1975, la Conferencia Episcopal «volvía a interferirse francamente» proponiendo de nuevo que se llegara a acuerdos parciales mientras que «la Santa Sede aceptaba negociar a regañadientes». Había, no obstante, una vía para avanzar de un modo que resultara satisfactorio para ambas partes: «El Nuncio ofrece una solución oficiosa: una "tregua" durante la cual se permita a la nunciatura cubrir libremente las sedes vacantes a cambio de un freno a las extralimitaciones de los eclesiásticos. Esto —interpretó Exteriores—, semeja una confesión poco disimulada de que la ofensiva eclesial contra el Estado está siendo deliberadamente tolerada como medio para doblegarlo.» Una vez más, desde Exteriores se interpretaba esta actitud en términos políticos: según el Ministerio, en la Conferencia empezaba a existir y a actuar «un sector minoritario pero coherente que frena ciertas iniciativas políticas hostiles al Estado». Ahora bien, a la hora de la verdad, la nunciatura trataba de «colocar el "fondo de reserva" de obispos auxiliares como titulares. Por eso «no hace nada para proveer aquellas diócesis que considera ya satisfactoriamente cubiertas con un obispo auxiliar». El Gobierno, por su parte, propuso soluciones a base de nombres incluidos en las seisenas que habían sido aceptados por ambas partes. No obstante, concluyó Exteriores, «todo indica que el nuncio prefiere que queden diócesis vacantes a admitir nombres no previstos por él», lo que revelaría «un deseo de librarse, al menos en parte, del Concordato de 1953, pero sin denunciarlo ni firmar otro». Frente a esta actitud, Exteriores proponía una política de firmeza: «Solamente una postura homogénea en todos los sectores de la Administración hará comprender a la Iglesia que efectivamente se encuentra ante un poder soberano y con un ámbito propio que no presenta fisuras que permitan vulnerarlo.»[41] Con ello, la actitud más benevolente de Justicia quedaba condenada a ser derrotada.

No obstante, se intentó la fórmula de solución, pero concluyó en un fracaso. Quien debió de intentarla fue Sánchez Ventura, que en mayo viajó a Roma, donde se entrevistó con Casaroli, el secretario de Estado vaticano. El lenguaje del ministro de Justicia fue al parecer mucho más moderado que el de Exteriores, incluso en la redacción posterior del informe resumen de la conversación.[42] De todos modos, la distancia entre los dos poderes apareció clara. El Vaticano consideraba que había unos «puntos dolientes» en la negociación concordataria que no podían resolverse: por ejemplo, el alcance que se diera a la tarea de «evangelización» de la Iglesia (que para el Estado significaba una intromisión en lo político). Pero dejó caer también el interés que tenía la Iglesia en que se reanudara el nombramiento de obispos y en la posibilidad de que hubiera un «centro de autoridad» en el seno del catolicismo español.

Un documento de una persona situada en los altos círculos políticos del régimen y rotulado como «confidencialísimo» insistió luego en que Casaroli estaba deseando una «inteligencia cordial» acerca de los nombramientos episcopales: «Un acuerdo previo sobre un único candidato es lo más grato y seguro» y constituiría «un triunfo internacional para el presidente, con evidentes repercusiones favorables para las futuras negociaciones», pues «no hay nada que desprestigie tanto a nuestro régimen en el extranjero como el hecho de que las relaciones Iglesia-Estado no sean al menos aceptables». El escrito concluía con la siguiente frase: «Devuélvase esta nota o destrúyase cuidadosamente».[43]

De hecho, el acuerdo sobre nombramientos episcopales se intentó en relación con siete diócesis. Merece la pena llamar la atención acerca del modo como el Gobierno español enfocó la cuestión en términos estrictamente políticos. En cuatro de esas sedes el candidato, siempre aceptado con carácter previo por las dos partes, contaba con el apoyo y la recomendación del primado, con lo que éste quedaba personificado como la figura más destacada de la jerarquía más conservadora y la persona en que el Gobierno podía confiar dentro de la Conferencia Episcopal. Otras personas que aparecieron en la documentación acerca de este intento como garantía política para el régimen fueron el arzobispo de Santiago, Suquía, y el de Valencia, García Lahiguera. De las siete diócesis, dos estaban cubiertas por obispos auxiliares. De ellos, uno, el de Tuy, el «acceder a elevarlo a la categoría de obispo residente podía provocar —hipótesis aceptada por autoridades expertas— una actitud de agradecimiento hacia el Estado» cuando «no era, por otra parte, temperamento radicalizado en la oposición»; con respecto al otro, monseñor Osés, «no se pierde nada» (sería, de forma irreversible, contrario al régimen). El nuncio habría dicho, además, que «si se llegaba a una "entente cordial" acerca de nombramientos episcopales», la hipótesis de que el Gobierno fuera «consultado» en el nombramiento de obispos auxiliares le parecería «muy razonable». «De las siete vacantes, cinco son votos seguros (de cara a la Conferencia Episcopal) y uno probable», concluía Exteriores; «dos de los votos ya estaban perdidos [y] de ellos es posible que se recupere uno».[44] De nuevo este texto concluía con la petición de absoluta confidencialidad.

A comienzos de julio de 1975 tuvo lugar una conversación que arruinó las posibilidades de llegar a un acuerdo. Se partió no de la fórmula concordataria vigente sino de un debate genérico acerca de las seisenas aceptadas por ambas partes. Se eligió la diócesis de Ibiza y se partió de cuatro nombres incluidos en la seisena aprobada. La nunciatura, sin embargo, quiso mantener como candidatos a dos obispos auxiliares: la Santa Sede no podía aceptar que, por el hecho de serlo, fueran preteridos. De modo inmediato las autoridades políticas sospecharon que uno de ellos era el candidato in péctore. El negociador por el Estado se quejó de que se le presionara; además, los seis nombres eran de lengua catalana y eso ya le parecía inaceptable. Ya desde 1974 —dijo— se había propuesto a la nunciatura que propusiera seisenas para todas las diócesis, «pues era incongruente que la Nunciatura se quejase en público de las diócesis acéfalas y no hiciera el esfuerzo necesario para cubrirlas», y protestó de que pretendiera cubrirlas una a una. Y concluyó: «No es, pues, al Estado a quien hay que culpar de falta de diligencia, sino a la Iglesia que en este producto, como en todo, no acepta el principio del "común acuerdo"; pretende de hecho hacer prevalecer inexorablemente sus criterios como si el privilegio de presentación fuera un mero símbolo».[45]

Al final, en las relaciones entre Iglesia y Estado impuso su criterio, por parte del Gobierno, el Ministerio de Asuntos Exteriores. Según consta en las memorias de Tarancón, parece ser que Sánchez Ventura deseaba sinceramente una negociación completa con la nunciatura acerca del conjunto de las sedes vacantes. Pero tanto él como el nuncio acabaron decepcionados por la actitud de dureza que encontraron en el ministro de Asuntos Exteriores, quien, en Consejo, reivindicó la competencia como propia obteniendo el apoyo de la mayor parte del Consejo y de su propio presidente. Sánchez Ventura, según los rumores, estuvo a punto de dimitir; sus deseos habían concluido en nada.[46] Toda esta doble negociación con la nunciatura, a caballo entre el Ministerio de Justicia y el de Exteriores, prueba, si hiciera falta, la desunión y la duplicidad en que siempre vivió el Gobierno de Arias en una cuestión fundamental para él. No se dio en absoluto exclusivamente en este terreno, sino también en otros.

Mientras tanto, menudearon los incidentes en los que el Gobierno acostumbró a mostrar una actitud muy dura, mientras que la Iglesia a menudo revelaba sus fisuras. Esto último pudo percibirse de forma especial en lo relativo a la llamada Asamblea Cristiana de Vallecas, que acabó siendo suspendida en marzo de 1975. Fue iniciativa de una parte de los sacerdotes de esta vicaría, aceptada con entusiasmo por el obispo auxiliar, Alberto Iniesta. Pronto resultó ser, sin embargo, una reunión que escapaba al control de la jerarquía y planteaba graves problemas de fondo a Tarancón. Hubo un momento en que éste, que dedica a la cuestión largas páginas en sus memorias, se ofreció ante el ministro de Justicia para presidirla y evitar de esta manera que adquiriera una excesiva significación política. Sánchez Terán, entonces subsecretario de Obras Públicas y hombre procedente de Acción Católica, planteó la mediación. Pero el Gobierno, sin duda porque nunca se fió de Tarancón, acabó decidiendo la suspensión de la Asamblea; cuando ésta se produjo, el cardenal pronunció una homilía en la que dejaba claro que la decisión no fue suya. Pero ésa fue la interpretación que pretendió el Gobierno. Carro, aunque aperturista, siempre proclive a un anticlericalismo que elegía como diana a Tarancón, escribió en este sentido al cardenal de un modo que éste interpretó como si se le reprochara haberse desdicho de una decisión previa que se había tomado por motivos eclesiales e incluso para defenderle. Tarancón repuso: «Una vez más, señor ministro, mi sufrimiento ha llegado al límite precisamente porque se dejan los contactos y los intercambios de información para los momentos más críticos de los conflictos».[47] La Asamblea acabó diluyéndose incluso con la colaboración de una parte de quienes la habían promovido.

Aunque en los meses centrales de 1975 no hubo conflicto público sonado entre las autoridades del régimen y las eclesiásticas, las relaciones no mejoraron, sino que abundaron en tensiones y en ocasiones bordearon el enfrentamiento. El secretario de la Conferencia Episcopal remitía escritos sobre el ejercicio de los derechos humanos en España, pero no se les respondía ni siquiera con el acuse de recibo.[48] Con quien las autoridades política no tenían inconveniente en mantener el contacto era con personas, como el abad de Montserrat, que afirmaban «tratar de evitar conflictos con las autoridades civiles» y, de hecho, les prestaban ayuda cuando se producían protestas a causa de la represión.[49] Entretanto, el director general de Política Interior periódicamente remitía un informe mensual acerca de las actuaciones del «clero disidente». A veces se refería a cuestiones tan aparentemente libres de cualquier peligrosidad como el hecho de que en Guipúzcoa se hubiesen celebrado cuestaciones parroquiales relativas a «situaciones especiales de necesidad», que era posible beneficiaran a miembros de ETA o a sus familias.[50] Aunque por parte de las autoridades políticas no se le reconocía autoridad normativa alguna a la Conferencia Episcopal española, sus tomas de posición eran examinadas muy detenidamente, siempre desde un ángulo político e incluso policial.[51] Una declaración de la Comisión Permanente del episcopado emitida en septiembre de 1975 fue alabada en una nota interna de Presidencia del Gobierno por emplear un tono directo y pastoral «que la diferencia de todas las anteriores en que predominaban las frases ambiguas, cargadas de doble sentido». Añadía que «ningún documento había sido tan expresivo al reiterar con argumentos explícitos, sin reservas y por tres veces, la condena moral del terrorismo»; además, «por vez primera también su tono es el propio de una jerarquía que tiene independencia de juicio pero no suplanta ni confunde su esfera de acción». «En resumen, una de cal y otra de arena pero cal explícita y abundante por primera vez», concluía con satisfacción. Por vez primera se le hicieron recomendaciones explícitas a Arias a iniciativa del Ministerio de Justicia para que se llevara a cabo un contacto con la Conferencia.

Sin embargo, el verano presenció nuevos incidentes que, sin aflorar de manera pública, tuvieron una vez más de relieve la enorme distancia entre ambas potestades. En Canarias, Asuntos Exteriores denunció «las coincidencias ideológicas y tácticas del Movimiento Sociopastoral organizado en Las Palmas por el obispo Infantes Florido con el Movimiento Para la Autodeterminación e Independencia del Archipiélago Canario, [una] iniciativa [de] un carácter especialmente grave». Al parecer, el supuesto fundamento de la acusación radicaba en que el MPAIAC había afirmado que la Iglesia guanche estaba con él. Exteriores amenazó al nuncio con una nota de protesta escrita y el nuncio señaló la posibilidad de trasladar a Infantes Florido a la Península. Pero el director general de Política Exterior afirmó que la actuación episcopal había sido «tan torcida o, cuando menos, tan torpe que parecía poco apto para regir ninguna diócesis». Coincidió, sin embargo, en que era preciso alejarlo de Canarias.[52]

Por si fuera poco, no mucho después tuvo lugar lo que habría podido convertirse en una reedición del caso Añoveros con idéntico protagonista. El presidente Arias remitió al ministro de Justicia Sánchez Ventura un escrito del obispo de Bilbao, dirigido a la autoridad militar, denegando el procesamiento de dos clérigos, Domingo Arteche y Luis Amiano, por delito de terrorismo. «En cuanto a su ruego de que, si mi respuesta es denegatoria, se consignen en ella los motivos graves que la fundamentan —escribió Añoveros— he de manifestar a V. S. I. que no conozco ninguna cláusula del Concordato que obligue al Ordinario a exponer a la autoridad judicial del Estado dichos motivos de forma concreta ni tengo tampoco noticia oficial alguna de que haya habido acuerdo posterior entre las dos Altas Partes contratantes sobre modificación del texto original del Concordato ... en esta materia.» Aplicaba, pues, al caso el fuero eclesiástico de la manera más estricta. A pesar de ello, los clérigos mencionados fueron procesados. Añoveros repuso entonces a la autoridad militar que «no puedo menos de manifestarle mi sorpresa ante la grave decisión adoptada», pues «estimo que es el mismo Ordinario quien tiene que apreciar en su conciencia dichos graves motivos y ninguna norma concordataria le impone la obligación de manifestarlos». «Finalmente —concluyó—, en vista de que la Autoridad judicial y el Ordinario diocesano hacemos una interpretación tan diversa de este punto del Concordato, me siento en el deber de elevar la cuestión a la Santa Sede.»[53] No nos interesa tanto saber cómo acabó la cuestión, sino el hecho de que se planteara. El cambio en la relación entre Iglesia y Estado no tuvo lugar hasta después de la muerte de Franco y gracias al nuevo ministro de Exteriores y no, desde luego, a Arias.

La política de Arias: una nueva crisis

Como tantas veces sucede en política y como correspondía a sus características personales, la gestión de Arias avanzó siempre golpeando a derecha e izquierda, siempre entendiendo estos términos en el escaso margen que resultan aceptables en la relación con el régimen de Franco. No sólo con un triunfo de los ultras por la defenestración de Cabanillas y las posteriores adhesiones a su postura concluyó 1974, sino con otro fracaso de la supuesta apertura, cuando se aprobaron unas asociaciones que en nada ampliaban el margen del pluralismo real. El año 1975 se abrió con un intento de reafirmar la vocación «aperturista» del Gobierno.

El primer movimiento pudo apreciarse a mediados de febrero. Los medios de comunicación independientes y, a la vez, más generosos respecto al Gobierno, como *Ya,* habían aceptado un balance positivo pero siempre en contraste con «la evolución vertiginosa de la sociedad española». Arias, con ocasión del primer aniversario de su famoso discurso, reafirmó que «la bandera del 12 de febrero sigue firmemente izada». El diario de los sindicatos probablemente acertó al afirmar que «el secreto de Carlos Arias parece ser sencillamente uno: que cree en el sistema en que dice creer».[54] Pero el presidente creyó ver, sobre todo en el diario *Arriba,* falta de entusiasmo por aquel discurso suyo y tuvo una de sus características reacciones.

Utrera recibió la indicación de destituir inmediatamente al director de

Franco nombra a Carlos Arias Navarro presidente del Gobierno. El 2 de enero de 1974 Arias jura el cargo ante el jefe del Estado (EFE).

Tras la jura de los ministros del gabinete Arias en el palacio del Pardo, el nuevo gobierno —un «gobierno gris», según Carrillo— acude a la Zarzuela para cumplimentar al príncipe de España, don Juan Carlos de Borbón, que no participó en su formación (EFE).

Carlos Arias Navarro pronuncia ante el pleno de las Cortes el famoso discurso que será conocido en adelante como el del «espíritu del 12 de febrero» (EFE).

El 2 de marzo de 1974 Salvador Puig Antich es ejecutado a garrote vil. Durante el mismo mes las malas relaciones del Gobierno con la Iglesia conducen al conflicto con el obispo de Bilbao Añoveros, con la Conferencia Episcopal Española y con la Santa Sede. El «espíritu del 12 de febrero» no parecía haber cambiado la dura política de represión franquista (EFE).

El 7 de julio Franco sufrió una tromboflebitis: en la foto, Arias despacha con él en la clínica (EFE).

El 3 de diciembre de 1974 los periódicos dedican la primera plana a la intervención de Arias en televisión anunciando el estatuto de «asociaciones políticas» (EFE).

En mayo de 1975 el presidente Ford y el secretario de Estado Henry Kissinger se entrevistaron con Franco y Arias. Frente a una Europa que no acababa de creerse la «apertura» de Arias, los norteamericanos actuaban con gran pragmatismo, pendientes tan sólo de sus bases en España (EFE).

Con la muerte en los talones, Franco seguía matando. En la foto, el exterior de la cárcel de Carabanchel, a las cinco de la madrugada del 27 de septiembre, donde esperaban el fusilamiento Sánchez Bravo, Baena Alonso, y García Sanz, miembros del FRAP. También fueron fusilados Otaegui Echevarría y Paredes Manot, de ETA (EFE).

Gran manifestación antifranquista en Roma, frente a la embajada de España, en protesta por los fusilamientos de septiembre de 1975. En muchas capitales europeas se produjeron protestas similares (EFE).

El 1 de octubre se organizó en la plaza de Oriente una manifestación de apoyo a Franco. El viejo dictador, fiel a su concepción del mundo, manifestó que todas las protestas internacionales se debían «a una conspiración masónico-izquierdista en contubernio con la subversión comunista-terrorista en lo social, que si a nosotros nos honra, a ellos les envilece» (EFE).

El 30 de octubre, al cabo de tres infartos y una peritonitis, agonizante Franco, don Juan Carlos, tras recibir de los médicos la seguridad de que el estado del viejo general era irreversible, aceptó asumir, por segunda vez, los poderes de jefe del Estado. En la foto, tras un Consejo de Ministros celebrado en la Zarzuela el 7 de noviembre (EFE).

Durante la agonía de Franco se produjo la «marcha verde» orquestada por Hassan II para presionar al gobierno español sobre la cuestión del Sáhara (EFE).

El cardenal-arzobispo de Madrid Vicente Enrique y Tarancón lee una homilía invitando a la convivencia y a la concordia durante la misa del Espíritu Santo celebrada, por el alma de Franco, en la catedral de San Isidro. Arias, que nunca se entendió con Tarancón, pensó que el cardenal se había excedido. A Fraga le pareció que Tarancón quería ser un nuevo cardenal Cisneros (EFE).

El 21 de noviembre de 1975, don Juan Carlos jura como rey de España ante las Cortes. Rodríguez de Valcárcel grita «¡Viva el Rey!» pero «desde el recuerdo a Franco» (EFE).

El rey Juan Carlos I saluda a las tropas que desfilan en su honor. De pie, atrás, Carlos Arias (EFE).

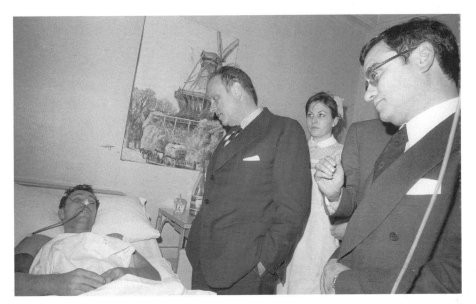

En el mes de marzo, en Vitoria, la policía disolvió a tiros una reunión de obreros del metal en huelga en la iglesia de San Francisco de Asís. Hubo cuatro muertos y un centenar de heridos. En la foto, Fraga y Martín Villa visitan a los hospitalizados. Al parecer uno de ellos les dijo: «¿Vienen Uds. a rematarme?» (EFE).

El primer domingo de mayo de 1976 los carlistas celebraron su tradicional via crucis hasta la cumbre de Montejurra. Allí se produjo un enfrentamiento entre las facciones rivales de Sixto y Carlos Hugo de Borbón-Parma. En la explanada de Irache la extrema derecha disparó a matar. El balance final fue de dos muertos y varios heridos (EFE).

Por fin don Juan Carlos consigue cesar a Arias. El 1 de junio de 1976, el presidente del Gobierno presenta oficialmente su dimisión al rey (EFE).

La última intervención de Carlos Arias en la vida política española fue presentarse, en las listas de Alianza Popular, como candidato al Senado por Madrid en las elecciones de junio de 1977. Salió derrotado. En la foto, con Fraga, en el mitin de cierre de campaña de AP en la plaza de toros de Las Ventas (EFE).

Arriba por haber eludido la alabanza. El telefonazo de Arias debió de ser borrascoso, pues calificó a Izquierdo, el citado periodista, de «niñato de mierda» que «se enteraría de quién mandaba». Quizá demasiado convencido de su influencia en El Pardo, Utrera afirma haber dicho que *Arriba* en el único espíritu en que podía basarse era el del 18 de julio. Apeló, en una ocasión como ésta, «al Jefe Nacional del Movimiento», es decir a Franco, pero éste le repuso que aceptara la decisión para evitar males mayores. A cambio, ahora sí, Utrera consiguió que Franco aceptara el nombramiento de Emilio Romero al frente de la Prensa del Movimiento, nombramiento que, como se recordará, había desaconsejado, muy a su modo, antes. Abandonó, por tanto Castro Villacañas la dirección de la cadena de Prensa del Movimiento y le acompañaron Izquierdo, como director de *Arriba,* y García Serrano, quizá por solidaridad, en la dirección de la agencia Pyresa. «Mi cese era inevitable y su alegría notoria», comenta Utrera en sus memorias.[55] En realidad, no obstante, no fue la suya una derrota total: se le había impuesto una destitución, pero no un nombramiento posterior. Siempre dócil a las insinuaciones del poder, Romero era, como bien sabemos, un obstáculo para que Fraga entrara en el juego asociativo. En un choque como el que se ha descrito, lo obvio habría sido el cese fulminante del ministro. Tenía contra sí «ir con cuentos a El Pardo» y nula simpatía por cualquier reforma política, aparte de unos contactos patentes con los ultras. Pero Arias no tenía la fuerza suficiente, ni en el caso de una de sus erupciones de genio, como para imponer su deseo a un Franco para quien el arbitraje se había convertido en la pura ausencia de movimiento.

Por estas fechas, el presidente pensó en hacer unas declaraciones a la Agencia UPI, que no fueron entregadas finalmente, pero que corrigió a mano. Eran un modelo de vaguedad, aunque transparentaban también cierta voluntad de apertura. «La voluntad política del Gobierno —hubiera dicho— es una voluntad de cierto alcance, de cierta proyección no fácilmente susceptible de enunciarse en un repertorio de realizaciones concretas». Se había producido un positivo «incremento sensible de la politización» en España y descalificarla porque no era una democracia es «sobre una injusticia, una superficialidad». Cuando España fuera una monarquía, «se podrá advertir entonces que las diferencias políticas son respecto a los regímenes occidentales, no son cualitativas ni de especial entidad ... [pues] es grotesco e injusto imaginar supuestas incapacidades naturales de los españoles para la libertad y la democracia».[56] De haberse hecho estas declaraciones, sin duda habría arreciado la ira de los ultras, y nada le habrían gustado a Franco.

Las que se hicieron, de cara exclusivamente a los españoles, tuvieron lugar a fines de febrero en TVE, y fueron luego puntualmente transcritas en la prensa. Merecen destacarse, en primer lugar, en cuanto a la forma. Se dijo entonces, por boca de algún periodista adicto, que se trataba de la primera rueda de prensa de un presidente español. Formalmente fue así pero, como resultaba previsible, la realidad resultó distinta de la espontaneidad que caracteriza a ese tipo de fórmula comunicativa. León Herrera le envió una lista de los temas que tratar y hubo una comida previa para que las preguntas fueran aprobadas.[57] El entrevistado escribió las respuestas a mano, y cabe pensar que las memorizó; más que una rueda de prensa, fue una escenificación.

Fue el veterano periodista Manuel Aznar el destinado a conducir la reunión.[58] En realidad, no tuvo que moderar mucho. Tras una trayectoria por campos muy lejanos desde la guerra civil, había sido persona de absoluta confianza del régimen. Semanas después de la entrevista con Arias, pidió que a su hijo, el padre del futuro presidente Aznar, se le concediera la Gran Cruz del Mérito Civil. «Lleva —explicó— una carrera brillantísima de servicios a España, primero en el frente como oficial, luego en la administración civil como experto especializadísimo en problemas de Radio y Televisión, luego como presidente de la Agrupación Sindical de este último sector y ahora como miembro del *staff* de la Telefónica.»[59] Aznar anunció que Arias tenía «el propósito de comparecer directamente, de tiempo en tiempo ante la opinión pública utilizando para ello los poderosos medios informativos de que dispone el país» y señaló, de entrada, que no se abordarían las cuestiones relacionadas con la política exterior. Inició las preguntas con la relativa a la dimisión del ministro de Trabajo y vicepresidente del Gobierno, porque el rumor al respecto había llegado ya a todos los mentideros. Arias repuso que «ya en el verano pasado» le había hecho saber su deseo de abandonar el cargo y que «su programa estaba casi cumplido» a pesar de haber quedado «fuertemente condicionado por circunstancias difíciles». Se apresuró a afirmar que las reuniones del Consejo de Ministros se desenvolvían con la «habitual cordialidad». Por supuesto, no era así; más adelante volveremos sobre el particular.

De la intervención de Arias ha quedado sobre todo en el recuerdo la mención a «la luz permanentemente encendida del despacho del Caudillo». Lo que suele olvidarse es que la frase se pronunció en relación con su alusión a que «jamás he sentido ni el hastío, ni el desaliento, ni la indiferencia ni mucho menos el pesimismo» porque, en caso de incertidumbre, «basta un gesto de Su Excelencia para que el rumbo aparezca claro». Se atribuyó, por tanto, el pleno apoyo de Franco, que resultaba muy incierto y titubeante. Arremetió, además, contra los «inquisidores de la ortodoxia», sugiriendo que a los principios del Movimiento no se les había sacado «el contenido». Cuando un periodista dejó caer que el cese de Cabanillas le restaba credibilidad, replicó que «el hecho de que el presidente esté aquí pronunciando estas palabras» constituía la más solemne ratificación de su programa.

Habló de la situación económica, que describió como «nada buena y nada tranquilizadora»; admitió que se había intentado evitar que el incremento de los precios de los productos petrolíferos recayera de forma directa sobre el consumidor y con ello el Tesoro había sufrido un «grave quebranto». Afirmó que la reforma fiscal estaba en la agenda del Gobierno, pero sin ninguna precisión. Algo parecido sucedió con sus palabras acerca del programa político que desarrollar; en este aspecto, además, siempre que hizo una afirmación la acompañó de otra parcialmente contradictoria. Aceptaba la posibilidad de que existieran asociaciones que incluyeran en su programa la modificación de los principios fundamentales, pero «anticipó que no era necesaria, ni conveniente, ni oportuna, la reforma constitucional». Había que «extraer de la legalidad vigente» todo el potencial que tenía, aunque para ello parecía bastar el cauce asociativo, del que pareció sugerir que era mejorable y aplicable de forma generosa, pero dejando caer su ironía contra la «cuca postura de reserva» (de Fraga, sin duda). Resumió los límites de su programa de reforma en «ni separatismos ni comunismos». Con respecto a la región, dijo admitir el hecho diferencial, pero se apresuró a añadir que «la acentuación política de la región tiene tan triste recuerdo». Como siempre en su caso, dio la sensación de hacer compatible una apertura política con el recuerdo de que disponía de los medios para «aplastar inexorablemente cualquier intento de subvertir» lo que entendía como el orden público. Pues nada de lo dicho parecía afectar a las esencias del régimen, Utrera reconoce en sus memorias que no podía sentirse molesto por ello, pero compara el supuesto disimulo de Carro, al que reputa inspirador de la entrevista, con nada menos que el de Lenin. Éste es un indicio de la división política del Gobierno, si bien la crisis se produjo en relación con una cuestión concreta que probaba que la desunión también alcanzaba a otros aspectos y afectaba al mismo liderazgo de Arias.

La Ley Básica de Trabajo de Licinio de la Fuente se había convertido, a base de recortes en el transcurso de su elaboración y de debate, en un Proyecto de ley de relaciones laborales en la que lo fundamental era la regulación de los «conflictos colectivos». La huelga, tal y como hasta entonces existía, de hecho y de forma inevitable, se había convertido en generadora de desorden público o de actuación en la ilegalidad. La propuesta de Licinio de la Fuente tenía indudables aspectos liberalizadores. Los representantes de los trabajadores debían disfrutar de «facilidades necesarias par el acceso a las dependencias de la empresa» y para «comunicar con los trabajadores». La Organización Sindical y la Magistratura de Trabajo podían actuar como mediadoras o conciliadoras. La autoridad laboral sólo autorizaría el cierre patronal en caso de peligro de violencia o peligro de ocupación ilegal del centro de trabajo, o cuando el volumen de inasistencia o las irregularidades impidieran el proceso de producción. La empresa que no mantuviera la disciplina podía ser sancionada y quienes estuvieran al frente, inhabilitados u obligados a un cierre de hasta seis meses; los trabajadores en este caso seguirían percibiendo sus remuneraciones. Aun así, las cautelas establecidas en la ley eran duras y numerosas. Para que hubiera huelga legal era precisa una votación secreta presidida por los vocales sindicales y con exigencia de participación del 60 por 100 de la plantilla, anunciada con ocho días de antelación. Durante la huelga, el empresario quedaría liberado del pago de los salarios; como no había sindicatos libres, constituía un interrogante saber de qué vivirían los trabajadores. De cualquier modo, el empresario no podría sustituir a los huelguistas por otras personas. Sobre todo, «la mera participación en huelga que no se ajuste a los requisitos establecidos en este decreto o en paros colectivos o en cualquier otra forma de alteración colectiva en el régimen de trabajo será causa de resolución de contrato sin derecho a indemnización alguna, pudiendo la empresa ejercer facultad rescisoria respecto de todos, de alguno o de algunos de los trabajadores participantes». Hasta los «instigadores» podían ser despedidos.

Las notas escritas por Arias sobre uno de los borradores del proyecto revelan en qué sentido iban sus discrepancias: se referían a las asambleas en los centros de trabajo o a la posibilidad de sustituir obreros. Eran, por lo tanto, de orden público y de carácter a la vez económico.[60] Los ministros de esta última área y García Hernández, el vicepresidente y ministro de la Gobernación, querían, en un parecido sentido que el presidente, o bien que no se legislara o que, caso de hacerlo, producida la huelga ilegal, la rescisión de los contratos pudiera llegar a la totalidad de los trabajadores de la plantilla, aunque no hubieran participado en ella.[61] Los primeros argumentaban que las circunstancias del país —la crisis económica— no permitían el reconocimiento del derecho de huelga. Utrera comenta acerca de la actitud de esos ministros que, paradójicamente, en muchos otros campos eran partidarios de la apertura, mientras que en éste eran, por el contrario, partidarios de una actitud de resistencia. No le falta la razón en sus puntos de vista.

En el tramo final del debate de la ley, fueron Fernández Sordo, ministro de Relaciones Sindicales, y García Hernández quienes jugaron un papel decisivo contra Licinio de la Fuente. Lo que indignó a este último fue el cambio de postura del primero y el autoritarismo de Arias Navarro. García Hernández se había opuesto desde el inicio, al contrario que Fernández Sordo, que acabó adoptando esa postura al final. Arias pretendió, en vez de moderar la discrepancia, hacerla desaparecer con una decisión propia en apariencia firme que tuvo como resultado la dimisión del vicepresidente tercero del Gobierno.[62] Este género de ejercicio de la autoridad fue siempre un rasgo de su carácter con consecuencias a menudo contraproducentes.

Claro está que también existía una cuestión de fondo que no apareció de modo claro o sobre la cual hay discrepancias entre quienes asistieron al Consejo de Ministros. Cabello de Alba, acosado por el incremento del gasto público, quiso hacer depender las cuentas de la Seguridad Social del Ministerio de Hacienda a través de un proyecto de Ley de Administración y Contabilidad del Estado.[63] Arias Navarro, como gestor público que no había tenido nunca que ver con el mundo del sindicalismo oficial, había apreciado irregularidades en el mundo sindical oficial: por ejemplo unas pretendidas comisiones para adquirir un edificio en Madrid por parte del mutualismo laboral o la adquisición de un edificio que resultó inedificable.[64] Estos hechos le hicieron alinearse contra De la Fuente, político con una larga trayectoria y buena reputación dentro de la clase dirigente del régimen, y de mucho carácter.

El 20 de febrero, después de un consejillo —reunión de ministros sin Franco— probablemente borrascoso, Licinio de la Fuente abandonó Presidencia y no asistió ya al Consejo de Ministros siguiente pretextando una enfermedad, real o fingida. El 24, la dimisión era conocida; se dio el hecho chusco de que, ya mejorado, el ministro pidió permiso al presidente para abandonar su casa y éste le respondió airado que no estaba detenido. Entretanto, contó un periodista, «la tardanza en producirse el desenlace de la crisis [trece días] había convertido los principales centros de poder en auténticos hervideros».[65]

Lo más relevante de este cambio de Gobierno fue que Arias trató de reconducir la crisis que en octubre no había conseguido dirigir según sus deseos y que Franco, nada propicio a darle satisfacción en un principio, tuvo al final que doblegarse. El 26 de febrero, Arias mantuvo una primera entrevista con Franco en la que le planteó las dificultades que tenía su Gobierno dejando un espacio para la reflexión hasta una próxima audiencia que tuvo lugar el 3 de marzo. Ese día, antes de que Arias Navarro entrara al despacho de Franco, el príncipe de España, que salía, le dijo al nuevo interlocutor que no insistiera en la crisis porque Franco estaba «muy duro» y sería inútil. También le rogó que no abandonara la Presidencia porque le dejaría muy solo; es evidente que prefería lo que para él era malo conocido que bueno por conocer.

De hecho, en un principio Franco no quiso ni hablar de crisis; para él, éstas constituían puros relevos que justificaba por razones de eficacia y lealtad. Conocía cada vez a menos personas y le molestaba tener que buscar los registros ocultos de alguna más; el propio Arias le había sorprendido en su modo de ser y en su programa. Ahora, el presidente puso sobre el tapete su propia dimisión por considerarse desautorizado y sometido a las presiones confluyentes de camarillas diversas. La crisis, por tanto, le estallaba a Franco en las manos, algo que no le sucedía desde 1941 y, transcurrido tanto tiempo, se hallaba en condiciones mucho peores para reconducirla.

Al final, Arias consiguió imponer su criterio. Se libró de la extrema derecha de su Gobierno: Ruiz Jarabo, un hombre que «estaba en 1936», y Utrera, que se atribuía el derecho de tener línea directa con El Pardo a menudo, parecía próximo a Girón. Los sustitutos fueron Sánchez Ventura y Herrero Tejedor. Para lograr este resultado, Arias tuvo que presionar a Franco, ante quien, al decir de Utrera, habría utilizado el argumento de haber consultado previamente a la Junta de Defensa, afirmación que parece peregrina. Más verosímil es que Franco concluyera una conversación, para él insatisfactoria, con palabras no muy complacientes: «Haga lo que estime oportuno. Allá usted con su conciencia.»[66] En la última entrevista que Franco tuvo con Utrera le dijo que «la política es un gran ejercicio de paciencia». Parecía hablar consigo mismo.

La crisis no concluyó ahí. Cabello de Alba había pedido poder formar un equipo económico propio y ésta fue la ocasión para conseguirlo. Se barajaron los nombres de Villar Mir y Calvo Sotelo; el segundo hubiera podido aceptar de haber conocido mejor quién le proponía —el propio ministro de Hacienda— los propósitos políticos de la crisis. Finalmente, de los ministros entrantes Cerón lo fue por sugerencia de Cabello y Álvarez de Miranda fue nombrado por Arias.

Ya el 5 de marzo Herrero y Utrera habían tenido un enfrentamiento en el despacho del segundo con ocasión del relevo, pero, además, Arias aprovechó la toma de posesión ante un Utrera descompuesto y un Ruiz Jarabo incrédulo para indicar que la reorganización no significaba «ni la más leve rectificación del programa político expuesto hace poco más de un año ante las Cortes españolas». Se ratificó, pues, en el «espíritu del 12 de febrero». Tuvo, no obstante, que aceptar oír unas palabras de despedida poco complacientes de Licinio de la Fuente: «Pobre concepto tendría de la lealtad quien la entendiera como simple acatamiento y menguado concepto tendría de los destinatarios de sus lealtades quien no supiera entregarles otra cosa que la aceptación de sus deseos y de sus opiniones sin ofrecerles el valor de sus propios juicios y la fuerza creadora de su propia voluntad».[67]

El sustituto de Licinio de la Fuente, Fernando Suárez, había tenido una actuación brillante en las Cortes en el período posterior a la Ley Orgánica. En 1971 consiguió que el Gobierno perdiera una primera votación en las Cortes relativa a la Universidad de Navarra; estaba, pues, muy lejano, como Arias, del mundo de López Rodó y Carrero. En octubre de 1974, con ocasión del cese de Cabanillas, se convirtió en secretario general de Presidencia del Gobierno; allí estuvo con Cisneros, Jáudenes y Romay bajo la égida de Carro, hasta ser ministro. Su perfil político, como el de Herrero Tejedor, nuevo secretario general del Movimiento, era aperturista en los términos de la época y del Gobierno Arias. Los jóvenes periodistas del momento —Oneto, Ysart, Calvo Hernando, Ramírez...—, ignorantes quizá de la actitud de Franco, interpretaron que lo sucedido era «una bocanada de optimismo para los aperturistas». En *Pueblo* se dijo que lo sucedido mostraba «la buena salud del régimen y la madurez cívica de la sociedad española». En realidad, era una prueba del liderazgo titubeante de Franco y de la división de la clase dirigente. Además, no tardó Girón en denunciar, frente a las «evoluciones» y «actitudes reconciliadoras», «un movimiento subversivo ascendente».

LOS VAIVENES DE LA APERTURA

En febrero de 1975 había triunfado, por tanto, la apertura; alguno de los ministros recuerda los meses siguientes como los más cómodos de su experiencia política con Arias.[68] Pero en la práctica se avanzó muy poco, casi nada, sometidos a los constantes embates de los ultras y a la actitud renuente de Franco.

León Herrera expresó esa satisfacción, pero conviene recordar en qué consistió su labor como ministro de Información. No cabe la menor duda de que una de las cuestiones que se quiso resolver en la crisis de octubre de 1974 fue la relativa a los medios de comunicación. Tampoco se demostró de ningún modo una actitud que pudiera describirse como de marcha atrás: como novedad con respecto a la etapa de Cabanillas, hubo ruedas de prensa después de los Consejos de Ministros, incluso los no decisorios; fue, por supuesto, el inicio de un aprendizaje de tal tipo de fórmula.[69] Pero debemos conocer lo que había como política de fondo al lado de esta innovación.

El Ministerio de Información produjo para Franco en abril de 1975 un documento, rotulado como «secreto», en el que se dibujaba todo un programa que seguir de cara al futuro sobre los medios de información.[70] Franco lo subrayó y anotó brevemente con una letra poco inteligible, pero no parece haber pasado del primer tercio de las páginas. Era un documento curioso: por un lado moderado, repudiaba la marcha atrás pero, al mismo tiempo, estaba muy lejano de la libertad de expresión y dibujaba un régimen de inestable «tolerancia represiva». «Nos hallamos —comenzaba— en uno de los momentos más difíciles y decisivos del régimen. Lo que en él se ventila, y de hecho se está ya ventilando, ante los que propugnan de hecho el fortín y desde fuera su asalto haciendo tabla rasa del 18 de julio y de treinta y seis años de paz fecunda que ha beneficiado por igual a todos los españoles, es el ensayo de unas posibilidades más que viables de una evolución pacífica acorde con exigencias objetivas y subjetivas del momento, difícilmente soslayables.» De un modo realista llegaba a la conclusión de que «el nivel actual de libertad informativa y de crítica (como el de las conquistas sociales) es difícilmente reversible»; a lo sumo, podría «congelarse por muy breve tiempo». Incluso cabía percibir «un debilitamiento» y «un cierto contagio» de las publicaciones más vinculadas al régimen con un ideario que no era el suyo.

Hecha esta caracterización general, se pasaba a la concreción y a los remedios. Existía una diferencia entre la prensa diaria, que mantenía unos «niveles críticos bastante asimilables», con las revistas, a menudo de «un alto nivel conflictivo y hasta corrosivo». Así era y eso explica las sanciones a *Triunfo* y *Cambio 16,* por ejemplo. La respuesta debía ser «no temer la información» y «entrar en la información, ya que sólo la presencia activa en el fenómeno de que se trata puede producir soluciones positivas a los problemas que plantea». Resultaba esencial la «acción solidaria» del Gobierno para «controlar el progreso de los ámbitos de libertad informativa», «señalándose con precisión los límites a dicha libertad». Un arma esencial para el Gobierno podían ser también las medidas de carácter empresarial. Se proponía la coordinación de la publicidad de la Administración Pública a través de una Comisión Interministerial «informal y reservada»; de este modo se conseguiría disponer de «estimulantes a favor de aquellos medios de comunicación social que más adecuadamente lleven a cabo su tarea informativa» y «desalentadoras ... para evitar que determinados diarios y revistas adopten unas excesivas posturas contestatarias». Una acción complementaria estaría constituida por medidas relativas a la profesión periodística. Era necesario constituir un «staff de plumas del que formen parte destacados escritores y periodistas del país, que trabajarían a través de organizaciones o entidades interpuestas» y cuya actividad sería «absolutamente anónima y reservada». Con respecto a los medios privados, se predicaba «una acción indirecta, paciente, persuasiva, amistosa y convincente», que incluía la propuesta de creación de un semanario, terreno en que la política oficial resultaba especialmente débil. Siempre habría de reservarse como arma final la aplicación de las sanciones previstas en la ley, coordinadas por Presidencia y por Información y Turismo.

Éste es el contenido de un informe escrito, no sólo interesante por la materia que cubría sino también porque probablemente resulta el más aperturista de los que recibió Franco en sus últimos meses de vida. Casi no hace falta decir que la inmensa mayoría que le llegaban eran muy negativos respecto de cualquier cosa, con lo cual se incrementaba el panorama catastrofista percibido en el interior por él mismo y los ultras.[71] El que glosaremos a continuación puede haber sido remitido quizá por el ministro de Planificación del Desarrollo, Gutiérrez Cano, miembro sin lugar a dudas de la extrema derecha del gabinete; a menudo vociferante, sus compañeros en el Consejo solían ironizar diciendo que más que formado en Bolonia lo había sido al lado de Clausewitz, por sus apelaciones a peregrinas estrategias mundiales en contra del comunismo. Si se mantuvo en el Gobierno es posible que fuera por el escaso impacto práctico que sus actitudes podían tener.

El texto partía de que «la superioridad militar de la Unión Soviética era ya evidente», mientras que en la Europa occidental se mantenía «contra España y África del Sur una permanente e insuperable hostilidad, producto de su ideología liberal socializante». Había, por lo tanto, que «ayudar a que se mantenga África del Sur, incluso sin tener en cuenta su política racista. Pero lo que el redactor de estas páginas ofrecía no era otra cosa, a fin de cuentas, que un panorama de absoluta soledad. Europa estaba dominaba por la «subversión político-económica, la subversión moral y el descrédito de los líderes». A Estados Unidos lo apreciaba más, pero «en relación con la Península Ibérica la actuación en general de los hombres de la CIA ha sido y sigue siendo lamentable». Por si fuera poco, la crisis económica atenazaba a los gobiernos capitalistas, pues «la inflación es una consecuencia de la democratización de la política». Este siniestro panorama no alimentaba, en cambio, propuesta alguna.

En realidad, la situación internacional no resultaba tan patética para el régimen. Los líderes europeos, tras la primera enfermedad de Franco, empezaron a recibir a figuras de la oposición más moderada y reciente (el ministro de Exteriores alemán se entrevistó, por ejemplo, con Fernández Ordóñez y Areilza). No obstante, a la España de Franco le quedaba el apoyo del aliado norteamericano. Fue el propio presidente de este país quien anunció su visita a España, interesado casi exclusivamente en la renovación del acuerdo de uso de las bases militares.[72] Además, a pesar de la negativa a cualquier tipo de cambio real, la España de Franco seguía integrada en los foros europeos: a fines de julio Arias estuvo en la Conferencia de Helsinki; poco tardaría, sin embargo, en reproducirse la situación de aislamiento. Pero el régimen podía, incluso, explorar nuevos caminos internacionales. Hubo, por ejemplo, un viaje del príncipe a Irán en abril, con ocasión de la fastuosa celebración del aniversario de la monarquía persa. En julio, Arias Navarro invitó a Amin Hoveyda, el primer ministro de Irán, a una visita a España que debería producirse a principios de octubre, dada la «clara conveniencia de mantener tales relaciones a nivel de relaciones personales que sin duda han de contribuir a enriquecerlas». Propuso que le acompañaran dos ministros económicos, pues éste era sin duda el campo que primordialmente interesaba a España.[73] La estancia de don Juan Carlos en Irán tuvo una interesante derivación política, pues le puso en contacto con el presidente rumano, quien, a su vez, le haría accesible de forma indirecta al líder comunista Santiago Carrillo.

Los estrechísimos límites de la apertura se pudieron constatar de nuevo en un incidente que afectó precisamente al príncipe. En febrero de 1975 don Juan hizo unas declaraciones al diario de *ABC* que en su estado original no llegaron a publicarse; se llegó a avisar al diario de que si las publicaba sería recogido. Según los mentores de don Juan la entrevista se había hecho «en el sentido de soslayar el problema personal príncipe-rey» y «el acto realizado por el Gobierno es una enorme ligereza, semejante a la que cometió cuando pretendió expulsar al obispo de Bilbao ... porque corresponde con una agresión injustificada, dado el texto inofensivo y no agresivo de las declaraciones».[74]

Así se percibe en su lectura. «Lo que España necesita para labrarse un futuro firme —decía don Juan— es una inteligente política de reconciliación nacional.» Estas palabras las habría suscrito todo político reformista, aun sin emplear esos términos. Lo más duro era la alusión al contenido «exiguo» de la apertura. Según su opinión, «la división de los diversos sectores políticos que integran el régimen en Asociaciones va a producir el mismo efecto que si se hubiese derogado el decreto de unificación», y las fuerzas políticas no procedentes del régimen «no creo que se acojan a la nueva ley, pues la ingenuidad tiene sus límites y, en política más que en materia alguna». Lo último era una obviedad porque ni siquiera Fraga se había integrado; lo primero lo había dicho la prensa independiente. Resultaba, por lo tanto, «un evidente y trascendental error histórico, que España habría de pagar muy caro, la pretensión de circunscribir la actividad política de la sociedad española ... en los límites de los sectores y personalidades que integran el régimen». Aludió también al Ejército, cuya preferencia consistiría en mantenerse «alejado de las actividades políticas». «La Historia —concluía— nos enseña los tristes resultados obtenidos cuando se coloca a los pueblos en la disyuntiva de sumisión o subversión.»[75]

Torcuato Luca de Tena, director del diario, explicó a don Juan que en un primer momento el *ABC* fue secuestrado y que así se lo comunicó el ministro de Información. Luego, en cambio, el ministro Carro le dijo que la entrevista podía ser publicada con exclusión de determinados párrafos y finalmente lo fue sin lo que podía resultar más hiriente de las declaraciones desde el punto de vista de los gobernantes. Esa doble intervención gubernamental aparece insinuada en el texto del informe ya citado. La reacción del Ejecutivo resulta muy congruente con la conciencia de su propia impotencia reformadora y con el pésimo juicio de Arias sobre don Juan, derivado de su condición de antiguo director general de Seguridad.

Un incidente como éste no podía ser sino objeto de opiniones contradictorias. Emilio Romero se apresuró a afirmar que «el verdadero creador de la solución monárquica no ha sido otro que el Generalísimo Franco», mientras que *La Vanguardia* calificó de «coherente» la postura de don Juan. Además, introducía interrogantes acerca de la agudeza del enfrentamiento entre padre e hijo. Pero quien podía saberlo, porque hablaba con ambos (Areilza), declaró que «no creía que el puente dinástico plantee problemas a la hora de la sucesión»[76] En mayo, ambos se entrevistaron en Palma: el primero recibió allí a personalidades de la oposición, entre ellos a Raúl Morodo.

Llegado el verano, de un modo pautado y progresivo, don Juan arreció en sus manifestaciones. El 24 de junio de 1975, con ocasión de su onomástica, recibió a sus seguidores y pronunció unas palabras que tuvieron inmediata repercusión en España. Alabó entonces «el régimen de libertad, convivencia, autogobierno y prosperidad general que la histórica jornada del 25 de abril, protagonizada por sus fuerzas armadas [en Portugal], significa para millones de corazones». Pero, sobre todo, dejó clara su postura cuando «se acerca el fin de un poder absoluto tan dilatada e inconmoviblemente ejercido». Presentó a la monarquía «a disposición del pueblo español» y añadió: «No soy el jefe de ninguna conspiración. No soy el competidor de nadie. No deseo que mi persona sea motivo de discordia entre españoles. No pretendo nada.» Al mismo tiempo presentó de forma inequívoca a la institución «como salvaguarda de los derechos humanos y de las libertades políticas y sociales fundamentales». Tres días después, se le comunicó la prohibición de hacerse presente en España; la fórmula empleada por León Herrera fue un «desaconsejamiento ... por razones obvias de oportunidad política».[77] Por mucho que estas palabras resultaran más diplomáticas, la situación no podía ser más peregrina: el padre del sucesor se convertía en proscrito. Había un detalle complementario que se mantuvo oculto. Don Juan Carlos le dijo luego a López Rodó que se había enterado de que a su padre se le prohibía pasar por España gracias al gobernador civil de Baleares. Arias pudo proponer al mismo tiempo, como aparente compensación, que se elevara a capitán general la graduación militar de don Juan Carlos, lo que se hizo efectivo tan sólo más tarde, cuando ya Franco había muerto.[78]

Mientras tanto prosiguió el zigzagueo de la apertura. En materia social Fernando Suárez consiguió que se aprobara la nueva legislación sobre los conflictos colectivos. La disposición, aprobada en mayo, ligaba su contenido con la apertura política, pues pretendía «avanzar en el desarrollo de las virtualidades de las Leyes Fundamentales en cuanto basamento», pero quería también «recoger los datos nuevos de la realidad social»: los conflictos colectivos «forman parte de la realidad económica y social». El hecho de reconocer lo que era una evidencia palmaria protagonizó, como veremos más adelante, una intervención política memorable de otro Suárez, Adolfo. El propio Franco le habría dicho al ministro de Trabajo que «no podemos ir contra la realidad aunque no nos guste».[79] La huelga aparecía, de cualquier modo, como un «remedio extremo»: se exigía un elevado quórum para que fueran legales y se prohibían las huelgas en solidaridad y las de carácter político. La huelga procedente no extinguiría el contrato ni permitiría la imposición de sanciones pero tendría como consecuencia que el trabajador no recibiera el salario ni la prestación por desempleo. Quedaba excluido de la huelga «cualquier género de servicio público de reconocida e inaplazable necesidad». La mera participación en una huelga no procedente sería causa de despido.[80] Aunque liberalizadora con respecto al pasado, la ley resultaba, desde luego, superada por las circunstancias del momento: los trabajadores que protestaban simplemente no la cumplieron. Fernando Suárez afirma haber defendido también una apertura sindical con pluralismo en los sindicatos y haber mantenido conversaciones, arbitradas por Arias, en las propias Cortes, pero nada se avanzó en esta materia.

Aun así, un ministro aperturista como él padeció un incidente que no resulta anecdótico. Se celebró una rueda de prensa en Bruselas con ocasión de una visita en que conversó con Ortoli, el presidente de la Comisión Europea, y con el ministro de Trabajo belga, que era socialista. En presencia de un elevado número de periodistas afirmó que, «de ser alemán, votaría socialdemócrata». Este género de afirmaciones eran entonces habituales en boca de políticos reformistas del régimen e indicaban un vago deseo de homologación política con Europa, pero, por el momento, remitido a un incierto futuro.

El caso es que la regulación de la huelga y esa declaración le convirtieron en diana de los ultras. *Fuerza Nueva* presagió (y acertó) que «habría muchos que se salten limpiamente a la torera ... las reglas de juego» en materia de huelgas;[81] Girón llegó más lejos al afirmar que «el sistema al que pertenezco tiende a hacer innecesaria la huelga». En la citada revista se denunció «el celo ecumenista de algunos personajes del Sistema que no vacilan, dentro y fuera de España, en decir que es necesario deshacernos de la reciente historia que nos impide la homologación europea: antes tuvimos en el poder a un liberal reprimido [López Bravo], ahora tenemos a quien sería socialdemócrata si fuera alemán». «Yo —declaró Blas Piñar en un mitin— la verdad es que no comprendo cómo una persona puede dejar de ser socialdemócrata al pasar la línea sutil de la frontera y tampoco comprendo cómo un socialdemócrata es ministro del régimen ni cómo, si tiene tanta satisfacción en ser socialdemócrata no la cumple del todo, adquiriendo, que no creo que sea muy difícil, la nacionalidad alemana y votando sin reservas por nuestro gran amigo y ex combatiente de las Brigadas Internacionales el ex canciller Willy Brandt.» Lo más chocante del caso fue lo que sucedió inmediatamente después. Suárez se quejó ante Franco de que un consejero nacional hubiera pronunciado tales palabras; debió de ser, en parte, una justificación de lo que había hecho. Franco, en su estilo característico, respondió que Piñar era «un patriota», pero «muy exaltado».[82] Es muy posible que su aparente conflictividad contribuyera a que el ministro no siguiera después de la muerte de Franco. De cualquier modo, a Arias el mundo sindical y social apenas le interesaba: a diferencia de otros políticos del régimen, él renunciaba a las concentraciones populares periódicas destinadas a mostrar la atención gubernamental a una región o un problema.[83]

Como Suárez, otra novedad del nuevo Gobierno fue Herrero Tejedor. Riguroso y generalmente bien considerado dentro de la clase política gobernante, tenía tras de sí toda una biografía política en el Movimiento: había sido delegado nacional de Provincias y vicesecretario general del Movimiento durante la etapa de Solís a partir de 1957. Había participado, además, en el desmantelamiento del sindicato oficial universitario —el SEU—, convirtiéndolo en una entidad paraestatal dedicada a cumplir una labor social con los estudiantes mientras aparecían unas paralelas asociaciones profesionales. Esa posición le ganó ser rechazado por parte del sector más reaccionario del régimen; había estado a punto de ser ministro de Justicia y fue López Rodó quien lo vetó, con lo que ya se puede imaginar que se ganó su inquina. Una vez más, encontramos como factor coincidente en quienes compartieron el poder con Arias esa dura contraposición con el grupo Carrero-López Rodó.[84]

Herrero fue, sin duda, un político reformista, pero ya sabemos que había elaborado también una legislación muy represiva para la universidad. Su hijo, periodista, ha pretendido que mantuvo contactos con la oposición, pero los nombres que cita son irrelevantes, con la excepción de Ruiz Giménez; atribuye también a sus colaboradores improbables contactos con comunistas como López Raimundo y liberales como Madariaga.[85] En realidad, la relación entre el Gobierno y la oposición no se inició hasta bien iniciado el año 1976. Lo que Herrero hizo fue, como sabemos, repetidos intentos de incorporar a Fraga a las asociaciones: éste viajaba a menudo a España o recibía a personalidades en Londres. Sin duda, la noticia, a la altura de mayo, de que podía despegar el diario *El País* está relacionada con el deseo de atraer a Fraga.

Como hubiera tenido que admitir cualquier político reformista del régimen, Herrero Tejedor pensaba que el Estatuto de Asociaciones «nos ha salido canijo».[86] Se puso, sin embargo, en marcha, como sabemos, y a comienzos de junio se habían aprobado la Unión del Pueblo Español (UDPE), UNE (Unión Nacional Española) y ANEPA (Asociación Nacional para el Estudio de Problemas Actuales); en cambio, se rechazó a una FE de las JONS porque, en teoría, el ideario falangista era patrimonio común de los españoles. De esas tres asociaciones, a las que luego se sumó la UDE (Unión Democrática Española), inspirada por Silva, la más nutrida fue la primera, de la que formaron parte figuras del Movimiento como Solís; era tan oficialista que la presidió Adolfo Suárez, vicesecretario general del Movimiento con Herrero. Según López Rodó, sólo tenía «una lista muy floja [de adheridos]» y resultaba «un engendro». En realidad, no fue, como las demás, sino un germen fallido: ni siquiera agrupó a todas las jerarquías del Movimiento y los más jóvenes, a los que luego lideraría Suárez, se mostraron, de entrada, reticentes a ella.

Dadas las limitaciones del Estatuto de Asociaciones, Fraga definitivamente constituyó una sociedad en teoría destinada a estudiar los problemas españoles que venía a ser, de hecho, un preparativo. Entre sus fundadores figuraron muchos futuros ministros de UCD, aunque el liderazgo fuera de Fraga. Sin duda despechados, los medios oficiales transmitieron su irritación por la aparición de la fórmula. *Arriba* atacó con especial dureza, pero Herrero lo hizo con mayor moderación, refiriéndose a la nueva sociedad como una «sutil tentativa». Pero en esta materia se caminaba con parsimonia, a la espera de un cambio de legislación que sólo era posible con la muerte de Franco.

Nunca conoceremos los límites del aperturismo de Herrero Tejedor, porque se mató en un accidente de tráfico el 12 de junio. Asistieron a su entierro las máximas jerarquías del Estado; las fotos de prensa muestran un Arias profundamente abatido.[87] Tarancón se expresó en términos laudatorios acerca del finado: «Su honradez, autenticidad y espíritu de verdadero cristiano».

Fue necesario conceder una pensión especial extraordinaria a su familia porque existía una situación de «desamparo en que se encuentran los familiares de los miembros del Gobierno cuando, como en este caso, en acto de servicio y debido a un accidente, pueden perder la vida».[88]

Para relevarlo, Arias pensó en Martín Villa, antiguo dirigente del SEU y gobernador civil de Barcelona, en Rodríguez de Valcárcel, que iba a cesar como presidente de las Cortes, lo que le facilitaba liberar un puesto esencial de cara al futuro, y en Solís, un histórico del Movimiento y, como tal terna, se los propuso a Franco. No parece haber pensado más que ocasionalmente en el sucesor obvio, Adolfo Suárez, el vicesecretario general con Herrero, porque entonces no llegaba tan claramente a la condición de ministrable.[89] Para su sorpresa, se encontró con que Franco le sugería el nombre de García y Rodríguez Acosta, que había sido vicesecretario con Utrera y había relevado luego a Herrero Tejedor como fiscal general del Estado. Con ello «parecía como si el grupo políticamente vencido en la dificultosa crisis política de marzo de 1975 le hubiera madrugado a Arias con cierto sentido de revancha».[90] Arias, que empezó a sentirse claramente distanciado de Franco, se negó y finalmente Franco optó por la seguridad que le proporcionaba Solís. Para muchos, la decisión suponía el retorno a un personaje de otro tiempo. Para *La Actualidad española*, «el país abrió la boca no con ánimo de bostezar; la abrió de asombro»; en *Mundo* se llegó a la conclusión de que «no existen suficientes políticos de recambio».

En su toma de posesión Solís reconoció que estaba «preocupado, enormemente preocupado». Pero, en lo personal, Adolfo Suárez tenía más razones para estarlo. Su intervención despidiendo a quien había sido su mentor político es un buen ejemplo de la impregnación del lenguaje democrático en la clase política del régimen. De Herrero dijo que «ha trabajado con toda su energía desde el respeto a la libertad por la constitución de una democracia libre y apacible; él, como el centinela de Isaías, vio venir la mañana en la noche». Al afirmar que «la monarquía de don Juan Carlos de Borbón es el futuro de una España moderna, democrática y justa» parecía ser profético, pero eso era compatible con la identificación con «el Estado nacido el 18 de julio». Conviene, por tanto, no crear un mito presentando anacrónicamente a un Suárez demócrata ya en estos momentos. Alguno lo ha hecho al afirmar que, cuando se despidió de Franco, le aseguró que la asociación política que presidía era un embrión «imperfecto, insuficiente del pluralismo político que luego resultará necesario»; también habría argumentado sobre «la inevitabilidad de la democracia». Franco habría repuesto que «entonces habría también que ganar, para España, el futuro democrático».[91] Pero Franco, a la declaración que hizo Suárez de que era dudoso que se produjera en tales términos, no debió de darle demasiada importancia. Sabía que Suárez solía caracterizarse por su audacia y desparpajo, que había demostrado en más de una ocasión cuando, siendo director general de Televisión, le grabó su discurso televisivo de Fin de Año.

La tesis del Suárez precursor de la democracia en 1975 es insostenible. En cambio, sí es cierto que en los meses que siguieron demostró su capacidad de supervivencia. Reducido a la condición de retirado antes de tiempo, se dio cuenta de que dejaban de saludarle quienes lo habían hecho durante el tiempo en que fuera vicesecretario general. Pero, aunque desamparado, repitió que no estaba vencido. Poco tiempo después, se autocalificaría de «chusquero de la política» ante López Rodó.[92] Esta especie de autocompasión contribuía a hacerle atractivo.

Apenas un par de semanas después de la muerte de Herrero, Arias aseguró en las Cortes que «España y el régimen no están en almoneda» y defendió la legitimidad incuestionable del régimen, la unidad nacional y la monarquía.[93] Pero esta argumentación defensiva era compatible con la del aperturismo verbal y nada efectivo. A fines de julio, Solís dejó caer ante el Consejo Nacional, como antes había hecho Arias, que con el Estatuto de Asociaciones se habían obtenido los resultados que eran buenamente posibles. No era una disposición «para dinamitar» nada; había que «ponerlo en rodaje» y «darle velocidad». Era la línea que había mantenido Carro en diciembre de 1974. En agosto circularon dos proyectos de decreto sobre las condiciones exigidas a las asociaciones políticas para su concurrencia electoral y sobre la presencia de las asociaciones políticas en los medios sociales e institucionales de comunicación social.[94] No podrían concurrir a las elecciones las entidades sindicales y profesionales; la financiación podía correr a cargo del Estado. La utilización de los medios públicos se haría en paridad. Ambas disposiciones habían sido objeto de un informe previo de la Comisión Permanente del Consejo Nacional. Con ellas se quería dar la sensación de una cierta inminencia de la consulta electoral que, en efecto, se había prometido, aunque lo esencial —es decir, que las asociaciones representaran un verdadero pluralismo— estaba muy lejano. UDPE había conseguido la incorporación del actor Sancho Gracia y del motorista Ángel Nieto, personajes conocidos y amigos de su presidente.

Todavía muy lejana cualquier consulta electoral, llama la atención que lo que podríamos denominar como «verbalización de la apertura» llegó a que un grupo de procuradores sindicales se dirigiera a Arias proponiendo «un futuro cada vez más democrático y de un carácter más social sin hacer forzosamente tabla rasa de las actuales instituciones». Lo que les interesaba era una reforma del reglamento de las Cortes para convertirlas en «órgano legislativo habitual y permanente, equiparable en su cometido y funcionamiento a los parlamentos propios de los países occidentales» y, de este modo, «hacer real y permanente la labor de enjuiciamiento y control del ejecutivo». Los plenos —argumentaban— no eran más que la ratificación de lo sucedido en comisiones. Tenían razón, por supuesto, pero resulta también evidente que la propuesta no pasaba de ser una democratización parcial que no afectaba a la condición global del régimen ni, sobre todo, a los propugnadores de este cambio.[95] Cuando en verano se debatió en las Cortes la posible elección de alcaldes por sufragio universal, la oposición se planteó principalmente entre los procuradores sindicales.

Mientras tanto, continuaba la política subterránea y proliferaban los rumores. A comienzos de julio, García Ramal y Rodríguez de Valcárcel hablaron con Franco sobre la necesidad de prolongar la legislatura cuatro meses, hasta fines de noviembre. Arias, que no se enteró de la gestión ni tuvo parte en la decisión, aceptada por Franco, se mostró indignado y a punto estuvo de dimitir. Tenemos pocas noticias de lo sucedido, pero sin duda es una prueba de la incapacidad de arbitraje de Franco y de la distancia creciente que le separaba de Arias. La frase que los rumores recogidos por López Rodó atribuyeron al primero no puede ser más expresiva: «Visto lo que le ha molestado a Arias, será una buena medida la prórroga». Franco no tuvo inconveniente en dar esperanzas a alguno de los ultras vencidos. Según López Rodó, le habría dicho a Ruiz Jarabo que «Arias no es de fiar y no terminará el año de presidente».[96] Mientras la política subterránea arreciaba, la política pública, en cambio, se retraía. El ministro de Información propuso a Arias «un almuerzo al que le invitarían los directores de los medios informativos de Madrid. El contacto sería absolutamente informal, es decir, que el presidente podría sentirse cómodo ya que sus manifestaciones u opiniones serían totalmente respetadas en cuanto a su origen y contenido».[97] Pero este ensayo de *off the record* no se llevó a cabo. En cambio sí abundaron las especulaciones, incluso con una fecha fija (el 18 de julio, en octubre...) acerca de una posible sucesión en la Jefatura del Estado en vida de Franco. Pero no hay absolutamente ninguna prueba de ello y parece, por el contrario, opuesto a lo que sabemos del carácter del general, que en los días de su enfermedad definitiva tampoco estuvo pronto a ceder sus poderes.[98]

La reconstrucción de los hechos del verano de 1975 proporciona, ante todo, una sensación no sólo de espera de la muerte de Franco, sino también de parálisis del ejecutivo. El gobierno de Arias era más homogéneo que nunca y el lenguaje de la apertura se había convertido en moneda corriente. Los ultras atacaban y, aunque aparentemente inocuos, contribuían a frenar cualquier iniciativa. En el único terreno donde parecía posible tomar una decisión, porque existía coincidencia, era en la política de orden público. El 22 de agosto se produjo la aprobación del decreto ley antiterrorista que preveía juicios sumarísimos, registros sin mandato judicial y pena de muerte para los que atentaran contra las fuerzas de seguridad. Desde principios de 1974, el terrorismo había causado 31 muertos y en la clase política del régimen existía una sensación de espanto generalizada, que la mayoría de los españoles compartían, y de la urgencia de la represión, que los gobernantes querían bajo una forma tal que se demostró ineficaz, al margen de resultar inaceptable en sus formas. La medida limitaba de modo extremado el ejercicio de los derechos y, como siempre en el franquismo, otorgaba el papel instrumental a la autoridad militar. Lo novedoso era que al terrorismo se le atribuía la pretensión de «detener o impedir, si fuera posible, la evolución de las instituciones políticas hacia posiciones de más amplia y libre participación del pueblo». Se daba así la paradoja de que se legislaba desde la dureza y se justificaba desde la apertura. La represión sería la gran protagonista de septiembre. Pero antes de tratar este tema es preciso, sin embargo, abordar otros.

Verano de 1975: la UMD, el Ejército y la política

El papel de los militares durante la Transición española a la democracia es una de las cuestiones más confusas de la historia de la misma.[99] Ello es sin duda debido a varios factores: las disposiciones legales dicen poco y, además, tardíamente, las memorias publicadas lo han sido por quienes representaban a sectores marginales (generales ultras como Iniesta u oficiales demócratas como los de la UMD) y la propia estructura jerárquica de la institución militar no facilita el descubrimiento de las distintas posiciones. Tampoco la documentación resulta accesible.

No cabe la menor duda de que el alto mando militar estableció en la práctica un techo o límite ante cualquier reforma política, tanto en la agonía del franquismo como durante la Transición, aunque aquél fuera cambiando con el paso del tiempo. De cualquier modo, el franquismo no era un régimen de dictadura militar que se hubiera convertido en civil. Al Ejército le correspondían funciones paraconstitucionales de conservación de lo vigente de las que todos eran muy conscientes, entre ellos el propio Franco, como pone de relieve una de sus conversaciones con Utrera. Durante toda la época en que fueron presidentes del Gobierno Arias y Suárez, los gobiernos civiles actuaron con una conciencia clara de la propia debilidad política frente al poder militar. Quizá también sobrevaloraron al supuesto enemigo, pues, en definitiva, nunca tuvo planes precisos, como no fueran reactivos, ni tampoco un liderazgo inteligente. Además, de ninguna manera se puede decir que la totalidad de las Fuerzas Armadas fuera involucionista. El caso de Díez Alegría, aunque excepcional, así lo prueba, pero era la porción más valiosa y ilustrada de la cúpula militar, en contacto con el exterior gracias a la dedicación intelectual y a la negociación de los tratados con Estados Unidos. Marcaban las distancias en el talante las diferencias de edad, pero también en la formación y en la ocupación: en 1968 el 44 por 100 de los capitanes tenía, además, un título universitario; el 80 por 100 de los militares de guarnición en Barcelona, por esas fechas, practicaba el pluriempleo. Algo similar sucedía en Madrid poco tiempo después. En 1967 un militar, Julio Busquets, presentaba una tesis doctoral que describía esta realidad y que, publicada después, causó profunda impresión.

Resulta significativo que Busquets, futuro inspirador de la Unión Militar Democrática y parlamentario socialista, procediera de medios católicos. En el Ejército, como en el resto de la sociedad española a fines de los años cincuenta y principios de los sesenta, los factores de inquietud nacieron en ese mundo: cuando el citado personaje explica los antecedentes de la UMD se refiere a Forja, un grupo de carácter falangista y religioso compuesto por unos sesenta oficiales y otros tantos cadetes formado a finales de los años cincuenta. Una treintena de miembros de Forja, que abandonaron primero el falangismo y sólo luego en parte el catolicismo, figuraron en las filas de la UMD.

Este catolicismo y falangismo críticos, que desembocó en una postura crítica ante la situación del Ejército o el régimen, primero, y en la izquierda después, chocaba frontalmente con la mentalidad católico-tradicional del franquismo. Cuando se publicó un libro-informe oficial acerca de la UMD, en él se consideraba que ésta había sido «el acontecimiento más importante acaecido en el Ejército español desde 1939». Constituía, según los redactores, una «sistemática tergiversación de valores» en un área de la vida nacional; su «acción subversiva» chocaba con la «ideología de un régimen que está enraizada en nuestra religión católica». Por supuesto, formaba parte de una conspiración más general contra la familia, la religión, las instituciones docentes y la unidad política. Los autores de este libro, ya en 1976, citaban con frecuencia al general De Santiago, vicepresidente y ministro de Defensa, teórico de la lucha antisubversiva y defensor de un cierto poder militar autónomo que, no obstante, no se llegó a convertir en realidad.

La situación del Ejército español estaba, a fines de los años sesenta, tan lejos de cualquier ideal que, inevitablemente, las reformas se intentaron aunque estuvieron lejos de plasmarse en la realidad. El programa incluyó, por ejemplo, una Ley de Dotaciones y el establecimiento de un régimen de Seguridad Social. Poco se adelantó, en cambio, en la coordinación de las diferentes armas: en 1970 una Ley Orgánica de la Marina estableció su autonomía. El protagonista del reformismo militar fue, como sabemos, Manuel Díez Alegría, apoyado por el CESEDEN (Centro Superior de Estudios de la Defensa Nacional). Este programa tendía a la eficiencia así como a la profesionalización y siempre chocó con los sectores más politizados en sentido ultra, el generalato que había hecho la guerra civil y que en muchos casos procedía de los alféreces provisionales.

Según los medios oficiales, desde 1970 se detectó una presencia de propaganda comunista en los cuarteles. En realidad, más importante debió de ser la confrontación cruzada entre sectores contrapuestos en relación al juicio de Burgos en 1970; mientras que algunos defendieron la actuación de los jueces militares y abominaron de las aperturas (150 oficiales de Madrid), otros (11 de Barcelona) movieron un escrito propugnando la disciplina y la unidad. El libro-denuncia oficial lamenta la creación de «fantásticas figuras militares», con lo que alude de modo indirecto a Díez Alegría, sin duda el hombre adecuado para haber pilotado la transición en el ámbito castrense. El Servicio de Información de Presidencia creado por Carrero (y doblado por otro de carácter interno militar) fue duramente criticado porque suponía una politización y porque de él se obtenían ventajas materiales.

El impacto de la revolución portuguesa sobre la joven oficialidad española más liberal fue, sin duda, muy importante. Con todo, la situación era muy diferente: la inacabable guerra colonial sembró una simiente izquierdista en el Ejército luso mientras que en España la protesta nació de la sensación de que gran parte de los altos mandos mantenían una versión muy politizada del papel de un Ejército caracterizado por su ineficiencia. Por otro lado, la UMD o, en general, la disidencia fue muy minoritaria: no hay que tomar muy en cuenta el apoyo de varios cientos de militares que se atribuyeron los medios de izquierda. El escrito precursor de la UMD («¿Adónde nos quieren llevar?», octubre de 1974) es netamente defensivo; apenas critica la sucesión en don Juan Carlos. A fines de 1974 tuvo lugar la primera asamblea de la naciente UMD. Luego, a comienzos de 1975, circularon unas «Cartas de un grupo de oficiales al Ejército español» que contenían principalmente reivindicaciones profesionales. En febrero, hubo arrestos de militares en Barcelona, la guarnición en que el sector militar protestatario parece haber tenido mayores apoyos; por el momento, no se denunció la existencia de una organización conspiratoria. En Semana Santa se reunió una asamblea en la que por vez primera asistieron oficiales del Aire y del Estado Mayor. La cifra de oficiales vinculados a la UMD resulta notoriamente reducida: pasaron por ella —es decir, sin pertenecer a ella durante todo el tiempo— 141 oficiales, de los cuales 48 de guarnición en Barcelona y 46 en Madrid.

Mientras tanto circuló un proyecto de Ley Orgánica de Defensa Nacional que no llegaría a ser aprobado; de acuerdo con él, el jefe del Estado ejercería el poder supremo en materia de defensa nacional.[100] Lo interesante de su contenido es que establecía de cara al futuro la supremacía de un poder que ya no sería ejercido por un militar porque correspondería al rey. Eso parece indicar que el Gobierno Arias estaba muy lejos de los generales ultras que creían en un poder militar autónomo. Puede ser significativo también que las detenciones de los vinculados a la UMD fueran obra de la autoridad militar, aunque en la documentación oficial se dice que el presidente del Gobierno tuvo conocimiento previo por conducto regular.

La denuncia partió del capitán general de la 1.ª Región Militar, quien a su vez recibió un parte del jefe del Servicio de Información, el general Sáez de

Tejada, pero la precisa información previa había partido del general Milans del Bosch. De acuerdo con una versión no confirmada que circuló en los medios monárquicos de oposición, el teniente general Campano habría recibido a seis capitanes y un comandante que quisieron persuadirle de «la necesidad de que el Ejército hiciera una declaración dando su conformidad a una política de mayor liberalización del régimen». Campano, «de ordinario considerado como un ultra por sus declaraciones y adhesión personal a Franco, habría hecho en un círculo reducido unas manifestaciones de tipo más bien liberal». El resultado final, sin embargo, fue la desarticulación de la UMD.[101] El 29 de julio de 1975 se produjo la detención, en principio, de un comandante y cuatro capitanes, a los que luego se sumaron otros cuatro capitanes más. Busquets, sin embargo, en sus memorias contabiliza hasta 15 militares de la UMD procesados, 18 que pasaron por prisiones militares, 20 que perdieron el destino y otros muchos que resultaron marginados. Con todo, las cifras resultan de nuevo muy bajas; de acuerdo con la documentación incautada por la autoridad militar, la UMD trataba de llegar a unos 400 oficiales. El informe oficial detectó «una inclinación patente hacia el marxismo», unida a cierto rechazo hacia su práctica tanto internacional como nacional; más propiamente cabe decir que, como tantos en la época, estos oficiales querían encontrar una vía entre la justicia social y la libertad. Pero, al mismo tiempo, la investigación oficial admitió en él también que la preocupación profesional era fundamental y que la «insatisfacción» ante el material de que se disponía había jugado un papel fundamental en el movimiento. Sólo «por excepción, desde luego», esos militares mantenían contactos con el PCE. Se les incautó información sobre el Sáhara, documentos de cariz religioso, un estatuto militar redactado en Gerona y libros de Tierno y Tamames. Todo ello no era indicio de peligrosidad revolucionaria para el régimen, pero uno de los miembros de la UMD, el capitán Domínguez, llevó a cabo todo un viaje de propaganda exterior a partir de septiembre de 1975 durante el cual conectó a menudo con los medios comunistas; en sus declaraciones avanzó mucho más de lo que lo había hecho la UMD proclamando, por ejemplo, la necesidad de la legalización del PCE. Una parte de quienes estaban en el interior de España las acogieron con reticencia y para quienes permanecían en prisión tuvieron como consecuencia la dispersión por toda la geografía peninsular. Además, por un momento los abogados defensores de los procesados fueron figuras ilustres de la oposición como Tierno, Miralles, Álvarez Miranda y Gil Robles, hasta que la autoridad militar impidió que ejercieran tal función. Cuando llegó el juicio, más de tres mil profesionales se solidarizaron con ellos. Pero si, en un principio, la oposición exageró la implantación de la protesta entre los jóvenes militares, luego dejó de insistir en el particular por temor a la reacción militar. Radio España Independiente llegó a desmentir que se estuviera preparando un golpe de Estado.

El ya citado texto de la oposición monárquica afirma que, ante lo sucedido con la UMD, «parece que se ha decidido hacer el menor daño posible, pues los mandos son conscientes de que de lo contrario traería como consecuencia fomentar la insatisfacción de este nivel inferior [de la oficialidad], insatisfacción que ya está en marcha». Esta afirmación parece cierta: Arias, como sabemos, no tuvo la iniciativa de las detenciones. Probablemente trató de superar las circunstancias con una discreción que evitara multiplicar su confrontación con la extrema derecha militar.

Cuando la prensa más cercana a la izquierda trató a los sancionados en un tono que indicaba simpatía, el Consejo de Ministros, en febrero de 1976, advirtió que no admitiría intromisiones en la justicia militar. Los comentarios en la prensa a partir de la fecha fueron muy prudentes. El juicio de los militares se llevó a cabo el 6 de marzo de 1976 y lo presidió el general Gómez de Salazar, que había mandado las tropas destacadas en el Sáhara. Los acusados recusaron a un vocal de la División Acorazada; se les impidió la declaración de sus principios políticos. Las sentencias finales se situaron entre ocho y tres años, pero el indulto de la proclamación de la monarquía redujo la pena en tres años. En diciembre de 1976 todavía hubo una reunión de la UMD, pero ya con pocos asistentes. La reforma política encauzada por Suárez quitó sentido a su existencia y, en efecto, se disolvió cuando se realizaron las elecciones democráticas. Los miembros de la UMD no pudieron, sin embargo, recuperar su carrera militar y figuraron así entre los damnificados de la Transición. Pero revelando este final nos adelantamos en el tiempo.

Lo que nos interesa ahora es examinar el impacto que tuvo el descubrimiento y desarticulación de la UMD. Arias tan sólo declaró, de forma poco estridente, que también en el Ejército se producían situaciones subversivas localizadas, como en otros sectores de la sociedad española. Un modo de poder intuir cuál fue su posición consiste en tener en cuenta su correspondencia con quien habría de resultar figura fundamental en la transición militar, el general Gutiérrez Mellado. Éste había nacido en 1912 y estuvo en la Academia de Zaragoza cuando la dirigía Franco. Desde 1952 había jugado un papel importante en la negociación de los tratados con Estados Unidos; luego pasó siete años en la vida civil y en 1963 se reincorporó al Ejército. A lo largo de su carrera apenas tuvo mando de tropas, hecho que contribuye a explicar que, en el momento en que estuvo al frente de la jerarquía militar, muchos generales derechistas extremaran el rechazo hacia su persona. Desde 1971 hasta 1975 permaneció en el Alto Estado Mayor, desde donde participó en la elaboración de los intentos de reforma militar. Su mentor y a quien sucedería fue Manuel Díez Alegría, cuya marginación ya conocemos.

Pues bien, entre Arias Navarro y Gutiérrez Mellado debió de existir intimidad y cierta coincidencia durante estos meses, como se demuestra por la correspondencia manuscrita del segundo que el primero conservó (no ha sido posible hallar las cartas del presidente). Los puntos de coincidencia entre ambos no debieron de ser pocos. Si Gutiérrez Mellado había sido enviado a Ceuta como comandante fue, según Arias, porque «no parecía existir posibilidad de mantenerte a nuestro lado en esa casa que tan bien conoces, que es el Alto Estado Mayor» y, al mismo tiempo, proseguir su carrera militar hacia la cúspide. El ya general reveló: «Me he encontrado con una situación en cierto modo preocupante y tensa» en lo relativo a la situación del Ejército, y le hizo partícipe de ello al presidente en tres largas cartas.[102]

Aunque ésta es cuestión que se tratará más adelante, algo que preocupaba de forma especial y muy justificada a Gutiérrez Mellado era el conflicto del Sáhara, cuya historia y presente trató de forma detenida. Según él, de hecho probablemente se ocupó tan sólo para proporcionar acuartelamiento a algunas unidades salidas de Marruecos después de la independencia. Considerarlo provincia española había sido «un grave error», pero además hubo «la desgracia de descubrir los fosfatos, una primera muestra de grandes riquezas minerales y, al latente problema colonial se unieron unas apetencias económicas muy peligrosas». Nunca se explotó bien en su momento y ahora despertaba ambiciones. Siempre «nuestro esfuerzo para promocionar el Sáhara fue raquítico» y «un asunto que debía ser tratado con la mayor atención política se llevaba en ratos libres o cuando no presionaba la ONU, con total falta de planificación y de directivas». «Hay actas de nuestra Junta de Defensa Nacional en vida del Almirante (que en paz descanse) —añadía— en las que consta que nuestro ministro de Asuntos Exteriores pide auxilio para encontrar argumentos ante las Naciones Unidas. Y así durante muchos años.» La descripción corresponde a la exacta verdad y revela la profunda reticencia de Franco y Carrero frente a la descolonización.

Pero ésta era inevitable y «ahora argumentamos que tenemos que cumplir lo que dice dicho organismo después de ignorarlo durante mucho tiempo». A partir de este punto, Gutiérrez Mellado se expresaba de manera divergente a lo que fue la política de Arias respecto del Sáhara llevada por personas —Carro y Blanco— muy próximas a él; claro está que el titubeo procedió de Franco. Un año atrás se elaboró «un proyecto de Estatuto», pero era una «solución ficticia» para «vestir el muñeco pero que todo siguiera igual». Marruecos, seguía Gutiérrez Mellado, reaccionó entonces «violentísimamente», pero también intentó «negociar con nosotros tendiendo continuamente puentes para lograr acuerdos bilaterales que nunca han sido considerados seriamente por nuestra parte. Todo ello con una censura completa de nuestros medios de comunicación». Mientras tanto, el Polisario «amamantado» por una Argelia que habría actuado con «doblez», iniciaba sus acciones y en la población indígena hasta «los más favorables quieren que nos vayamos después de sacarles las castañas del fuego». En el verano de 1975 «Hassan II ha ido demasiado lejos y se encuentra en un callejón sin salida si no le ayudamos, al menos algo, para que pueda salvar la cara; el no obtener un cierto éxito, si no todo, le puede costar la vida, además del trono y él lo sabe». Su frustración ante la imposibilidad de llegar a un acuerdo con España sobre el Sáhara incitaba a una posible actuación en Ceuta y Melilla por medio de atentados, lo que provocaría «una escalada de consecuencias imprevisibles». «Esta situación —presagiaba el general— puede producirse ya, en cualquier momento, pero sobre todo en el otoño próximo.» Acertó por completo.

Dada esta situación, Gutiérrez Mellado tenía una propuesta que fue la que finalmente triunfó, aunque mucho después y en peores condiciones: «Hay que tomar una decisión: jugar la carta marroquí hábilmente y con todas las preocupaciones que ello supone o no, ateniéndonos también a las consecuencias». Pero «en ningún caso —afirmaba— deseo que Hassan II aparezca como el gran derrotado», pues si hubiera conflictos con Marruecos, Argelia se sumará al reino alauita. «Creo sinceramente —concluía— que [Hassan II] no quiere el conflicto armado, pero puede pensar que es la única solución para que la gente suya no se le vaya de la mano.» Sabía, no obstante, que «los de la Dirección General» correspondiente, «en Presidencia, quieren jugar la carta argelina». Pero Argelia resultaba muy peligrosa y, más aún si caía Hassan II. Al monarca alauí el acuerdo con España le proporcionaría un «balón de oxígeno», mientras que si caía, «lo que venga será mucho peor». Con una visión demasiado optimista, Gutiérrez Mellado aseguraba que, si las cosas se encauzaban en el sentido citado «Ceuta y Melilla desaparecerán como problemas».

Lo que hemos transcrito hasta ahora en esta correspondencia revela la transcendencia de una cuestión que permaneció oculta a la mayoría de los españoles y que estallaría de forma súbita en los meses siguientes. Pone de manifiesto también la división entre los militares españoles, aunque es sólo una prueba de la misma, porque también trató Gutiérrez Mellado de las prisión de oficiales durante el verano. De la «máxima gravedad» era la detención de un comandante y varios capitanes de la UMD. «Como tú dijiste —escribió Gutiérrez Mellado— demuestra que los Ejércitos, en su componente humano, sufren las mismas vicisitudes que el resto de la sociedad, aunque quizá en menor grado.»

Lo que llama la atención en la interpretación del caso que hacía el general es que, siendo luego él quien evitó la reincorporación al Ejército de los encausados, en este momento emitía sobre el caso un juicio muy moderado e imparcial. Era un asunto que había que «tratarlo» —aseguraba— «desde el punto de vista político y no dejando correr, a lo que dé, el Código de Justicia Militar»; habría, pues, que utilizar el «bisturí electrónico» para enfrentarse a él. Así debía ser para evitar que de todo ello obtuvieran ventaja «ciertos generales que no se resignan a estar en la [situación] B [y] participan en manifestaciones y mítines ... Ahora se rasgan sus vestiduras en cuanto pueden, pero antes no estaban preocupados por cuántos días de combate [en munición] tenían sus unidades». El origen de esta actitud estaba, de acuerdo con su opinión, en «el desgraciado asunto del general Díez Alegría que institucionalizó la desviación existente en el Ejército presentando —estoy seguro— una personalidad completamente deformada de uno de los generales más capacitados de nuestros Ejércitos». Gutiérrez Mellado localizaba la extrema derecha militar principalmente en altos jefes de la Capitanía General de Cataluña. Ellos habrían actuado «de buena fe o sin ella pero en todo caso [como] cazadores de brujas», llevando a cabo una auténtica «declaración de guerra santa» a Busquets, con quien había tenido la oportunidad de conversar en el castillo de Hacho en Ceuta y que, como sabemos, había sido el precursor a la hora de las detenciones. El asunto se habría llevado en su opinión «demencialmente».

Importa señalar que, como los militares de la UMD, Gutiérrez Mellado se sentía acosado por el generalato de extrema derecha. Se indignaba contra el «calentamiento» que Blas Piñar ejercía: la revista *Fuerza Nueva* venían recibiéndola «la mayoría de las unidades, por suscripción o regalada». «Si ahora se descubre un grupo de oficiales que creen en las ideas y en los métodos que predicaba.» Piñar, eso también, como en el caso de la UMD, suponía una escisión en las Fuerzas Armadas, pero «somos una inmensa mayoría los que rechazamos totalmente cuanto predica dicho señor». El líder de la extrema derecha atacaba a Arias y a Carro, «aunque ahora lo ha cogido para sus fines políticos como plataforma». «La debilidad en cortar estas actividades políticas extremistas de la derecha —concluía— ha producido la reacción que ahora sufrimos, de signo contrario.» Gutiérrez Mellado se daba cuenta de que «a los oficiales jóvenes no se les puede abrumar hablándoles de una guerra que está en estos momentos más lejos de nosotros que la de Cuba cuando yo era teniente», por más que en las circunstancias del 18 de julio el Ejército volvería a actuar de forma similar y que «el sistema comunista fuera enemigo público número uno de España y los Ejércitos».

Frente a los ultras que demandaban «medidas draconianas», Gutiérrez Mellado proponía «hacer justicia ..., pero tratando de dañar lo menos posible a un organismo único» como era la oficialidad. Entre los acusados «alguno habrá marxista», pero también «magníficos oficiales». Se manifestaba contra los Servicios de Información «cuidadosamente dotados de personal ultra para quien es sospechoso todo aquel que no comulgue con sus ideas extremistas». Con esta especie de «comisariado político azul dentro de los Ejércitos éstos se autocalentaban» en sentido reaccionario. De acuerdo con este texto, se entiende mucho mejor la posterior postura de quien fue vicepresidente de Gobierno con Suárez: aceptaba que los oficiales de la UMD habían sido «masacrados», pero sabía también que su ingreso en el Ejército supondría una grave conmoción y un rechazo profundo.

Gutiérrez Mellado tenía posición definida en la cuestión del Sáhara y una actitud moderada respecto de la UMD, pero también, como en el caso de los afiliados a ésta, participaba de una profunda autocrítica profesional. «Somos —aseguraba— el Ejército más viejo del mundo», infectado por los «niños de papá» y el «pluriempleo consentido» condenado con «repugnancia a intervenir en cuestiones de terrorismo» y que sentía una fundamental «frustración por falta de eficacia de las unidades». Proponía un Ministerio de Defensa a cargo de un civil y una Ley Orgánica de Defensa que disminuyera el poder de los jefes de Estado Mayor ante los ministros porque «la actual o reciente reorganización del Ejército es un verdadero ciempiés». La enseñanza militar se debía completar con humanidades y ciencias sociales; tenía que existir una norma única de ascensos, una reducción del número de generales y se debía acabar con el pluriempleo y reducir el contingente de tropa. Todo eso se hizo a finales de los años setenta y comienzos de los ochenta, pero con Franco vivo era imposible.

Con esto, el general se acercaba a la política y en este terreno se mostraba como un reformista desde los presupuestos políticos del régimen; después personificó su ideal en Suárez, pero ahora lo hizo en Arias: «Yo —le decía— creo en ti, en tu buena fe, en tus esfuerzos en bien de España y te admiro por tu paciencia, por tu sacrificio, por tu decisión». En ocasiones empleó un lenguaje ácido contra la clase política dirigente lamentando la «corrupción» que convertía a España en «un huerto de propiedad particular de algunos». A quienes siempre hablaban de los principios del Movimiento había que pedirles «declaración jurada» de bienes antes del 18 de julio. También difería en materia de política exterior, cuestión en la que, como sabemos, tuvo competencias en su momento: «Mucho orgullo y venga de brazo en alto ante Europa y una claudicación vergonzante y un trato colonial por parte de Estados Unidos, soportado con una mansedumbre sólo justificable como salvavidas ... ¿No podríamos cambiarla un poco y al revés?».

Pero lo que le preocupaba, sobre todo, era el panorama político militar. En el Ejército —ya veremos que hubo otros informes en este sentido— la «división se agudiza por momentos» y «está a punto de producirse una escisión irreparable». Por tanto, «hay que cortar esto ya con medidas sensatas, pero enérgicas y urgentes y cuyo resultado no produzcan ni vencedores ni vencidos», «imponiendo la autoridad a derecha e izquierda» porque «el seguir como hasta ahora sería suicida». Además, la situación existente potenciaba al grupo ultra que condena «a todo general, jefe u oficial que simplemente no piense como ellos o deseen un aperturismo como el gubernamental plasmado en el discurso del 12 de febrero».

Esa pasión por mantener unido un Ejército exclusivamente profesional eficiente, aunque no renunciara al pasado de 1936, fue el eje de toda la actividad pública del general Gutiérrez Mellado. En alguna medida, al menos, parte de estas ideas pudieron ser compartidas por Arias, con sus habituales titubeos y contradicciones, del mismo modo que Gutiérrez Mellado se identificaba con su aperturismo. Importa señalar que podemos llegar a dicha conclusión porque el ascenso meteórico de Gutiérrez Mellado ya estaba previsto por Arias. Por lo que éste parece haberle escrito (y que sólo podemos colegir a partir de las cartas del militar), quería ponerle al frente del Alto Estado Mayor. Gutiérrez Mellado, que se proclamaba partidario de «unir en vez de separar», sabía que «habría que enfrentarse a los ultras que me llamarán rojo en cuanto se pretendiese asentar la autoridad, hoy tan discutible por no decir otra cosa». Tenía a estas alturas, además, la suficiente confianza para recomendar ascensos o cambios de mando. Algunos de los nombres que citaba (los generales Villaescusa, Álvarez Arenas, Vega, Banyuls, Vallespín... por ejemplo) desempeñaron responsabilidades relevantes en el momento de la Transición.

Los fusilamientos de septiembre

Entrado el verano, tras la correspondencia epistolar que hemos mencionado, a finales de agosto y mediados de septiembre se celebraron en España cuatro consejos de guerra. En ellos fueron condenados tres miembros de ETA y ocho militantes del FRAP. La forma como se celebraron los juicios y las sentencias pronunciadas revistieron particular brutalidad. Uno de los condenados de ETA había quedado reducido al estado vegetativo a consecuencia de un disparo y en parte de los Consejos se siguió un procedimiento sumarísimo que ni siquiera permitía a los abogados leer las acusaciones contra sus defendidos, lo cual tuvo como consecuencia que abandonaran la sala y fueran sustituidos por militares. Ya se puede imaginar que la oficialidad más valiosa acentuó la repugnancia que sentía Gutiérrez Mellado ante esta intervención del Ejército en la represión. Quedaban pendientes hasta una decena de consejos más. La noticia provocó inmediatas peticiones de indulto de las más variadas procedencias, tanto interiores —desde colectivos profesionales hasta la Conferencia Episcopal— como exteriores (el secretario general de la ONU, el Parlamento Europeo y el propio papa). Hubo también amplias movilizaciones populares contra el régimen en el País Vasco.

El Consejo de Ministros celebrado el 26 de septiembre confirmó cinco de las condenas a muerte. Parece ser que las deliberaciones fueron breves y sólo las protagonizaron media docena de ministros; resulta evidente que hubo matices entre ellos, pero es muy difícil poder apreciarlos entre quienes permanecen vivos. No cabe la menor duda de que la opción final fue, sin duda, voluntad de Franco. En un plazo corto de tiempo se decidieron seis indultos y cinco ejecuciones, una fórmula que pretendía transmitir la idea de que, en definitiva, la clemencia había predominado sobre la decisión de los Consejos. Sin duda la sensación de que era imposible controlar el orden público ante la aparente impunidad y la indignación existente entre los mandos de la Guardia Civil y del Ejército pudo contribuir a que se llegara a ese resultado. De los ministros asistentes, Herrera dice hoy que «aquello fue un acto de justicia y un gran error político que dejó malparada la figura de Franco». Fernando Suárez se remite a recordar lo que entonces escribió Indro Montanelli: una cosa es estar en contra de la pena de muerte y otra, distinta, la identificación o justificación de los motivos de los condenados a ella.[103] Parece ser que García Hernández pretendió no dar noticia de las sentencias hasta que hubieran sido ejecutadas, pero la noticia apareció escuetamente y como si no hubiera existido disensión alguna. En la rueda de prensa posterior al Consejo, el ministro de Información pidió a los periodistas asistentes que no hubiera preguntas y no las hubo. El 27 de septiembre, sábado, durante la madrugada se hicieron efectivas las ejecuciones previstas en Burgos y Hoyo de Manzanares. Tres miembros del FRAP y dos de ETA vieron cumplida una sentencia que fue llevada a término por voluntarios de la Policía y de la Guardia Civil.

Nadie podía pensar seriamente que el hecho de que los indultos superaran a las ejecuciones tendría como consecuencia evitar la protesta exterior en contra del régimen pero, en cambio, es probable que toda la clase política quedara sorprendida por lo que sucedió a continuación. Diecisiete embajadores abandonaron España —de ellos, trece representaban a las democracias europeas— y el presidente mexicano Luis Echevarría pidió el 28 de septiembre la expulsión de España de la ONU. El primer ministro sueco Olof Palme tuvo también una intervención muy dura y en Utrecht el primer ministro holandés encabezó una manifestación contra el régimen de Franco. La embajada española en Lisboa fue asaltada y destruida casi por completo, ante la indiferencia de la policía y los bomberos; hubo otro ataque contra la de Viena y una nutrida manifestación en los Campos Elíseos de París. Los miembros del Mercado Común argumentaron una suspensión de las negociaciones afirmando que «los derechos del hombre son un patrimonio de los países europeos». El papa declaró, públicamente y en tono de amargura, que tres veces había pedido clemencia. La España de Franco poco podía hacer ya para contener tal avalancha, pero también llamó a consultas a parte de sus diplomáticos en el exterior.

En el interior la reacción fue, en cambio, la previsible. Consistió en recurrir a la fórmula que por vez primera se había aplicado en 1970, aun con precedentes en 1946, es decir, provocar una reacción de masas en las que se mezclara el repudio al terrorismo, un nacionalismo visceral y el simple miedo al futuro. Colaboraron en ella todos los medios públicos de comunicación, pero también los privados, incluso algún periodista en activo en la actualidad. Mientras tanto, circulaban rumores contradictorios: uno de ellos relativo a la posibilidad de que acabara por producirse una sucesión en la Jefatura del Estado en vida de Franco. Éste, al decir de su médico, estaba «impenetrable y demacrado», «continuamente nervioso» y apenas podía conciliar el sueño.

El 29 de septiembre, tras un Consejo de Ministros extraordinario, fue convocada la manifestación. Al día siguiente, Arias intervino por televisión denunciando «una campaña exterior cuidadosamente organizada» y empleando términos gruesos, como no se recordaban desde los años cuarenta, contra unos adversarios considerados como enemigos de toda España. «No deseamos —aseguró— estar solos, pero tampoco nos intimida la posibilidad del aislamiento.» No dejó de pronunciarse sarcásticamente contra una «paternal preocupación» de quien sólo podía ser el papa o la Conferencia Episcopal. Como respuesta convocó a celebrar «una jornada de exaltación patriótica para arropar a Franco» con ocasión del Día del Caudillo, es decir, el aniversario de su proclamación.

El 1 de octubre las actividades laborales se suspendieron desde las once de la mañana. La masiva manifestación estuvo acompañada de un ambiente dramático y hasta inseguro. «¡Todos a la plaza de Oriente!» tituló el diario de Falange. Muchos españoles, conservadores o franquistas pasivos, se sumaron a la manifestación pero, en el fondo, aparte de sentirse indignados contra el terrorismo e irritados contra las protestas de más allá de las fronteras, veían un futuro cada vez más negro. Al convocar la manifestación, Arias había satisfecho al mundo ultra, pero no proporcionaba nada parecido a un horizonte abierto y claro. Algunos de los franquistas hasta la médula temieron en estas horas que se produjera un desbordamiento. Cuando ya estaba convocada la manifestación, Arias recibió una nota de uno de los miembros de la familia Oriol (que reunía nada menos que tres votos en el Consejo del Reino). «Sólo tus palabras hoy en la televisión —decía— pueden encauzar [la manifestación] y evitar que los exaltados se presten a hacer el juego a los subversivos y conviertan esa manifestación en un explosivo de antis que se vuelva contra nosotros»; temía «secuelas de violencia irreflexiva y primaria».[104] Las hubo, pero fueron de otro signo.

La intervención de Franco estuvo acompañada de su mano temblorosa y su voz apenas inteligible. Empezó aludiendo a los ataques a las representaciones españolas en el extranjero, en especial la destrucción de la embajada española en Lisboa, tomada como ejemplo y prueba de que la situación en el vecino país era anárquica. Pero, sobre todo, recuperó el lenguaje ya no de los años cuarenta sino de los treinta: «Todo obedece a una conspiración masónico-izquierdista, en contubernio con la subversión comunista-terrorista en lo social, que si a nosotros nos honra, a ellos les envilece».[105] Concluyó con un «¡Arriba España!». Y a continuación se cantó el *Cara al sol*. Al fondo del balcón del Palacio Real desde donde intervino Franco, don Juan Carlos, serio y con mirada en el infinito, jugaba un papel voluntariamente secundario; lo sucedido no hacía más que enturbiar una situación que ya era muy complicada para él. No sólo Carrillo sino también dirigentes del PSOE como Alfonso Guerra consideraban que don Juan Carlos no iba a significar nada en el futuro.

Ese mismo día 1 de octubre, se produjeron en Madrid cuatro atentados contra policías con resultado de muerte; en el transcurso del mes de octubre otras seis personas fueron asesinadas por ETA. Lo sucedido demostraba que la pena de muerte ni siquiera desalentaba el terrorismo, sino que lo alimentaba. Esto era algo que, con el nerviosismo del momento, pocos medios cercanos al régimen aceptaban.

Los sucesos transcritos difícilmente podrán ser olvidados por quien los vivió. La nueva información permite, no obstante, precisar algunos aspectos. Parece, por ejemplo, que para el propio Gobierno el recurso a las manifestaciones era obligado, pero se quería evitar un posible descontrol por parte de los ultras. Un cruce de correspondencia entre el gobernador civil de Barcelona —el futuro ministro de la Transición, Martín Villa— y el ministro de la Gobernación resulta muy expresivo, así como revela la situación peculiar con que las autoridades se encontraban ante una sociedad ya en efervescencia y nada propicia, como era la catalana.

Además de la manifestación que tuvo lugar en Madrid, hubo otras en el resto de la geografía peninsular y Martín Villa informó en relación con la celebrada en Barcelona el 10 de octubre de 1975. El 30 de septiembre había recibido un télex, firmado por el director general de Política Interior y el delegado nacional de Provincias del Movimiento. «Ese Gobierno Civil y Jefatura Provincial no deben promover manifestación alguna —decía—; en todo caso, canalícense aquellas que, con la debida espontaneidad, garanticen una masiva presencia.»

Martín Villa estaba muy de acuerdo en no promover ninguna por «la escasa participación que en otras ocasiones se había registrado en manifestaciones análogas en Barcelona»; sólo se había logrado una «espléndida respuesta» en las recepciones al Caudillo. «Seguramente —añadió— Barcelona es la ciudad más antiterrorista de España pero no lo expresa con manifestaciones.» Todavía precisó más: no era previsible una masiva afluencia, pues «ni los más optimistas son capaces de hacer llegar el número de los manifestantes a los 8.000». Por otro lado, «los deseos de manifestarse se planteaban en algún caso por grupos de los que no podía asegurarse que no incidieran en aspectos negativos que empañen los nobles, generosos y tradicionales sentimientos del pueblo español», es decir, los ultras; tampoco las jefaturas locales del Movimiento lo pedían. «Negativamente y por unanimidad», en fin, el Consejo Provincial del Movimiento se pronunció en contra de la manifestación. Pero el delegado de la vieja guardia planteó la oportunidad y posibilidad de una concentración.

Convocada finalmente la manifestación para el 10, «hubo instrucciones mías —escribió Martín Villa— de no impedir nada, impartidas con toda claridad». Se celebró en la plaza de San Jaime y fue hasta Capitanía General. Las características de los convocantes hicieron poco aconsejable la presencia de la máxima autoridad provincial, pues, siempre según el gobernador, «parecería además un oportunismo de dudosa eficacia y que redundaría en la credibilidad y respeto» del propio puesto desempeñado. Puesto que la manifestación procedió de «una iniciativa no oficial», sería «canonizar un escaso poder de convocatoria del régimen y del Gobierno en razón de la previsible y luego comprobada escasa respuesta». Tan sólo acudieron unas 2.500 personas y se gritó pidiendo la dimisión del gobernador.[106]

Da la sensación, por lo tanto, de que la manifestación de Madrid fue un acto al que el Gobierno se sintió obligado, fomentó y consideró un éxito pero cuya repetición le pareció peligrosa. Le proporcionó sin duda un apoyo temporal y limitado, pero indudable, de la extrema derecha. CEDADE, un grupúsculo de carácter pro nazi, se dirigió a Arias afirmando que la ONU se habría demostrado «absolutamente ineficaz», como se demostraba porque «sus reiterativas condenas a las agresiones israelitas en el Oriente Medio no han conseguido hasta hoy modificar la situación ... así como el reconocimiento de los legítimos derechos españoles sobre Gibraltar». «Creemos —concluía— que la decisión de retirarse de la ONU podría refrendarse por plebiscito popular y no creemos que España corriese el peligro de un nuevo bloqueo como el de 1946 ... pues hoy existen gran cantidad de países que verían con agrado la denuncia de este poder omnipotente ruso-americano.»[107] El ex ministro de Información Sánchez Bella había celebrado un congreso en Barcelona con asistencia de ex ministros, parlamentarios y senadores, entre los cuales figuraba un vicepresidente del Gobierno alemán, todos ellos situados en la extrema derecha de la política europea de entonces. Los asistentes, explicó a Arias, «en impresionante unanimidad, sin un solo fallo, se pronunciaron públicamente en favor de España respaldando nuestra actitud y proclamando la razón que nos asiste». Pero eso «apenas sí tuvo reflejo en la prensa porque inexplicablemente nadie tuvo interés en publicar lo que allí se decía»; «pienso sinceramente que no todo es mala fe, aunque ésta en parte existe, sino nerviosismo y preocupación por los momentos que se estaban viviendo». «Acaso —era la reconfortante conclusión de Sánchez Bella— haya sido bueno el estallido violento de odios y rencores para que las gentes de dentro y fuera sepan ver claro de qué se trata y qué es lo que está amenazado y el riesgo que corremos si bajamos la guardia. Y nuestros negociadores es posible que ahora estén más libres y con menos ataduras para imponer sus condiciones ... pues un país que compra anualmente productos por un valor superior a 15.000 millones de dólares no puede ser aislado», por más que lo pretendieran «unos cuantos ilusos y las sectas».[108]

Las adhesiones, no obstante, procedieron del conjunto de la clase política del régimen, unánime en este momento y en relación con esta cuestión. López Bravo, ex ministro de Industria y Exteriores, fue por un momento candidato a presidente en el primer Gobierno de la monarquía y jugó luego un
cierto papel en la defensa de la Ley de Reforma Política. Ahora, solidarizán-
dose con Arias, se puso a sus órdenes y con un lenguaje pretencioso aseguró
que «quizá podría hacer algo utilizando mi real amistad con varios jefes de
Estado: Francia, Alemania, Bélgica, entre otros».[109] Hubo también declaraciones explícitas de identificación procedentes de quienes iban a jugar un papel más importante en la Transición.

Antonio Garrigues, conocido reformista y futuro primer ministro de Justicia con la monarquía, no se recató en calificar de «admirables» las palabras
de Arias en la televisión. «El éxito de la manifestación en la plaza de Oriente,
—añadió—, constituye un respiro en estos momentos tan enrarecidos y difíciles en los que, supongo que por nuestros pecados, nos vemos sumidos.» Le envió, pues, el «testimonio de solidaridad y de ese estado de conciencia que debemos tener todos los españoles de corresponsabilidad con el Gobierno ante
las graves situaciones a las que todavía hay que hacer frente».[110] La carta del
futuro presidente Suárez, escrita cuando todavía no se sabía si las penas de
muerte se cumplirían, fue inequívoca hasta concluir con un expresivo «a tus
órdenes». «Créeme —aseguraba—, querido Presidente, que siempre pero muy
especialmente en estas circunstancias cuentas con la admiración y el respeto
de todos los españoles que valoramos tu difícil y delicada misión.»[111] Si, por
un lado repudiaba la supuesta campaña exterior contra el régimen, también se
adhería de entrada a «la decisión más conveniente para juzgar los graves delitos de terrorismo», aun en la «confianza» en el «generoso uso de la clemencia». Pero también Suárez recordaba el llamado espíritu del 12 de febrero, es
decir «la línea hace tiempo emprendida de hacer de nuestro país un Estado
cada día más democrático, justo, representativo y libre».

La reacción exterior, en fin, también puede ser mejor conocida gracias a
la nueva información disponible. Hubo, en el régimen, incluso quien quiso
reaccionar contra la información periodística. Examinando las crónicas de
los corresponsales alemanes, el subsecretario de Exteriores juzgó que «en lo
que respecta a la manifestación de la plaza de Oriente, se entretenían en real-
zar los procedimientos pintorescos para reclutar a los manifestantes, la xe-
nofobia grosera de los españoles, se burlaban del ataque del Jefe del Estado
a la Masonería y añadían que, de momento, los judíos han sido respetados».
Se entiende, desde luego, que ésa fuera su reacción, pero lo que era definitivamente inviable era la contraofensiva propuesta por el subsecretario: «Entiendo que el Estado tiene procedimientos para defenderse de manera muy
radical y que uno de ellos, sancionado por el Derecho Internacional y los
usos y costumbres internacionales, es el derecho a recibir, admitir o expulsar

al extranjero sin tener que dar explicaciones de las razones que le mueven a ello».[112] Tal posibilidad no fue seriamente considerada.

La España de Franco no podía presionar a los países europeos y ella misma fue objeto de severos rapapolvos, no sólo inmediatos sino posteriores y epistolares. Varios primeros ministros o presidentes de los tres países europeos más importantes —Gran Bretaña, Alemania y Francia— remitieron sendos mensajes a Arias. Conocemos el enviado por el laborista británico Wilson, entregado por el embajador de su país una vez regresó a España. Empezaba con una declaración amistosa: «Existe en este país y a lo largo de Europa occidental un gran depósito de buena voluntad hacia España y el pueblo español»; se extendía en consideraciones acerca de las relaciones existentes en materia turística y comercial. Admitía que «el crecimiento y la extensión del terrorismo nos afecta a todos». Pero luego venía la admonición: «El gobierno y el pueblo de este país están preocupados por lo que respecta al modo en que se combate esta violencia y han formado la opinión de que en ciertos aspectos el trato de los que se enfrentan con acusaciones capitales proporciona motivos para esa preocupación». «No deseo intervenir en los asuntos internos de su país», añadía, pero manifestaba «gran esperanza» de que el Gobierno atendiera a «consideraciones humanitarias y a los principios de los derechos humanos, en particular el derecho a un juicio justo y público y las necesarias garantías de los acusados».[113] Quedaba patente que, en su opinión, no se habían respetado en el caso de las recientes ejecuciones.

La respuesta de Arias Navarro fue siempre muy similar. En el primer borrador de carta que le fue presentado no se daba por aludido acerca de las protestas populares en Europa sobre lo sucedido en España y se limitaba a considerar que «el problema exige para su resolución definitiva un tratamiento internacional que rechace, por ejemplo, el estatuto de refugiado político a estos delincuentes comunes». Pero este borrador le pareció sin duda poco político. Dio instrucciones de que las cartas de respuesta fueran «más expresivas, en un tono sincero de queja respecto a la actitud de Europa que al lanzar una campaña contra España de tan excesivas proporciones está impidiendo su evolución ordenada a formas más democráticas, olvidando suicidamente que se está jugando su propio destino frente al comunismo en la Península Ibérica». Debiera, pues, concluir con la reafirmación de la esperanza de esa comprensión en un proceso de apertura política (cuya realidad no se había percibido por el momento) y pidiendo una mayor comprensión respecto de un peligro común, refiriéndose así a Portugal.[114] Debe tenerse en cuenta que pocos días después del asalto a la embajada española, el Ejército portugués ocupó las emisoras de radio y televisión cumpliendo las órdenes del primer ministro Pinheiro de Azevedo. Las agencias de prensa internacionales interpretaron entonces que la ocupación se había realizado para evitar «el monopolio comunista sobre los medios de comunicación».[115]

De acuerdo con las instrucciones dictadas por Arias, todas las cartas finalmente enviadas incluyeron un párrafo idéntico que era el verdaderamente esencial:

> Me habla usted de la preocupación que en ciertos sectores del Gobierno y el pueblo haya podido crearse respecto a la manera en que se ha hecho frente a la violencia en España. Las campañas de opinión que la mala voluntad, unida a una defectuosa información, han creado en ciertos países, además de carecer de fundamento real, pudieran prestarse a que los terroristas las consideraran como una forma de comprensión y aun de aliento moral a sus actividades delictivas, por lo que conviene se restablezca la verdad tanto sobre los hechos ocurridos como sobre las medidas del Gobierno sujetas siempre a los principios que constituyen el Estado de Derecho.

La carta dirigida a Wilson, quizá por ser respuesta a la toma de posición considerada como más hiriente, añadía: «Veo con interés la condena clara y rotunda que hace usted del terrorismo y de todo uso de la violencia aun para fines supuestamente políticos. Es un mal de nuestro tiempo al que tenemos que hacer frente para preservar la paz y el bienestar de nuestros pueblos».[116]

De este cruce de cartas no se pudo tener noticia en los medios de comunicación españoles. Tampoco se tuvo, aunque luego se ha conocido, de una muestra de concesión ante la presión. El embajador de España en Bonn informó que el portavoz del SDP le había pedido que interviniera cerca del Gobierno español para que se le concediera el pasaporte a Felipe González a fin de asistir al Congreso del partido alemán. Brandt ya había solicitado que se le concediera tanto a él como a Múgica, pues «pertenecen a aquellos que lucharon por una colaboración entre España y el resto de Europa y cuya personalidad tiene eco fuera de toda duda»; Schmidt también había hablado del asunto con ocasión de un encuentro con Arias, en la Conferencia de Helsinki a fines de julio. Una frase como la entrecomillada hubiera podido ser tomada como una impertinencia, pero causó efecto. Arias dio orden a García Hernández de que fuera inmediatamente solucionado el asunto: se acordó darle al futuro presidente del Gobierno el pasaporte para esa ocasión concreta. «Tal no era el caso», se argumentó cuando se le invitó a una reunión de la dirección del partido sueco, porque Olof Palme «había pronunciado frases absolutamente inadmisibles sobre los gobernantes españoles». «El embajador de España en Bonn —aseguraba el informe emitido al respecto— participa del mismo criterio y entiende que ello facilitaría la adopción por parte del Congreso del SDP de una declaración "moderada" que abriría crédito al príncipe para llevar a cabo una apertura política.»[117] Arias podía despotricar contra los países europeos desde TVE pero debía tenerlos muy en cuenta.

La actitud de los norteamericanos fue muy distinta, y respondía a una estrategia precisa y muy evidente desde hacía tiempo. Así lo prueba, meses antes, la visita de Kissinger y Ford durante el mes de junio. De acuerdo con la narración que Kissinger hace en sus memorias, los dirigentes norteamericanos habían encontrado en los europeos de la OTAN una decidida oposición a que Estados Unidos hiciese algo más que renovar los acuerdos sobre sus propias bases militares sin ligar más estrechamente a la España de Franco con la defensa occidental en vida de éste. Los norteamericanos estaban dispuestos a ello, reivindicación de siempre de la parte española a la hora de negociar. Pero el primer ministro holandés repuso que eso implicaría una falta de credibilidad política inaceptable y el canciller alemán, Schmidt, añadió que había que tratar con los que gobernaran después de Franco y no con éste.[118]

Ford y Kissinger visitaron España en junio y no ocultaron su simpatía por la posición española. Ambos manifestaron, una vez que tuvo lugar el viaje, su satisfacción por la hospitalidad recibida e hicieron promesas de mantener la buena relación existente.[119] Pero la situación quedó irresuelta. En julio, un memorándum del National Security Council, supremo organismo de planificación estratégica de la primera superpotencia, describía el «lento avance y falta de progreso» en las negociaciones de España con los norteamericanos. Era patente la necesidad de «por lo menos alguna forma de reconocimiento por la OTAN del papel que supone España en la defensa occidental». El plazo del acuerdo vigente concluía en septiembre y el presidente había tenido muy presentes las peticiones españolas, tanto en la reunión de la OTAN como en la visita a España. Los españoles presionaban en el sentido de que, de no admitirse ese reconocimiento, podían cerrar la base de Zaragoza y quizá Torrejón, bases que interesaban entonces a Estados Unidos, dejando tan sólo Rota bajo control norteamericano.[120] Curiosamente, por tanto, la España de Arias podía presionar algo a Estados Unidos, cuyos intereses en España eran tan sólo militares, pero no a los países europeos.

Todavía, sin embargo, resulta más interesante la posición adoptada por el embajador norteamericano después de los fusilamientos de septiembre y la posterior reacción de la totalidad de los países democráticos del viejo continente. Hacia las mismas fechas en que tenía lugar el cruce de correspondencia entre Arias y los presidentes o primeros ministros europeos, el representante diplomático norteamericano visitó al español. Lo que le interesaba de forma primordial era que España suscribiera los pactos militares que tenía pendientes con su poderoso aliado. El embajador era consciente de que quizá algunos miembros del Gobierno no querían que el acuerdo se formalizara; incluso dijo que lo más probable era que el impacto de esa noticia no fuera bueno en España. Pero se podría presentar de forma adecuada, a cambio de «un contrato económico preferencial para España»; prometía, por tanto, como siempre, ventajas materiales a cambio de bases. Fue Arias quien tomó entonces la iniciativa de la conversación refiriéndose a lo sucedido con ocasión de las recientes ejecuciones y la protesta surgida en torno a ellas en toda Europa. Aseguró que «todo el ruido político había sido organizado desde el exterior» y que la «ofensiva europea» se había producido «por la necesidad que unos gobiernos débiles tenían de complacer a la izquierda marxista», con la que mantenían «unas condescendencias hipócritas», cuando lo verdaderamente necesario era mantener «una unión más estrecha de cara a la lucha anticomunista». Tales puntos de vista debieron de parecerle tan desmesurados al embajador que ensayó una réplica mostrando su «preocupación en orden al procedimiento seguido en los juicios». Hizo más: se mostró «escéptico en que siguiera vigente el espíritu del 12 de febrero, sobre todo a raíz de la aparición de Solís en el Gobierno». La reforma, para él, iba a un «ritmo ... quizá demasiado lento». Pero el mero hecho de que hablara de ella en tales términos habría sido inimaginable en labios de un embajador europeo; ni siquiera había tomado él mismo la iniciativa de plantear la cuestión. Llama la atención que preguntara acerca de la posición de Silva y Fraga, que para él parecen haber sido, por tanto, el ideal de la reforma del régimen franquista. Arias afirmó entonces que lo mejor que podían hacer las embajadas de cara a una situación como la que se había producido en España era «respetar la acción del Gobierno». Añadió también que Fraga no participaba en la reforma política en marcha por repudio a Emilio Romero (recuérdese que lo había citado en una carta a Herrero Tejedor). Con respecto a Silva, pareció mostrarse menos displicente: tenía la esperanza de que estuviera al frente del equipo español de la Democracia Cristiana, una posibilidad que siempre resultó imposible.[121] Así estaban las cosas exactamente dos días después de la postrera aparición oficial de Franco y uno antes de que padeciera un infarto.

LA AGONÍA DE FRANCO

Cuando todavía no se habían apagado los ecos de las manifestaciones en España y tampoco los de la protesta en contra del régimen en las capitales europeas, Franco padeció la enfermedad que le llevó a la agonía y a la muerte.[122] El 12 de octubre participó por última vez en actos de carácter público con motivo del Día de la Hispanidad, organizados por don Alfonso de Borbón. Tres días después no se encontraba bien y se le diagnosticó una fiebre gripal, pero mantuvo sus audiencias. Ese día se le detectó un infarto silente y, días más tarde, se apreció que había tenido otro más. Las últimas noches había sufrido de insomnio, infrecuente en él pero plenamente justificado por el panorama político.

Éste se complicaba con el último fleco de la descolonización española en el Sáhara, cuestión de la que se tratará más adelante. El 16 de octubre, aun con alteraciones en el ritmo cardíaco, recibió a Arias y a Cortina. Al día siguiente, viernes, se publicaban en la prensa las informaciones relativas al Sáhara mientras que Hassan II llamaba a la «marcha verde». Debía celebrarse un Consejo de Ministros que por un momento se pensó tuviera lugar en su dormitorio y luego se optó que fuera con Franco monitorizado por el marqués de Villaverde en la habitación inmediata. Los ministros se enteraron luego de esa circunstancia pero recibieron instrucciones de ser muy breves. Franco saludó a los ministros, a los que recibió sentado. Sólo informaron Cabello de Alba, Cortina y Fernando Suárez. Este último dio cuenta de un viaje a La Mancha, presidido por el príncipe y relacionado con asuntos de la cartera que desempeñaba. Fue una sorpresa, no para las autoridades pero sí para el público, que reaccionó con el saludo habitual: «Franco, Franco, Franco». Éste sonrió y apreció lo sucedido. Cuando el ministro de Trabajo le informó de que con frecuencia las sentencias de la magistratura sobre asuntos laborales en el norte de España no parecían tomar en cuenta casos de violencia en el trabajo, se limitó a comentar: «Tienen miedo». Aunque el gran tema era la cuestión del Sáhara, sólo hubo información y no parece que sobre el particular se tomaran decisiones.[123] El Consejo duró poco, veinte minutos, y los ministros fueron retenidos en El Pardo para evitar que circularan especulaciones en Madrid. Franco parece haber sufrido alteraciones cardíacas en ese corto espacio de tiempo.

El 18 de octubre, consciente de que su final se acercaba, Franco redactó su testamento que, por el momento, quedó en la mesa de su despacho. En la madrugada del 21 tuvo una angina de pecho nocturna; la situación era lo bastante grave como para avisar a Arias. Pero aquel mismo día Franco no mencionó siquiera la posibilidad de ceder sus poderes y, en cambio, parece haber dado instrucciones acerca de cómo minar la frontera del Sáhara ante una posible entrada de los marroquíes. Como los rumores arreciaban en Madrid, se informó muy escuetamente de su estado en la prensa en unos términos —«insuficiencia coronaria aguda»— que daban cuenta de su gravedad, pero que procuraban paliarla por el procedimiento de indicar que proseguía «favorablemente». Prueba de que las noticias corrían es que Tarancón, que ya a mediados de septiembre había enviado un telegrama de condolencia con ocasión de un atentado terrorista, llamó el 21 de octubre antes de las ocho de la mañana para interesarse por la salud de Franco y ponerse a disposición del Gobierno.[124] Por otro lado, el mismo día 21 Arias tomó una decisión que puede haber sido por completo autónoma de la voluntad de Franco: enviar a Solís a Marruecos. De ello se tratará más adelante, como también de la eventualidad de que Arias tuviera que dimitir de la Presidencia si se producía la muerte de Franco y en la Jefatura del Estado era sustituido por don Juan Carlos. Éste, los días 22 y 23 mantuvo dos largas conversaciones con Mortes y con López Rodó, miembros ambos del equipo de Carrero, de las que da cuenta en sus memorias el segundo.[125] Al primero le dijo que Franco no iba a transmitir sus poderes de forma voluntaria; parece haber afirmado en este momento que en diez años no podría legalizarse el Partido Comunista, signo de su apreciación política en aquel instante. Con López Rodó comentó la posibilidad de acudir a una consulta de médicos sobre el posible cese en sus poderes de Franco; el ex ministro se mostró contrario a una especie de ultimátum, del que algunos serían partidarios, y el futuro rey estuvo de acuerdo con él. Como López Rodó, que describió al de Arias como un Gobierno «insepulto», también mencionó nombres, personas con experiencia y jóvenes, no cabe la menor duda de que pensaba en ser beneficiario de los cambios políticos que tuvieran lugar.

Pero por el momento la cuestión residía en la posible asunción de los poderes por don Juan Carlos. El 24, Franco padeció otra crisis con edema pulmonar y su situación se fue agravando de forma progresiva. Los titulares de prensa se acercaban ya a la realidad: «Franco agoniza». El 29 de octubre se celebró en el Consejo Nacional el acto conmemorativo de la fundación de Falange, por vez primera sin la presencia de Franco.

Finalmente sólo el 30 de octubre, es decir, al cabo de tres infartos, el comienzo de una peritonitis y de una situación descrita por sus médicos como «extraordinariamente grave», se produjo la asunción interina de la Jefatura del Estado. Es posible que el propio Franco en el último momento se diera cuenta de su estado y decidiera la aplicación del artículo correspondiente de la Ley Orgánica, pero hasta ese instante su actitud parece haber sido otra y poco propicia a ceder las riendas del poder. Las máximas jerarquías del Estado —Arias Navarro, presidente del Gobierno, y Rodríguez de Valcárcel, que lo era de las Cortes— veían la necesidad de que se produjera la transmisión temporal de poderes y de forma inmediata presionaron para que tuviera lugar. Ahora bien, don Juan Carlos, que era muy consciente de lo que se jugaba, no aceptó en un principio al ser informado por parte de los médicos que las posibilidades de supervivencia del general eran pocas pero podía tardar mucho en morir. La apelación que Rodríguez de Valcárcel hizo a la responsabilidad del príncipe obtuvo una respuesta de éste muy congruente: la responsabilidad consistía en no asumir una Jefatura del Estado temporal que le desgastaría irremediablemente (y que podía suponer la simple imposibilidad de cumplir su tarea futura). Sólo en un segundo momento acabó por aceptar la asunción de la Jefatura del Estado, cuando los médicos le indicaron que la situación de Franco era ya irreversible. No quería repetir «una incómoda posición parecida a la de un modelo escultórico que remontara la estructura del Estado».[126]

No lo hizo, desde luego. El 30 de octubre se celebró el primer Consejo de Ministros presidido por don Juan Carlos en La Zarzuela. Al día siguiente, tras una reunión de la Junta de Defensa Nacional, decidió visitar el Sáhara.

Arias y el Gobierno se opusieron con un argumento que parecía digno de ser atendido: a fin de cuentas, no tenía sentido ir allí si el Sáhara iba a ser entregado, como ya se había decidido. Pero don Juan Carlos comentó con Prado y Colón de Carvajal que había otra cuestión que tener en cuenta, el ejercicio efectivo del liderazgo sobre el mando militar: «Lo peor que puede pasarle a España en estos momentos de incertidumbre es tener un Ejército perdedor».[127] Aunque la visita, que tuvo lugar el 2 de noviembre, fuera muy breve, tuvo además, un efecto político importante según revelaron las encuestas posteriores: el 61 por 100 de los encuestados aseguraba que había aumentado su importancia ante el país y un 11 por 100 que lo había hecho ante los militares. El 10 se celebró una nueva Junta de Defensa Nacional cuyos miembros felicitaron al rey por la decisión adoptada.

En el momento en que don Juan Carlos volvía a España, Franco sufría una hemorragia incontenible; sólo con una operación en el botiquín del regimiento del Pardo se logró evitar la muerte, que se daba ya por inevitable. Dos días después, resultó imprescindible trasladarlo a la Ciudad Sanitaria La Paz. Entretanto transcurrían las tensas negociaciones con los marroquíes acerca del Sáhara; en la política interior el clima era expectante pero sin manifestaciones en la calle. Una cuestión política de interés en relación con la agonía de Franco reside en su duración. Según López Rodó, «la prolongación artificial de la vida de Franco daba lugar a situaciones de suspense» y, de acuerdo con el testimonio de Fernández Miranda, Arias habría dicho en presencia del rey que se le conservaba a 33 grados.[128] Pero no parece que eso se hiciera con un fin político, aunque sí tuvo sus consecuencias: la cuestión del Sáhara había quedado resuelta —sin duda de forma chapucera— cuando Franco murió y don Juan Carlos fue proclamado rey.

Los últimos días de Franco consistieron exclusivamente en una larga espera de la muerte. Ya que se había tomado la decisión de operarle en una ocasión crítica a comienzos de mes, se volvió a hacer de nuevo el día 15. Al final, Franco murió de estrés por el padecimiento experimentado, el 20 de noviembre a las 3.20; en el certificado de defunción se dio como hora del fallecimiento las 5.25, pero Europa Press transmitió la noticia a las 4.58. El rey recibió la noticia una hora después del acontecimiento se produjera; a él se aplicaban también las disposiciones de la Operación Lucero, preparada para la ocasión por los Servicios de Información Militar.[129] A las 5.30 llegó Arias a la Ciudad Sanitaria La Paz.

Durante aquellas semanas se produjo lo que uno de los testigos y protagonistas políticos ha denominado como la «hospitalización de la política». Buena parte de la jornada transcurría, para los protagonistas políticos, en las visitas a la clínica La Paz, donde habría los inevitables cabildeos; el pueblo español oía parte tras parte, suscrito por «el equipo médico habitual». Arias estuvo muchas horas en la clínica pero a ello se sumó la tensión por los acontecimientos del Sáhara y por las maniobras políticas en torno a su propia permanencia en el poder y la de Rodríguez de Valcárcel en la Presidencia de las Cortes, cuestiones de las que más adelante se tratará.

Se explica así que fuera un Carlos Arias Navarro, pálido, vestido de luto riguroso, con la voz quebrada y con grandes ojeras, quien a las diez de la mañana del día 20 anunciara la noticia. «El hombre de excepción que, ante Dios y ante la Historia asumió la inmensa responsabilidad del más exigente y sacrificado servicio de España —dijo— ha entregado su vida quemada día a día, hora a hora, en el cumplimiento de una misión trascendental.» «Yo sé —añadió— que en estos momentos mi voz llegará a vuestros hogares entrecortada y confundida por el murmullo de vuestros rezos y vuestras plegarias. Es natural. Es el llanto de España que siente, como nunca, la angustia infinita de su orfandad.» Era una intervención preparada con antelación pero pronunciada con indudable emoción. A quienes militaban en la oposición les resultó ridícula y grotesca; pero fue sentida en idénticos términos por una parte de la población que había vivido parecidas experiencias vitales a las de Arias.

LA CRISIS DEL SÁHARA

Como en el caso de las relaciones con la Iglesia la cuestión del Sáhara fue algo así como un permanente telón de fondo de la política española condicionado y, a la vez, condicionante de la exterior y de la interior. Aunque ya la hemos visto aparecer al tratar de la cuestión militar y durante la agonía de Franco, es preciso referirse a ella con una narración coherente y completa.[130] Fue también el telón de fondo sobre el que don Juan Carlos llevó a cabo su primera actividad política por completo autónoma y Arias movió sus fichas para perdurar como presidente.

El caso del Sáhara es un ejemplo característico de colonialismo tardío y de una potencia secundaria obligada a una presencia por razones de prestigio internacional o de reparto de influencias en territorios desconocidos. Hasta 1934 España tenía ocupados tan sólo tres puntos costeros de la costa sahariana. Fue durante la guerra civil cuando se ocupó el resto del territorio y se fundó El Aaiun. Hasta la década de los cincuenta y sesenta el Sáhara dependió de la Dirección General de Marruecos y Colonias mientras que la presencia española era básicamente militar. Cabe, pues, describir esta etapa como estrictamente colonial. Claro está que en más de un sentido lo fue hasta el final: en los años setenta los sueldos de los militares en el Sáhara casi duplicaban a los de la Península.

El territorio sahariano equivale a tres quintas partes de la Península, pero en los años setenta su población se reducía a 75.000 habitantes. Hablaban el hassanía, cuya semejanza con el árabe radicaba sólo en tres cuartas partes de los términos. En el censo se incluían 20.000 europeos, aunque había que sumar también varios miles de soldados de reemplazo. El mejor testimonio de lo anquilosado y tradicional de las estructuras sociales radica en que perduraban 3.000 esclavos. Pero ya en los años setenta se introdujeron novedades importantes. Los fosfatos fueron descubiertos ya en 1945, pero su explotación se interrumpió en 1964. En 1969, en un período en que todavía se pensaba que el Sáhara fuera una provincia, se reinició la explotación sistemática por deseos de Carrero y en contra de los de Suanzes, el inspirador del INI. En 1972 se produjo el primer embarque de mineral y en 1975 tuvo lugar un *boom* de la explotación. En 1973 la inversión española en los fosfatos llegaba ya a suponer 24.000 millones de pesetas y se había construido una larga cinta transportadora y un muelle de tres kilómetros para la carga marítima. Existían también previsiones de hallazgos petrolíferos, pero desde el punto de vista económico el Sáhara siempre fue deficitario; de ninguna manera un criterio de este tipo guió a los dirigentes españoles. Por otro lado, al tiempo que se producía el inicio de la explotación minera, la sequía modificaba la forma de vida de los saharahuis. El Land Rover sustituyó al camello y la población se dirigió a las ciudades. Se destruyó la forma de vida tradicional y, en consecuencia, el ancestral respeto a los jefes: en 1975 tan sólo quedaban 8.000 ganaderos.

La posición de los supremos responsables de la clase dirigente española fue unánime en todo momento —no cabe hablar de una posición más cerrada por parte de Carrero que por parte de Franco— y contraria a la pérdida de control del Sáhara. Lo fue, no obstante, por razones diametralmente distintas de las que movieron a Portugal hacia una política asimiladora. Para el vecino país, las colonias eran demasiado importantes, de modo que se podía pensar en que no soportaría su pérdida, mientras que las españolas eran lo bastante irrelevantes como para que la tentación independentista resultara tardía y la posibilidad de permanencia, incluso ante ambiciones contradictorias, pareciera viable.

Claro que esta asimilación podía tener lugar a través de procedimientos diversos: la configuración del Sáhara como una provincia española o una autodeterminación que, de hecho, permitiera la presencia hegemónica de la potencia colonizadora de otro tiempo. La primera fue la opción inicial y preferida y la que se intentó de forma inmediata, tras la independencia de Marruecos. En agosto de 1956 se creó la Dirección General de Plazas y Provincias Africanas y en abril de 1961 el Sáhara se convirtió en provincia española, al menos de nombre, porque ni la confesionalidad religiosa o el ordenamiento jurídico, ni la organización administrativa o fiscal fue la misma que en la Península. Se quiso olvidar, por el momento, que ya en el período 1956-1957 la lucha por Tarfaya e Ifni supuso una miniguerra colonial con 69 muertos españoles.

Con el paso del tiempo, la política internacional española, tal como se planteaba en la ONU, obligó a una rectificación que pretendió dar la sensación de que se aceptaba una autonomía controlada. De ahí la creación de la Yemáa en 1967, integrada por un centenar de notables, o la presencia en las Cortes españolas de procuradores saharahuis. En 1970 se aceptó la creación de un documento de identidad bilingüe.

Estas modestas medidas fueron el producto no de la convicción sino de una necesidad impuesta desde fuera y, de cualquier modo, no respondieron a un deseo auténtico. Los escritos íntimos de Franco así lo revelan sin lugar a dudas. Cuando los norteamericanos quisieron establecer bases en el Marruecos independiente, el general especuló sobre la posibilidad de ofrecer una base en El Aaiun para satisfacerles y lograr apoyo indirecto para la permanencia española. En 1967 creía contar con el apoyo masivo de la población para mantener la vinculación con España. El Sáhara era, pues, para él, un problema «distinto y separado» de Guinea. Dos frases, dirigidas a sus colaboradores, revelan la voluntad de mantener su control: ordenó «no comprometernos a nada que no pudiera resultar bien» y «tenerlo preparado todo, pero garantizando su resultado y su seguridad».[130] Con ello se refería a una eventual consulta a la población, que ya se había planteado en la ONU. Para comprender lo que significaba para el dictador la presencia española en África conviene tener en cuenta que la totalidad de la documentación redactada de su propia mano a fines de los años sesenta que existe en su archivo se refiere a las antiguas posesiones españolas en África. Todo ello explica lo que para él significó la crisis final de las relaciones con Marruecos con ocasión de la llamada Marcha Verde.

Desde mediados de los años sesenta, España no quiso ni siquiera hablar con Marruecos acerca de la cuestión del Sáhara: sólo admitía una posibilidad remota de que en un determinado momento el reino alauita participara en la explotación de los fosfatos, que también interesaban a Francia. Por entonces (1966) se presentaron en la ONU 14.000 firmas que parecían identificar a los saharahuis con España. Marruecos siempre presionó exigiendo que se tratara de esta cuestión con él; lo hizo también a través de Estados Unidos, aliados de ambos países. Al mismo tiempo, la posición española en la ONU fue evolucionando. En 1960, por vez primera, el embajador Lequerica dio la sensación de estar dispuesto a informar acerca de los territorios que descolonizar. De hecho, gracias a ello fue posible la descolonización de Guinea. En 1966 en la ONU se votó una opción sobre el Sáhara consistente en un referéndum con consulta a las partes interesadas (Mauritania, Argelia y Marruecos). En principio España votó a favor de una opción como ésta, pero a partir de 1968 se abstuvo, es decir, caminó hacia atrás; incluso en 1973 se quiso votar en contra de la autodeterminación. Con ello se demostraba la profunda resistencia, casi visceral, de Franco y Carrero ante la independencia. Se inició, pues, una política acertadamente descrita por Piniés, nuestro representante en la ONU, como «ganar tiempo para en definitiva perderlo». Sin embargo, esta actitud no dejaba de tener algún apoyo indirecto por la confrontación que mantuvieron en los años centrales de la década de 1970 Mauritania y Marruecos.

España trató, en fin, de involucrar otros intereses para mantener su presencia en el Sáhara. Según informes franceses, a la altura de 1968, cuando todavía no había comenzado la explotación de los fosfatos, se había reservado un 10 por 100 para una compañía francesa y un porcentaje mayor para otra norteamericana, que de momento no habían querido asumir los costes derivados de la incertidumbre política. Por otro lado, ya entonces se empezaban a manifestar actitudes discrepantes entre los militares españoles: el general García Valiño, último alto comisario en Marruecos, se mostró partidario de la soberanía marroquí. Ahora bien, el pensamiento predominante en la clase dirigente española era que se podría controlar el futuro del Sáhara a través de la Yemáa.[131]

En febrero de 1970, cuando López Bravo visitó París en un desplazamiento del que ya se ha hecho mención, trató del tema del Sáhara con las supremas autoridades francesas. A estas alturas la posición marroquí insistía en reivindicar sus derechos, pero de una manera que pretendía no perjudicar a las otras partes interesadas. Declaraba, por tanto, que entendía la voluntad española de proteger las Canarias y se mostraba dispuesto a aceptar la común explotación de los fosfatos y aun la existencia de bases permanentes españolas. Frente a esta posición, la actitud del ministro español, que sin duda era una traducción de la posición de Franco y Carrero, fue taxativa y en todo punto inflexible. La presencia española en lo que se denominó como «Río de Oro» era la única solución pacífica por el momento; además, «no ha habido Sáhara marroquí que se haya convertido en español». España estaría dispuesta a tratar sobre el particular, pero con todos los vecinos y no sólo con Marruecos. En cualquier caso, dadas las circunstancias, la independencia del Sáhara «no era viable».[132]

A partir de 1971, sin embargo, las circunstancias hicieron cada vez más difícil el mantenimiento de la posición del régimen español. Desde ese año el reino alauita sufrió una profunda crisis de la que el monarca pretendió sobrevivir por el procedimiento de excitar los sentimientos nacionalistas dirigidos hacia un Sáhara irredento, pero también a Ceuta y Melilla. En estas circunstancias, la posición española abandonó el asimilismo absoluto y se decantó por una especie de independencia controlada.

De ahí que la Yemáa o Asamblea del Sáhara dirigiera un escrito a Franco en febrero de 1973 en el que repudiaba el intento de los países limítrofes de intervenir en sus asuntos internos. La vinculación con España sería «absolutamente voluntaria» y estaría guiada por la «hermandad». Era necesario que se mantuviera una situación en la que en el futuro pudiera hacerse efectivo el ejercicio del derecho de autodeterminación. La conclusión a la que llegó Carrero ante este escrito, sin duda sugerida previamente, fue que «no es concebible que, en evitación de posibles complicaciones, España abandone el Sáhara», sino que «la situación requiere ... la firme decisión de defender a toda costa, política y militarmente, al pueblo saharahui», por más que al mismo tiempo conviniera en «atraerse la buena voluntad efectiva de Marruecos». Añadía el vicepresidente que «hoy por hoy, el máximo interés de Hassan II está en conservar el trono; el nuestro, en que Marruecos no caiga en una situación filocomunista y en que renuncie a sus injustificadas reivindicaciones sobre el Sáhara». Una guerra con Marruecos sería «relativamente fácil», pero tendría el inconveniente de poder convertirse en un conflicto permanente alimentado por el comunismo. «Si se fuerza la marcha natural de estos procesos [de independencia] por espejismos políticos —concluía—, puede producirse, al pueblo que se trata de favorecer, un daño quizá irreparable. Lo sucedido con Guinea, hoy convertida en un infierno bajo el dominio de un loco, donde han sido eliminados la casi totalidad de los hombres que España había capacitado para ocupar los puestos básicos de la administración, es una experiencia que no debe ser olvidada.»[133]

No hay mejor testimonio que esas frases para probar la peculiar falta de preparación con la que la España de Franco se enfrentó a la descolonización. La Yemáa había llegado tarde: estaba muy lejos de la Comunidad francesa, creada hacía diez años y destinada a fracasar. España, además, al excitar los sentimientos antimarroquíes, provocó el nacionalismo saharahui. No obstante, por el momento, elevado Carrero a la presidencia, las cosas no cambiaron. En septiembre de 1973 Franco respondió a la Yemáa ofreciendo un estatuto de autonomía que sería un primer paso para la autodeterminación, aceptada aunque fuera tan sólo de mala gana y en apariencia. La iniciativa fue aprobada por la Yemáa en noviembre de 1973.

Simultáneamente se había iniciado la reivindicación independentista. Desde 1969 hubo protestas lideradas por un tal Basiri, que procedía de la zona de Tarfaya; en junio de 1970 se produjo ya un incidente con derramamiento de sangre. En 1972 las manifestaciones arreciaron en un momento en que el gobernador era Fernando de Santiago, futuro primer vicepresidente de Defensa de la monarquía. En abril de 1973 nació el Frente Polisario, cuyos dirigentes procedían de Marruecos, Mauritania y Argelia, aparte del Sáhara. Muchos de ellos habían pertenecido a las tropas indígenas o habían sido funcionarios de segundo nivel en la administración colonial española. Argelia les ayudó materialmente, aparte de aceptar campos de refugiados en Tinduf, y también Libia aportó dinero; Mauritania permitió que los guerrilleros actuaran desde su territorio. Las armas empleadas por los polisarios eran, en un principio, tan sólo las robadas al Ejército español.

Ante las dificultades, el régimen reaccionó como resultaba habitual en él:

en 1972, todo lo relativo al Sáhara pasó a ser considerado como secreto oficial. De 1973 a 1975 hubo una decena de muertos españoles. Progresivamente los libios pasaron a ayudar militarmente a los polisarios, cuyas acciones eran cada vez más arriesgadas. En octubre de 1974 fue volada la cinta transportadora de fosfatos, que no llegó a ser reparada; la estrategia de la guerrilla consistió también en secuestros de españoles y en conseguir la defección de las tropas indígenas. En algún momento el Frente Polisario pudo haber contado con 5.000 seguidores. Su activismo tuvo una repercusión inmediata y muy perjudicial para los intereses españoles. En 1974 Hassan II había decidido ya crear su propio grupo político activo en el Sáhara. En los inicios de 1975 ya disponía de 500 hombres agrupados bajo la denominación FLU (Frente de Liberación Unido), y ya habían comenzado los atentados en El Aaiun.

Estos antecedentes resultan imprescindibles para entender la política del Gobierno Arias. El responsable más directo de ella fue Antonio Carro, como ministro de la Presidencia, mientras que la Dirección General de Plazas y Provincias Africanas fue ocupada por Eduardo Blanco, ese militar católico e integrista que ocupaba la Dirección General de Seguridad en el momento del asesinato de Carrero (y que, como tal, era persona de la confianza absoluta de Arias). Sin embargo, la suprema responsabilidad, como siempre, fue la de Franco, cuyo interés en la cuestión era directo y apasionado. Su posición no ofrece lugar a dudas: consistía en resistir a todo trance a cualquier cambio que pudiera suponer de facto la pérdida del control español del Sáhara. «Si es necesario, la guerra, aunque dure diez años», le dijo a Carro en uno de los primeros despacho que mantuvo con él.[134]

Esto no quiere decir que no se emplearan medios distintos de la pura resistencia. Por de pronto el Gobierno español, hasta entonces convencido de que tenía tras de sí a la mayor parte de la población saharahui, trató muy tardíamente de articular este apoyo a través de un grupo político, el llamado PUNS (Partido de Unidad Nacional Saharahui). En octubre de 1974, Ijalihenna, un estudiante de ingeniería industrial en Madrid, se hizo cargo de su dirección. Se llegó a decir de él que tenía 3.200 afiliados, pero su relevancia fue por completo ficticia. Cuando llegó el momento de tratar con Marruecos no se descartó la posibilidad de entregarlo al antiguo adversario. A partir de mayo de 1975 se descompuso por completo: su dirigente se pasó a Marruecos y es el actual alcalde de El Aaiun, mientras que su tesorero huyó con los fondos del partido, que debían de proceder de los presupuestos españoles.

También se intentó tratar con Marruecos. En julio de 1974 Franco envió a Hassan II un mensaje acerca del Sáhara insistiendo en la buena voluntad para la solución del contencioso. Semanas después el primer ministro marroquí Osman estuvo en España. Enfermo Franco, le recibieron Arias Navarro, el príncipe, Cortina y Carro. Tan sólo se dijo que se había examinado la cues-

tión del Sáhara pero no parece que por el momento se llegara a nada parecido a un acuerdo, vistos los acontecimientos posteriores. Es cierto que por un
momento se paralizó el estatuto de autonomía, al que los marroquíes dieron
publicidad luego y del que se tratará a continuación, pero ello no se debió
por el momento a que los españoles lo ofrecieran.

La tercera actuación del Gobierno español consistió en embarcarse definitivamente en el camino de una autonomía que condujera a la autodeterminación. En paralelo con la constitución del PUNS, el Gobierno Arias llegó a
aprobar, en efecto, en julio de 1974 un estatuto de autonomía que había sido
elaborado en la primavera. Franco introdujo ciertas modificaciones y lo
aprobó, a propuesta de Carro; a continuación fue estudiado y aceptado por
la Yemáa en julio. Pero tan sólo cinco días más tarde de que esto aconte-
ra se inició el primer proceso tromboflebítico de Franco, con lo cual se estableció un paréntesis obligado si bien, pasadas unas semanas, con el general
recuperado, el panorama había cambiado de modo sustancial; de esta manera, el Estatuto había muerto antes de nacer.

Todavía a finales de agosto de 1974, el Gobierno español mantenía la
misma actitud. Durante el verano se había levantado el secreto oficial y en
una nota pública se informó de que el propósito del Gobierno español era celebrar un referéndum en el primer semestre del año siguiente. En la nota se
daba cuenta de la labor colonizadora española. Una declaración posterior a
TVE sobre el Sáhara, realizada por Eduardo Blanco, director general, ahora
de Promoción del Sáhara, ratificó estos propósitos. Afirmó que «España no
dejará en desamparo a los saharahuis» y que Marruecos no podía convertirse en monopolista mundial de los fosfatos, como resultaría de su adquisición
del Sáhara. Pero ya admitió que este país había montado una amplia ofensiva diplomática y de prensa «desarrollada para crear un ambiente psicológico
favorable a que el Sáhara se integre en su territorio»; en realidad, sin embargo, «nunca ejerció una autoridad efectiva sobre él».[135]

La política de Hassan II fue, en efecto, ésa y, dados los resultados, hay
que admitir su eficacia e inteligencia. Ante Estados Unidos, los marroquíes
defendieron la tesis de que había un peligro evidente de influencia argelina en
un Sáhara que ellos no dominaran y se dijo que Kissinger parecía estar de
acuerdo en ello. La conexión norteamericana sirvió de muy poco a los españoles durante el transcurso de la crisis sahariana. Lo más importante fue una
ofensiva marroquí que de un lado fue diplomática pero que de otro, con actuaciones violentas en el Sáhara, suponía un posible conflicto armado. A lo
largo de los últimos meses de 1974 los países árabes pidieron la retirada española del Sáhara; algunos lo hicieron con impertinencia y decisión en la
propia España, como Libia. El hecho de que los países árabes parecieran formar un frente único, con Marruecos y Argelia en el mismo bando, contribuyó a la perplejidad española.

Al mismo tiempo, la desunión contribuía a convertir en frágil la posición española. Piniés era partidario de un cumplimiento estricto de las condiciones señaladas por la ONU, con un Sáhara independiente. Incluso llegó a imaginar una solución de facto un tanto peregrina: ya en enero de 1975 recomendó entregar Melilla en un plazo de veinte años, no discutir Ceuta hasta la devolución de Gibraltar y llegar a un acuerdo con Argelia para que tuviera una franja atlántica que protegiera frente a Marruecos a un Sáhara independiente. Dentro del sector militar existió, como sabemos por la correspondencia de Gutiérrez Mellado con Arias, un sector propicio a algún tipo de acuerdo con Argelia y parece que esta posición pudo ser parcialmente compartida por la Dirección General correspondiente en Presidencia e incluso tentó a Exteriores. Es posible que Franco, dada su propensión antimarroquí, se viera incitado por esta actitud en algún momento.

Vino entonces la jugada, arriesgada pero audaz, de Hassan II. A mediados de septiembre propuso llevar la cuestión ante el Tribunal Internacional de Justicia de La Haya, al mismo tiempo que involucraba en sus reclamaciones ante España las plazas de Ceuta y Melilla. Esta decisión se explica por el deseo de ganar tiempo ante un eventual referéndum impulsado por los españoles, que crearía una nueva situación desde el momento en que se conocieran los resultados. Argelia no se opuso y la ONU aprobó por 87 votos afirmativos, ninguno en contra y 43 abstenciones la resolución por la cual se aplazaba la resolución del conflicto hasta la decisión del TIJ. La decisión se tomó a mediados de diciembre de 1974 y se concretó en un texto por el que se decidía recabar del alto tribunal una sentencia en dos puntos concretos: si el Sáhara era *terra nullius* antes de la llegada de los españoles o si, por el contrario, tenía algún tipo (y de qué características) de vínculos jurídicos con Marruecos y el complejo mauritano. Mauritania, España y Marruecos debían presentar la documentación que consideraran pertinente en torno al litigio.

La posición española partía de que en diversas ocasiones Marruecos y Mauritania habían aceptado que «la población del Sáhara Occidental es titular de un derecho a su libre determinación y a su independencia»; Argelia también lo habría admitido. Para la parte española, las decisiones de la ONU sobre descolonización tenían un carácter «preliminar y condicionante». Pero, sobre todo, la argumentación se justificaba en datos históricos: los derechos, empezaba afirmando, ya habían sido recabados por la parte marroquí y «fueron generalmente rechazados en 1960 en el asunto de la independencia de Mauritania». El mero hecho de que se hablara del «complejo mauritano» probaba que en esta zona geográfica en realidad no había existido nunca una verdadera configuración estatal. El Gobierno español demostraba la «inexistencia de soberanía por parte de Marruecos y Mauritania sobre el territorio». Los propios soberanos marroquíes habrían dejado clara esta realidad al admitir que nada podían hacer en caso de naufragio al sur del río Draa en el siglo XVIII.[136] La posición española desde el punto de vista jurídico era muy sólida, pero tuvo el inconveniente de aplazar una solución a un problema que luego habría de resolverse en condiciones mucho más penosas. La política seguida osciló siempre entre la incertidumbre y la pluralidad, como consecuencia fundamental de la falta de realismo inicial de Franco. En cambio, Marruecos había comenzado a ganarse el apoyo de dirigentes saharahuis mientras patrocinaba actos de violencia y Argelia creía que había logrado imponer la solución del referéndum y que podría lograr un Estado afín gracias a su influencia con el Frente Polisario. Cuando en mayo se produjo la visita de una misión de la ONU al Sáhara, la presencia del Frente Polisario fue abrumadora, lo que sorprendió a los españoles y a los marroquíes, pero estos últimos se impondrían a los argelinos a base de audacia.

En enero de 1975 el Gobierno español, de acuerdo con la resolución de la ONU, aplazó el referéndum hasta que se conociera la decisión del Tribunal de La Haya. En los meses siguientes, cuando ya Franco estaba en una situación física cada vez más decadente, sobre el Gobierno Arias planeó la espada de Damocles de un problema difícilmente soluble. Durante abril de 1975 hubo reuniones entre Presidencia y el Alto Estado Mayor. De acuerdo con Carro, en este momento, a la espera de la decisión del Tribunal, existían tres posibilidades: la independencia del Sáhara concedida por España, el pacto con Marruecos o la retirada unilateral. Debieron de ser elementos militares los que jugaron un papel decisivo, según parece adivinarse por la correspondencia de Gutiérrez Mellado. La voluntad gubernamental se expresó mediante una nota hecha pública el 23 de mayo de 1975. Se comunicaba a la ONU, a través de ella, la posibilidad de abandonar el territorio, «si por circunstancias ajenas a la voluntad de España se demorase la posibilidad de realizar la transferencia de soberanía». La argumentación de Carro para adoptar esta posición se justifica en parte gracias a causas militares. Cualquier conflicto bélico era muy posible que no acabara en derrota pero, como había sucedido en la guerra colonial portuguesa, no terminaría en victoria. Sin duda, además, «nuestra opinión pública hubiera reprobado cualquier sacrificio estéril de soldados españoles en el Sáhara». Pero hubo un argumento político esencial: «Nada más grave podía haber ocurrido en las postrimerías de Franco o en plena transición hacia la monarquía que la reintegración a la Patria de un Ejército desgastado sin una victoria clara y con una moral quebrantada». Incluso los dirigentes del régimen moderadamente aperturistas no confiaban en absoluto en como pudiera actuar entonces. Fuera en un sentido derechista o izquierdista, de seguro afectaría a la política civil.

Durante el verano de 1975 se preparó la Operación Golondrina para repatriar a las tropas españolas en el Sáhara. Entretanto, Hassan II consiguió reunir tras de sí en lo tocante a la cuestión del Sáhara a la totalidad de la oposición, incluidos los comunistas y ultranacionalistas, y evitar así cualquier tipo de análisis político interno en su país. Argelia seguía confiando en un referéndum que nunca se llevaría a cabo.

El 8 de octubre Franco envió a un emisario personal —el general Gavilán— a Hassan II. Nada sabemos de lo tratado, excepto que el monarca se quejó de que militares españoles hubieran mantenido contactos con el Frente Polisario. Ya veremos que ésta fue una cuestión que le resultó particularmente irritante. Por otro lado, el contenido del mensaje del general pudo limitarse a ser una simple expresión de la voluntad de acuerdo, pero parece demostrar la creciente preocupación de Franco.[137]

El 16 de octubre, un día después de que el jefe del Estado sufriera un infarto silente, el Tribunal Internacional de Justicia dio a conocer su dictamen. Recomendó el proceso de autodeterminación, dado que sólo admitió que algunas tribus del Sáhara habían tenido vínculos de vasallaje en su relación con el soberano de Marruecos. Ese mismo día Hassan II anunció la llamada Marcha Verde dando por supuesto que se le había dado la razón, lo que no era cierto y, de cualquier modo, aunque así fuera, para nada significaba que debiera abandonarse la consulta a la población. La presentó como una especie de peregrinaje masivo hacia aquel lugar donde el país tenía su origen. Carro admite que «para España la Marcha Verde fue una sorpresa y una gran amenaza». La tardía decisión ante un proceso imparable, la incertidumbre y la pluralidad de actitudes habían dado lugar a que en el peor momento imaginable la audaz decisión marroquí dejara en una difícil situación a la antigua potencia colonial administradora.

El 17 de octubre se decidió la retirada unilateral, prevista de acuerdo con la nota de mayo, y el 18 se puso en marcha la citada Operación Golondrina, que suponía el abandono del Sáhara. Tomada esta decisión, faltaba comunicarla al rey de Marruecos y pactarla con él. Lo hizo José Solís, que carecía de preparación diplomática y de conocimiento de la cuestión del Sáhara; era, además, ministro reciente, rescatado como secretario general del Movimiento tras la muerte de Fernando Herrero Tejedor. Parece que había cazado con el monarca marroquí y eso bastó. Luego relataría a algún periodista madrileño que la conversación había ido bien porque se había desenvuelto «de andaluz a andaluz».

Solís llegó por la mañana del 21 de octubre de 1975 a Rabat; fue el propio Arias quien le había encomendado la misión cuando Franco empeoró. Su llegada en un Mystère no fue anunciada con carácter previo ni tampoco se había solicitado una audiencia. Sin embargo, se había indicado a los marroquíes lo fundamental: quien llegaba en el avión traía un mensaje del presidente al rey. El ministro español fue acogido por el monarca alauita de manera «extraordinariamente cordial y amistosa». Hassan II no sabía mucho sobre la enfermedad de Franco (partía de una indisposición sin importancia) y «se demudó» al enterarse de la gravedad de su dolencia. Solís fue alojado en el hotel Mamounia, que fue vaciado para él. La conversación tuvo lugar por la tarde y de ella tomó nota cuidadosa el embajador español, Adolfo Martín Gamero.

Desde el primer momento Solís fue al grano. Las autoridades españolas temían que la Marcha Verde provocara un conflicto si, por ejemplo, algunos de los participantes marroquíes pisaban minas y se producían muertos. «El Gobierno español —dijo— comprende que a estas alturas es difícil para Su Majestad paralizar la marcha anunciada ... pero puede detenerla tras haber penetrado unos metros.» Existía el mandato de la ONU sobre la libre determinación de los habitantes, pero eso «no impedía el que podamos estudiar entre nosotros vías para que el resultado de la misma sea favorable a Marruecos; si hoy llegamos a un acuerdo, otras conversaciones ulteriores serán fáciles». «España quiere a toda costa salir del Sáhara; ahora bien, queremos salir en paz y por encima de todo ... seguir en buenas relaciones con Marruecos.» Tras unos acuerdos reservados iniciales, se podría llegar luego a otros de carácter más general. «A España —concluyó Solís— le interesa una monarquía fuerte aquí porque los enemigos de esa monarquía son nuestros mismos enemigos.» Con tales palabras se proponía a Marruecos un acuerdo bajo la apariencia de una retirada unilateral.

También Hassan II se pronunció con claridad y con idénticos escasos deseos de dejar que los saharahuis lo hicieran por sí mismos. Adelantó que «nunca buscaría una solución que fuera contraria a la dignidad de España», pero se declaró repetidamente engañado «en todos los terrenos» por la parte española. A López Bravo, anterior ministro de Asuntos Exteriores, le había dicho que España podía permanecer cuanto tiempo quisiera en el Sáhara, pero que a él no se le debía poner ante el «hecho consumado» de su independencia. «Me consta que una característica de Franco es ser testarudo, pero ésta lo es también de los alauitas como yo», remachó.

Recordó también que ya en agosto de 1974 había tenido una visita secreta de Cortina y se lanzó a un decidido ataque contra los «polisarios», quienes, según él, «no hablan el castellano ni comprenden nada del espíritu» español. Desde un primer momento aceptó la propuesta de su interlocutor: «Si se van, adviértanoslo con tiempo para que campesinos auténticos vayan ocupando los puestos que se vacían». Se quejó de los contactos del general Gómez de Salazar, el alto militar responsable del Sáhara, con los polisarios. Se presentaba no como un «rey encolerizado, sino como un amigo de verdad», aunque «traumatizado». Como prueba de su buena voluntad, ofreció una muestra de su pillería: a López Bravo le había indicado las zonas de la costa marroquí en que, aunque la pesca fuera ilegal, la toleraría.

Solís insistió entonces en que España estaba dispuesta a abandonar el Sáhara y Hassan II le cortó: «Ahí está precisamente el error. Yo no quiero que se vayan ustedes tan pronto. Yo soy aún débil y necesito tener en el Sáhara un aliado y esto es lo que no he conseguido hacer comprender hasta ahora a mis interlocutores españoles». Hace tiempo estaba dispuesto a aceptar un referéndum —luego demostró que no era así—, pero no la autodeterminación.

Así, insistió, se lo había comunicado por escrito a Franco en ocasiones anteriores. No podía tolerar que algunos militares españoles de guarnición en el Sáhara se mostraran más dispuestos a hablar con el Frente Polisario que con él, porque «para todo marroquí, Polisario es sinónimo de acuerdo entre España y Argelia». Desde su punto de vista, esta última suponía un peligro revolucionario y «ahora van a dejar que esta ideología triunfe y se implante en el sur de Marruecos». Añadió que para evitarlo estaba dispuesto a cerrar la frontera con Argelia.

Solís estaba ya en este momento a la defensiva ante la lluvia de reproches. Propuso entonces la celebración de una conferencia cuatripartita (es decir con Argelia, Marruecos y Mauritania), pero Hassan II le repuso que se negaba de entrada a sentarse con los argelinos para tratar del Sáhara. El ministro español parecía tan sólo interesado en guardar unas mínimas apariencias en relación con la decisión que acababa de tomar. España estaba dispuesta —insistió— a «ayudar a Marruecos para que éste sea quien acabe incorporándose al Sáhara». Su interlocutor había dejado caer la posibilidad de que a medida que se fueran los españoles «campesinos auténticos», procedentes de Marruecos, les fueran sustituyendo, pero eso a Solís le parecía demasiado, pues «una ocupación poco a poco ... sería demasiado visible». Al final resumió sus deseos en «proteger a los saharauis y que los acuerdos de la ONU queden cubiertos», claro está que tan sólo en apariencia.

Hassan II no se comprometió a nada («no puedo improvisar una respuesta», dijo) y ratificó no estar dispuesto a adoptar una toma de postura sobre la Marcha. Aun así no dejó de mencionar de forma habilidosa una serie de vías de solución entre las que incluía también algunas amenazas. Estaba dispuesto a enviar a Madrid un ministro en viaje reservado y también a que tuviera lugar una conferencia internacional sobre el Sáhara pero sin Argelia, sólo entre España, Marruecos y Mauritania. Si en meses precedentes había exhibido sus reivindicaciones sobre Ceuta y Melilla era «porque ustedes nos han obligado a usar los últimos recursos»; en condiciones normales, sólo haría esa reivindicación una vez que España recuperara Gibraltar. En cuanto a la Marcha Verde, aseguró con firmeza: «No puedo pararla». «España es nuestro vecino», dijo con condescendencia, «y, sin duda, por razones de salud del Generalísimo, pasa actualmente por un mal momento y para nosotros es un deber primordial tomar en consideración esta situación». Pero, aludiendo al jefe militar español del Sáhara, «si un general español —se refería de nuevo a Gómez de Salazar— ha encontrado el medio de entenderse con comunistas como los del Polisario, también podrá entenderse con los monárquicos que vienen desde Marruecos». Sugirió que los norteamericanos estaban al tanto de sus proyectos porque él se los había comunicado a Kissinger y, como para demostrar que sus propósitos no eran llegar a un enfrentamiento armado, asimiló a los participantes en la Marcha con los millones de turistas que cada año visitaban España. Sólo detendría a los suyos en caso de que antes de llegar a la frontera hubiera una decisión de la ONU en el sentido de que España y Marruecos solucionaran la cuestión. Los diplomáticos españoles —en concreto, Jaime Piniés pero también el ministro Cortina— debían recibir instrucciones en el sentido indicado. «Yendo deprisa todavía podemos encontrar fórmulas salvadoras», añadió. Pero «la sola y única» solución que no podía contemplar, concluyó, era «la posibilidad de la independencia». Lo que dijo entonces Solís, acabando la entrevista, es la más palmaria demostración de la debilidad de aquella dictadura con un Franco agonizante: «Digo solemnemente a V. M. que no queremos la independencia, que lo que necesitamos es cubrir las formas y salvar nuestros compromisos ... y que estamos de acuerdo en que el Sáhara sea para Marruecos».

Nada concreto se pactó en esta conversación pero de ella derivó todo. España abandonó el Sáhara como consecuencia de su situación interna; lo hizo en contra de toda su política exterior anterior al pasado mes de mayo. De la conversación entre el dicharachero y explícito Solís y el rey Hassan II no sólo no se informó públicamente sino que ni siquiera se dio cuenta a Piniés, el embajador español ante la ONU. A lo sumo, pudo leer en la prensa que Solís había afirmado que «hablando se entiende la gente».

Fue el día siguiente al viaje de Solís cuando don Juan Carlos pudo haber pensado que resultaba inevitable su asunción de la Jefatura del Estado. El 26 de octubre Arias ordenó a García Hernández la puesta en marcha de la Operación Lucero. El 30 de octubre se aplicó de nuevo la Ley de Sucesión y a continuación tuvo lugar el viaje del príncipe de España al Sáhara.

El 3 de noviembre se llegó a un acuerdo entre el primer ministro Osman y el Gobierno español, que empezaba a concretar lo tratado entre Solís y Hassan II. Por él se garantizaba que se produciría una retirada del Ejército español de una zona desmilitarizada fronteriza de diez kilómetros y, por tanto, se permitiría la entrada en territorio español de la Marcha Verde. El 7 de noviembre, cuando ya la Marcha Verde había penetrado en el territorio de administración española, el embajador Filali visitó a Arias y se planteó la posibilidad de un nuevo viaje para negociar. A todo esto ya se habían disipado los peores temores de Marruecos de que el Gobierno español pactara con Argelia: conviene tener en cuenta que cuando tuvo lugar la entrevista entre Solís y Hassan II, éste se hallaba bajo la impresión de una reciente visita de Cortina a Argelia para lograr el intercambio de prisioneros con el Polisario. Los portavoces marroquíes afirmaban ya que las conversaciones entre los dos países iban bien.

Quedaba perfilar de modo definitivo el acuerdo. Fue Carro quien el 9 de noviembre se trasladó a Marruecos. Aunque afirma que «la entrevista con Hassan II resultó fácil», quizá porque él mismo se encuentra en un callejón de difícil salida», hubo un momento en que preguntó a Hassan II si era consciente de que la situación podía provocar una guerra. Finalmente —hubo dos conversaciones, primero en una escuela y luego en Palacio—, Carro logró que detuviera la Marcha a cambio de proseguir las negociaciones, pero con un significativo y previo intercambio de cartas. Arias, que da la impresión de haber estado sumido en la perplejidad, tardó cinco horas en dar el visto bueno desde Madrid. En la carta de Carro se pedía al rey de Marruecos que «tuviera a bien considerar la terminación de la Marcha Verde». Al mismo tiempo, Hassan II envió una carta al príncipe en la que dejaba claro que no veía otra solución que «la entrega por el Estado español a Marruecos y Mauritania de todas las responsabilidades y la autoridad civil y militar que ejerce en el Sáhara». El día 9, Hassan II dio finalmente por concluida la Marcha.

La carta de Carro resultaba humillante para España, pero se entiende en unas circunstancias en que el 11 de noviembre se debió licenciar a la policía territorial saharahui y separar con alambradas los barrios europeos de los indígenas porque la opinión en la colonia se decantó con rapidez en contra de la presencia española. Las otras posibles soluciones que se planteaban eran inviables. Piniés trató de que en el Sáhara permanecieran 10.000 legionarios españoles con la bandera de la ONU para que acabara de realizarse el referéndum, pero no se aprobó su propuesta, que suponía un indudable riesgo para España y que no recibió el apoyo suficiente de la organización internacional.

La retirada de España supuso el abandono de los saharahuis a su propio destino, en contra de lo que se les había prometido hasta entonces; verdad es que tanto el Polisario como Argelia no previeron lo que podía suceder. La llegada de los marroquíes supuso una inmediata campaña de persecución de los disidentes. Sólo el 25 por 100 de los censados permanecieron en El Aaiun. La explotación de los fosfatos quedó paralizada durante largo tiempo. Entre diciembre de 1975 y enero de 1976 unas 40.000 personas huyeron del Sáhara. En el plazo de tres semanas tuvo lugar la disolución de la Yemáa. De este conjunto de circunstancias deriva la situación presente. En la actualidad, 160.000 saharahuis viven en el campamento argelino de Tinduf, mientras que Marruecos presenta decenas de miles de recursos en el proceso de identificación de votantes saharahuis para un eventual referéndum. Además, ha llegado a establecer decenas de miles de personas en el Sáhara de modo que sólo el 20 por 100 de la población que habita el territorio es originaria del mismo.

El acuerdo del 14 de noviembre —conocido como de Madrid— supuso de hecho la cesión de la administración colonial española a Marruecos y a Mauritania, aunque hubiera una teórica administración temporal que contara con un representante español aparte del mauritano y marroquí. La voluntad del pueblo saharahui se entendía que podía ser expresada a través de la Yemáa; con ello se contradecía no sólo la tradicional política española anterior en la ONU, sino también las expresas declaraciones de Franco en el sentido de que la población saharahui sería consultada. El acuerdo no pasaba de ser una declaración de principios, que fueron completados por acciones prácticas. El Ejército español se fue retirando de sus posiciones que, una vez abandonadas, eran ocupadas por las tropas marroquíes. Los acuerdos se completaron con la concesión de derechos de pesca por parte marroquí en el banco sahariano; España, además, vendió el 65 por 100 de Fos Bu Craa a un precio reducido. El 18 de noviembre se presentó en las Cortes una Ley de Descolonización que fue aprobada dos días después. Carro, en su intervención, censuró duramente a la ONU, de la que en efecto cabe decir que fue responsable parcial de lo ocurrido.

Se ha afirmado que con el acuerdo de Madrid España había abandonado su política de equilibrio en el norte de África. Pero eso ni fue exactamente así ni tampoco resultó esencial. Lo básico de la posición del régimen de Franco fue la actitud dilatoria ante la descolonización, que concluyó, como indica Piniés, en perder un tiempo que se creía que se ganaba. Hubo también un exceso de confianza en el vínculo existente con la población saharahui. La actitud inicial y las posteriores enfermedades de Franco contribuyeron a la parálisis decisoria. Además, siempre hubo cierta incoherencia en la política seguida por España, con repetidos solapamientos entre las diversas instancias políticas y diplomáticas; sorprende, por ejemplo, la virtual ausencia de Cortina en toda la negociación con Marruecos. Todavía en marzo de 1976 el embajador español en Estados Unidos, Jaime Alba, se quejaba de que Cortina hubiera declinado su ofrecimiento para negociar con el embajador marroquí.

Carro pretende que lo sucedido fue un «final feliz». La carencia de intereses reales españoles habría tenido como consecuencia ceder las responsabilidades a Marruecos y Mauritania. Es cierto que con la retirada española del Sáhara se resolvió «el problema de cara al interior». El mantenimiento de España en el Sáhara, como señala Carro, habría podido tener unos efectos catastróficos si de cualquier manera hubiera influido en un Ejército en cierto modo afectado por lo ocurrido allí: no hubo nunca la menor posibilidad de que la influencia fuera positiva. Una guerra defensiva prolongada necesariamente habría tenido como consecuencia el intervencionismo militar, incluso en dos versiones políticas sucesivas. Una de las evidencias de la Transición española a la democracia es que el orden de planteamiento y resolución de los problemas resulta esencial. Así como no se abordó la crisis económica durante el proceso político, tampoco la descolonización del Sáhara jugó ningún papel en adelante. Pero la forma como se produjo el abandono español de la antigua colonia es un buen testimonio de la fragilidad y de la incertidumbre de un régimen que llegaba a su fin. Y, desde luego, aunque no por culpa exclusiva de los gobernantes españoles de la época, se produjo un abandono de los saharahuis cuyas consecuencias seguimos viviendo en el momento actual.

SEMANAS FRENÉTICAS

La lenta agonía de Franco no reviste, en sí misma, un interés político especialmente relevante, pero durante la misma, en especial a partir del momento en que don Juan Carlos asumió por vez segunda la Jefatura interina del Estado, hubo movimientos políticos decisivos que habrían de tener una amplia repercusión posterior. Los principales actores de los mismos fueron don Juan Carlos y el presidente Arias, por separado en un principio y luego, en un determinado momento, chocando entre sí. Todo se desarrolló en un ambiente de tensión por la inminencia de la muerte de Franco y la previsión de cuanto vendría a continuación.

El príncipe llamó por teléfono a Torcuato Fernández Miranda, el 17 de octubre, cuando aún faltaban casi dos semanas para la asunción de la Jefatura del Estado. «El viejo está mal —dijo—, quiero verte el lunes a las 7.30.» En sus notas manuscritas, Fernández Miranda dejó un testimonio precioso de esta conversación. El futuro rey tenía la «obsesión del perdón purificador», no quería «nada de condicionamientos» y sí «caras nuevas». «Creo —añadió— que no podré seguir con Arias y mi candidato eres tú. Pero me temo que no va a ser posible.» Varios días después, mantenía su incertidumbre. «¿Quieres ser presidente del Gobierno o presidente de las Cortes?», preguntó a su mentor. Su respuesta fue: «Al hombre político que soy le gustaría más ser presidente del Gobierno, pero puedo seros mucho más útil como presidente de las Cortes». Quizá el catedrático de Derecho Político comprendió que algo parecido pensaba el príncipe. Sabía que no era fácil prescindir de Arias y esto le preocupaba, pero la situación se complicaba, además, porque concluía el mandato al frente de las Cortes del falangista Rodríguez de Valcárcel y «no creo —dijo el príncipe— que pueda cambiar a Arias si tengo que prescindir de él». Tan sólo tres días antes de la asunción de poderes, aunque «no le gusta la idea pero la acepta», ya había llegado a la conclusión de que al comienzo de su reinado Fernández Miranda debía estar en la presidencia de las Cortes. Había desechado por completo la presión de un Laureano López Rodó, que parece haber querido aprovechar la oportunidad para una posible revancha, con la pretensión de que nombrara un Gobierno con aquellos con quienes habían estado en el poder en tiempos de Carrero. En cambio, aún no estaba decidido quién sería el presidente del Gobierno. En La Zarzuela, Armada era partidario de mantener a Arias, porque la sustitución de los dos presidentes, decía, «lo podría hacer el Caudillo pero no Vuestra Alteza, sería un error de entrada»; el marqués de Mondéjar era, en cambio, menos tajante. Resulta significativo que Armada había mantenido una posición totalmente contraria y ahora había cambiado. Esto alimentó la desconfianza de Fernández Miranda, quien llegó a pensar en un doble juego. Veía a Armada como a un hombre pagado de sí mismo, que se sentía humillado por tener que acudir a consultarle el borrador del discurso de aceptación de don Juan Carlos ante las Cortes. En realidad, durante la Transición pulularon en el entorno del rey personas que tenían criterios políticos distintos e incluso contradictorios, aunque la decisión final fuera del aconsejado. Conociendo las circunstancias, Fernández Miranda llegó a la conclusión de que «en la Presidencia de las Cortes es donde le serviría mejor [a don Juan Carlos] y le condicionaría menos» porque «me acepta como consejero pero no soportaría un tutor».[138] Eso parece cierto porque nunca lo tuvo.

Quedaba la cuestión de la presidencia del Gobierno, que tardó un mes más en resolverse. A la altura de comienzos de noviembre, don Juan Carlos hubiera querido que lo fuera López de Letona. En un primer momento se había pensado en Gregorio López Bravo, apodado como Lolo; de ahí que la ulterior versión de ese intento político recibiera el nombre de «Operación Lolita». El perfil personal buscado era el de un experto en economía, dinámico y sin enemigos. Era el tipo de persona recomendado por Giscard, es decir, por esa Francia tan interesada como hemos visto en una posible transición española: un tecnócrata que, al mismo tiempo, no fuera del Opus Dei. Desde luego, debieron correr rumores en Madrid de que por ahí iban los deseos de don Juan Carlos, puesto que Solís y Anson, personas informadas y habituales en las pequeñas conspiraciones, le visitaron. Además, fue convocado a una cena en la casa de Prado Colón de Carvajal, principal instrumento de acción indirecta del futuro rey, en la que estuvieron presentes Pérez de Bricio y Suárez. Fernández Miranda, según quienes le han biografiado, siempre receló de la operación y dudó de su viabilidad, quizá porque no había sido consultado acerca de su oportunidad, pero, dedicado a ella por inducción de La Zarzuela, parece que no hizo otra cosa que ser gestor de lo que quería don Juan Carlos. Desde que el 5 de noviembre recibió a López de Letona percibió en él una voluntad de aparecer como un aperturista con contactos con la oposición. En esta fecha, por tanto, ya la candidatura estaba planteada. El 21 de noviembre, muerto ya Franco, el príncipe telefoneó a Fernández Miranda para que oyera a Fernández Sordo. En este último, Fernández Miranda creyó ver un conspirador, en compañía de Allende, Cabello y Martínez Esteruelas, propiciadores todos ellos del mantenimiento del Gobierno con un Rodríguez de Valcárcel en la Secretaría General del Movimiento. Eso, por supuesto, no parece haber tenido nada que ver con la idea del rey y a Fernández Miranda le pareció «lío, palabrería, tertulianismo». Pero siguió cumpliendo las instrucciones que había recibido: tras piropear a López de Letona como «hombre importante», le convocó el mismo 21 de noviembre en su casa y le hizo la propuesta, como es natural en nombre del futuro jefe del Estado. «Trabajaremos juntos», le dijo; «la única duda que está todavía por resolver es cuál de estos nombramientos irá primero», y poco después le comunicó que sería el de presidente de las Cortes. Ya por entonces se sabía que el futuro rey quería en el Gobierno a Fraga, Areilza y Garrigues. El 27 de noviembre Fernández Sordo visitó a Fernández Miranda por segunda vez, de nuevo insistente en la «Operación Lolita». «El rey hará lo que tú digas», llegó a decir, a lo que Fernández Miranda respondió con acritud.[139] Circunstancias a las que aludiremos más adelante explican que el nombramiento no se llevara a cabo. Finalmente, fue Prado Colón de Carvajal, cuyo crucial papel quedará desvelado más adelante, el enviado a López de Letona para explicar que su nombramiento era imposible.[140]

¿Qué posición mantuvo Arias mientras todas estas cosas, que ignoró por completo, ocurrían? Lo que inmediatamente le preocupó fue el hecho de que, como resulta lógico, la muerte de Franco planteaba la cuestión de si permanecería o no al frente del Gobierno. El 28 de octubre ya tuvo consigo un informe acerca de la «incidencia del cumplimiento de las previsiones sucesorias», metáfora con la que en la época se aludía a la muerte del general. De acuerdo con este informe, se habría difundido la tesis, que se consideraba errónea, de que con la proclamación del rey el presidente estaría obligado a la dimisión. Según el anónimo elaborador del informe, resultaría que, desde el punto de vista histórico, tal circunstancia sólo se había producido en el momento de la muerte de Alfonso XII y, por otro lado, la dimisión parecía algo característico y peculiar de una monarquía absoluta en que existía un gobierno directo del rey. Por otro lado, siempre de acuerdo con el informe, la Ley Orgánica del Estado había determinado el proceso de forma detallada y minuciosa con el «propósito consciente» de que la muerte del jefe del Estado no implicara de forma necesaria la dimisión ni tampoco una obligación de jurar fidelidad al nuevo jefe del Estado. Claro está que hoy sabemos que todo ello había sido previsto para quitar cualquier tipo de problemas a Carrero y no a Arias. Otra cosa, sin embargo, juzgaba el autor del informe, era que la «cortesía» o la «conveniencia política» justificaran la necesidad de que la dimisión se produjera: era «probable» que fuera así. Arias Navarro, de cualquier modo, no tuvo en cuenta tan sólo esta opinión sino algunas otras. Los recortes de prensa que hojeó revelan que, por supuesto, ésta no era una cuestión que pudiera ser abordada desde un criterio por completo al margen de la política. De los constitucionalistas del momento eran los más proclives a las soluciones democráticas (desde Sánchez Agesta a Tierno Galván) los que consideraban que la dimisión era necesaria, mientras que los más afines a las posiciones del Movimiento (Fueyo, por ejemplo) consideraban que no lo era.[141] Con ellos, por conveniencia propia pero también con fundamento en la legislación vigente, se alineó Arias y actuó en consecuencia.

Una prueba de ello es que los servicios de información militares (SECED), que había creado Carrero y al frente de los cuales Arias había puesto a un antiguo colaborador en el Ayuntamiento de Madrid, se dedicaron a entrevistar a figuras políticas de relevancia. Las conversaciones fueron siempre de tanteo, tanto para descubrir la posición del interlocutor como para informar a quienes ocupaban el poder. En todas ellas se descubre que Arias quería permanecer en el poder y que incluso pensaba que podría extender su influencia.

Una semana antes de la muerte de Franco, el emisario del Gobierno se entrevistó con Andrés Reguera, futuro ministro con Suárez y que estaba relacionado con los medios de familia católica, a uno y otro lado del régimen.[142] Esos medios, comentó, habían mantenido sus contactos e incluso los que ahora aparecían más alejados del franquismo —Ruiz Giménez— estaban dispuestos a conceder al príncipe unos seis meses hasta ver qué rumbo seguía. Obsérvese que esta actitud de benevolencia inicial, congruente con el pasado de esos dirigentes políticos, era conocida perfectamente por el futuro rey. Según Reguera, ese mundo aceptaba también a Arias en los meses iniciales y creía que el cambio de Gobierno se limitaría a algunas personas: citó entre los posibles ministrables a Areilza, Díez Alegría y Garrigues. Pero «lo más importante» era el relevo del presidente de las Cortes, el falangista Rodríguez de Valcárcel. El anónimo interlocutor gubernamental citó a García Hernández para ocupar ese puesto; Reguera se sorprendió, pero luego hizo un «auténtico panegírico» de su persona. Añadió que el presidente saliente de las Cortes «está quemado y no lo haría bien» y ante otro posible candidato, Fernández Miranda, declaró que era «hombre solo, antipático y raro». Merece la pena llamar la atención de que por entonces se hablaba en privado, incluso entre los políticos en principio más cercanos a la monarquía, de don Juan Carlos con desenfado. «Es un Borbón y éstos son imprevisibles y está inédito», dijo acertando sobre todo en lo segundo; de sus apoyos políticos personales, únicamente citó la «gran influencia» que sobre él tenía el general Armada. No era consciente de la relevancia de Fernández Miranda como consejero.

El contenido básico de las preguntas a las que fueron sometidos otros dos personajes políticos aquel mismo día fue similar, pero el interés de sus respuestas resulta mucho mayor porque ambos fueron luego presidentes del Gobierno.[143] Leopoldo Calvo Sotelo, ignorante de su relación con don Juan Carlos y dispuesto a dar satisfacción indirecta a Arias, afirmó que no le gustaba la candidatura de Fernández Miranda, hombre «solitario y agrio», tampoco la de Rodríguez de Valcárcel, «débil y excesivamente supeditado a personalidades azules». En cambio, García Hernández era «un buen parlamentario, con una preparación muy completa». No era partidario de cambiar a Arias, aunque sí de la «necesidad de que demuestre que se lanzará a programas que no pudo realizar en meses anteriores». Sólo citó a Areilza como posible ministro en un Gobierno futuro.

En cuanto a lo que dijo Suárez, pone de manifiesto el entorno político en que se movía y su ubicación dentro de él. Afirmó que Girón y otros (falangistas) le habían visitado, como presidente de la UDPE, para proponerle que apoyara a Rodríguez de Valcárcel. Pero su juicio había sido muy negativo: quienes le habían presionado «no quieren abandonar el protagonismo desde hace treinta años» y ahora «estaban jugando con la familia del Pardo, sobre todo con el marqués de Villaverde», futuro adversario suyo en el Consejo Nacional. Suponía que «harían saber que Franco deseaba la reelección» cuando, en realidad, el presidente de las Cortes era un «pelele de Girón». Entre los posibles sustitutos citó en primer lugar a Fernández Miranda, aunque para añadir «que cree no debiera salir porque tiene muy mal genio y no cede nunca en sus propias opiniones». En cambio, según afirmó, le había sugerido al príncipe el nombre de García Hernández. La frase era osada, porque se atribuía una influencia sobre don Juan Carlos que en estos momentos no debía de tener (no pasaba de ser un cesante político). Pero dispuesto a decir lo que se quería oír de él, «se deshizo en elogios hacia [García Hernández] que, interpretó, "no es hombre del Movimiento-organización" pero allí «se le estima y se le respeta». «Es imposible —añadió— encontrar persona más idónea en España para cubrir tal puesto.» La asociación política que presidía lo apoyaría. Como presidente del Gobierno, «creía que seguiría Arias» y —añadió de nuevo otorgándose importancia—, así se lo había recomendado hacía poco a don Juan Carlos. Llegó a decir que tenía «creciente apoyo popular en provincias» y que su imagen era la de «una persona que estaba por encima de los partidos y que es trabajador». En cambio, en oposición a lo señalado por Calvo Sotelo, añadió que Areilza era «un farsante» que afirmaba estar «preparando el discurso de la Corona». Un último punto de sus respuestas al enviado de Arias merece ser recordado: «Se quejó de que el Gobierno siga sin apoyar económicamente a las Asociaciones». Una semana antes de la muerte de Franco, Adolfo Suárez, el hombre que tan brillante papel habría de desempeñar en los meses posteriores a julio de 1976, se mostraba quejoso de la falta de apoyo a una asociación que luego demostró ser nada. Ignoraba, como Calvo Sotelo, la relación entre Fernández Miranda y el rey y estaba dispuesto a juzgar muy positivamente a Arias. Esta última actitud contribuye a explicar que Calvo Sotelo y Suárez fueran ministros una vez proclamada la monarquía.

No lo fue, en cambio, Federico Silva Muñoz, con quien el SECED habló dos días después.[144] A diferencia de los casos anteriores, parece que en éste la iniciativa de la conversación partió del ex ministro, que tuvo durante algún tiempo una aureola de persona eficaz. Pero en este momento (y otros posteriores) demostró tener una considerable vanidad, atribuyéndose una relevancia política excepcional, al mismo tiempo que adoptaba una posición cada vez más derechista. Empezó citando a Carrero, quien le había dicho que lo de las ternas —del Consejo del Reino para nombrar presidentes del Gobierno o las Cortes— se resumía en que allí debía ir el que debía ir y después un par de nombres más, el marqués de Valdavia y el «carajo de la vela». La frase resulta muy reveladora de lo que pensaban las personalidades políticas del franquismo acerca del funcionamiento de las instituciones. A él le sirvió para decir que se prestaba a ser «el carajo de la vela», pero que estaba convencido de que saldría Rodríguez de Valcárcel. Sobre García Hernández afirmó que era persona «dubitativa», pero que valdría para ministro de Justicia; al hacer esta afirmación, hacia oír a su interlocutor lo que sin duda éste no deseaba. En cambio, se apresuró a manifestar que «le parecía lógica la continuidad de Arias, pero la extendía hasta el final de su mandato», es decir durante un total de cinco años. Además, según él, «debería decirse explícitamente» porque «no tiene justificación una interinidad de unos meses». Así se lo había dicho al príncipe. Quien le entrevistó llegó a la conclusión de que Silva no esperaba sustituir de momento a Arias, pero «yo más bien diría que trabaja para sucederle». Si el presidente creyó este informe, el hecho basta para explicar que evitara la presencia de Silva en el primer Gobierno de la monarquía.

El citado político, por otro lado, mantuvo en privado una actitud tan derechista como confusa y pretenciosa. Como de pasada, dejó caer lo limitado de su posible programa político para el momento de la proclamación de la monarquía: era partidario de crear un único cuerpo constitucional «sin la menor variación en el espíritu ni en el contenido fundamental», pero haciendo desaparecer la confesionalidad del Estado. Con esto admitía su ubicación en la derecha, pero añadió que si el «grupo Girón» quería contar con su persona, él, en cambio, mantenía unos contactos muy superficiales con ese sector. Como el propio Arias, era partidario de cambiar la política de información porque todo estaba «absolutamente marxistizado y descontrolado». Había, añadió, que olvidarse de Europa y, en cambio, apoyarse en Washington. Se atribuyó la capacidad de hacerse con la dirección de la Democracia Cristiana: Ruiz Giménez, según él, «no era nada», Gil Robles estaba acabado y Barros de Lis «era de risa». «El gran error del Gobierno —añadió, insistiendo en dar lecciones— es creer que aquí hay que hacer "un chau chau" con Felipe González»; en realidad, sólo había que hablar con Brandt (para integrar al socialismo en el sistema). Concluyó mencionando la necesidad de incrementar el personal de la casa del rey: Armada era «bueno», pero había que sumar otras personas, «hombres inteligentes pero grises», y se ofreció a dar nombres. Si hemos citado esta opinión de Silva es no sólo por tener en cuenta su posterior condición de ministro fallido, sino también para señalar las limitaciones de su supuesto reformismo y hasta qué punto, como muchos otros, despreciaba el posible papel de la oposición y tenía en poco la personalidad de don Juan Carlos.

En los últimos días que precedieron a la muerte de Franco Arias tuvo también abundante información de lo que podría denominarse la oposición tolerada. Hubo dos procedimientos para recabar tal información. Había, en primer lugar —por ejemplo en una comida convocada por Joaquín Garrigues acerca de cómo podía llevarse a cabo el cambio democrático— informadores que transcribían puntualmente lo que allí se había dicho.[145] Pero además se grababan las conversaciones telefónicas. Existe la prueba de que así se hizo en el caso de un despacho de abogados cuya figura política más relevante era el ex presidente del INI y futuro ministro, Fernández Ordóñez. Como es natural, no resulta en absoluto sencillo resumir el contenido de esta grabación, dado lo entrecortado de unas frases que, además, contienen referencias indescifrables.

Pero de la lectura de la transcripción se deduce, en primer lugar, una diferencia considerable entre lo que se esperaba en esos medios y la realidad. Se especuló sobre el mensaje del nuevo jefe del Estado cuando fuera proclamado; se dijo que incluiría una mención a don Juan «como guardián de la dignidad e independencia de la institución». Debería haber declaraciones (se supone que de don Juan Carlos) a favor del «orden democrático institucional» y el «modelo económico occidental». El primer programa de Gobierno debía contener la creación de una comisión para la reforma constitucional, la amnistía, la abolición del decreto ley antiterrorista, la derogación del Estatuto asociativo, algunos gestos para el País Vasco y Cataluña, el inicio de la sustitución del Movimiento Nacional y la Organización Sindical y la integración en la CEE y la OTAN. En el momento de la proclamación del rey era indispensable la presencia de al menos diez jefes de Estado occidentales, pues «es imprescindible demostrar que se cierra un período de poder personal». Esto fue lo único que estuvo cercano a cumplirse, porque las circunstancias políticas hacían muy poco factible que el discurso del rey tuviera el contenido que este sector político deseaba. No obstante, por el contenido de la conversación puede dar la sensación de que desde él se aportaron —o se intentó hacerlo— algunas ideas al texto que se preparaba en La Zarzuela.

Lo que probablemente más le interesó a Arias de esta conversación y le ratificó en su postura fue que en las conversaciones captadas por la policía se consideraba que estaba «en situación ventajosa para continuar», en especial por los acontecimientos del Sáhara. Lo que esta oposición moderada deseaba era que «el primer gobierno ha de inspirar confianza»: debía estar formado por personas conocidas y «hombres de experiencia y pensamiento democrático», «nombres que se conozcan y digan algo al país». La lista de los acogidos a estos entrecomillados presagiaba parte de la composición del primer Gobierno de la monarquía (Areilza, Fraga, Cabanillas, Barrera, Fernández Ordóñez...) y hacía alusión —«jóvenes de Tácito y Fedisa»— a los protagonistas del posterior Gobierno, el que llevó a cabo verdaderamente la reforma política. Merece la pena señalar que, por el momento, cuando ya era inminente la muerte de Franco, ni siquiera se planteaba (y menos con carácter acuciante) un problema que surgió a partir de un año después: según la transcripción de las conversaciones, Felipe González habría dicho que sus «compromisos» le obligaban a pedir el reconocimiento del PCE (pero daba la sensación de que temporalmente podía aceptar su ilegalidad).[146]

Sin tener en cuenta siquiera su escasa disponibilidad para un cambio político sustancial, Arias tenía, desde el punto de vista del rey, dos inconvenientes: no ser esa cara nueva que deseaba y, además, que ya se había descubierto su deficiente forma de dirigir el Consejo de Ministros. El equipo que formó en 1973 se había ido descomponiendo y su propio carácter, propicio a los cambios de postura, ayudó a los repetidos y bruscos giros que hemos podido comprobar. De estos rasgos negativos se hacía eco quien estaba en contra de la gestión de Arias y deseaba la vuelta de los de Carrero, como López Rodó. Éste le citó al rey una frase de Allende, hasta entonces el ministro más antiguo: como presidente y director de orquesta, en comparación con Arias, «Carrero era un Von Karajan». Pero éste era el juicio también del propio Fernández Miranda y de don Juan Carlos. Según las anotaciones del primero, «los ministros, salvo Valdés, no sentían verdadera adhesión», sino que por el contrario mostraban un «creciente despego asustados del modo de ser» del presidente y «creían que no era persona para situaciones como las actuales».[147] A pesar de todo ello, continuaría al frente del Gobierno. Para explicarlo hay que remitirse a un incidente grave que enfrentó a Arias y a don Juan Carlos en aquellos días.

CHOQUE DEL PRESIDENTE CON EL PRÍNCIPE

Los días que transcurrieron desde que don Juan Carlos asumió provisionalmente la Jefatura del Estado hasta la muerte de Franco fueron para el futuro rey muy tensos y de largas noches insomnes. Toda su vida, desde que en 1948 llegó a España para recibir su educación, había consistido en una larga espera y ahora podía y debía actuar.[148] Lo hizo con los poderes de Franco; una parte de su acción fue pública —la visita a las tropas destacadas en el Sáhara—, pero la mayor parte de ella permanecía por el momento en secreto. Por descontado, Arias Navarro la ignoró en lo esencial, salvo el caso que dio lugar al enfrentamiento; algún ministro, como excepción —Cortina—, pudo intuir que había dos conductos. Lo sucedido contradice en cierto modo la afirmación de que don Juan Carlos procuró someterse al modelo constitucional —el de un jefe de Estado moderador— antes de que España lo tuviera. Conviene, sin embargo tener en cuenta lo excepcional de la situación. Por otro lado, su actuación se refirió a los fundamentos de un futuro sistema de convivencia y no a medidas concretas de gobierno. Alguna de las acciones que en un principio había pensado —unas declaraciones al periodista norte-americano Arnaud de Borchgrave— no se llegó a materializar. El conjunto de su actividad en estos días sólo lo conoció él mismo; Fernández Miranda, por ejemplo, ignoró buena parte de sus iniciativas.

El instrumento que utilizó para ellas fue su amigo personal Manuel Prado y Colón de Carvajal, persona en la que parece haber pensado desde 1974, pues, con ocasión de la primera enfermedad de Franco (que coincidió con otra de Prado), lamentó no poder contar con él. Se trataba de una persona con disponibilidad de tiempo, no sujeto a horarios, que podía ser desmentida y alejada del mundo político. Cuando utilizó a otra persona para contactos indirectos con la izquierda resultó ser el sobrino de Franco, por ello mismo no sometido a sospecha de heterodoxia.

Nada más iniciarse la enfermedad definitiva del dictador, don Juan Carlos dejó caer ante alguno de sus visitantes la posible legalización del Partido Comunista, que remitió a un futuro lejano. En el plazo de unas semanas la protesta del PCE en las calles podía frustrar su proyecto tendente a una monarquía para todos. No se trataba de decir que legalizaría a dicho partido ni de señalar un plazo, y menos aún determinado, sino de indicar una dirección y una tendencia que implicaba que serían las propias instituciones, la legalidad vigente, las que un día permitirían la convivencia del PCE en régimen de igualdad con los otros partidos.

Don Juan Carlos conocía personalmente a Ceaucescu y sabía lo cercano que estaba a Santiago Carrillo, el secretario general del PCE; lo sucedido en el caso Díez Alegría, que debía de conocer, le ratificaba esa conexión. De ahí que el emisario del futuro rey partiera hacia Rumanía el 11 de noviembre, es decir, semana y media después de la asunción de la Jefatura del Estado por don Juan Carlos y algo más de una semana antes de la muerte de Franco.

Allí, Prado se entrevistó con el dirigente rumano. Creyó que Carrillo podía estar en el propio Bucarest en aquel momento y transmitió el encargo del que era portador. Hubo un incidente que pudo resultar grave cuando descubrieron que había tratado de grabar la conversación con Ceaucescu. Al final, el problema se resolvió. La conexión rumana con La Zarzuela se mantuvo mediante el envío de sucesivos emisarios. Don Juan Carlos recibió al primero de ellos; en posteriores viajes se limitaron a contactar con Prado Colón de Carvajal.

Santiago Carrillo aborda esta cuestión en sus memorias de un modo que merece la pena transmitir. Empieza por existir una discrepancia entre las fechas de la narración anterior y las que parecen desprenderse de su libro, el cual trata esta cuestión tras la muerte de Franco, a comienzos de 1976. Todo parece indicar que la gestión tenía sentido que se produjera rápidamente, con carácter previo a la proclamación del rey. El entonces secretario general del PCE asegura haber recibido un recado del presidente rumano para que acudiera a su país a entrevistarse con él y explicarle el mensaje recibido. Es posible que Ceaucescu recordara lo sucedido en el caso de Díez Alegría, no se fiara del emisario, desconfiara del líder del PCE o quisiera dejar pasar algún tiempo; por eso tardó en dar la información al secretario general del PCE. Carrillo consideró positivo que se tuviera en cuenta a su partido y al mismo tiempo comentó que quería la legalización de éste simultáneamente con la de los demás. Quizá fue eso lo que los emisarios rumanos dijeron en Madrid. Lo esencial fue el contacto, por indirecto y vago que fuera; en adelante, el receptor y quien lo había iniciado supieron de las respectivas posturas. Nadie lo conoció por el momento: Carrillo no informó a los dirigentes del PCE y don Juan Carlos tardó en hacerlo con los políticos que desde el Gobierno hicieron posible la Transición, como Adolfo Suárez.

Lo que nos interesa de forma particular es calcular cuál habría sido la reacción de Arias de haber descubierto esta iniciativa. Sin duda de indignación, y habría tenido como resultado un resultado muy duro e imprevisible por su parte. Quizá, aunque en menor grado, habría sucedido algo parecido de haber conocido las otras dos misiones asignadas a Prado por don Juan Carlos: informar a Kissinger, el secretario de Estado norteamericano, acerca de la posición española en el Sáhara y solicitar de Giscard un apoyo personal en el momento de la proclamación como rey. Habría podido haber tres incidentes por esos motivos entre el jefe de Estado en funciones y el presidente del Gobierno, pero lo hubo por otra razón: el Ejército.

De acuerdo con un informe que acabó en manos de don Juan pero que parece ratificado por lo que se trasluce por las posiciones de su hijo o de personas como Gutiérrez Mellado, la situación del mando militar cuando se aproximaba la muerte de Franco revelaba una diferencia de opiniones en materia política que debía de ser muy tenida en cuenta de cara a la consolidación de la monarquía y a la posibilidad de un cambio político.[149] El texto lo desglosaba en los diferentes niveles jerárquicos, que examinaba por separado. Había, en primer lugar, 19 tenientes generales de los cuales 15 procedían de la Academia General dirigida por Franco en 1928-1931 y, «como oficiales, tuvieron una influencia decisiva en el resultado de la guerra civil». Eran «conservadores ... carecen de personalidad diferenciada y su prestigio entre los grados inferiores es pequeño, lo mismo como militares que como personas». Los coroneles y tenientes coroneles serían más profesionales y poco propicios a interesarse en política. En cambio, en el nivel inferior, de comandante para abajo, muchos eran universitarios o, al menos, tenían estudios complementarios. «Esta condición de grupo preocupado por aprender, unido a que la guerra civil aparece para ellos en una gran lejanía y no comprenden del todo las razones de aquella ruptura —añadía el informe—, les hace muy permeables a las preocupaciones de la España actual, ya perceptibles en la prensa diaria y sobre todo en las revistas, y no ven la razón de nuestra separación de Europa.» Entre ellos había adquirido la UMD una «fuerza real difícil de valorar». En la joven oficialidad la frustración militar, por el pluriempleo y la falta de medios modernos que convertía al Ejército en incapaz de enfrentarse «con nuestros enemigos potenciales», se sumaba a la política ante la imposibilidad de ingresar en la OTAN. Al mismo tiempo, la mayor libertad de prensa, los viajes al extranjero y los contactos con la oficialidad extranjera, en especial francesa y norteamericana, habían contribuido al cambio de mentalidad. En estas circunstancias, el príncipe contaba «con el apoyo del Ejército en tanto que no se produjera la crisis del mismo». Ésta tendría lugar en los años 1978-1979, cuando entre los jóvenes arreciara la postura izquierdista mientras que los únicos que ascenderían al generalato siguieran siendo muy derechistas. Había, pues, «un margen de unos tres años en que su acceso al trono al fallecimiento de Franco está asegurado». De momento, ya se detectaba una creciente crítica en los niveles inferiores de la oficialidad, «porque la figura del príncipe se deteriora políticamente con el paso del tiempo al identificarse cada día más con la figura de Franco y de su régimen, ya en franca decadencia».

Don Juan Carlos conocía esta situación y quiso ratificársela a su padre por un conducto inequívoco, para evitar que adoptara una posición pública que le causara dificultades principalmente de cara al alto mando militar. El mensaje fue recibido: años después don Juan habló de la cuestión con Pedro Sáinz Rodríguez y el contenido del mismo lo resumió en la afirmación de «que me quedase quieto en aquellos días porque la cosa estaba muy difícil y todo resultaba muy precario». Reveló también que el jefe del Alto Estado Mayor, Manuel Díez Alegría, le transmitió que «todas las fuerzas armadas estamos al lado de la solución [representada por don Juan Carlos] y que, por tanto, cualquier actitud suya sería perjudicial y contraproducente».

El mensaje partió de Madrid pero dejó el rastro de un grave incidente entre el jefe del Estado en funciones y el presidente del Gobierno. Para poder transmitir ese mensaje, Díez Alegría reclamó la anuencia de los ministros militares y don Juan Carlos se reunió con ellos el 12 de noviembre.

De lo sucedido entonces dejó testimonio escrito Carlos Arias Navarro entre los papeles de su archivo. Lo hizo a mano, con letra inconfundible, en papel membretado, y fue el único acontecimiento de su vida que quiso narrar con cierta extensión, quizá cuando se aproximaba su muerte; al final, como ya hemos referido se quedó tan sólo en el comienzo.[150] Pero el contenido de su narración merece ser transcrito en su integridad por más que la redacción resulte entrecortada:

El príncipe, en funciones de Jefe del Estado. Servicio de Información comunica que S. A. R. ha convocado reservadamente a los ministros del Ejército (Coloma), Marina (Pita Romero) y Aire (Cuadra). Solicito audiencia de S. A.

R. con carácter urgente. El príncipe pretende aplazarla pero insisto que el asunto que deseo tratar es grave y urgente. El Príncipe me recibe inmediatamente.

Me pregunta qué asunto deseo exponerle que no admita demora ya que al día siguiente está convocado el Consejo de Ministros.

De pie y sin aceptar su invitación para que me siente le digo escuetamente: «Señor: acabo de enterarme que S. A. ha convocado a los ministros militares sin previo conocimiento del jefe del Gobierno y como esta decisión implica una manifiesta desconfianza hacia el jefe del Gabinete» [la frase textual fue «constituye una borbonada»] en este momento le presento mi irrevocable dimisión de la que puede dar cuenta en el Consejo de mañana al que yo no asistiré.

S. A. reaccionó violentamente con la advertencia de que no toleraba esta falta de respeto, a lo que le repliqué que la sanción me la había impuesto yo mismo anticipadamente [y] le rogaba que, aceptando mi decisión, diese cuenta en el Consejo del día siguiente y proveyera a mi sustitución.

El príncipe, al escucharme, cambió de actitud y [consciente] de las consecuencias que se avecinaban me cogió de ambas manos, me dijo: «Siéntate Carlos, estás muy excitado y te pido que me escuches».

En este punto se interrumpe el relato que, a partir de este momento, sólo puede ser reconstruido mediante fuentes indirectas. Partamos, antes de nada, de un intento de comprensión de ambas posturas. La de don Juan Carlos es fácil de entender: tenso por mil motivos en las circunstancias que vivía, compaginando una acción pública y otra secreta, había creído resolver mediante la convocatoria de los militares ante todo un problema familiar y dinástico. «A mí ni se me pasó el informar a Arias de lo ocurrido», le contó luego a López Rodó. Si lo hubiera hecho, tampoco éste lo habría entendido, pues ya conocemos la pésima opinión que desde que fue director general de Seguridad tenía de don Juan, y el juicio poco benévolo que le dedicó en el discurso que redactó para que Franco lo leyera por televisión para anunciar la renuncia a la Jefatura del Estado. En cuanto a Arias, queda corroborado el uso que hacía de los servicios de información militares. Se puede pensar que aprovechó la ocasión para poner en una situación difícil al príncipe, de quien le separaba un abismo. Pero existe una explicación más sencilla y probablemente más exacta: como en otras ocasiones en su vida, tuvo un pronto y reaccionó con dureza, sin tener en cuenta las consecuencias de la propia violencia verbal empleada (esa alusión a la «borbonada»). Esto, de cualquier modo, resulta compatible con el aprovechamiento que quiso hacer de las circunstancias políticas.

El futuro rey quedaba, en efecto, en una situación que debía tratar de reconducir, dadas las circunstancias y en la que, además, había quedado en falta, como si hubiera incumplido sus deberes. Ante Fernández Miranda reconoció haber cometido «un grave error explotado por Carlos», pues don Juan Carlos «se asustó y se disculpó» admitiendo su «falta de experiencia»; cuando su interlocutor se dio cuenta de la reacción del jefe de Estado en funciones, habría «jugado a ganar la baza al príncipe». A López Rodó le comentó don Juan Carlos, porque sabía que le agradaría, «cuánto mejor hubiera sido Carrero» en momentos como los ahora vividos. «Si Vuestra Alteza quiere una dictadura militar —le habría dicho Arias—, nombre a Pita [da Veiga] y que tenga V. A. mucha suerte.»[151] Al periodista Oneto el futuro rey le dijo que había llorado de impotencia porque el presidente le había dejado solo en esos momentos cruciales. El texto escrito por Arias respira, en efecto, la sensación de haber obtenido una victoria.

El incidente además se prolongó muchas horas porque del despacho del Jefe de Estado en funciones salió Arias dimitido. Según Fernández Miranda, don Juan Carlos, «comprensiblemente agobiado», cometió el error de insistir a través del marqués de Mondéjar en intentar que Arias rectificara su decisión. Este último le buscó por todo Madrid y lo encontró en la peluquería del hotel Palace; allí lo localizó también Antonio Carro. Pero, por el momento, ese mismo día 12 el incidente siguió sin quedar resuelto.

De quienes vivieron lo sucedido, sólo Carro le quita importancia y lo resume diciendo que no pasó de un tira y afloja.[152] El propio Fernández Miranda, nada juanista, no llegó a descubrir la verdadera causa del incidente, pues lo atribuyó a que «los ministros militares estaban muy preocupados por el sesgo de Marruecos», y por esa razón tuvo lugar la reunión; tampoco parece haber visto en él otra cosa que una muestra de la inexperiencia del futuro rey. Pero para él la ocasión fue muy dura porque, como juzgó otro ministro, había obligado al rey a humillarse.[153] Eso explica que le dijera a López Rodó que destituiría a Arias en cuanto pudiera. La propia reina le comentó luego a la periodista que escribió su biografía (es uno de los escasos juicios ásperos emitidos por ella) que se trató de «un pulso para tener doblegado al príncipe», y «eso no se hace».[154]

Al día siguiente, el 13, hubo en Presidencia un Consejo de Ministros que estuvo presidido por el vicepresidente García Hernández sin más explicaciones. Éste, según el testimonio de otro de los vicepresidentes, Fernando Suárez, había llegado a llamar a don Juan Carlos para decirle que no garantizaba el orden público en el caso de que Arias no continuara. Ignorante de lo que sucedía, Allende, el titular de Agricultura y ministro más antiguo, estaba indignado por la situación; otros de los asistentes permanecían sumidos en la perplejidad. En plena reunión, los tres ministros militares fueron convocados por Arias, que estaba en Presidencia, y recibieron una severa reprimenda; ofrecieron su dimisión y le pidieron a Arias que reconsiderara su postura. Desde La Zarzuela acudió un enviado de don Juan Carlos, el marqués de Villacieros, con idéntico propósito. A final Arias rectificó.

En el ambiente del momento se explica un acontecimiento al que casi todos los que han escrito sobre la Transición aluden, pero de un modo poco preciso. Al parecer se celebró una cena por estos días en la que varios de los ministros, en presencia de Arias, habrían aludido a don Juan Carlos en términos despectivos, como «el señorito», «el rubio» o «el niño», incluso «aludiendo a la necesidad de que recibiera una lección». Uno de los asistentes habría grabado lo sucedido y lo hizo llegar a La Zarzuela. Cabe decir, en primer lugar, que existen muchas pruebas tanto de la división del Gobierno como de las grabaciones de conversaciones. Pero también las hay de que una parte de la clase política del régimen consideraba a don Juan Carlos como irrelevante y deseaba mantenerle en una situación de puro elemento decorativo. Otros le juzgaban demasiado proclive a oír chismes y pocos eran los que de momento veían en él un propósito claro y la decisión para llevarlo a cabo.[155] Todo induce a pensar que esa cena se produjo y que su contenido llegó a oídos del tratado con desprecio. Pero no parece que quien las pronunciara, como en ocasiones se ha afirmado, fuera Fernando Suárez, poco después nombrado procurador en Cortes por el rey.

La tensión entre el príncipe y Arias duró sólo horas. El día 14, el Consejo, presidido por don Juan Carlos, ofreció una imagen de confianza estrecha incluso con expresivos gestos físicos, como colocarle la mano en la pierna. Igual sucedió en posteriores Consejos de Ministros. En los primeros días de diciembre, ya proclamado monarca, tuvo lugar la Asamblea Mundial del Turismo que, por pura casualidad, se celebraba ese año en España y, de hecho, venía a coincidir con el primer acto de Gobierno de la monarquía. Estuvieron presentes una decena de ministros. Arias leyó un discurso que no pasaba de protocolario, y don Juan Carlos le obligó a levantarse en dos ocasiones para responder a los aplausos del público asistente.[156]

En la efervescencia de esos días el hecho pasó casi desapercibido. Por supuesto, nadie, excepto los ministros, supo nada acerca de lo sucedido. Pero el incidente tuvo una enorme importancia en una decisión tomada por don Juan Carlos. El 12 de noviembre al entonces príncipe no le interesaba en absoluto una dimisión del presidente; de haberse producido el día 22, ya proclamado rey, quizá la habría aceptado. Como había insistido en que no se produjera, debía mantener a Arias al frente del Gobierno. El día 28 le dejó caer que le parecía bien su continuidad al frente del Gobierno. El presidente, pensaba que, en realidad, era Franco quien le había nombrado y que debía concluir el mandato que le había atribuido. Pero, como es lógico, se sintió todavía más reforzado y, en contrapartida, ofreció todas las facilidades para el nombramiento de presidente de las Cortes. Nada tenía que agradecerle a Rodríguez de Valcárcel, que había conseguido la prolongación de las Cortes sin contar con él. «Yo haré las gestiones —dijo Arias al rey—, V. M. no tiene por qué intervenir ni gastarse; dígame, mande, yo le sirvo.» Pero, como es natural, desembarazado de este obstáculo, el rey hizo gestiones propias que fueron las decisivas.[157]

Los primeros pasos de la monarquía

Muerto Franco e instalada la capilla ardiente en el Palacio Real, Arias estuvo al frente de todas las ceremonias previstas de antemano de acuerdo con la llamada Operación Lucero. Como recuerdo, guardó hasta el final de sus días toda la documentación relativa a los funerales de Franco con los correspondientes turnos de vela.[158] Merece también la pena reseñar que conservó, sin duda porque le había gustado, un ejemplar acerca de la muerte de Franco aparecido en «Sangre y Cielo», el boletín informativo de Fuerza Nueva, de Pozuelo de Alarcón, donde vivía.[159] Lo mismo hizo con la homilía de Guerra Campos, el obispo de Cuenca, publicada por *El Alcázar* y que apareció con el título, «La obra de Franco, inspirada en la doctrina de la Iglesia».[160] Sin duda habría suscrito esta afirmación.

Chocó, en cambio, una vez más, con la Conferencia Episcopal. Quiso que fuera celebrado por los 84 obispos españoles un funeral en la plaza de Oriente, pero Tarancón se opuso a esa iniciativa y fue el primado quien ofició la ceremonia el día 23. Arias, entonces, pretendió que Tarancón no oficiara en El Pardo el 21 de noviembre la primera misa en memoria de Franco. Pero el cardenal, de nuevo, se impuso e inició lo que puede ser descrito al tiempo como una homilía religiosa y como un ejercicio de pedagogía de la convivencia. Dijo, por ejemplo, que no era día de «tragedias ni de pánicos». Sin duda, la decisión de Tarancón no le gustó a Arias; peor fue el caso de uno de los ayudantes de Franco, que afirmó que «a ese cerdo [Tarancón] no se le debía haber permitido oficiar».[161]

En la ceremonia de la proclamación, celebrada el día 22, Arias no parece haber jugado ningún papel relevante. Desde La Zarzuela se estableció el protocolo y en ella se elaboró el discurso del nuevo rey, sin duda por Armada y Fernández Miranda. Lo significativo de su contenido, al margen de la alusión a la concordia, fue la mención de su padre. Rodríguez de Valcárcel, por su parte, hizo la proclamación «en el recuerdo de Franco» y omitió que se abriera «una nueva era», como figuraba en el borrador de su discurso. En los medios de la oposición no tuvo ningún impacto especial el contenido del discurso ni tampoco la proclama dirigida al Ejército, al frente del cual figuraba ya don Juan Carlos. Tampoco causó una impresión especial la prontitud con la que el 24 de noviembre recibió a Girón y a los ex combatientes. Fue su primera audiencia y en ella el rey estuvo especialmente deferente con el anciano líder falangista, que había participado en la organización de los funerales de Franco.

Mientras tanto, Arias fue objeto de la presión exterior nacida en los países democráticos europeos, que quisieron dejar muy claro que querían ver cerrada una etapa política y abrirse otra, diferente. El consejero político de la embajada de la República Federal Alemana en Madrid informó, por ejemplo, que el presidente de su país quería «comparecer personalmente» con ocasión de los actos de proclamación del rey y que «estaban llevando a cabo una intensísima acción diplomática para asegurar la presencia de todos o de la mayor parte de las personas del mismo rango» en Europa. Manifestó, sin embargo, casi a título de contrapartida política, la «urgente conveniencia de desalojar obstáculos residuales», refiriéndose a la concesión del pasaporte a Felipe González o a la detención de Luis Yáñez. Al igual que sucedía con la totalidad de las embajadas europeas, la alemana estaba informada de la Operación Lucero y había tomado una clara opción política: a las exequias de Franco asistirían «ministros de segundo rango» o personas de inferior categoría, mientras que los jefes de Estado acudirían a las solemnidades para celebrar el establecimiento de la monarquía.[162] La propia diplomacia española ejerció presión sobre Arias. Ullastres, embajador ante el Mercado Común, le escribió para señalarle que «la Comunidad esperaba un gesto por parte de las autoridades españolas para olvidar el pasado y emprender con un nuevo espíritu sus relaciones con nuestro país». Tal gesto, que él calificó de humanitario, se refería a la amnistía o indulto esperados. «El rey [con quien había tratado del asunto] me sugirió que te lo hiciera saber.» Europa, en suma, según Ullastres, mostraba una «confianza esperanzadora en el desarrollo de los acontecimientos españoles y la correspondiente buena disposición para encontrarnos en un terreno de común entendimiento, todo dentro de una marcha ordenada y prudente, esperando movimientos españoles, admitiendo ciertas limitaciones por parte española y dando tiempo al tiempo».[163] Era una buena descripción de la actitud de Bruselas, más expresiva siempre que la norteamericana.

Contrariamente a lo previsto en la Operación Lucero, la ceremonia religiosa con que se celebró la proclamación del monarca no fue un tedéum sino una misa del Espíritu Santo en la que Tarancón prosiguió, dentro del campo religioso, su pedagogía de la convivencia a través de una homilía que tuvo una particular repercusión. Su invocación al respeto «sin discriminaciones ni privilegios a los derechos de la persona» encerraba todo un programa de concordia que, además, se expresaba de cara a una larga lista de jefes de Estado europeos como Scheel, el duque de Edimburgo y Giscard, objeto de una especial atención, pues desayunó con don Juan Carlos. El rey, que desconocía previamente el contenido, le llamó varias veces, transcurrida la ceremonia, para agradecerle sus palabras; sólo en la última, quizá porque alguien se lo había sugerido, mostró alguna prevención. Fraga, en cambio, juzgó que Tarancón había asumido el papel de un cardenal Cisneros. Algunos ministros, y sin duda el propio Arias, debieron de pensar que el cardenal se había excedido.

Todo, en efecto, era prevención en el jefe de Gobierno respecto del entorno de Tarancón. Tanto fue así que la policía controlaba los teléfonos del secretario del cardenal, Martín Patino. Así pudo enterarse de una conversación que éste mantuvo con Areilza. El contenido de la misma fue el siguiente:

«Te diré —dijo Areilza— que en un Consejo de Ministros, estando de jefe interino, le pasó Arias al príncipe una nota informativa tuya (una conversación telefónica tuya en unos términos...). Cuando te vea te lo diré, la fuente es directa. Ya sé que me controlan el teléfono, tengo la completa seguridad. El joven la leyó, se echó a reír y se la devolvió a Arias. Es bastante desagradable, y el comentario del joven diciendo: "Tarancón se portará bien porque lo tenemos muy agarrado"...»[164]

Lo que este texto revela es la utilización de Arias como fuente de información propia, compartida con don Juan Carlos cuando estaba en aparente buena relación con él, aunque es muy posible que el propio príncipe fuera escuchado incluso en las conversaciones con su padre. También llama la atención la convicción de que cuestiones personales de certeza más que remota podían servir para presionar a individuos concretos. Pero nos interesa sobre todo tener en cuenta cómo de forma espontánea se comentó la homilía en los medios más propicios a una liberalización. Dos días después, la policía interceptó nuevas conversaciones con Martín Patino. Areilza calificó la homilía como «perfecta, equilibrada y un inmenso regalo»; hubo quien la describió como «algo fabuloso». Al parecer, también Suárez hizo comentarios elogiosos. Da la impresión de que Martín Patino fue más perspicaz (o quizá más desconfiado) respecto de la voluntad de permanencia de Arias en el Gobierno: de sus miembros dijo que «hablan como si fueran a estar mucho tiempo» y que «este Arias no dimite»; «en eso Motrico me ha demostrado la ingenuidad que tiene y lo mismo Pío».[165]

La monarquía se iniciaba, pues, con idéntica mala relación entre Estado e Iglesia que había existido desde febrero de 1974. Era la consecuencia de una diferencia esencial en el talante. Pero Tarancón estaba en principio dispuesto al diálogo y a la cooperación. Por eso le escribió en estos días a Arias, consciente de que se vivía «una de las horas más graves de la Historia contemporánea [de España] por las grandes esperanzas y los grandes riesgos que palpitan en la hora actual de nuestra querida Patria española y de todo el mundo». Incluía una declaración de apoyo, que puede parecer sorprendente pero que no fue agradecida: «Todos los ambientes que frecuento, todos los españoles sensatos tienen la convicción de que V. E. merece nuestro apoyo y nuestra colaboración por ser hoy el símbolo del equilibrio político que España necesita para mantenerse con firmeza y con dignidad frente a los extremismos y extremistas de todo signo, jacobino o pretoriano». Esta frase se debe interpretar teniendo en cuenta la conciencia que el cardenal tenía de que Arias continuaría; además, si no hubiera avanzado la apertura, habría tenido un adversario poderoso en los sectores más inmovilistas. Tarancón mostró, además, «la conveniencia de que se acelere en todo lo que las circunstancias permitan el traspaso de las funciones del jefe del Estado» y de «proseguir el diálogo con la Santa Sede». Éstos eran los dos problemas más importantes con los que España se enfrentaba y se los comunicaba confidencialmente en servicio de «mi amor a España y de la amistad hacia su persona».[166]

En los medios de la clase política los primeros pasos de la monarquía se recibieron con una mezcla de perplejidad, en unos, y de voluntad de apertura real en otros. Quienes no querían reformas sustanciales quisieron monopolizar de algún modo la adhesión al rey e intentaron que circulara un mensaje de apoyo suscrito por muchas personas, principalmente monárquicos opuestos a una democracia. Pero la iniciativa no salió adelante. Desde Barcelona, el antiguo alcalde Porcioles repuso negativamente a la iniciativa quejándose de que «en el mensaje no hay sólo una adhesión al rey, que parece inexcusable, sino que apunta a un orden ideológico en el que yo ... echo en falta una elemental referencia a todas las tierras de España». Tampoco estaba de acuerdo en «la plena aceptación tan reiterativa de las leyes fundamentales».[167] Un grupo de procuradores, principalmente del mundo sindical y el Movimiento, vieron en la proclamación del rey «un caudal de esperanza que exige la aplicación de una política imaginativa y dinámica».[168] El contenido de la misma revela hasta qué punto el lenguaje democrático había impregnado a una parte de la clase política del régimen: había que «restablecer las libertades» y llegar a la «reconciliación nacional», «tanto en lo que hace a la guerra civil como en lo relativo a las sanciones impuestas por los delitos de opinión». Se defendía el reconocimiento de los «derechos económicos de los mutilados de guerra a los inválidos del Ejército de la República». Claro está que, a la hora de traducir todos estos rasgos a la práctica, se demostraba una mayor timidez, y así aunque se hacía mención de la «reforma constitucional» de nuevo se pretendía ampliar el Estatuto de Asociaciones en vez de hablar de partidos políticos. Sobre la Organización Sindical se pedían «profundas reformas», pero no despreciar el pasado de un sindicalismo del que se aseguraba que había calado profundamente. Muchos de los firmantes desaparecieron en el transcurso de pocos meses, pero otros como Josep Melià, Gabriel Cisneros, Enrique Sánchez de León o José Luis Meilán colaborarían en ella a través del centrismo.

Estos deseos de reconciliación nacional, que eran tan auténticos en esa porción de la clase política como en la oposición, se tradujeron en una tímida medida cuya magnitud hoy se puede precisar de modo suficiente. El indulto, aprobado el 25 de noviembre en el primer Consejo de Ministros presidido por el rey, supuso la liberación de 5.226 presos comunes y 429 internos por delitos de convicción política. Eso suponía que entre estos últimos el indulto había dado tan sólo satisfacción a una pequeña parte de aquellos que la oposición había solicitado. La población que seguía reclusa por delitos de convicción política eran 749 personas, de las cuales 547 eran presos preventivos y 202 penados; 375 lo eran por terrorismo (45 por 100, principalmente, pero no exclusivamente de ETA), y 252 por asociación ilícita, sobre todo por pertenencia al PCE. Con posterioridad al decreto de indulto, durante el mes de diciembre, setenta personas ingresaron en la cárcel, de las cuales once por terrorismo. Además, sesenta presos estaban en huelga de hambre en petición de amnistía.[169] La reconciliación sólo había dado un corto paso adelante: el indulto no había alcanzado a la mayoría de los presos vascos, casi todos militantes de ETA, a los del GRAPO y a grupos situados a la izquierda del PCE.

Pero la necesidad de ampliar el indulto permaneció en la conciencia del nuevo Gobierno, en especial en la mente del nuevo ministro de Justicia, Antonio Garrigues. Pasado el tiempo, cuando ya avanzaba unos proyectos políticos reformistas que concluyeron en nada, recordó que la postura de los españoles era mayoritariamente en favor de la ampliación del indulto, y que el propio Arias había asegurado en su primera declaración que «una amnistía general vendrá como culminación de nuestro proceso de normalización cuando la democracia esté lista para funcionar». El primer indulto, por tanto, debía ser considerado tan sólo como un primer paso. Según Garrigues, las diferencias de opinión existentes se debían a la distinción entre delitos de opinión y los terroristas. De cualquier modo, la amnistía «se ha venido aplicando siempre en momentos de cambio político que impliquen una evolución respecto del régimen precedente, evolución o ruptura que normalmente desactualizan las normas penales en lo que tienen de "defensa política y social"». Tendría sentido, pues, su aplicación en el momento en que se implantara una reforma política (es decir, a la altura del verano de 1976).

Aun así, las medidas propuestas por Garrigues, que no se llevaron a efecto durante el Gobierno Arias, no pretendían llegar a una amnistía total. En ese momento había 636 presos por delitos contra la seguridad del Estado, la mayor parte todavía sin sentencia y por la jurisdicción de orden público. De ellos, 383 habían sido acusados de terrorismo y, según Garrigues, los amnistiados no pasarían de 300 en ningún caso. «La medida de amnistía, excluyendo de ella los delitos de terrorismo y aquellos otros, cualesquiera que sea su alcance que impliquen una acción violenta —concluyó—, debiera ser precedida de una campaña con la finalidad de demostrar que el terrorismo en ningún caso es considerado como delito político.»[170]

Como en lo relativo a las propuestas reformistas en el seno del régimen, también en esto hubo un acercamiento paulatino a un resultado aceptable que sólo aparecería con el transcurso del tiempo. Cabe añadir algo más que también debiera ser tenido en cuenta. La presencia de Franco en el recuerdo o en la cita también se fue desvaneciendo. Estuvo muy presente en los últimos diez días de noviembre, en que Rodríguez de Valcárcel se refirió a él en las

Cortes, o el 26 de noviembre, cuando Carmen Polo fue nombrada duquesa de Franco. Todavía en su primera alocución en Nochebuena, don Juan Carlos, ya rey, aludió a que el año había dejado «un sello de tristeza» por la muerte del general, cuyo testamento reflejaría «las enormes calidades humanas y los sentimientos llenos de patriotismo» de quien los redactó. Pero, en adelante, las citas al dictador desaparecido fueron cada vez más infrecuentes, excepto en el caso de un sector muy concreto de la clase política.

4

Siete meses en la monarquía (1975-1976)

L AS DECISIONES QUE EL REY tomó en los últimos días de noviembre —que habría un nuevo presidente en las Cortes y otro renovado al frente del Gobierno— se cumplieron en los doce primeros días de diciembre de 1975. Al parecer, Rodríguez de Valcárcel insinuó su claro deseo de permanencia preguntándole si «los que hemos servido al general Franco no podemos servir a la monarquía». El rey, que ya había hablado con él en otras ocasiones, debió de argumentar finalmente que necesitaba caras nuevas aunque sin, por supuesto, vetarle que se presentara. Ambos sabían que el monarca era determinante y que, teniendo la colaboración de Arias, resultaba imbatible. Es posible que este último llamara a los consejeros del reino para instruirles respecto de lo que debían hacer; en ese caso, debió de ser, a la vez, una cierta humillación de quien daba un paso atrás en sus preferencias y una muestra de confianza en su influencia personal. Pero el paso decisivo fue la gestión regia, que utilizó dos peones fundamentales. El primero fue Lora Tamayo, presidente interino del Consejo, con quien desde hacía tiempo había hablado de Fernández Miranda; aunque elaboraron una lista de veinte nombres, luego reducida a siete, quedó bien claro quién era el candidato del rey. Tuvo que luchar, eso sí, con la antipatía que producía al propio Lora (y en general, al conjunto de la clase política). «Ya lo he dicho a Torcuato varias veces que deje el aire doctoral», dijo don Juan Carlos.[1] El segundo fue Miguel Primo de Rivera, avalado por su apellido, por sus vínculos con la familia Oriol y por la amistad desde años infantiles.

Rodríguez de Valcárcel, sin duda deseoso de perdurar en el cargo, tras pasar por la tentación de la renuncia pura y simple e influido por personas de su entorno ideológico, envió, no obstante, una sibilina carta a los consejeros del reino con la que consiguió multiplicar la confusión. Fechada el 27 de noviembre de 1975, les hablaba de la relación personal que habían tenido y les pedía que «nada de estas circunstancias entrañables pueda pesar sobre ti a la hora de una decisión de propuesta que te corresponde cumplir en ese Consejo del Reino; quiero —añadía— intentar relevarte de cualquier posibilidad de influencia de la amistad». Tal y como se dice en las memorias de Primo de Rivera, la carta admitía «diversas lecturas». Este mismo personaje afirma que su origen habían sido «muy altas reflexiones», sin duda las del rey, pero el contenido no era en absoluto tajante, pues a fin de cuentas recordaba la amistad y no negaba ser candidato; además, no se sabía si había retirado su candidatura o no. Girón interpretó inmediatamente que no lo había hecho, pero además se negó a que nadie llamara al ex presidente para que declarara sus intenciones. Enrique de la Mata afirmó lo contrario. Da la sensación de que Rodríguez de Valcárcel libraba una feroz batalla defensiva, aunque estuviera inevitablemente condenado a perderla. Arias, que hubiera podido ser su aliado, dejó de serlo cuando se enteró de que había logrado la prolongación de las Cortes en julio sin consultarle. Quizá jugaba con la idea de ser secretario general del Movimiento en el próximo Gobierno; de hecho, apenas había disimulado su voluntad de retrasar la reunión del Consejo del Reino.

El Consejo se reunió el 1 de diciembre. Hubo una larga discusión que duró casi siete horas. Miguel Primo de Rivera convenció a los miembros de la familia Oriol —Antonio e Íñigo—, a fin de cuentas monárquicos, pero no a los falangistas, a pesar de su apellido. En la terna propuesta figuraron Fernández Miranda, elegido por 14 votos, Licinio, con 12 votos, y Lamo de Espinosa, con 6. Siendo 16 el número de miembros del Consejo —recuérdese que la Presidencia estaba vacante, al recaer sobre la de las Cortes— se puede concluir que los deseos del rey habían conseguido casi la unanimidad final, con una sólida resistencia falangista, representada por esos 6 votos, a Lamo de Espinosa, inspirador del intento constitucionalizador de Arrese en 1956.

La aceptación casi unánime de Fernández Miranda explica lo que ocurrió inmediatamente a continuación. El 2 de diciembre, Girón, que le había pedido hora nada más concluido el Consejo, le dijo que era preciso que Arias Navarro continuara como presidente pues «otra cosa sería borbonismo, [algo] muy grave». «En Carlos Arias —añadió con un juicio rotundo y lleno de rencor— no hay un átomo de bien pero ahora debe seguir.» Seguía siendo antagonista de quien no había querido nombrarle vicepresidente y le parecía un insensato aperturista pero, a falta de otro candidato mejor y teniendo en cuenta que algunos medios de comunicación habían especulado con la candidatura de Areilza, por el momento le resultaba aceptable. Así pretendía cobrarse el favor dispensado, no sin resistencia, en beneficio del candidato del rey y seguir desempeñando un papel decisivo en la política española.

En su toma de posesión, Fernández Miranda aseguró ser «totalmente y absolutamente responsable de todo mi pasado» y «ser fiel a él, pero —añadió— no me ata». Recordando que el rey encarnaba la «soberanía nacional», dejó bien claro lo que nadie ignoraba, es decir, el origen de su nombramiento. Es importante señalar que en días sucesivos fue para el conjunto de la clase política la persona con la que había que tratar las cuestiones relacionadas con el rey. Había empezado a desempeñar ese papel en noviembre durante la Operación Lolita, pero ahora, cuando los ministros quejosos del Gobierno Arias se dirigían a don Juan Carlos, éste los desviaba hacia Fernández Miranda. También cuando surgieron los problemas graves entre el presidente y el rey el intermediario fue el nuevo presidente de las Cortes.

Pero, ¿y Arias? Sabemos que se sintió muy reconfortado con la anunciada decisión real de mantenerle: todavía más que eso, pues creyó que era la apreciación de una fuerza política que nunca había llegado a tener. «Lo que yo decido se hace», le dijo a don Juan Carlos el 28 de noviembre. Pero esta sensación de fuerza propia le hizo volver a lo que había sido su pensamiento originario, es decir, que había sido nombrado por Franco y que su mandato era por cinco años, de los que le quedaban la mitad. Por lo tanto, no debía dimitir. Para el rey era fundamental que lo hiciera porque, aunque hubiera decidido mantenerlo, con ello quedaba claro que un día podría empujarlo hacia la dimisión, lo que, como sabemos, desde mediados de noviembre de 1975 era su propósito.

El 3 de diciembre don Juan Carlos recibió a Federico Silva y le comentó que se iba a intentar conseguir la dimisión de Arias. Ya entonces había tenido lugar una conversación de los más cercanos al monarca (Fernández Miranda, Mondéjar y Armada) en la que quedó confirmada la continuidad de Arias, propiciada con insistencia por Armada. Pero era imprescindible recibir una dimisión previa que el presidente del Gobierno eludía por el procedimiento de afirmar que había recibido el visto bueno verbal a su continuidad (sin duda esto había sido insinuado con suficiente claridad, pero no bastaba). Fue el 4 de diciembre cuando Fernández Miranda, en condición de emisario real, visitó a Arias y le preguntó «por qué jugáis el Rey y tú al ratón y el gato»; «el rey quiere que tú sigas, pero debe aclararse todo». Arias debió de aceptar entonces presentar la dimisión, pero para el presidente de las Cortes fue, entonces, toda una maravilla la «sorprendente facilidad» con que el del Gobierno aceptaba cambiar su equipo ministerial.[2] En realidad, el carácter desconfiado y autoritario de Arias le había granjeado la desconfianza de la mayor parte de sus ministros; en 1973 ni siquiera tenía equipo propio. Como quiera que sea, Arias no hizo pública su dimisión, aunque sólo fuera formal, y cuando el rey llamó a recordárselo pretendió que se le había olvidado. «De nuevo una herida grave a relacionar con el 13 de noviembre», refirió en sus papeles íntimos Fernández Miranda.

Finalmente, el 5 de diciembre, al término del Consejo de Ministros, Arias dio a entender que había sido prorrogado como presidente. Los ministros, comenzando por los vicepresidentes, entendieron entonces que debían dimitir. Se inició a partir de ese momento la gestación del nuevo Gobierno, que no estaba tan configurado en la mente del rey como puede en principio pensarse. Se ha escrito, por ejemplo, que «las sutiles presiones del rey lograron ir eliminando a todo el Consejo de Ministros [saliente] excepto tres personas». Pero lo que al parecer pidió el rey, en una reunión celebrada el 6 de diciembre con Arias y Fernández Miranda, fue la presencia de Areilza, Garrigues y Fraga en el Gobierno y que el resto fueran caras nuevas. El 8 de diciembre se entrevistaron a solas los dos presidentes. Fernández Miranda da pocas noticias acerca del contenido de esta conversación, excepto que «quise darle la impresión [a su interlocutor] de que no quería influir». Apreció el poco apego de Arias por sus ministros: «Desde el primer momento pude ver que Carlos quería desplazar a Fernando Suárez, pero no ser él el que lo hiciera». En general, puede que ambos coincidieron en figuras de segunda fila. Fernández Miranda no apoyó demasiado a Fernando Suárez porque veía en él una personalidad fuerte; las quería más dóciles y, sobre todo, que le proporcionaran información acerca de cuanto sucedía en el seno del Gobierno. La promoción de Suárez como secretario general del Movimiento fue obra suya. Ya había sido mencionado como candidato en el momento de la muerte de Herrero Tejedor y, si el desplazamiento de Solís parecería «un acto contra el Caudillo», como rearguyó Arias, su traslado a Trabajo era «una larga cambiada» que solucionaba la situación.[3]

El 9 de diciembre Arias inició las consultas entre los políticos más relevantes y el 12 apareció el nombramiento de los nuevos ministros. Aunque durante este período a él le correspondieron las decisiones determinantes, no se puede decir que el Gobierno estuviera formado por un equipo de su elección o preferencia. Cada caso obedeció a un motivo distinto.

El primero que fue recibido por el presidente fue la figura que había creado más expectativa en tiempos recientes. Fraga había llegado a Madrid el 20 de noviembre y se entregó a una actividad torrencial, muy característica de su persona. Entregó una nota a don Juan Carlos propugnando la reforma «y la necesidad de no perder un minuto en acometerla tomando la iniciativa por medio de un gobierno que, por su composición y liderazgo indiscutible, ni dejara dudas al respecto ni oportunidades excesivas a inmovilistas y rupturistas». Con eso se señalaba a sí mismo, pero tropezó con el hecho de que «más bien predominaba [en La Zarzuela] la idea de no precipitarse y ganar tiempo».[4] El día 21 se entrevistó con Areilza, quien le ofreció colaboración a cambio de aceptar su liderazgo si era presidente o de que se sometiera al suyo en caso de serlo él. También habló con Carro, quien le planteó los liderazgos alternativos de Arias y el suyo. Fraga, todavía ignorante de lo que sucedería, repuso que «el momento pedía cambios visibles y al propio Arias le convenía planearlos». La mayor parte de los colaboradores del político gallego le recomendaron que no participara en el primer Gobierno, pues sufriría un «rápido desgaste»; otros, sin embargo, como Cabanillas, eran partidarios de participar inventándose el mejor, y más divertido, argumento para formar parte de un ejecutivo, a saber: «Yo me conozco y me meterán en la intriga». Fraga habló también con Garrigues y coincidió con él en que resultaba imposible no colaborar si se les ofrecía un puesto en el primer gabinete de la monarquía. Recibió la información sobre la decisión del rey el mismo 5 de diciembre y pensó entonces que habría sido mejor una mayor continuidad en las Cortes y un ejecutivo que diera la impresión de asumir las reformas necesarias. Es ésta una prueba de que tenía preocupaciones propias que sintonizaban poco con las del monarca.

Fraga no vio a Arias hasta el 9 y el juicio que emite acerca de la actitud merece ser recordado por la penetración que demuestra. «No se le veía suelto, decidido y con una idea profunda de lo que había de hacerse», cuenta. Se refiere también a los condicionamientos que sobre él pesaban: «Su concepto de la lealtad [a Franco]», «una cierta dificultad para entenderse con el rey» y el inconveniente «para construir un equipo bien integrado ... para lo que existía un doble problema, pues ni Arias lo tenía propio ni el rey podía dejar de sugerirle nombres». La conversación resultó, pues, «compleja». Arias quería nombres más que programas y Fraga se los dio, una vez que requirió (y obtuvo) que no se le atribuyera Educación sino Gobernación. Coincidieron en Areilza, Garrigues y Villar Mir. Un segundo encuentro, celebrado el día 10, le sirvió a Fraga para introducir los nombres de Carlos Robles en Educación y Martín Gamero en Información; contribuyó, sin duda, también al nombramiento de Calvo Sotelo. Puede decirse que esta influencia del ex embajador en Londres en la configuración del gabinete permite hablar de un Gobierno Arias-Fraga.

Una nota localizada entre los papeles de Arias revela los límites de su intervención en la formación del Gobierno. Se refiere a los candidatos para desempeñar la cartera de Hacienda, y en ella figuraba, en primer lugar, García Hernández, que hasta el momento había sido su vicepresidente político y ministro de la Gobernación. Esta primera opción, que no encontró probablemente aceptación en el rey, venía acompañada de la de Villar Mir, de la que se decía que «aceptaría y de quien se ponderaba la "moralidad", condición "evolucionista" y su "talla y personalidad"». En interés decreciente figuraban también en la nota Coronel de Palma, quien aceptaría, Calvo Sotelo, al que se consideraba situado más a la izquierda, y Sánchez Asiain, menos propicio a aceptar porque «le costaría» la presidencia del Banco de Bilbao.[5] Todas estas opciones no fueron consideradas una vez Arias llegó a un acuerdo con Fraga respecto de la cartera de Hacienda. Villar Mir, al demandar la coordinación de la labor económica, obligó a la creación de vicepresidencias y de esta manera destacó aún más la presencia de Fraga en el gabinete como vicepresidente político.

Pero volvamos al 9 de diciembre cuando Arias recibió también a Areilza. Le dijo que «pese a su deseo firme ... el rey le había pedido que no le abandonase en estos momentos»; afirmó que, aunque tenía un plazo constitucional de tres años —seguía manteniendo esa tesis— «en un término más corto» haría posible «las condiciones de puesta en marcha de la monarquía en el orden político». En el Gobierno debían figurar, por deseo del rey, «los líderes políticos», entre ellos Fraga y Silva, aparte del mismo Areilza. Se iba, por tanto, a una «solución democrática por sus pasos contados, pero con decisión y firmeza»; era «viable» con la sola desaparición de Franco. Arias le pareció a su interlocutor persona «con ánimo optimista y decidido», pero «en el fondo ... crispado y preocupado, a pesar de su aparente calma». Sería seguramente la conversación más cordial que tuvieron a lo largo de toda su relación. Areilza, un solitario en política, parece haber aprobado otros nombres pero no haber sugerido ninguno excepto el de Cabanillas. Arias recibió el nombre «sin ganas», como ya había hecho ante la sugerencia de Fraga; estaba herido por lo sucedido en la crisis de octubre de 1974. Volvió a recibir a Areilza el día 11 y le dio entonces la explicación de las vicepresidencias y la sustitución de Gutiérrez Mellado, en quien se había pensado para Defensa, por De Santiago. Sabemos que el presidente tenía una relación de amistad bastante estrecha con el primero, pero debió de ser una cuestión de antigüedad y grado la que le hizo decantarse por el segundo, así como el juicio positivo que merecía en el mundo monárquico.[6]

El 9 de diciembre Arias convocó también a Silva. Le dijo literalmente que «él tenía que continuar en la Presidencia porque su misión era la de llevar el régimen de una orilla a la otra». Silva afirma que Arias no le habló de ninguna cartera ni tampoco le precisó adónde se iba, cómo ni con quien; parecía convencido de que el espíritu del 12 de febrero era ya suficiente. Según parece, accedió a una reunión posterior con Areilza y Fraga, pero ésta no se llevó a cabo; Silva sugirió que él mismo convocaría la reunión. Da la sensación de que, como ya había sucedido ante los servicios secretos militares, Silva se mostró exigente y pretencioso y eso le costó su participación en el Gobierno. Arias le mostró luego su indignación a Ossorio: «Este amigo tuyo —le dijo— parece que no sabe que las líneas del Gobierno las marca el presidente; se cree el ombligo de la política y del mundo». Cuando se enteró del nuevo gabinete, Silva llegó a llamar al rey para decirle que él no se había negado a formar parte de él. El rey le respondió que esto último era lo que le había dicho Arias; cuando Silva quiso ponerse en contacto con éste, ni siquiera se quiso poner al teléfono.[7] El presidente del Gobierno, pues, promovió a Villar Mir y mantuvo a Valdés, su amigo, en Obras Públicas, y vetó a Cabanillas y Silva.

Garrigues, el tercero de los promocionados por el rey, fue recibido por Arias el 10 de diciembre. «Me dijo que el rey había acogido con mucho agrado la propuesta —como si la hubiera hecho él mismo— y como seguros para el nuevo Gobierno me dio solamente los nombres de Fraga y Areilza.»[8] Con respecto al programa, se limitó a indicar que consistía en «ir por sus pasos pero irreversiblemente a la completa democratización del régimen político existente».

El Gobierno se formó de modo definitivo el 12 de diciembre. Algunos de los ministros más jóvenes —el caso de Ossorio— no fueron contactados por Arias sino por su subsecretario, Álvarez Romero. Esto induce a pensar que no se les atribuía tanta importancia: eran, como querían don Juan Carlos, Fernández Miranda y el propio Arias, caras nuevas. Tanto Ossorio somo Suárez (y hasta cierto punto, Martín Villa; no, en cambio, Calvo Sotelo) pronto empezaron a jugar un papel político importante debido a sus competencias.

El 13 de diciembre tuvo lugar la toma de posesión colectiva del nuevo Gobierno. La declaración pública fue redactada por Fraga, de modo que tan sólo los ministros pudieron introducir algunos cambios en forma de apostillas. Se mencionaban «perfeccionamientos y reformas» de las instituciones y la «presencia y participación» del pueblo con objeto de llegar a «una democracia española», expresión propuesta por Carlos Robles e inmediatamente asumida —lo que no deja de ser significativo— por Arias.[9] En el acto, el presidente pronunció unas breves palabras programáticas: el objetivo era a la vez «anudar dos etapas de nuestra historia» y «perseverar y continuar la gigantesca obra de Franco». Los juicios de muchos de los que le oyeron fueron negativos. Fraga afirma que quedó por debajo de lo exigible en el momento. Fernández Miranda se asombró de que apenas citara al rey: daba la sensación de que consideraba al rey más el heredero que el sucesor de Franco; esa falta de consideración venía a ser el tercer agravio contra la persona del rey. Era un problema más que añadir a los que tenía Arias en los días finales de 1975: su Gobierno no era su equipo y sus ideas con respecto al futuro no pasaban de un aperturismo parecido al del 12 de febrero, pero sin las dificultades proporcionadas por El Pardo.

Como conclusión de lo sucedido en esta crisis bien vendrá hacer alusión a una conversación entre el rey y López Rodó una vez conocido el nuevo gabinete. El ex ministro había sido un gran marginado y estaba «dolido y preocupado»: no había conseguido nada a pesar de los inquietos movimientos contra Arias de los últimos días. El rey comentó a los suyos que «Laureano está enojado» y «parece mentira que hasta los leales se pongan así». Lo hizo con despego, de un modo que ponía de manifiesto que, una vez rey, no tenía obligaciones que cumplir con quienes le habían promovido. Mientras que López Rodó criticó, en todo lo que se le ocurrió, al equipo ministerial, don Juan Carlos se limitó a decir que «al final todo ha ido bien». Expresó, no obstante, algunos temores sobre la actitud de su padre y explicó que hubiera querido cambiar el presidente del Gobierno, pero que el Consejo del Reino se opuso y Fernández Miranda cambió de opinión en el último momento. El desplazado López Rodó también constata en sus memorias otros datos interesantes que se refieren a la falta de confianza entre los miembros de la clase política dirigente. Suárez permanecía reticente con respecto a Fernández Miranda, «que tiene la oreja del rey». Y éste lo era con respecto a Fraga: habría recibido demasiado poder con la vicepresidencia del Gobierno.[10] A lo largo de los meses siguientes, estas tensiones se multiplicarían.

ARIAS EN UNA NUEVA ETAPA POLÍTICA

Siguiendo un procedimiento habitual en la actuación política en la España de entonces, ya antes de concluir el año Arias Navarro había hecho unas declaraciones a la revista norteamericana *Newsweek*. Se presentó en ellas como «un conservador clásico y no un derechista». Afirmó que antes de concluir 1977 funcionarían cuatro o cinco partidos en una «nueva democracia española». Precisó muy poco: daba la sensación de que habría primero unas elecciones locales; no hizo mención a la posible estructura constitucional futura. Insistió en dos ideas muy características: España tenía que ser fiel a su propia tradición política y, desde luego, no se legalizaría al PCE («La guerra civil —dijo— me hizo darme cuenta de lo que es el comunismo y sus monstruosidades»).[11] Hubo otras declaraciones que, como las de Arias en relación con las que había hecho antes de la muerte de Franco, resultaban prometedoras. Fraga aseguró que la democracia es posible «sin romper nada». Solís en una revista alemana dejó caer que Carrillo «puede venir a España», pero «el comunismo creo que seguirá prohibido».[12]

En su declaración a la revista citada, Arias no hizo alusión al Movimiento Nacional y al mismo tiempo aludió a la «democracia», pero el 19 de enero, ante el Consejo Nacional, adecuándose a un auditorio muy distinto, volvió a citar el testamento de Franco y, sobre todo, se declaró «fiel a sus orígenes». «Ni de mis palabras nadie puede deducir ningún torpe afán de revisionamiento —añadió— ni suicidas propósitos de remover nuestro sistema institucional por un prurito de novedad o irresponsable arbitrismo.» Con vaguedad aludió tan sólo a que «sin participación no hay democracia» y que debía tener «residencia en la voluntad del pueblo lo que al pueblo pertenece».

Esta segunda intervención puede entenderse debido a las circunstancias, a las que más adelante se aludirá, pero la ocasión más sonada para dar a conocer sus propósitos se la proporcionó una intervención ante las Cortes. El día 23 de enero envió Arias una carta a Fernández Miranda en la que anunciaba su posterior discurso en el pleno, cinco días después. Ossorio había propuesto un borrador del que el presidente no hizo caso, y luego, en un viaje a Estados Unidos, su ministro debió especular sobre un contenido que ignoraba. Lo peculiar de la citada carta de Arias fue que, al mismo tiempo que pretendía abrir una apertura política, anunciara la remisión de un proyecto de ley Antilibelo y otro de Defensa del Estado. También resulta significativo el párrafo en que resumió por escrito el contenido de lo que iba a decir a los procuradores: «Como integrantes de la última legislatura de Franco, habéis recibido el alto honor de ser albaceas de su memoria y el excepcional privilegio de hacer operativo el mandato expresado en el último mensaje de forma que no pueda perderse en el recuerdo sino que permanezca vivo en nuestro pueblo. Rechazado el peligro de una interpretación revisionista de la reforma, os corresponde la tarea de actualizar nuestras leyes e instituciones como Franco hubiera deseado, sincronizándolas con los deberes de esta etapa histórica».

Aparte de esto, así como de la alusión a la «democracia española» y «la paz de Franco», Arias sólo se refirió de forma limitada y poco concreta a los objetivos de su Gobierno sobre la reforma política. Sólo habló genéricamente de bicameralismo; tampoco precisó nada sobre un posible referéndum, acerca del cual la prensa especulaba. Algo más dijo de la posible reforma de la Ley de Sucesión. El resultado había de ser una «democracia representativa combinando las formas de representación, la territorial y la de carácter corporativo» (en eso debía consistir la «españolidad»). De alguna manera, reivindicó su pasado al afirmar que, «persuadidos de la insuficiencia de las normas asociativas por su escaso arraigo en la realidad en que deben insertarse, no tendremos ningún escrúpulo en modificarlas». No hizo mención, en cambio, ni siquiera a que una de las cámaras del futuro parlamento fuera a ser elegida por sufragio universal. De forma inmediata Fraga lo aclaró.

El discurso de Arias obtuvo la inmediata desaprobación de los principales protagonistas de la política. Quienes escribieron al hilo de las horas fueron los más expresivos. Para Fernández Miranda, «todo [en el discurso de Arias] queda en pura expresión de vanidad». Areilza, que por el momento no había expresado desaprobación respecto de Arias, anotó que era «una pieza poco coherente porque en ella se adivina fácilmente una tremenda dificultad y contradicción...: es un hombre de búnker, no es un hombre de Estado; es un político del franquismo». Con posterioridad, Martín Villa lo describió como «farragoso en la forma, concreto en lo instrumental, impreciso en los objetivos últimos y, en el terreno de lo sindical, decepcionante», en suma, dijo «en confuso» lo que a *Newsweek* había explicado en claro.[13] Fraga tampoco lo valoró en nada.

No merece la pena siquiera aludir a la actitud de la oposición y sí, en cambio, a lo que afirmó una prensa que se pronunciaba con una libertad que había conquistado ya. Una encuesta publicada por *La Vanguardia* concluyó que más de la mitad de los españoles había esperado más. «Desilusión y escepticismo ante la cautela de Arias», tituló *El Noticiero Universal.* El conservador *ABC* rotuló en primera página: «Polémica acogida al discurso del Presidente». Muy pocos en la prensa, como «Blanco y Negro», expresaron confianza: «Arias vuelve a tomar el mando de la carrera»; lo habitual fue que se afirmara, como hizo *Nuevo Diario,* que «el discurso de Arias no ha despejado el futuro político». Si a la prensa de extrema derecha como *El Alcázar* la renovación de Arias como presidente le pareció una «prudente decisión», ahora no manifestó ningún entusiasmo y ello sin compensación alguna. «A las posiciones que han defendido la necesidad de una ruptura democrática —se dijo en un artículo recortado por Arias— les ha prometido prácticamente la congelación.» Guillermo Medina sentenció con una frase que denunciaba imprecisión: «Si Fraga quiere ser Cánovas y no Caetano, Arias quiere ser sólo Arias».[14] Incluso el llamado «grupo parlamentario», formado principalmente por procuradores sindicales habitualmente dóciles al poder, se permitió algunas críticas al contenido de la intervención del presidente. Estaba a favor de la idea de que el pueblo español «recuperara el protagonismo político», pero «hubiera sido deseable que el presidente hubiera concretado más o hubiera desarrollado con mayor extensión algunos extremos fundamentales». Insistió en ampliar lo relativo al asociacionismo, pero también en el «reconocimiento del delito fiscal» y «la reforma de la empresa». Prueba de que el lenguaje político iba cambiando en las filas del régimen es el hecho de que añadiera que «el fenómeno regionalista merece un tratamiento más profundo y avanzado».[15]

Claro está que si se hubiera producido el imposible de que Arias hubiera dicho algo parecido en febrero de 1974, el efecto habría sido muy distinto. Ahora, sin embargo, parecía desde su discurso inaugural alejado de la realidad y desconectado del ambiente político colectivo. Buena prueba son dos cartas que recibió en los primeros días de su renovado mandato, ambas relativas a las perspectivas de reforma política.

Monseñor Guerra Campos, obispo de Cuenca y cabeza del sector reaccionario del episcopado, le remitió un extenso escrito que se refería de forma principal a la nota de catolicidad que, para él, caracterizaba a la monarquía. Tal rasgo suponía una especie de seguro en lo político, pues significaba «asumir seriamente el compromiso religioso de los juramentos, sobre todo de los solemnes». Añadía, además, una opinión que ya no era la de la mayoría de los obispos españoles: «No es verdad que la Iglesia se contente con la libertad común». Eso sería tan sólo «un mínimo», pues, en realidad, «la Iglesia católica quiere que el poder público reconozca y favorezca su libertad por un título especial». La «catolicidad constitucional del Estado» sería un asunto interno de la *sociedad* civil, anterior a las fórmulas jurídicas de relación entre Iglesia y Estado.[16] Arias no debía estar lejano a estas tesis. Pero si esta carta produce la sensación de que los sectores más conservadores seguían teniendo confianza en él, hay otros indicios de que ya no era así. Oriol, el ministro de Justicia, le escribió afirmando que, de acuerdo con la interpretación que se hacía de sus declaraciones a *Newsweek*, cabía colegir que quienes en un momento anterior, a finales de 1974, habían aceptado las asociaciones habían sido maltratados como unos ingenuos. Todavía añadió algo más: según las declaraciones, «de las entidades naturales [familia, municipio y sindicato] es algo de lo que ya no merece la pena siquiera hablar». La admisión de los partidos suponía que la «legislación vigente ha caído en desuso», con lo cual se estaría entrando en «una deslegalización acelerada pero sin formalizar», y en un «vacío legal que es, sin duda alguna, el primer paso en el proceso revolucionario que por el sector comunista se pretende iniciar». El partido suponía, según el ex ministro de Justicia, simplemente, «dinamitar lo que existe e imponer lo nuevo».[17] Su indignación era épica y su actitud asombra, teniendo en cuenta su condición de presidente del Consejo de Estado, entonces y muchos meses después.

Esta actitud ambigua de la extrema derecha ante Arias acrecentó la soledad de quien no tenía tras de sí el Gobierno que presidía y al que en teoría había nombrado. Uno de sus colaboradores de la etapa anterior ha afirmado que pronto los ministros «no le hacían ni puñetero caso» y un periodista muy informado escribió que «sus ministros importantes no le hacían caso y a los no importantes los ignoraba él».[18] Hay que tener en cuenta que el tenue lazo que le unía a los jóvenes reformistas del régimen se desvaneció ahora. Cisneros, cuyo relevante papel en el texto del discurso del 13 de febrero ya conocemos, pronto se convirtió en director general de Asistencia Social con Fraga. Aunque afirmaba «perder de esta suerte la posibilidad, siquiera haya sido mediata o indirecta, de estar a tus próximas órdenes», aseguraba que los meses pasados, «bajo el mando de Antonio Carro, han constituido para mí una experiencia apasionante, enormemente enriquecedora». Pero con Fraga «me vinculaba un público compromiso de militancia política».[19] Hubo en ese sector generacional quien, como Ortí Bordás, evitó ser nombrado para un cargo complicado como era el de gobernador civil de Barcelona.[20] Otro caso, en fin, fue el de quien, como Jáudenes, colaborador en Presidencia, fue un ejemplo, entre tantos otros, de actitud reformista convertida finalmente en involucionista. En una conferencia pronunciada en abril de 1976, cuyo original le pidió el propio Arias, Jáudenes utilizó un lenguaje un tanto malhumorado, indicio de las crecientes dificultades padecidas por el Gobierno. Repetidamente se pronunció Jáudenes en términos laudatorios a Franco, y denigratorios respecto de la oposición. Habló, por ejemplo, de la «obra ingente de un hombre excepcional» mientras que afirmó de aquella que «no pide una democracia, sino que la democracia tiene que ser, para que se acepte como legítima, aquella que ligue ... con el período que se cierra el 18 de julio ... limitándose a desempeñar [el] papel de tábano». Exigió para el Gobierno la condición de protagonista esencial de la reforma, pero nada dijo con respecto al contenido mismo de la misma.[21]

La actitud de Cisneros revela que en un momento en que se vislumbraba una consulta popular (nadie sabía en qué condiciones), los alineamientos personales buscaban los liderazgos políticos. En un momento inicial, cuando se inició la nueva singladura política, Arias no renunció a desempeñarlo: por el contrario, todo hace pensar que lo tomó muy en serio y que, además, pensó que presidiendo un Gobierno del que formaban parte otros líderes, a él le correspondería una función decisiva. Ya entonces se pensó en un partido de Gobierno como maquinaria capaz de ganar unas elecciones.

Si se observa el papel desempeñado por Antonio Carro en las semanas siguientes a la formación del nuevo Gobierno, se comprobará que ése fue el deseo inicial de Arias. Quizá había tenido problemas para conservarle como ministro, pero parece claro que quiso destacarle en su beneficio hacia la política partidista. Bien claro quedó con la publicación de un artículo titulado «El liderazgo Arias», aparecido en *ABC* inmediatamente después de pronunciar éste su discurso ante las Cortes. Es posible, además, que lo recibiera antes de ser publicado y que, por tanto, formara parte de la misma operación política considerada para la mayoría como fallida. Carro, no obstante, como durante 1974 y 1975, iba más allá de lo que dijo Arias. «Para mí —decía el artículo— es esencial que haya prometido una reforma constitucional (que evidentemente exige un referéndum) en la que, partiendo de lo existente, prometió que las Cortes (que en el futuro serán bicamerales) se organizaran sobre una base representativa territorial que para mí y para gran parte de la doctrina no tiene otro sentido que el sufragio universal.» Además, según Carro, Arias «admitió la necesidad de agrupaciones o asociaciones, sin excluir expresamente los partidos políticos, como había sido hasta hace poco lugar común». Ahora bien, ante este panorama se hacía evidente la necesidad de que los grupos, asociaciones o partidos se definieran por sus respectivos liderazgos. El rey, como jefe de Estado constitucional, no podía ser un líder y los que seguían la vía de la ruptura no pasaban de ser una minoría, aseguraba Carro, coincidente en este punto con todos cuantos permanecían adscritos al régimen. El liderazgo de la legitimidad histórica, «el cabo que va a permitir desenredar la madeja que, en otro caso, se nos presenta como nudo gordiano» debía ser Arias. Era la persona que «irradiaba confianza y seguridad» y contaba con «un lugarteniente político de tan extraordinaria calidad como Manolo Fraga» (sería exactamente al revés en las elecciones de junio de 1977). Debía, pues, aceptar «este protagonismo histórico» y «levantar la bandera de enganche de la gran organización de la paz y de la democracia».[22]

El propósito fue intentado pero con el paso del tiempo fue desvaneciéndose, principalmente por culpa de dos personas, Fraga y el propio Arias. El 13 de febrero se celebró una comida del presidente con Fraga, Suárez, Solís,

Areilza, Carro y Ossorio, es decir los ministros políticos por excelencia, con la excepción de Garrigues, un solitario sin vocación partidista, y la adición de quien parecía destinado a cumplir la tarea organizativa de esa fuerza apolítica. «Parece que ahora va en serio lo del partido de centro», comentó Areilza en su diario, utilizando una denominación que luego usufructuó Suárez (también éste haría el partido desde el Gobierno). En esta ocasión, Arias afirmó que contaba con el apoyo del mundo financiero pero, fuera porque ésta resultara la realidad o porque quisiera evitar enfrentamientos iniciales, aseguró que «no tenía ningún interés especial» y «ni deseaba ni pedía dicha jefatura» del partido.

Areilza constituye una buena fuente para explicar lo que sucedió luego porque, siendo también un solitario, tenía ambición política para el futuro y no disponía de tiempo, capacidades ni ganas para organizar un partido. De acuerdo con su diario, a Fraga le cumplió el papel del «perro del hortelano que no deja hacer partido ni lo hace tampoco». Se comprende que actuara de esta manera por una razón muy simple: intuía la fuerza que tenía tras de sí y no estaba dispuesto a esforzarse en una tarea difícil para que, a fin de cuentas, fueran otros los beneficiarios. De Fraga llega a decir en sus memorias Ossorio, el ministro de la Presidencia, que pronto se vio que «no estaba dispuesto a perder un minuto, al menos con nosotros, en estudiar seriamente la constitución de ningún partido político». En marzo y luego en junio se le volvió a plantear la cuestión pero siempre con idéntico resultado. Luego se demostró que Fraga era el único de quienes se reunieron en febrero capaz de crear un partido por sí mismo, al margen de apoyos gubernamentales.

Pero, claro está, tampoco Arias se mostró insistente sobre el particular. A la inicial apariencia —o realidad— de desgana, le sucedió el desinterés y vino luego el cansancio, que contribuye a explicar su carencia de resistencia ante el cese.[23] Coadyuvó a que el partido no se formara el hecho de que de los reunidos en febrero tampoco los más jóvenes tuvieran interés en ese partido. Ossorio se reunía con los medios entre los cuales podía nacer una democracia cristiana, confiado en la etiqueta electoral. Suárez disponía de la red del Movimiento y de la UDPE, un arma importante y que se consideraba segura (luego lo fue menos); Fraga le acusa en sus memorias de procurarse gobernadores civiles afines a través de los nombramientos. Pero eso estaba en la propia esencia del cargo.

Conviene, no obstante, no exagerar en exceso el intento de racionalización *a posteriori* de las posiciones del momento. Fraga afirma que en el Gobierno había aparte varios grupos: los reformistas, los máximamente prudentes y los que practicaban «un juego más sutil ... [el de] aplazar las reformas con diversos pretextos para que fuera otro Gobierno y no aquél el que las realizara».[24] Se refiere principalmente a Suárez y Martín Villa, a los que acusa de llevar a cabo un «juego complicadísimo» de cara a La Zarzuela, al tiempo que dilataban la reforma de sus respectivas competencias, es decir, los sindicatos y la Secretaría General. Hay que recordar la inicial confluencia de todos en ese partido gubernamental cuya incógnita fundamental residía en el liderazgo. Por otra parte, los más jóvenes dentro de la clase dirigente franquista eran, sin duda, más disponibles de cara a La Zarzuela, pero también más cercanos a la realidad social española (y no carentes de creencias como se suele afirmar). La capacidad de actuar en grupo en una democracia todavía era una incógnita para el conjunto de la clase política.

Acontecimientos posteriores demostraron que Arias carecía por completo de tal capacidad. Hay dos aspectos más de su presidencia que merecen ser abordados en este punto para comprender su evolución política. En primer lugar, el presidente renovado siguió muy atento a la prensa, pero mientras hasta ahora había recibido de ella, dadas las circunstancias existentes, juicios en su mayoría benévolos, que le contraponían a la extrema derecha, ahora se encontró con una situación muy distinta. Luego, abandonada ya la presidencia, agruparía los recortes en sobres rotulados por él mismo como «Comienza la ofensiva» y «Ofensiva apoyada». Sin duda, creyó, al menos a posteriori, en una conspiración de la prensa en su contra.[25]

Había cambiado además, y de manera perceptible, el clima público con la sola muerte de Franco. Dos textos recibidos por el presidente lo demuestran. En los disidentes había un descaro que para personas de la formación y biografía de Arias tenía que resultar inconcebible. Antonio Gala publicó en mayo de 1976 un artículo, por el que fue procesado, en el que afirmaba que «yo he sido, de toda mi vida, por desgracia, antifranquista», pero «ahora, por consecuencia, no lo soy: muerto el perro, se acabó la rabia».[26] La propia Administración se veía obligada a rectificaciones en casos como el asesinato de García Lorca, una cuestión de primerísima importancia de cara al exterior y al mundo de la cultura. Una propuesta llegada a Presidencia proponía una reivindicación del poeta «cuyo constante recuerdo y exégesis suponen un latente y reiterado propósito revisionista de la actuación del Ejército nacional en la guerra». Se proponía dar el nombre de Federico García Lorca a uno de los viales de la zona de la Huerta de San Vicente y la búsqueda de los restos por parte de la Jefatura Provincial de Sanidad.[27]

Nervioso e irritable por la actitud de los medios de comunicación —la manifestación más palpable de ese clima—, Arias trató de controlarlos obteniendo el previsible fracaso y la inevitable conflictividad adicional. Ya hemos visto que al mismo tiempo que remitía un párrafo de su discurso en las Cortes a Fernández Miranda, le anunciaba también la remisión de dos leyes destinadas a restringir los modestos márgenes de tolerancia. Martín Gamero, recién nombrado ministro de Información, se dirigió a los diversos ministros pidiéndoles una coordinación de la labor informativa gubernamental, porque con motivo de la huelga del metro «han salido informaciones desperdigadas y procedentes de distintos servicios y de distintos ministros y ha falta-do, desde luego, en el plan informativo la necesaria coordinación que diera al público una fisonomía menos confusa de los acontecimientos».[28] Detrás de esta carta se adivina el interés no sólo de Fraga sino del presidente mismo.

Con el paso del tiempo el nerviosismo de Arias Navarro con respecto a la prensa fue creciendo. Ya en enero le recordaba a Ossorio que se reuniera la prevista comisión «para ordenar la prensa». Luego, según pasaban las se-manas, se daría la paradoja de que Areilza, un ministro del Gobierno, vería suspendida una entrevista de televisión ya grabada por decisión presidencial. En algún momento posterior, en pleno Consejo de Ministros varios ministros especularon (y el propio Arias) con evitar los anuncios oficiales en la prensa menos complaciente, como ya había pensado León Herrera, al tiempo que mostraba su satisfacción por el descenso de las ventas. En su visión conspi-ratoria, Arias llegó a creer en un momento de ira que los grandes diarios in-ternacionales eran controlados nada menos que por Areilza. En los meses fi-nales del primer Gobierno de la monarquía fue manifiesto el deseo de Arias de cesar a Martín Gamero. Era tan patente que a quienes propiciaban la cri-sis total les dio la sensación de que ésa era la fórmula para lograrla.[29]

También prosiguieron los problemas de censura en los libros. Los más graves no resultaron los relativos a sesudos tratados marxistas, sino otros como, por ejemplo, la difusión de los 50.000 ejemplares de que constaba *Mis encuentros con Franco*, de Pemán, ya impreso, y que había sido prologado por Luis María Anson. Antes de la muerte de Franco, éste, en presencia de León Herrera, había declarado, en referencia al autor, «este hombre cho-chea».[30] Se trató de convencer al editor, Sebastián Auger, de que no lo publi-cara, pero sólo se consiguió que retuviera algún tiempo la distribución del li-bro. «Si la obra es secuestrada —afirmó con razón el ministro—, sería el primer secuestro de la monarquía de la obra de dos monárquicos.» Pero el contenido —el texto en sí, por poco benévolo con Franco, y el prólogo, por juanista— parecía tan poco aceptable que se planteó la posibilidad de la compra de la edición entera, aunque se rechazó porque inevitablemente sen-taría un precedente.[31] Ambos rasgos explican la preocupación de Arias y el retraso de la aparición del libro, cuyo contenido era adecuado para la obten-ción de un gran éxito, como el anterior de Pemán. También le preocupó a Arias la represión de la pornografía, que había sido culpable principal de que Franco defenestrara a Cabanillas. El fiscal del Tribunal Supremo le remitió las instrucciones contra la «proliferación de espectáculos y publicaciones obscenas en progresión ciertamente geométrica, la invasión de un descarado comercio de la sexualidad exhibiendo abundantes imágenes con desnudos in-tegrales pornográficos», que podían causar «impacto en la masa de pobla-ción adolescente, de formación cultural y humana incompleta». Como Arias no ocultó nunca sus personales e iracundas ideas al respecto, causaba perplejidad entre sus propios ministros. Areilza comenta en su diario: «Parece mentira que Arias pierda el tiempo en estas cosas».[32]

Al juzgar el creciente nerviosismo de Arias se debe también tener en cuenta, que sobre su Gobierno pesaba la gran carga de una crisis económica muy grave. La intervención de Villar Mir en las Cortes en el mismo mes de diciembre de 1975 vino a constituir el preámbulo programático de una política de ajuste de la que sin duda era partidario. Afirmó, por ejemplo, que durante los dos años precedentes los españoles habían trabajado menos y ahora debían hacerlo más y que también habían de moderar sus ingresos. A Areilza el contenido del discurso le pareció coherente y bien trabado, pero no era el más propicio para un país que debía ante todo enfrentarse con una reforma política. Semanas después, el 25 de febrero, el ministro de Hacienda y vicepresidente económico del Gobierno hizo unas declaraciones en TVE. El Instituto de Opinión Pública realizó con este motivo un sondeo en los días inmediatamente posteriores. Concluyó que la intervención «ha tenido cierto eco a nivel de opinión de masas», pues decía saber de ella el 56 por 100 de los encuestados, pero sólo el 40 por 100 podían mencionar alguna medida concreta. El pesimismo era indudable: sólo el 5 por 100 de la población pensaba que las medidas serían suficientes para superar la crisis por la que pasaba la economía española, y «la opinión más negativa acerca de estas medidas la mantienen los jóvenes, los hombres y los universitarios», es decir, los más interesados en política. En suma, «la confianza que se atribuye a estas medidas para solucionar la crisis económica actual es mínima».[33] Esto le sucedía, además, al único ministro del que se puede considerar que hubiera sido nombrado por el propio Arias y del que éste guardó buen recuerdo tras su cese. A pesar de la actitud de la opinión pública, se pensó en la posibilidad de gobernar en el campo económico mediante decretos leyes, sin duda aplicando un plan de ajuste. Villar Mir, insensible y conservador en lo político, se opuso además de forma rotunda a cualquier reforma laboral que pudiera suponer, según él, que cundiera el desánimo en la inversión. Ossorio afirma haber recibido el informe de un especialista (José Ramón Lasuén) en el que se defendía que la reforma política debía preceder al ajuste. Fuera porque el ritmo de los acontecimientos lo impuso —lo más probable— o porque se optara con claridad por esta línea de actuación —en vez del ajuste también deseado por Fraga—, el hecho es que esa política no se produjo.

Se debe tener en cuenta, por último, que el propio Estado tenía graves problemas. Los ministros —una parte de ellos, al menos— trataban de la reforma política, pero todos debían enfrentarse también a una complicada tarea cotidiana en las áreas de su competencia. A Suárez, por ejemplo, le preocupaba la situación económica de la cadena de prensa y radio del Movimiento, que debía 2.000 millones de pesetas e iba a perder otros 800 durante el año, por lo que solicitó una línea de crédito oficial.[34] Muy poco antes de ser relevado, Fraga empleó una parte de su tiempo, bastante escaso teniendo en cuenta su actividad en Gobernación, su propuesta de reforma y sus viajes, proponiendo una reforma del calendario oficial de trabajo para que no hubiera tantos días festivos.[35] Peor era el caso de aquellas responsabilidades ministeriales que se referían a una Administración impotente ante demandas sociales que tenían tras de sí a la opinión pública. El ministro de Educación, Robles Piquer, se quejó en junio de 1976 de la enorme «desproporción» entre las obligaciones y el volumen de recursos disponibles, que se convertía en «bandera de los grupos de oposición». Propuso duplicar el presupuesto en un plazo de cuatro años, pero el cambio en el volumen de gasto educativo hubo de esperar a un contexto político ya diferente.[36]

LA REFORMA POLÍTICA: LA COMISIÓN MIXTA

Lo principal, sin embargo, en la tarea del Gobierno consistía en emprender la reforma política, y ésta no podía ser obra tan sólo de disposiciones puntuales, sino que exigía un único motor funcionando a pleno rendimiento. Garrigues presentó y el 6 de febrero logró que se aprobara en Consejo de Ministros el decreto ley que derogaba quince artículos del decreto sobre prevención del terrorismo de agosto de 1975. Pero eso, aun indicando un cambio de rumbo, era en realidad muy poco.

Pronto, el Consejo de Ministros se demostró, desde el punto de vista de algunos ministros, como un instrumento poco capaz para esa tarea reformista. El rey, en cambio, tuvo claro cómo debía actuar: generalmente no presidió los Consejos, sino que pretendió actuar exclusivamente como un poder moderador, lo cual le alejaba de la responsabilidad concreta a la hora de hacer la reforma. En cambio, desde un principio —y la responsabilidad le corresponde principalmente a Arias— los Consejos resultaban «largos y farragosos». El testimonio es coincidente entre Ossorio y Areilza, aunque este último fue siempre el más ácido: «Se habla de nombramientos, de temas ocasionales de cada departamento; el problema político de fondo, el de que el Gobierno tenga un programa propio y no pierda la iniciativa salta por aquí y por allí, pero de un modo incoherente e inconexo ... Aquí no hay orden, ni concierto, ni propósito, ni coherencia ni unidad.»[37] A fines del mes de diciembre Areilza ya estaba en contacto con Fraga y con Garrigues para proponer a Arias la formación de una especie de comisión para la elaboración de la Constitución, idea de Cabanillas que Arias había dicho que le parecía bien. Pero pronto se debió de percibir que esa vía no era posible. Areilza, cuando asistió al Consejo Nacional, describió al búnker como personas con una «sonrisa de conejo forzada» que denotaba desconfianza e hipocresía. Como veremos, con él hubo de contar.

Al margen del Consejo de Ministros, en las Cortes pronto se dibujó un cambio significativo aunque poco aparente. Solís le comunicó a Fernández Miranda que se iba a reformar la composición del Consejo de Ministros y que se haría por decreto. Pero él advirtió que no se podía hacer y menos por decreto ley. Esta actitud mostraba la voluntad de Fernández Miranda de que se tuviera en cuenta a las Cortes pero también a él. Lo logró en este caso y también en otro más importante: la prolongación de la vida de las Cortes. Contra ella estuvo, en principio, Arias, que confiaba obtener un sólido apoyo parlamentario tras unas elecciones a partir de la legislación vigente, y el rey, quizá porque no tenía mayor interés en la perduración de aquellas Cortes. Pero el consejo de Fernández Miranda acabó imponiéndose.

A lo largo de 1976 el presidente de las Cortes actuó de una forma consistente en convertir, al menos en parte, lo que en el sistema político franquista era teórico en algo más real. La mera apariencia de institución parlamentaria, porque no funcionaba en la práctica, empezó a tener ese resultado, aunque el propósito no tenía como fundamento la autenticidad sino la capacidad de conducción hacia un objetivo final. Así, por ejemplo, reunió a la mesa, lo que equivalía a empezar a controlar las Cortes. En febrero se hablaba ya de la creación de cinco grupos parlamentarios y en marzo se publicó la regulación de los mismos. Pronto se adscribieron a UDE, la asociación de Silva Muñoz, 29 procuradores; al grupo independiente, 69; hubo otro grupo «democrático», de procuradores procedentes de la organización sindical, pero la UDPE fue la que logró un más nutrido apoyo (74 procuradores). La organización de las Cortes facilitaba la negociación y, por lo tanto, el control. A fines de febrero se nombraron 11 nuevos presidentes de comisiones legislativas, con amplios poderes. Resulta significativo que en la de Leyes Fundamentales López Bravo sustituyera a Fernández Cuesta. También lo es que los tres procuradores nombrados por el rey a mediados de febrero fueran Fernando Suárez, José María López de Letona y Alberto Monreal, todos ellos considerados como aperturistas. Con todo, lo decisivo desde el punto de vista de las Cortes fue la publicación el 23 de abril en el Boletín Oficial de las Cortes de una disposición para crear un procedimiento de urgencia. En las Cortes del franquismo lo esencial, en cuanto a debates, tenía lugar en las comisiones, que de esta manera ejercían una especie de dictadura dentro de la dictadura; además, eran incontrolables en cuanto a los plazos temporales. Lo esencial era que las comisiones no resultaran un obstáculo a la reforma y que ésta no se empantanara en una discusión eterna.

Más importante aún que poder controlar las Cortes era mantener al Consejo del Reino enderezado en la línea deseada. Ya había ofrecido dificultades, como hemos visto. De él dependía el nombramiento del presidente del Gobierno, que el rey consideraba inevitable a medio plazo. El 2 de marzo, don Juan Carlos presidió una reunión del Consejo en el palacio de La Zarzuela.

Las palabras que pronunció fueron escritas por Fernández Miranda. «La esencia fundamental de la monarquía —dijo— está en constituir una instancia de poder supremo capaz de estar por encima de los conflictos y tensiones.» De ahí la necesidad de contar con instituciones como la que había reunido, principalmente en dos supuestos significativos: la «potestad del rey de someter a referéndum nacional los proyectos de ley de carácter trascendente» y la de recurrir a medidas excepcionales. Lo primero suponía un mensaje a los sectores más reaccionarios sobre la posibilidad de una apelación directa al pueblo. El Consejo del Reino debía tener «la sagacidad, la oportunidad, la sensibilidad política» de proporcionar las indicaciones pertinentes. La alabanza se convertía de esta manera en un medio de control; la repetición de las reuniones contribuyó a facilitarlo.

Todo esto lo hizo Fernández Miranda por iniciativa propia, al margen por completo de Arias: cuando le explicó alguna de estas medidas no consiguió otra cosa que el jefe de Gobierno «siguiera su perorata incoherente», como él la denominó despectivamente. Hay que tener en cuenta que, aunque fueran funcionales para los propósitos reformistas, algunas normas, como el método de urgencia, probablemente habrían debido de ser objeto de una disposición diferente a la de carácter interpretativo llevada a cabo por Fernández Miranda, como ya veremos que señaló Garrigues.[38] De cualquier modo, si en él parece clara su voluntad de despejar el camino a la voluntad regia, resulta indescifrable, por el momento, el contenido de la reforma que pudiera promover.

A comienzos de enero, en cambio, Fraga ya había entregado un proyecto sobre ella de cuyo contenido se tratará más adelante. El 31 de enero se hizo público el acuerdo del Consejo de Ministros por el que se decidía la constitución de una Comisión Mixta entre el Gobierno y el Consejo Nacional para la reforma constitucional. Según Ossorio, desde enero se la había propuesto Suárez y no puede extrañar que fuera así porque era el procedimiento obligado, desde la época de Carrero, para poner en contacto al Ejecutivo con la alta clase política del régimen. Claro está que para quienes se habían alejado del franquismo, como Areilza, un pleno del Consejo Nacional le parecía «una escena de museo de cera de gentes embalsamadas para la posteridad».[39] Nadie sin embargo, criticó inicialmente el procedimiento, por más que luego acabaran haciéndolo. Fernández Miranda confirma que Suárez, «que ha enlazado muy fácil y positivamente conmigo», le habló de «reconstruir» la Comisión Mixta, a la que luego consideró «excesiva y embarulladora».[40] Suárez no representaba una posición especialmente aperturista en estos momentos, y el hecho de que pretendiera la reunión de la Comisión Mixta no debe ser tomado como demostrativo de esta posición.

El 2 de febrero se constituyó para el estudio de las propuestas de reforma constitucional la Comisión Mixta con el Consejo Nacional, en que tomaron parte, por parte del Gobierno, Arias, De Santiago, Fraga, Villar Mir, Areilza,

Garrigues, Solís, Ossorio, Martín Villa y, además, Fernández Miranda, Fueyo, Girón, López Bravo, García Hernández, Primo de Rivera, Ortí Bordás y Sánchez de León. La primera reunión tuvo lugar el 11 de febrero y en ella Arias estuvo altanero y duro, dejando muy claro que no quería abandonar el franquismo, como allí mismo dijo, en aparente contradicción con sus declaraciones a *Newsweek*. Se declaró «mandatario de Franco y de su testamento», afirmó que «los cuarenta años no pueden tirarse por la borda» y ratificó que «mientras viva, mi obra será el franquismo, mi vida y mi obra». No citó ni una sola vez al rey y, en oposición con cuanto hasta ahora debía de haber pensado, afirmó de la reforma que «quizá no fue el momento oportuno hacerla en las postrimerías del Caudillo». El contenido de su intervención no se sostenía porque ni siquiera estaba hablando para los sectores más reaccionarios del Consejo. Fernández Miranda juzgó su discurso «extraño, muy sobresaliente, pagado de sí, con clara conciencia de su enorme importancia y de su decisivo papel histórico». Según otro testigo, Fraga estaba «colorado de ira», aunque fueron sus proyectos los que se convirtieron en base inicial de la reforma política. Areilza escribió indignado en su diario que «la monarquía no puede consolidarse con un hombre honesto y patriota pero vacilante y temeroso que sigue creyendo que Franco está vivo y dirige el país desde la tumba».[41] Luego le retiraría todo calificativo positivo.

En efecto, Fraga había presentado su documento como «el listón a partir del cual ha de hacerse la reforma y quiero que quede claro que no estoy dispuesto a admitir en ningún caso ninguna rebaja de su altura». Arias, como bien sabemos, lo había asumido y lo defendió en adelante, pero intervino poco: no sabía de derecho político, ni le interesaban los torneos oratorios sobre cuestiones de principio. La Comisión Mixta, en consecuencia, tuvo dos cabezas que fueron Torcuato Fernández Miranda y Fraga. El primero, puntual en la asistencia, actuó con infinito desdén y voluntad de lejanía, su estilo habitual, que no le hacía popular si bien no parece, como afirman sus biógrafos, que desde un principio descartara esta fórmula reformista. Fraga, que en ocasiones no asistió, y él convirtieron las últimas sesiones en una especie de conferencias culturales acerca de la democracia; en ocasiones también participó en ellas Fueyo. Los miembros más jóvenes, al extremo de la mesa, «como en el gallinero», según Ossorio, estaban condenados a un papel pasivo, de modo que no puede extrañar que Martín Villa dijera que ésa era «nuestra clase de oyentes».[42] También se sintieron desplazados los ministros más reformistas. Para ellos, el mundo del Consejo Nacional o de las Leyes Fundamentales era algo ajeno. Areilza y Garrigues mantuvieron una actitud pasiva; el primero intervino tan sólo una vez y el segundo sólo dos. Hay que entender sus razones. Como veremos, el segundo quería una especie de referéndum prospectivo para aprobar la reforma política después. El primero deseaba una reforma política completa, no una novela por entregas y una buena presentación, que era lo que él había hecho de forma excelente pero hacia el exterior; tampoco le interesaban fórmulas políticas concretas y repudiaba cualquier continuidad institucional con el pasado. Pero, además, tampoco se caracterizó por su asistencia puntual, dados sus frecuentes viajes. Arias dijo de él que «o está fuera o está intrigando» y, desde su punto de vista, tenía una parte de razón. Pero la composición y el hecho de declarar reservada la materia allí tratada no animaban a la participación ni a la definición de posturas. Hay que tener en cuenta que, de un modo que parece inconcebible tratándose de algo parecido a una comisión constitucional, no se redactaron actas ni, por supuesto, se dejó traslucir a la prensa de manera ni extensa ni clara el contenido de las posturas individuales. Quienes actuaron como secretarios fueron Eduardo Navarro, como secretario general técnico del Movimiento, y Juan Santamaría, por parte del Ministerio de Gobernación.

La Comisión Mixta se reunió larga y repetidamente en once ocasiones, entre el 11 de febrero y el 21 de abril de 1976. En principio estaba previsto que el 15 de agosto pasaran a las Cortes las disposiciones legales y que, después de ser aprobadas, el 6 de octubre se celebrara el referéndum para ratificarlas. Parece que Fraga y Suárez fueron ponentes de la Ley de Asociaciones Políticas, Fraga de la reforma de las Cortes y otras leyes fundamentales y Fernández Miranda de la relativa a la sucesión, pero no todas las fuentes lo dejan claro.[43]

A pesar de la inexistencia de actas y de que la única fuente sea la puramente administrativa,[44] o los libros de memorias de quienes participaron en las reuniones, tiene sentido repasar el contenido de los debates. En la primera sesión se planteó la cuestión relativa a la permanencia de la Ley de Principios del Movimiento. Fernández Miranda, de acuerdo con el que fuera su pensamiento y sus enseñanzas al rey, dijo que podía ser objeto de reforma como cualquier otra ley. Arias entonces «torció el gesto» y se produjeron los alineamientos, algunos previsibles y otros mucho menos: Fraga y Areilza se decantaron con Fernández Miranda y De Santiago, Girón y López Bravo en contra. Una oportuna intervención de Ossorio trasladó la cuestión hacia un futuro remoto. Pero ya se había cometido el error de caer en logomaquias indescifrables, como la que cita este mismo ministro: «Los principios fundamentales del Movimiento son inmutables pero no irreformables, por lo que hay que hacer la reforma sin reformar los principios».[45]

El 18 y 25 de febrero la comisión discutió unas bases relativas al derecho de asociación política y en la reunión del 3 de marzo (a la que no asistieron Areilza, Fraga, Girón y Solís) se acordó un documento en que se elaboraron los criterios inspiradores de la regulación del derecho de asociación política. El 24, sin Areilza ni Girón, la comisión debatió los criterios básicos en torno a la reforma de la Ley de Sucesión y el 31 de marzo, con ausencia de Fraga,

Girón y Solís, concluyó la elaboración de los criterios relativos a ella y se acordó remitirlos al Gobierno. El 7 de abril, sin Fueyo y Girón, la comisión trató del sistema parlamentario, pero también de la reforma sindical. El 21 de abril, reunidos todos los miembros menos Girón, se puso término al documento acerca del sistema parlamentario, con lo cual la comisión dio por terminados sus trabajos. Disponemos en esta ocasión del ácido juicio de Fernández Miranda: «La reunión —cuenta— se fue complicando cada vez más sin posibles conclusiones claras, pero Arias había decidido que fuera la última». Parece, pues, que el creciente nerviosismo de Arias contribuyó a dar fin a una comisión cuya vida no fue muy brillante, de acuerdo con el juicio de todos (incluido Fraga, que vio aprobadas sus propuestas por ella).

El juicio de Fernández Miranda es acertado, aunque al mismo tiempo puede inducir al error sobre su postura. «La Comisión Mixta —afirma— adolecía de tres graves defectos en su planteamiento: quería reformar mucho conservándolo todo, carecía de ideas claras e ignoraba la verdadera posición del rey y sus preocupaciones».[46] Lo cierto es que las disposiciones dictadas por el presidente de las Cortes, de acuerdo con las cuales los proyectos de ley podrían ser aprobados en éstas en veinticinco días y con sólo un plazo de diez para la aprobación de las enmiendas, lo fueron al ritmo de lo que se aprobaba en la Comisión Mixta. Todo esto sugiere que en realidad la actitud de Fernández Miranda, a pesar de lo que aseguran sus biógrafos, no consistía en esperar hasta el final del Gobierno Arias para realizar la reforma, sino en tomársela en serio, al menos en lo poco en que avanzó durante estos meses. Fraga también califica a la Comisión Mixta de «dilatoria y negativa», pero lo hace para embestir contra un «Suárez silencioso [y] la pasividad de muchos otros colegas».[47]

A fines de marzo, cuando ya habían empleado el tiempo de los asistentes Fernández Miranda y Fueyo debatiendo «el concepto filosófico del marxismo», algunos de los miembros de la comisión habían llegado al hartazgo. Areilza se queja en su diario de que «se hablaba vagamente», pero también que en cuestiones mínimas «se la cogen con papel de fumar». «Me recuerda —añade— el ambiente de los debates en la Junta Política de los años cuarenta», con el debate de una ley fundamental que nunca pudo nacer. Da la sensación de que el antiguo embajador llegó a odiar a algunos de los asistentes. De Fraga se quejó de que «hablaba atropelladamente, comiéndose las palabras» y de Fernández Miranda deploró el «tono asmático y gutural». Pero, sobre todo, lamentó el ambiente político existente: «El culto a la intangibilidad de los principios es [un] aspecto pintoresco de ciertas actitudes» pues «el franquismo sigue vigente en la mente de casi todos [y] se le rinde culto sin cesar».[48] Todo invita a pensar, sin embargo, que los sectores más cerrados a toda posibilidad de cambio fueron considerando lo que sucedía en la comisión con creciente irritación. Hubo «atormentadas intervenciones» de Girón, que acabó dimitiendo y estuvo ausente en la sesión final, como ya se ha señalado, mientras que el general Fernando de Santiago, al parecer tan duro como confuso, se limitó a leer un texto del anciano líder falangista que tenía poquísimo que ver con el espíritu de la reforma.

Hubo también quien tomó las reuniones de la comisión, en que estaba condenado a jugar un papel irrelevante, con toda ironía. Ossorio cuenta que pasó a sus compañeros estos versos, producto del aburrimiento y de la inevitable asistencia —que, sin embargo, eludía Areilza—:

> *Esta ilustre comisión*
> *con retórica otorgada*
> *tiene una tarde sonada*
> *pues tomó la decisión*
> *de pasar aquí un buen rato*
> *aclarando posiciones,*
> *quita y pon preposiciones,*
> *a ver si mejora el trato*
> *que en esta importante Ley*
> *van a tener los de Ayete*
> *por si alguien les dice vete*
> *y no los mantiene el rey.*
> *Como sigamos así, legislar, legislaremos*
> *mas no se si llegaremos*
> *o estaremos aún aquí*
> *cuando don Felipe sexto*
> *quiera saber cómo vamos*
> *y pregunte si acabamos*
> *de elaborar este texto.*[49]

Los versos, al margen de resultar divertidos y de ayudar a comprender la actitud de despego de los miembros más jóvenes de la comisión, revelan la mezcla entre el deseo de cambio y el de que todo, en lo personal, siguiera igual, por ejemplo en lo relativo a los consejeros nacionales perpetuos nombrados por Franco, todo ello complicado por la perplejidad que creaba el lenguaje de los catedráticos de Derecho a quienes no lo eran.

Como ya hemos podido comprobar, Arias, también harto de especulaciones, acabó guillotinando la comisión. Las dificultades de todo tipo multiplicaban su irritación contra todo y contra todos, incluso sus ministros. El 28 de abril pronunció un discurso en las Cortes que los ministros conocieron en el mismo acto y el rey tan sólo unas horas antes; unos y otro se mostraron «indignados» por lo ocurrido. Su contenido hubiera sido considerado como aperturista en otro tiempo porque, tras aludir a la legitimidad de origen y la forma monárquica del Estado, habló de que «continuidad y reforma son conceptos que se complementan». Si opuso una negativa total a toda idea revolucionaria de ruptura y cualquier intento de abrir un período constituyente, afirmó en cambio que la legalidad era perfectible. La reforma política sería, por tanto, una solución racional, pues no hay «reforma sin continuidad ni sin reforma sería posible la continuidad». Pero su árido lenguaje, beligerante con la oposición extrarrégimen y en un tono que cerraba la puerta a toda posibilidad de diálogo, conectaba muy poco con el acelerado ritmo político que vivía la sociedad española. Cuando concluyó su intervención, «ningún ministro felicitó al presidente por su discurso».[50] No tardó en hablar también por televisión anunciando el envío a las Cortes de tres proyectos de «innegable importancia»: los de derecho de reunión, asociación y una «profunda revisión del Código Penal». Serían los únicos que pasarían la prueba de las Cortes y aun el tercero quedó encasquillado en ellas.

La primera conspiración militar

Una parte del nerviosismo de Arias se explica porque era consciente de que en los altos estamentos militares existía ya una fuerte inquietud sobre la reforma política. De hecho, ni él ni sus colaboradores desearon nunca una intromisión militar: sabían que los altos mandos se caracterizaban por su posición reaccionaria, ultra, y también por su confusión política. Hay que recordar que el enfrentamiento entre Arias y el rey se produjo por una supuesta intromisión de éste en materia militar y que el primero acabó sugiriendo como sustituto para ejercer una dictadura militar a Pita da Veiga, que debía ser el mejor de los altos mandos. Aun así, prueba indudable de que la clase política del régimen no deseaba en absoluto el intervencionismo militar es el hecho de que en los días que precedieron a la muerte de Franco, con don Juan Carlos todavía sin ser rey, se le nombró capitán general y se le puso al frente, así, del escalafón militar.[51] Por supuesto, más que este nombramiento contaba el hecho de que Franco hubiera hecho a don Juan Carlos su sucesor, que hubiera aludido a él en su testamento y que a lo largo de años, el propio príncipe llevara a cabo una política tendente a integrarse en el Ejército para encabezarlo y poder un día dirigirlo.

Cuando se produjo la proclamación del rey, no quedó la menor duda de que el monarca mantenía y ratificaba ese papel. La prueba estuvo en su mensaje dirigido a las Fuerzas Armadas, pero también otro dato en el que quizá no se ha reparado de forma suficiente. Cuando se planteó una posible reunión de la Junta de Defensa impuso presidirla él y no Arias. En el transcurso de los primeros meses de su reinado dejó traslucir que era muy consciente de cuál era la situación en el Ejército español. Sabía que en la joven oficialidad reinaba una actitud mucho más abierta e incluso proclive a pasar al antifranquismo y era consciente de que el alto mando mantenía una actitud por completo antitética no ya a la reforma política sino a la mera apertura.

En estas circunstancias, un sector del Ejército muy importante conspiró contra la Transición desde pocos meses después de la muerte de Franco, mucho antes de la llegada de Suárez al poder. El número de publicaciones acerca del golpe de Estado del 23-F es ya muy abundante. Resulta probable que las claves esenciales de lo sucedido en 1981 se conozcan de manera suficiente desde hace tiempo. Lo que tal vez no esté tan claro es que, en realidad, la mayoría de los altos cargos militares de la España de 1975 fueron durante todo el período de la Transición claros oponentes a aquel proceso. En aquel momento habitualmente se afirmó que sólo una parte reducida del generalato era contraria a la democracia, pero este tipo de afirmaciones se hacían en público y con un propósito disuasorio, mientras que, en privado, la actitud de los gobernantes consistió a menudo en recalcar que con el Ejército de que se disponía era imprescindible ir despacio y con mucha prudencia.

Uno de los papeles más decisivos que a don Juan Carlos le tocó desempeñar durante la Transición fue evitar la intromisión militar, convirtiéndose en una especie de escudo protector de la expresión de la voluntad libre de los españoles. El hecho de ser el sucesor designado por Franco y su política de atracción de los militares le permitía desempeñar ese papel. Pero si don Juan Carlos poseía una obvia capacidad de acción de cara a los medios militares, ésta al mismo tiempo no tenía por qué ser indefinida en el tiempo ni tampoco tan amplia que le permitiera una absoluta libertad de movimientos. De ello parece haber sido siempre el rey muy consciente, pues por un lado sabía que disponía, como ya sabemos, de un tiempo tasado para realizar la transformación política, y por otro que debía templar gaitas constantemente con el sector más reaccionario del generalato.

El informe acerca del Ejército español, elaborado por algún mando liberal pocos meses antes de la muerte de Franco, sobre la actitud política de los militares españoles —que ya hemos utilizado—, nos aproxima a la posición de los miembros del generalato. Por su contenido da la sensación de que era cierto en lo esencial y que incluso el futuro rey lo compartía. De acuerdo con él los 19 tenientes generales, educados en la Academia dirigida por Franco o ascendidos en la guerra civil y en la División Azul, eran personas muy conservadoras entusiastas del régimen sin apenas matices, pero de prestigio reducido entre los mandos inferiores. En este informe se decía de alguno de ellos que «tenía mentalidad de cazurro de pueblo» o que estaba «desprestigiado por su conducta personal». Menos de una cuarta parte aparecían bien conceptuados y sólo a uno se le atribuía una vinculación personal con el príncipe.

Se trataba de Fernando de Santiago, que sería vicepresidente del Gobierno y ministro de la Defensa con Arias. El citado informe le describía como «de buena formación militar, inteligente, enérgico, carece de ideas políticas, partidario del príncipe» y «con algún prestigio en el Ejército». La descripción puede parecer insuficiente, pero en términos comparativos dejaba muy por encima al personaje sobre sus compañeros en el escalafón. Esto explica, como sabemos, que él fuera nombrado y no Gutiérrez Mellado, en quien pensó en un principio Arias. Entre los cuarenta generales de división, la mayor parte, según el informe, eran personas «sin mayor preparación ni prestigio, indiferentes en materia política, de signo conservador». Había, no obstante, cinco generales destacados, entre los cuales el primero era precisamente Manuel Gutiérrez Mellado, al que en el texto citado se describía como «inteligente, trabajador, preparado, honesto», «el alma» del Alto Estado Mayor. En general, se consideraba que apoyaría, como todos, «las instituciones después de Franco, pero su natural inquietud frente al porvenir de España quizá le haga cambiar de actitud». Se citaba a otros dos generales de brigada en el informe: Ibáñez Freire, luego ministro de la Gobernación, y Milans del Bosch, de quien se decía que poseía una «inteligencia media, buena preparación militar, pocas simpatías» y era «muy afecto al régimen y al príncipe»; otro dato importante era que «manda la unidad más fuerte del Ejército», la División Acorazada Brunete, instalada cerca de Madrid.[52]

Pronto fue perceptible que, aunque se hubiera seguido el orden marcado por el escalafón, resultó todo un error el nombramiento de Fernando de Santiago. Conocemos ya su postura en la Comisión Mixta, confusa y reaccionaria, pero además pronto hizo declaraciones señalando que «yo no soy el general Berenguer», que parecían convertirle, adoptando el lenguaje de Fernández de la Mora, en un reducto en el seno del Gobierno contra cualquier cambio; a menudo daba la transparente impresión de que quería un poder militar autónomo. Por su parte, en La Zarzuela, el general Armada profería «quejas por la ilegalidad tolerada». En cambio, Gutiérrez Mellado, que por el momento había quedado marginado de la suprema responsabilidad política sobre el Ejército, era objeto de una campaña en contra. No ocultaba su opinión de que la actitud de la joven oficialidad era muy distinta a la de los altos mandos y pensaba que al menos quinientos oficiales podían convertirse de forma inmediata en republicanos, si no se procedía a una urgente reforma política.[53]

A lo largo de toda la Transición probablemente fueron muy frecuentes los intentos de ese sector, predominante en la cúpula militar, de evitar que se produjera lo que consideraban una desnaturalización del régimen de Franco. Actuaron, sin duda, mediante presiones individuales que se resolvieron en forma de tensiones en determinadas situaciones concretas, y que dieron lugar a conversaciones entre el rey y el presidente y dichos generales. Como es natural, resulta muy difícil historiar todos estos incidentes, pero, por fortuna, disponemos de una información inédita que nos permite conocer un intento que revistió, además, un carácter colectivo. Tan sólo poco más de tres meses después de la muerte de Franco ya había altos mandos militares inquietos y dispuestos a intervenir en política. Así se demuestra en un informe policial que figura en el archivo de Carlos Arias y que resulta un precedente claro del 23-F.

Está fechado en marzo de 1976 y, aun con el peligro de repetirse o adelantar acontecimientos, merece la pena recordar las circunstancias: había comenzado ya el «destape» —como entonces se decía— de los partidos políticos, pero de momento el nivel máximo de heterodoxia admitida concluía tan sólo en los democristianos. En enero, una gran oleada de huelgas en Madrid puso de relieve la fuerza de los sindicatos clandestinos, pero también se había demostrado incapaz de derribar al régimen. Acababan de producirse los sucesos de Vitoria, que sin duda fueron un factor determinante de cuanto más adelante se narrará, y faltaban tan sólo días para que surgiera el organismo aglutinador de la oposición, denominado Coordinación Democrática. Restaba un mes y medio para el momento en que la aparición de un artículo en el semanario *Neesweek* dejara clara la falta de sintonía de Arias Navarro con el rey.

Pues bien, en esos días, concretamente el 8 de marzo, la misma fecha en que comenzó el juicio de los miembros de la UMD, tuvo lugar una importante reunión de mandos militares en el domicilio del teniente general Pérez Viñeta, conocido por sus ideas ultraconservadoras. A ella asistió, según consta en el escrito, el también teniente general Iniesta, aunque «sólo unos breves momentos»; era director general de la Guardia Civil cuando Carrero fue asesinado y había tenido en aquella ocasión una intervención estridente y nerviosa. También estuvieron otros generales identificados con una posición ultra, como Liniers, Cano Portal, Espinosa... Una de las personas de las que se dijo que podía asistir, pero no llegó a comparecer, fue el general Jaime Milans del Bosch.

«Los temas tratados —cuenta el informe— versaron sobre la actual situación del país, sobre la necesidad de poner coto a la subversión y la necesidad (sic) de un gobierno fuerte.» Parece que fue el general Cano Portal quien dirigió el debate. Iniesta, por su parte, en su breve presencia, dijo que «confiaba en el general De Santiago (vicepresidente de Defensa en el Gobierno) y en el rey». Pero, aunque ninguno de los presentes se enfrentó a esta opinión de forma directa, otros la matizaron. Cano Portal llegó a decir que «aun siendo [De Santiago] excelente persona y honorable militar, era hombre débil, incapaz de tomar decisiones y atado a fidelidades que él mismo se había buscado». Se debía de referir a su condición de monárquico que, como ya sabemos, era patente, y a su relación aparentemente buena con don Juan Carlos.

Lo importante es que esta conversación no quedó en tan sólo palabras: fue habitual antes y después que el generalato reaccionario hiciera declaraciones, públicas y privadas, en contra de todo aperturismo. Esta vez, en cambio, se tomaron decisiones y éstas en cierto sentido recuerdan a lo que luego sería el 23-F. «Se trató igualmente —continúa el texto— de la necesidad de hacer un informe amplio sobre la situación y los deseos de las fuerzas armadas para presentárselo al rey, con el general De Santiago, si éste accedía o, si no, sin él.» El rey aparecía, por tanto, como la suprema referencia decisoria y el vicepresidente del Gobierno como un medio para que estos militares impusieran sus ideas. Aún respetaban a don Juan Carlos como sucesor de Franco —desde luego mucho más que al vicepresidente— y, sin darse cuenta de que desempeñaba precisamente el papel de escudo protector frente a su intervención, estaban dispuestos a presionarle con toda decisión y dureza. Incluso llegaron a organizarse para convertir en eficaz su intento. Para redactar el escrito y hacérselo llegar al rey se nombró al teniente general Pérez Viñeta como coordinador del grupo, ayudado, como subordinado, por el teniente coronel López Anglada. Se trataba, en suma, de nuevo de acuerdo con el texto literal del informe, «no de dar ningún golpe de Estado pero sí forzar un cambio de gobierno con personas más afectas al franquismo y con más amplio sentido de la autoridad». En un momento en que la sociedad española percibía más bien poquísimos cambios y muy titubeantes en la política española, estos militares, paradójicamente, ya veían el régimen de Franco despeñándose.

Otro detalle importante de la reunión es que los reunidos comentaron la «ausencia de un civil con categoría indiscutible o de un militar con prestigio para el caudillaje». Esta afirmación reviste el mayor interés porque, en efecto, un factor de la mayor importancia en la Transición fue esa carencia de liderazgo de la extrema derecha, tanto en el terreno estrictamente político —quienes la representaron eran gente de edad y muy poco prestigiosa— como militar, algo que también pudo percibirse en el momento del 23-F. Pero llama la atención qué liderazgo político pasó por la cabeza de los presentes. Blas Piñar era, según el anónimo autor del informe, el que despertaba más simpatía personal entre los reunidos, que reconocían, sin embargo, que resultaba difícil unir al sector militar en torno a su persona.[54]

Lo importante del caso es que este propósito de hacer llegar al rey un escrito pidiéndole una rectificación en sentido involucionista no quedó en papel mojado sino que se tradujo en la práctica. Logró además el apoyo del teniente general Fernando de Santiago, y se expresó por escrito. En un momento que resulta difícil de determinar, pero que precedió muchas semanas a la llegada de Suárez al poder y coincidió con unas maniobras militares, celebradas en compañía de unidades del Ejército francés, el escrito, firmado por los ministros militares, fue presentado al rey acompañado por frases estridentes. Había «que remover el saco de las ratas», parece haber dicho el general De Santiago, refiriéndose a la clase política dirigente cuyo reformismo no había llegado a plasmarse en un programa viable y rápido. Para el rey la ocasión debió de suponer un sobresalto excepcional, pero disciplinó al militar situándole en sus competencias y advirtiéndole que no se entrometiera en las propias. Quienes ejercieron el poder más adelante y contribuyeron de forma decisiva a la Transición, como Suárez, conocieron lo sucedido. También, como es lógico, el propio Arias estuvo informado. Merece la pena llamar la atención acerca de que su reacción se transparentó en público ante el Consejo de Ministros. Nervioso e indignado, dos días después de lo sucedido hizo una alusión críptica al Ejército, como si indicara su deseo de «que tome [el poder] de una vez». En realidad, era contrario a ello pero, al mismo tiempo, en absoluto un resistente decidido. Su actitud —nacida de su conocimiento de la posición de esos generales— contribuyó, sin duda, a que menudearan los rumores acerca de la posibilidad de un golpe militar, incluso entre ministros como Areilza, y a su propia destitución en la presidencia del Gobierno por parte del rey. Fernando de Santiago replicó que los militares nunca asumirían el poder, lo cual también resulta significativo, pues es prueba de que no querían ejercer la política por sí mismos, pero sí dirigirla (y, por supuesto, impedir la democratización).[55]

Hay que advertir que este tipo de presión militar, que el rey y no Arias detuvo, apareció también, al mismo tiempo, en todos los diversos manifiestos ciclostilados que circularon en los medios de extrema derecha durante los meses iniciales de 1976. Revelan, desde luego, la sensación angustiosa que padecían esos medios acerca de la destrucción inmediata del régimen, «la unidad de la Patria» o «la civilización cristiana». Debía de tratarse de gente de edad para quien la experiencia de la guerra civil contaba todavía de forma primordial y desgarrada. Uno de esos panfletos concluía: «No somos militares pero una estrella de fondo negro, que nos recuerda muchas cosas, luce en nuestra solapa». Era la de los alféreces provisionales de la guerra civil.

El eje de la actitud que revelan estos manifiestos resulta por completo coincidente con el pensamiento de los reunidos en casa de Pérez Viñeta. Se trata de una nerviosa acta de acusación contra quienes ejercían el mando pero, en opinión de los redactores de estos textos, no controlaban la situación política:

> En el Gobierno hay cuatro generales. Uno de ellos nada menos que vicepresidente. Los otros tres ocupan las carteras de Tierra, Mar y Aire. Esto nos lleva a preguntar: ¿Es que dichos señores han olvidado ya lo que la Ley Orgánica (vigente todavía) marca como misión a las fuerzas armadas?
>
> Si no es así, ¿qué razón poderosa les inclina a incumplir lo que juraron. ¿Cómo les juzgarán sus compañeros y, lo que es aún peor, qué pensarán de ellos todos los españoles?
>
> Sentimos en el alma tener que confesarlo, pero en nuestro concepto su dignidad y su prestigio personal están a nivel muy bajo.[56]

Otro panfleto de la misma procedencia se mostraba especialmente preocupado por el anuncio de los partidos y el sufragio universal, abominaba de la clase política en general, irónicamente descrita como «cuatro superhombres de extraordinaria inteligencia», para concluir en un ataque a fondo contra el Gobierno:

> ¿Quién manda hoy en España? Mucho nos tememos que no sea el presidente del Gobierno, pues da la sensación que existe otra persona que impone su criterio sobre el de Carlos Arias quien, por debilidad o por otra razón desconocida, está subordinado a un despotismo intolerable.
>
> Desde luego no hay Mando. No hay la menor Autoridad. Esto da que pensar. ¿No será una razón el que los dos o la pandilla que le sigue son obedientes a un mandato secreto que vuelve a resurgir y que tan eficaz papel jugó hace cuarenta años en los hechos ruinosos que sufrió nuestra Patria?[57]

Como siempre, reaparecía la acusación de una conspiración masónica, un tópico habitual y repetido en los medios de extrema derecha desde los años treinta. Ya en los meses finales del franquismo Arias había sido acusado de estar controlado por fuerzas extrañas; los panfletos revelan que su crédito estaba ya agotado entre la extrema derecha. Con todo, lo más significativo quizá de su contenido es que, revelando tal estado de profunda inquietud, no mostraban en ningún momento desafección por la monarquía. Podían concluir con «vivas» al «recuerdo de nuestro gran Caudillo» e incluso con un «Arriba España», pero incluían un inevitable «Viva el rey». Éste, por tanto, ya ejercía de escudo protector, por más que con el paso del tiempo, como veremos, los medios de la extrema derecha fueran cada vez más reticentes con respecto a su persona. El Gobierno servía mucho menos para esa función. A lo sumo, lo que hizo fue promover reuniones con los militares: precisamente a comienzos de marzo tuvo lugar una, convocada por Fraga, a la que asistieron De Santiago, Álvarez Arenas, Pita da Veiga y Franco Iribarnegaray, es decir, todos los ministros militares. Pero de esta manera se llegaba a los que, por su posición, ya estaban controlados y no a los más protestatarios o reaccionarios.[58]

Éstos, por otro lado, se expresaban públicamente en un lenguaje que en nada se separaba de los panfletos citados. Un manifiesto de los ex combatientes presentó por entonces una situación catastrófica: «El edificio del Estado se erosiona. La iniciativa política se consiente que pase a las manos de la subversión que marca el terreno de juego qué más conviene a sus intereses mientras que a las instituciones políticas se las mantiene inermes, adormecidas o desmanteladas. En la Universidad no se estudia, se grita. Gran parte de los medios de comunicación social se destinan a ser portavoces de la subversión y marginan las actitudes de lealtad política o de fidelidad a las leyes». Incluso se sugería que el desmantelamiento del régimen equivalía al «perjurio». Los ex combatientes se manifestaban, en fin, contra la «revolución sangrienta» y el «tímido y estéril evolucionismo». Pero, aún así, el manifiesto concluía con un «¡Viva el rey!», incluso antes que el «¡Viva España!».[59] Como sabemos, Girón, que presidía la Confederación de Ex Combatientes, formó parte de la Comisión Mixta hasta su definitivo final. La Confederación había sido la primera organización a la que el nuevo monarca recibió; ahora, sólo tres meses después, parecía haber transcurrido muchísimo más tiempo.

Las hojas ultras caldeaban un ambiente militar ya de por sí peligroso, dada la actitud de fondo del generalato. Durante meses fue preciso mantener con él una mezcla de duro pugilato psicológico y de prudente adulación, primero por parte de don Juan Carlos y, luego, de Suárez. Esa tensión es difícil de historiar porque ha dejado poquísimos rastros escritos, pero fue insistente y repetida; por fortuna, pudo también evitarse lo que esos sectores intentaban. Lo que sucedió el 23 de febrero de 1981 fue, por lo tanto, la consecuencia de toda una trayectoria previa del rey, pero también el resultado de la actitud de muchos más generales de los que en el pasado se dijo. Todo se había iniciado en 1976 y con Arias. Una de las razones del cese de éste fue, sin duda, que no era la persona idónea para enfrentarse a esta situación. No estaba con los tenientes generales ultras, pero difícilmente les hubiera opuesto verdadera resistencia.

EL HORIZONTE EXTERIOR: EL REY Y LAS RELACIONES CON LA IGLESIA

Desde un principio el nuevo Gobierno Arias tuvo una proyección exterior que magnificaba lo realmente hecho en el interior de España, que era poco menos que nada, pero que, al hacerlo, mostraba cierta distancia con respecto al pasado, diferencias de talante en el Gobierno y, al mismo tiempo, contribuía a profundizar la sensación de que el cambio era posible y deseable. El 15 de diciembre ya había iniciado Areilza sus viajes, participando por indicación de Arias en la conferencia Norte-Sur; pronto aparecieron declaraciones suyas que inmediatamente levantaron las reticencias de la extrema derecha. Pero, aunque no se trasluciera un enfrentamiento público, pronto fue manifiesto también que el principal problema del nuevo ministro de Exteriores había de nacer de la actitud del presidente. Cuando Areilza mantuvo una entrevista con él, expuso «las líneas maestras del programa político del Gobierno, o lo que desearía que fuera el programa». Pero lo único que consiguió fue que se le «escuchara distraído, como lejano, pensando en otra cosa». Propuso como embajadores a Díez Alegría y a Cabanillas, dos personajes ligados a la apertura y condenados a la marginación en 1974, pero se encontró con la resistencia de su interlocutor. En todo momento Arias le dio la sensación de intentar retrasar lo deseable, se tratara de las relaciones con el Este, con Israel o los contactos con Portugal.

Muy pronto se hizo patente el abismo existente entre quienes estaban en el poder y el ámbito exterior más inmediato y democrático. Nada resulta más significativo que el interés de los socialistas alemanes, en especial de Willy Brandt, por que se le concediera un pasaporte a Felipe González frente a la imagen que entonces se tenía en la clase dirigente del régimen del dirigente político sevillano, la que le proporcionaba la propia policía. González, de acuerdo con un informe policial remitido a la propia Presidencia del Gobierno, sería una especie de peligroso revolucionario que desde sus tiempos juveniles y universitarios habría propuesto la creación de comandos para enfrentarse con las fuerzas de orden público. A pesar de ello, gracias a la mediación de la diplomacia alemana, le fue concedido el pasaporte.

En el caso de Italia, la presión sobre el Gobierno Arias fue pública, directa y tajante. En marzo, Pietro Nenni, presidente del Partido Socialista Italiano y del Comité España-Italia, entregó al embajador español una carta reclamando la libertad de los detenidos y la vuelta de los exiliados como «primera prueba de su sincero empeño hacia la democracia y libertad» mediante la rápida publicación de un decreto de amnistía general. Ciento cuatro parlamentarios italianos, entre los cuales estaba el presidente de la Cámara de los Diputados (el futuro presidente Pertini), tres subsecretarios, tres vicepresidentes del Senado y dos de la Cámara de los Diputados, pertenecientes a todos los grupos políticos, subscribieron el escrito.[60] No hay duda de que en Italia la situación española reverdecía las coincidencias de la lucha antifascista.

Ante semejante panorama, Areilza optó por explicar en los países democráticos lo que, en el fondo, no era sino su propio deseo respecto del futuro político español. Lo explica en su diario, pero conviene dar cuenta de cómo se lo comunicó a Arias en un caso preciso y concreto. El ministro de Exteriores viajó a Gran Bretaña y Dinamarca en marzo de 1976. Ante Callaghan, el primer ministro británico, «empecé por exponer a mi colega las líneas generales de la reforma política y social». Se le escuchó, según él mismo declara en «un clima de extraordinaria atención e interés por cuanto le venía exponiendo, así como de interesada curiosidad en algunos aspectos muy detallados de dicho programa, que se refería particularmente a la posible inserción de un Partido Socialista en el juego democrático futuro y también a la posibilidad de que existiera un reconocimiento legal de un sindicato de trabajadores de inspiración socialista». El *premier* laborista declaró pertenecer a «una generación ... que había sido duramente marcada por el trauma de la guerra civil»; desde entonces no había pisado España «por razones éticas, que hoy mismo le parecen exageradas y totalmente faltas de realismo». Era necesario que los dos Gobiernos derribaran las «murallas de Jericó de la incomprensión y el recelo» con «mucha paciencia y habilidad». Añadió, además, que la monarquía democrática tendría «mucha mayor capacidad para buscar un entendimiento favorable, e incluso para ofrecer con mayor credibilidad ventajas y soluciones a la población de Gibraltar». Areilza estuvo también con Wilson, cuya actitud frente a los fusilamientos de hacía apenas seis meses ya conocemos. En Dinamarca, el presidente del Partido Socialdemócrata, contó Areilza, «me escuchó ... con un enorme deseo de comprensión y amistad», y acabó preguntando quién sería el dirigente socialista entre los varios existentes preferido por los votantes cuando se celebraran elecciones.

La conclusión a la que llegó Areilza con ocasión de este viaje fue que «el crédito internacional de que goza en estos momentos la monarquía española y su Gobierno es extraordinariamente positivo y se espera que [su] programa político se lleve a término a pesar de las dificultades que inevitablemente ha de encontrar». Tan sólo en contadas ocasiones Areilza se encontró con la impertinencia de algún dirigente político menor, que sugería que el Gobierno español hiciera la democratización primero y que luego la explicara.[61] La Europa democrática estaba atenta y esperanzada ante el proceso español y Areilza contribuyó a fomentar esta actitud, si no muy efectiva en sí misma sí, en cambio, propiciadora de un ambiente.

Pero la receptividad que encontraba Areilza para los supuestos propósitos políticos del Gobierno, que él representaba mucho más que Arias y que a éste le importaba poco, contrastó con la actitud mucho más ambigua del aliado norteamericano. Areilza describe a Kissinger como un «hombre jocundo y vital como un fuerte y grueso judío bávaro», al que le interesaba moderadamente la política interna española y mucho más la vinculación estratégica y militar de España con Estados Unidos. Cuando en enero de 1976 estuvo en Madrid, le regaló la sentencia de que «siempre son mejores los anuncios de reformas que las reformas mismas cuando están hechas». Luego, en junio, con ocasión de la visita del rey a Estados Unidos, mostró de nuevo «un alto grado de reserva en orden a lo que el proceso [español] podía traer como elemento discordante o factor de complicación en el ajedrez político europeo y mediterráneo». Político poco propicio a severas admoniciones morales, recomendó que se dispusiera de un partido para ganar las elecciones; como hemos visto, el Gobierno Arias ya pensó en articularlo. A todo esto, Areilza descubrió además la aparente paradoja de que los militares españoles, principales beneficiarios de los pactos, se mostraban habitualmente propicios a disentir de los resultados y «la crítica es tan demoledora que se niega todo».[62]

La posición de Estados Unidos, que tan pronto percibió Areilza, no era privativa de Kissinger o de quien formaba parte de la Administración norteamericana como él. Al respecto merece la pena aludir a un informe que un senador norteamericano, el demócrata Eagleton, quien llegaría a ser candidato a la vicepresidencia, elaboró para la cámara norteamericana. En realidad, no era la consecuencia de observaciones propias, pero había enviado a su ayudante legislativo a España para documentarlo, lo cual prueba el interés norteamericano por la evolución política española. El informe le llegó a Arias a través del periodista Manuel Blanco Tobío, corresponsal en Estados Unidos. La actitud que se desprende de la lectura del informe revela una profunda cautela por parte de Estados Unidos, incluso a pesar de estar dirigido a un demócrata. La muerte de Franco abría el paso a una posible «experiencia traumática», porque «si hizo poco por la institucionalización de un Gobierno, llevó la tranquilidad al país», que ahora podía desaparecer. En lo que no confiaban en absoluto, de acuerdo con el documento, muy revelador en lo que hace a una posición generalizada dentro de los círculos dirigentes norteamericanos, era en las instituciones, a las que se describía como una pura «mayordomía» de Franco. El redactor estaba bien informado de la política interna española: describía las relaciones entre el rey y Arias como «tirantes» y al segundo como «reacio o incapaz» para la misión que se le había atribuido; localizaba además de forma acertada los sectores aperturistas. Era un buen análisis del programa del presidente: la «democracia española» a la que se había referido consistía meramente en «sacar el centro del poder del Movimiento». Lo que al redactor de este informe, como a todos los dirigentes norteamericanos, les interesaba era el «tema delicado» de los pactos y, en relación con él, la posible legalización del PCE. No proponía soluciones concretas pero sí, una y otra vez, «mucho tacto». El informe, en fin, revelaba que Kissinger habría aprobado la aproximación de España a los «valores humanos y políticos en que descansa Occidente», pero mediante «un acercamiento cauto que encierre el mínimo de riesgos de inestabilidad». Al parecer, el secretario de Estado norteamericano habría enviado un telegrama circular a sus embajadores recordando la necesidad de tener en cuenta el complicado pasado de España con respecto a la democracia.[63] El texto confirma mucho de lo que ya se había indicado respecto de la postura norteamericana, pero además, procedente del archivo de Arias Navarro, revela que éste tenía motivos sobrados para conocer la actitud del rey con respecto a su persona.

En todo cuanto antecede hubo una indudable continuidad del entorno exterior; tan sólo varió el planteamiento desde la óptica española. Areilza fue sin duda un precursor de la política exterior que se siguió pero, además, en un punto concreto no se quedó en declaraciones, sino que se adelantó a lo que luego ocurriría. Al hacerlo, prestó un servicio indudable a la monarquía, pese a que ésta no lo apreciara así en un primer momento. Nos referimos a las relaciones entre Iglesia y Estado, tan problemáticas como se habrá deducido de lo expuesto hasta ahora.

Ya a fines de enero Areilza mantuvo reuniones «para ir descongelando las relaciones con la Santa Sede». Propuso un primer acuerdo sobre las diócesis vacantes, seguido de una declaración general respecto de las relaciones entre los dos poderes para luego llegar a acuerdos concordatarios concretos. Tarancón se mostró escéptico: dijo que era la sexta vez que asistía a una comida parecida. Trató de lo que le interesaba, es decir, de los haberes del clero y de la necesidad de que se reconociera la Conferencia Episcopal.

En efecto, los problemas económicos de la Iglesia española no se habían dejado de agudizar en los últimos meses de la vida de Franco. En 1969, se había incrementado la dotación anual de los sacerdotes hasta 5.000 pesetas mensuales, pero los informes oficiales revelaban que el mínimo vital exigía un aumento a 12.000. Lo percibido por el clero era inferior al salario mínimo interprofesional; la comunista Yugoslavia dedicaba diez veces más en porcentaje del Presupuesto General del Estado y la revolucionaria Argelia dos veces más. Lo esencial parecía que el clero fuera integrado en la Seguridad Social. Para los dirigentes de la España en vida de Franco, al solucionar este problema «se evitaría que en el día de mañana se pudiera acusar a la figura histórica de Franco de que era él quien se oponía a estas mejoras de la situación económica y social del Clero español». «Algunos llegan a decir y sostener —añadía un informe oficial— que a la Curia Romana no le interesa, al menos hoy directamente, que el Gobierno español procure resolver en lo posible el problema de la dotación del clero, y sobre todo el de la Seguridad Social del mismo, por la sencilla razón de que, con un clero descontento, la Curia romana tiene un apoyo contra el Gobierno en esta actitud psicológica y política del clero español.»[64] Como es natural, esa visión conspiratoria no tiene sentido; más bien, al agravarse la precaria situación económica de la Iglesia, era más necesario llegar a algún tipo de acuerdo.

Pero éste no contaba para nada con el apoyo de Arias. Consciente de ello, Areilza debió de escribirle en enero de 1976, asegurando que se había «desorbitado» en la prensa la posibilidad de una inmediata resolución de los conflictos, pues una comida que tuvo lugar en el Palacio de Viana «no tiene especial significación ni propósito de largo alcance», sino que es «de carácter exploratorio».[65] Cuando el ministro de Exteriores conversó con el presidente, se encontró con que éste definía el posible acuerdo como «la tesis de Casaroli», con un deje de cólera con el que podría haber dicho «el punto de vista de Carrillo». Areilza concluyó entonces lo que ya sabemos: «Este hombre es, por una serie de razones y coincidencias que habrá de analizar un día, el apoyo fundamental del anticlericalismo o antivaticanismo de la derecha integrista española». Arias consideraba la concordia entre Estado e Iglesia imposible, aparte de no dedicarle ningún entusiasmo.

Sin embargo, Areilza siguió adelante y a finales de marzo había conseguido que el nuncio trajera una propuesta de Roma: era un «documento inverosímil hace cuatro meses». Sin embargo, su diario revela una dificultad inesperada: «Falta ahora convencer al rey, rodeado de integristas».[66] Don

Juan Carlos le había preguntado «si [el acuerdo] no es cederlo todo a cambio de nada», pues por lo que se ve le preocupaba que se renunciara sin contrapartidas al derecho de presentación. «Se ve que han trabajado a fondo al rey los de siempre», escribe Areilza en su diario. ¿Quiénes eran los de siempre? Las memorias de López Rodó no revelan que adoptara una posición en ese sentido, de modo que probablemente hay que pensar en Armada. «Yo —añade Areilza— me limito a traerle un acuerdo con la Iglesia que sería bueno para las dos partes y ayudaría a prestigiar internacionalmente a la monarquía.»[67] Sin duda era así y los temores del rey carecían de justificación. En este momento quien erraba era el rey que, como veremos, acabaría siendo el beneficiario de las gestiones de Exteriores.

En abril, Areilza anunció a Arias por escrito el acuerdo «en principio» tras conversaciones con el nuncio, a las que se sumó el ministro de Justicia insistiendo en que suponía «un dato muy positivo en favor del Gobierno de la monarquía en materia de política interior y exterior».[68] En una comunicación posterior resumió el contenido. Se produciría la «mutua renuncia» a privilegios como el de presentación y el fuero eclesiástico con salvedades respecto del vicario general castrense y el obispo de la Seo (como copríncipe de Andorra). Al mismo tiempo se haría patente la «declaración explícita de la voluntad del Estado de proceder a la denuncia del Concordato actual en el plazo de dos años» y de llegar a «un sistema de acuerdos parciales que suponga la definición de unas nuevas relaciones sin endeudamientos ni hipotecas». Areilza explicaba con argumentos de peso que el sistema concordatario estaba en crisis en el mundo entero. Sólo existía concordato en el caso de Haití y de Francia para Metz y Estrasburgo en lo relativo al derecho de presentación, pero aun en este caso en la práctica no era ejercitado. En adelante sería preciso «buscar nuevos medios de concordia» entre la Iglesia y el Estado español con el objetivo de lograr «la independencia de actuación de los poderes en los campos respectivos».[69]

Pero toda la argumentación de Areilza, apoyado en todo por Garrigues, chocó con la doble resistencia de Arias y del rey. El 10 de abril Arias le dijo a Areilza que «no se podía ceder el derecho de presentación». Cuando éste le aseguró que las dos partes estaban de acuerdo, su interlocutor «ni recogió el argumento y siguió con sus puntos de vista». «Su amor propio de anticlerical de derechas que protagonizó los peores enfrentamientos del franquismo con la Iglesia —escribió Areilza en su diario— no puede olvidar ni quiere que ahora lo enderece yo.» En la conversación se llegó a una «temperatura glacial» y a «ribetes de comicidad irresistible». «Poco o nada se puede esperar de esta gentuza», afirmaba de forma rotunda el presidente. «No hay ninguna posibilidad de llegar a un acuerdo, dado el odio que la Iglesia tiene contra España y su Gobierno.»[70]

El acuerdo sólo habría podido salir adelante contando con el apoyo del rey, pero éste estaba influido, de momento, por lo que Garrigues describe en sus memorias como «las brujas de Macbeth, que son siempre maximalistas».[71] Hay prueba escrita de lo que pensaba don Juan Carlos porque se lo escribió a Arias:

> Querido Carlos:
> Aquí te mando la nota que te leí por teléfono.
> Después de reflexionar muy a fondo sobre este tema estimo que sería conveniente aplazar la negociación del acuerdo que se propone por las siguientes razones:
> 1. La renuncia del derecho de presentación tiene una trascendencia histórica incalculable por haber pertenecido durante siglos a la Corona de España, estar ligado desde sus orígenes a los distintos reinos peninsulares y estar reconocido en los concordatos desde el siglo XVIII. Sería oportuno escuchar antes el parecer de los Altos cuerpos consultivos (Consejo del Reino y Consejo de Estado).
> 2. A una parte importante de los católicos españoles le desagradaría sin duda que se desmantele poco a poco el Concordato sin haber puesto en su lugar un régimen general aceptable de relaciones entre la Iglesia y el Estado.
> 3. No parece que haya urgencia en abordar el tema, pues la actitud general de la Iglesia puede considerarse como más respetuosa hacia el Estado que en muchos meses atrás, sin que haya problemas candentes.
> El Ministerio de Asuntos Exteriores podría, en Roma, explorar la actitud presente de las autoridades vaticanas y cambiar impresiones para el futuro. Podría asegurar a la Santa Sede de la buena disposición del rey para la solución definitiva de las relaciones mutuas y de su deseo de hacer un gesto —que podría ser enviar un mensaje al papa— que dejara constancia de su condición de buen católico.[72]

La importancia de este texto radica no sólo en revelar la posición del monarca sobre un aspecto crucial de la política española sino también en constatar tanto su error como su participación en lo que no debía haber hecho, de haber sido en este momento un monarca constitucional. Areilza debió de insistir y de hecho habló con Arias en fecha tan tardía como el 23 de junio.[73] Como resultaba previsible, encontró en él una «visceral repugnancia» al acuerdo. «Bastante calvario ha sido para los católicos soportar a Pablo VI», le dijo al ministro de Exteriores, quien advertía en él una extraña confluencia de «artículos de *Fuerza Nueva* y de azañismo de los años treinta». Areilza llegó hasta la indignación en estado puro: «Este hombre parece remiso con la vida y la realidad. Habla sobre clisés imaginarios. Desconoce el mundo exterior. No tiene criterio propio».[74] Pero, aun así, indicio bastante de la escasa autoridad de Arias, Areilza quedó en presentar el acuerdo al Consejo de Ministros. Finalmente, en los días finales de junio, el presidente impidió que repartiera el proyecto de acuerdo con la Santa Sede debido a una intervención personal del rey. Areilza se indignó, pero no tardó en calmarse cuando habló con don Juan Carlos, quien había cambiado por completo de parecer. Ahora aceptaba el acuerdo, pero quería protagonizarlo él. Sin duda, la fuerza política de la que se sentía depositario, después del viaje a Estados Unidos e inmediatamente antes de deponer a Arias, jugó un papel en su decisión. Ésta le fue explicada a Arias indicándole que «me propongo dirigir a Su Santidad una carta anunciándoselo». La decisión se tomaría «previo dictamen del Consejo del Reino», lo que puede indicar una influencia de Fernández Miranda. Redactada la carta, «de acuerdo con el presidente del Gobierno, enviaré a Roma al Jefe de mi Casa» y, a continuación, añadía el rey, «dirigiré a las Cortes un mensaje ... entre el 15 y el 22 de julio».[75] En realidad, en esas fechas Arias ya estaba destituido. La noticia de la renuncia del derecho de presentación se hizo pública, aunque decidida antes, siendo presidente Suárez, y la opinión pública la consideró un indicio evidente de cambio. No sólo benefició al monarca, sino también al nuevo Ejecutivo. Ni uno ni otro habían tenido que ver con su gestación.

Areilza, su verdadero impulsor, en principio indignado, cambió su actitud cuando el rey le dijo que de este modo capitalizaría la decisión ante la Comisión Episcopal y frenaría las críticas de la extrema derecha. «La idea no es mala y evita fricciones», concluyó el ministro, quien añade que «no creía yo que la fuera a protagonizar [el rey] estando como estaba tan prejuzgado en contra, hace tan sólo unos meses, por la influencia del círculo eclesiástico de las cercanías».[76] Pero la idea salió adelante y con la nueva Ley de Reunión y de Asociación fue el paso más notable hacia el cambio de los seis primeros meses de la monarquía. Puede añadirse algo más. También respecto del Sáhara se produjo una rectificación de la anterior (y agobiada) actitud española. En febrero ya se inició la discrepancia con Marruecos. Areilza reprochó al ministro de Exteriores marroquí que la consulta con la Yemáa se había llevado a cabo con la presencia de menos de un tercio de sus miembros y sin referencia a una posible anexión a Marruecos.[77] Este conflicto no había sido resuelto sino que seguía latente, como sigue estándolo en la actualidad.

LA REFORMA SINDICAL. PROTESTA POLÍTICA Y OBRERA

Antes de tratar de lo que fue objetivo primordial de la obra del Gobierno, es decir de los contenidos de la reforma política, resulta preciso abordar de forma simultánea los proyectos de cambio en la Organización Sindical y la protesta obrera y política. Ambas cuestiones están estrechamente ligadas porque si hay un terreno en el que acabó por resultar patente la disfuncionalidad del régimen fue el de la mediación entre trabajadores y empresarios.

Por otro lado, abordaremos todo lo referente a la protesta, social y política, exclusivamente desde el punto de vista de su influencia sobre quienes ocupaban el poder político y no desde la óptica de las organizaciones protestatarias.

En su discurso programático Arias no pronunció palabra alguna sobre la reforma sindical y esa actitud resultó, además, premonitoria de cuanto acabaría sucediendo. Para quien tenía la responsabilidad sobre la Organización Sindical, Rodolfo Martín Villa, fue una decepción y una paradoja este silencio en el único Gobierno europeo que contaba con un ministro de Relaciones Sindicales. Añade también que «ni siquiera en el seno de las organizaciones obreras clandestinas había acuerdo acerca de lo que debía hacerse» con ese aparato burocrático, afirmación que parece cierta al menos en lo que respecta a la fórmula unitaria. Comisiones Obreras era partidaria del mantenimiento de la unidad, algo en lo que coincidía con la Organización Sindical oficial, que veía en ello una fórmula para perdurar, como sus antagonistas para ejercer una hegemonía en las relaciones laborales.[78] La paradoja era que el sindicato con el que coincidía en este punto importante era precisamente aquel al que no podía legalizar desde el punto de vista del régimen.

Martín Villa enunció la reforma sindical en enero de 1976. Consistiría en el reconocimiento de las libertades según los principios de la Organización Internacional del Trabajo, la autonomía de las organizaciones sindicales y patronales (aunque se pensara en alguna perduración de la unidad sindical) y la recuperación de algunas de las funciones que tenía la organización sindical por parte del Estado. Todo ello se haría a través de un pleno del Congreso Sindical que marcaría las directrices desarrolladas luego por una ley; el patrimonio histórico pasaría a la organización sindical autónoma. En el seno del Gobierno hubo una discrepancia con Solís, partidario de que legislara el propio Gobierno al margen del sindicalismo oficial y de que el aparato burocrático saliente desembarcara en el Ministerio de Trabajo. Como se puede comprobar, las discrepancias eran las habituales entre distintos sectores de la Administración. De cualquier modo, se trataba también de ofrecer una reforma que, aparte de realizarse desde la legalidad existente, legalizara, o al menos tolerara, a una parte de las organizaciones sindicales clandestinas. Tanto la discusión que tuvo lugar en el seno de la Comisión Mixta entre Gobierno y Consejo Nacional los días 16 y 30 de marzo como la creación final de un Consejo Económico y Social parecen haber estado centradas en la posibilidad de continuidad, mayor o menor, de lo preexistente; en eso coincidían Solís y Martín Villa. Así lo percibió incluso alguno de los ministros más liberales.[79] No obstante, la resistencia de ciertos sectores ultra de la Organización Sindical parece haber sido decidida y arriesgada.

En estas condiciones, los problemas con los que se enfrentó el ministro de Relaciones Sindicales fueron graves. «Fuera de la Organización Sindical

—cuenta—, se nos creía, por las organizaciones entonces ilegales, embarcados en una simple operación de maquillaje» pero, al mismo tiempo, muchos en la propia burocracia sindical eran inmovilistas de estricta observancia y en el Gobierno, no sin fundamento, se pensaba que se podía esperar a que la reforma política hubiera concluido. Cuando Martín Villa explicó su reforma a Fernández Miranda, encontró en él la previsión de que se produciría «liquidación desde la raíz» de toda la organización vigente. Arias le oyó con la «leve actitud de educada incomodidad e impaciencia que le caracterizaba» y concluyó pidiendo el aplazamiento. «Enorme confusión» fue lo único que pudo obtener del general Fernando de Santiago.

La permanente del Congreso Sindical había asumido la reforma «más por una especie de resignado silencio que de manera abierta y entusiasta». Cuando a esa dificultad se sumó la encontrada en los políticos gubernamentales, Martín Villa acabó pensando en la dimisión y Suárez y Ossorio contribuyeron a que no se llevara a cabo. Cuando la cuestión se planteó en Consejo de Ministros, hubo quien sacó la impresión de que «todo está hecho deprisa e improvisando».[80] Finalmente, pidió hora al rey y, tras una audiencia a primeros de mayo, quedó potenciada la reforma sindical y sumada a la propuesta de reforma política. Ahora bien, como admite el propio Martín Villa, el proyecto en lo sindical no pasó de ser una victoria «de los aperturistas del régimen sobre los nostálgicos»; tras de ella no se había logrado otra cosa que una «especie de punto de equilibrio interno», pero «sin la intervención de toda la parte del país que estaba fuera, que no era poca».[81] Lo que es cierto es que, así como la reforma política de Fraga-Arias contribuyó al menos a hacer viable el proyecto posterior en tiempos de Suárez, la reforma sindical, aun nada más que enunciada, sirvió para que el mundo sindical oficial, en especial los procuradores, tuviera la idea que podía perdurar hasta cierto punto en un nuevo contexto y estuviera en principio dispuesto a colaborar moderadamente en un cambio. Es significativo que Martín Villa enviara a Arias unas declaraciones de Zapico y Conde, importantes personajes del sindicalismo oficial —como presidentes del Consejo de Trabajadores y Empresarios, respectivamente—, en que se declaraban, tras una reunión del Comité Ejecutivo Sindical, acordes con la reforma política propuesta por el Gobierno porque en ella se aludía a los sindicatos y organizaciones empresariales, preveía la independencia de los sindicatos y su presencia en el Senado y no imponía la unidad sindical pero la posibilitaba.[82]

El mero planteamiento de la reforma sindical, al mismo tiempo, contribuyó a deteriorar la imagen de un sindicalismo oficial cada vez más incapaz de ejercer cualquier función mediadora. Así pudo apreciarse en la conflictividad social que estalló inmediatamente después de la muerte de Franco y que sin duda estuvo fomentada por el caldo de cultivo de unas organizaciones sindicales clandestinas, principalmente Comisiones Obreras, conectadas con el PCE, que creían en la ruptura. La protesta fue alimentada por las declaraciones sobre política económica de Villar Mir y no consiguió evitarla una reforma laboral impulsada en abril por Solís. Al margen del conflicto político, la Organización Sindical no sólo no sirvió siquiera para abordar el trámite y la resolución de lo estrictamente laboral, sino que en muchos casos contribuyó a multiplicar la conflictividad por su mera existencia. En cuanto a los sindicatos clandestinos, bien puede decirse que demostraron una enorme capacidad para alterar el orden público, pero no consiguieron un órgano unitario ni tampoco nada parecido a una huelga general con resultado político determinante, excepto en puntos muy concretos.

La descripción de Areilza acerca de lo sucedido en las primeras semanas del Gobierno resulta por completo exacta: «Las huelgas se desmelenan sobre Madrid como las olas de una galerna»; más dudoso es que eso respondiera a «un plan metódicamente trazado». En la capital hubo dos huelgas sucesivas en diciembre y enero que afectaron a unos 400.000 trabajadores cada una. Como ya había sucedido antes en la universidad, las asambleas se convirtieron en el mecanismo esencial de articulación de la protesta. Si antes hubo poblaciones enteras convertidas en «zonas liberadas» en Cataluña o el País Vasco, donde la dura legalidad oficial tenía poco que ver con la realidad, ahora se pudo decir algo parecido de Getafe. Un nuevo aspecto de la conflictividad social fue el de la militarización de servicios considerados esenciales. La huelga del metro madrileño y la posterior de Correos, en enero, se solucionaron con estos procedimientos, pese a que Ossorio describe la dificultad para convencer al general De Santiago para recurrir a este recurso. Fraga explica lo sucedido en términos de confrontación superada: fue, afirma, «un primer pulso ganado e importante» en el que «funcionó» la respuesta al reto de la oposición. Pero probablemente resulta más apropiada y realista la opinión de Martín Villa. Según él, «naturalmente», es decir, como era habitual, los trabajadores habían actuado al margen de la legislación de conflictos existente. La huelga pudo parecer dramática, pero en la práctica los trabajadores obtuvieron satisfacción a sus reivindicaciones laborales a través de organizaciones situadas al margen de la ley.[83]

En toda España se produjeron situaciones parecidas. Parece indudable que el ambiente político coadyuvó al estallido de la reivindicación social, pero las huelgas no fueron políticas en sentido estricto: de haber ofrecido tan sólo reivindicaciones de este género probablemente habrían fracasado. La única excepción a esta regla general se produjo en el País Vasco, donde, como veremos, las huelgas por solidaridad siguieron siendo habituales. La paradoja es que habitualmente las huelgas fueron todo un éxito desde el punto de vista económico, incluso con un incremento de los salarios en un 38 por 100, pero un fracaso desde la vertiente política. Según algunos autores, resultaría que el volumen de huelgas se habría multiplicado por seis en 1976 con respecto al año anterior. La cifra parece exagerada, pero sin duda en los meses iniciales de 1976 se produjo una gran eclosión de protesta que tuvo una gran influencia sobre el conjunto de la política. Aparte de Madrid y su entorno, otro foco fue la periferia de Barcelona: en enero, hubo la tercera huelga general en el Bajo Llobregat y en febrero de nuevo en Sabadell. Una vez más fue un caso de «zona liberada» en que el Estado había perdido su legitimidad e incluso su capacidad de acción. Ante situaciones como éstas, el buen representante de la autoridad gubernamental dejó de ser quien aplicaba a rajatabla las instrucciones de Madrid y pasó a ser una persona que debía combinar la actuación policíaca con la negociación. Uno de estos gobernadores explica que «cuarenta años de abstinencia habían provocado hambre de manifestación» y que «la decisión o no de aprobar cada manifestación era una curiosa y extraña mezcla de discrecionalidad, prudencia, miedo al error y prueba de aperturismo.[84]

Lo sucedido en Vitoria en los primeros días de marzo, auténtico «Miércoles de ceniza» de la Transición española, se explica en parte por la ausencia de una autoridad que actuara de forma apropiada. Martín Villa describe un ambiente producto de una «desobediencia civil generalizada», un «fervor casi revolucionario» y la «inhibición de las autoridades gubernativas». El conflicto se inició en enero con motivo de la firma del convenio colectivo en Forjas Alavesas y luego se extendió a otras empresas; en febrero afectaba ya a 10.000 trabajadores. Éstos se movían por reivindicaciones laborales concretas más que políticas. La carencia de interlocutores legales por parte de los trabajadores llevó a la celebración de asambleas masivas, siempre ilegales, en las iglesias; los despidos tuvieron como consecuencia inevitable que la protesta arreciara. Hubo una verdadera falta de protagonismo de los grupos de oposición política y de los sindicatos clandestinos más importantes, superados por algunas organizaciones extremistas. La autoridad gubernativa mantuvo una actitud de total inhibición, no por dejar el conflicto a trabajadores y empresarios, sino por considerar que no tenía que tener una actitud mediadora. En Madrid, según Martín Villa, Fraga «no minusvaloró la situación pero no era su prioridad absoluta». Eso explica su ausencia, pues estuvo de viaje en los peores días del conflicto. A primeros de marzo, una situación como la descrita concluyó en el intento de desalojo de la iglesia de San Francisco de Asís, en el barrio de Zaramaga. La policía, insuficiente en efectivos y habituada a actuaciones brutales, desalojó, con enorme dureza, empleando botes de humo y armas de fuego, la iglesia, con el resultado de cuatro muertos y un centenar de heridos. La huelga general de solidaridad en el País Vasco y Navarra fue seguida en los días siguientes por medio millón de trabajadores. Durante algún día Vitoria se convirtió también en una «zona liberada»; 70.000 personas se reunieron en torno a la catedral en una protesta a la que se sumaron hasta las autoridades municipales y provinciales. Las imágenes del funeral, procedentes de televisiones extranjeras que se reproducen en el documental de Victoria Prego, resultan particularmente escalofriantes. Fraga y Martín Villa citan la «rabia y el estupor» de los heridos, alguno de los cuales increpó a los ministros preguntándoles si pensaban rematarles. Fraga escribió en sus memorias que los dos días pasados en Vitoria fueron «de los más duros e interesantes de mi vida».

La visita tuvo lugar cuando se habían producido las muertes. Las noticias habían sorprendido el 3 de marzo a los miembros del Gobierno en la Comisión Mixta con el Consejo Nacional. Tanto Suárez como Ossorio y Martín Villa (pero también Solís) actuaron, en ausencia de Fraga, con prudencia, evitando un estado de excepción que sin duda habría sido peor solución. Arias reaccionó como era previsible en él proponiendo «un estado de excepción inmediato»; la autoridad militar de la capitanía general de Burgos también quiso entrometerse.[85] Todo ello se evitó y sin duda resultó positivo que así fuera. Aun así, es significativo que días después, desde Presidencia se enviara a la Secretaría General del Movimiento un proyecto de decreto de acuerdo con el cual en estado de normalidad las autoridades gubernativas podían establecer planes de emergencia en los que colaborarían las autoridades militares.[86] Fue nada más una tentación, pero merece ser recordada porque nos remite a la permanente posibilidad de la intervención militar en la política.

Con la alusión a los sucesos de Vitoria descubrimos una reacción diferente de los miembros del Gobierno que no puede resumirse tan sólo en la posición más serena y poco propicia a situaciones de excepción de los más jóvenes. A todos, lo sucedido les causó una impresión enorme, pero Arias reaccionó de forma nerviosa y desarbolada mientras que Fraga respondió con la propuesta de confrontación. El primero, en el siguiente Consejo de Ministros apareció «tenso, con cara de pocos amigos, moralmente agobiado», y culpó al desorden general del mundo de lo sucedido. Sucesivamente fueron citados «los jueces que ponen en libertad a los detenidos», «la prensa canallesca», «varios curas *defroqués* existentes entre los líderes obreros» e incluso «la ola de erotismo que lo invade todo». Unos días después, a mediados de mes, reunido con los más importantes ministros políticos, eludió la posibilidad de aprobar un programa económico y prosiguió con su retahíla mencionando «desordenadamente muchas cosas desigualmente importantes»: «La universidad está sublevada, nadie apoya al Gobierno, la prensa está enfrente sin excepción; hay una conspiración militar larvada que frena las reformas ... se anuncia un nuevo gironazo ... hay un sentir unánime de la clase obrera hostil al Gobierno». Sabemos que lo de la conspiración era cierto y lo demás resultaba bastante cercano a la realidad. Pero Arias era capaz de recordar todo eso de forma desordenada y, al mismo tiempo, no tomar una decisión concreta pasado el momento decisivo.[87]

Fraga describe en sus memorias lo sucedido en Vitoria como «una ocupación como la de Petrogrado en 1917» o una revolución como la de 1968.[88] No fue lo primero porque distó de existir un partido bolchevique capaz de tomar el poder y tampoco lo segundo porque, por desgracia, concluyó en derramamiento de sangre. Sin embargo, lo creyera o no, consideró que su misión en un Gobierno cuya caracterización reformista le tenía a él mismo como prueba principal era también un férreo mantenimiento del orden según los métodos habituales. Ya en enero, con la primera oleada de huelgas, había decretado que la «calle era suya». «Sepan los terroristas —añadió— que si quieren la guerra la tendrán; el Estado la hará civilizadamente pero de modo eficaz e implacable.»

A partir de mediados de marzo, el ministro de la Gobernación ya resultaba «disparatado y agresivo con todo el mundo», en la óptica de los otros ministros reformistas de su edad. «Fraga —escribió Areilza— es de los que cree a ratos que Franco está vivo todavía y que hay que considerar la sociedad política española como algo que está esperando a que el Gobierno otorgue graciosamente sus reformas democráticas a cuyo regalo se debe responder con un diez de conducta.» A fines de marzo, el vicepresidente del Gobierno informó a los principales ministros políticos de la creación de Coordinación Democrática, entre las dos fuerzas políticas fundamentales de la oposición, la liderada por los comunistas y la de socialistas y democristianos. Todos, según la narración de Ossorio, le pidieron que actuara con prudencia, y al parecer le convencieron en un primer momento pero sólo eso. El 29 de marzo la oposición se reunió e hizo público un manifiesto en el que se dejaba claro su rechazo al programa de reforma gubernamental. La anotación de Fraga en sus memorias reproduce su indignación ante la noticia: «Hay que detener, tras una reunión donde se han montado esquemas claramente subversivos, a sus hombres clave».[89]

Al final, los detenidos fueron tan sólo los comunistas y los dirigentes de los partidos situados más a la izquierda. En un Consejo de Ministros celebrado en Sevilla el 2 de abril en presencia del rey, Garrigues, Suárez y Areilza objetaron sus medidas sobre la oposición. Suárez afirmó que no se podía practicar al mismo tiempo una política de reconciliación y de detenciones. Pero, con «evidente tensión». Fraga decidió mantener a los detenidos en prisión hasta el primero de mayo. Luego le dio a Areilza una explicación a la vez «realista y brutal»: sería necesario golpear periódicamente a los comunistas para que el Ejército no se desmandara. Una explicación parecida proporciona el gobernador civil de Barcelona, Sánchez Terán, en sus memorias: Fraga habría querido quitarle la iniciativa a la oposición y, al mismo tiempo, mostrar la decisión y la autoridad con que resultaba necesario enfrentarse a ella.[90]

El 1 de mayo comunicó Fraga a los ministros el descenso de la conflictividad laboral. En parte pudo deberse al cansancio o a la decepcionante realidad —para la oposición— de que el régimen tampoco se había desmoronado como consecuencia de ella, pero resulta obvio igualmente que el PCE, principal movilizador de la masa obrera, había pasado de la ruptura a la «ruptura pactada», enunciada por Carrillo a primeros de marzo.[91] Un responsable del orden público ha llegado a escribir que a primeros de mayo «terminaba la primera y más dura fase de la transición política española a la democracia» y después de ella «ya era posible la reforma».[92] Fraga, que pudo haber pensado algo parecido, le dijo a sus colaboradores «que había llegado el momento de quitarme el tricornio y los manguitos para intentar desde aquellas bases rematar la jugada política».[93] Con ello indicaba que el orden público y la redacción de los textos políticos de reforma ya habían dejado de ser la prioridad y ahora podía hacer política en sentido personal y partidista. De ahí que en mayo contactara con la oposición socialista —Felipe González y Gómez Llorente— y que en junio adoptara de nuevo algunas de sus posturas más aperturistas. No obstante, cabe dudar si lo habría hecho de haber resultado inexistente o poco activa la protesta social en los meses precedentes.

Lo sucedido en materia de orden público desde enero hasta entonces dividió ya al Gobierno. Como sucedía con Franco vivo, el País Vasco provocó las máximas tensiones. Arias, catastrofista, llegó a decir en Consejo que «es todo el Norte el que se nos subleva y hay que sujetarlo por la fuerza». Fraga anunció que había solicitado a los potentados vascos que financiaran un servicio de información. El general De Santiago exigió que lo que allí sucedía se considerara una guerra y que se sancionara a la prensa. Garrigues repuso que si eso fuera una guerra, habría que aplicar la convención de Ginebra. Areilza describió la situación con unas palabras que revelan que su propia presencia en el Gobierno no podía durar mucho: «El Gobierno está prisionero del búnker y de los Servicios de Información y quizá Fraga ha sido el autor de ese basculamiento ... Aquí no hay posibilidad, ni propósitos ni deseos de dialogar con nadie. El franquismo sin Franco —que era su moderador— se prepara otra vez a gobernar con los peores métodos de su larga y triste historia».[94] En realidad, quien habría podido ser protagonista y beneficiario de ese proceso se había destruido en él por más que, a diferencia de Arias, su actitud fuera, de acuerdo con sus propias manifestaciones, el producto de la reflexión y no de la pura reacción. Un periodista escribió que Fraga «se había perdido por su personalismo ... y por haberse convertido en una especie de gendarme».[95] Cualquier giro suyo ya no podía ser recibido con la expectación ni con la satisfacción de los aperturistas.

Los sucesos de Montejurra que tuvieron lugar a principios de mayo han sido considerados un acontecimiento turbio y de imposible interpretación. En realidad, resultaban de entrada mucho más previsibles de lo que se puede imaginar. El carlismo había quedado en tendencias tan antitéticas que el enfrentamiento, incluso en una ocasión tan señalada para ese movimiento, era imaginable y el hecho de que contara con armas hacía posible que hubiera muertos. Ossorio cuenta que recibió de Suárez la noticia en los términos siguientes: «Están los carlistas a tiro limpio en Montejurra y Fraga se ha marchado a Venezuela dejándome el embolado encima».[96] Se ha asegurado que la Guardia Civil había recibido órdenes de no intervenir, pero esto, que bien pudo suceder, se explicaría exclusivamente por el deseo de evitar mayores conflictos. En los primeros meses (y aun años) de la Transición, dadas sus prácticas heredadas, no se supo nunca si era mejor que intervinieran las fuerzas de orden público (como en Vitoria) o que no lo hicieran (como en Montejurra). En ambos casos, se produjo derramamiento de sangre.

De lo que no cabe la menor duda es de que con el transcurso del tiempo hubo una creciente tolerancia respecto a la política de la oposición sindical clandestina. El 1 de junio, bajo el amparo de unas supuestas «jornadas de estudio», se reunió el congreso de la UGT —jornadas autorizadas en abril, en parte para dar satisfacción a la presión internacional—. Fraga, que las autorizó en el marco de su nueva política cuando pretendía vestir de nuevo su ropaje reformista, afirma haberlo hecho «con gran resistencia del sector inmovilista».[97] Aun así, se ha de tener en cuenta que lo que se le toleraba a UGT no se le hubiera aceptado a las entonces mucho más potentes Comisiones Obreras. También es cierto, como indica Areilza, que «la permisividad ha logrado situar las fuerzas en el terreno y en alguna medida fijar sus límites».[98]

DOS PROYECTOS DE REFORMA POLÍTICA Y DOS FRENOS

En páginas anteriores hemos visto cómo el proceso de la reforma política fue encauzado hacia la Comisión Mixta entre el Gobierno y el Consejo Nacional; también hemos seguido la discusión y las tensiones existentes en su seno y el ambiente existente entre sus miembros. Pero hemos eludido referirnos de forma concreta al contenido de la reforma. Tampoco se ha hecho alusión en estas páginas de modo concreto al programa existente. Ahora trataremos de conocerlo y conocer las alternativas que fue experimentando.

Lo primero que conviene advertir es que, como ya habrá quedado claro, los componentes del nuevo Gobierno de Arias no discutieron el contenido de la reforma antes de constituido el Gobierno. La clara iniciativa fue de Fraga, que, además, pronto consiguió que Arias la asumiera de modo público en lo que tenía de esencial. Pero el proyecto, como veremos, cambió con el tiempo, aunque sus líneas esenciales no se alteraron. Al mismo tiempo, es preciso añadir que en el seno del Gobierno hubo otros proyectos —si se quiere, una alternativa— que nunca pudo triunfar, pero que adelantó —y, por tanto, preparó— lo que luego resultó la reforma política efectiva que Suárez llevaría a cabo. Hay que añadir que en la tramitación del programa concreto de reforma le correspondió un indudable papel de resistencia al cambio al propio Arias y, en parte también, aunque en un sentido diferente, a la Secretaría General del Movimiento que desempeñaba el futuro presidente del Gobierno.

Antes de remitirse al proyecto de Fraga, cuyas líneas generales conocemos, es preciso hacer referencia a las ideas de un Garrigues al que hemos visto pasivo y poco orientado en el entorno de la Comisión Mixta. Es posible que al lado de Areilza y Fraga tuviera menos peso político e incluso que estuviera en el Gobierno tan sólo como compensación a la ausencia de Silva, que tenía la pretensión de ser «un líder político» de la que él carecía. Como quiera que sea, Garrigues siempre defendió la aprobación de «un marco cuadro» constitucional capaz de ser objeto de enmiendas sucesivas, como en el caso de Estados Unidos.[99] Es posible que en buena medida este procedimiento, en teoría más válido para obtener el apoyo de una parte de la oposición moderada, fuera inspirado por Miguel Herrero, como este último sugiere en sus memorias. De nuevo en este caso, como en el de Juan Antonio Ortega y sus colaboradores, se constata la presencia de un político joven de la oposición moderada haciendo los papeles técnico-jurídicos de la reforma antes del tiempo de Suárez. No cabe duda de que lo que finalmente sucedió, a partir del verano de 1976, tuvo que ver más con este procedimiento que con el que defendió Fraga.

Afortunadamente, los papeles privados de Arias Navarro permiten reconstruir la propuesta de Garrigues, así como la reacción ante ella del presidente. El ministro de Justicia la hizo en un documento titulado de forma significativa «Reforma constitucional y referéndum»; también lo es que viniera acompañado de una «Nota sobre el censo electoral». Arias lo leyó detenidamente, subrayó algunas frases y corrigió otras para finalmente desecharlo.

El texto partía de que la reforma debía hacerse «sin ruptura», bien mediante un proyecto de ley o a través de unas bases articuladas, en cualquier caso informadas por el Consejo Nacional. Si se hacía sin necesidad de una legislación prolija —lo cual era la opción de Garrigues—, bastaba con un texto corto que luego se podría someter a referéndum a propuesta del rey, pero también del Gobierno. Había, pues, que «someter a referéndum unas bases de revisión constitucional autorizando al rey para promulgar el texto reformado». Ésa sería la fórmula mejor, no sólo por ser la más rápida sino porque el «Gobierno queda en una mayor libertad de acción y sin agobio de plazos, una vez respaldado con el voto». El texto que se sometería a plebiscito contendría principios como que el pueblo es titular de la soberanía nacional, la monarquía constitucional y hereditaria, el respeto a los derechos humanos, dos cámaras, una de ellas un Senado con representación de corporaciones y personas individuales, una reforma sindical realizada de acuerdo con el contenido de los acuerdos internacionales acerca de la materia y el reconocimiento de la autonomía de las regiones. El texto sería remitido al Consejo

Nacional, para su «conocimiento e informe», y luego pasaría a las Cortes. El referéndum sería convocado al mismo tiempo que unas medidas de gracia y podría tener lugar a principios de julio.

Nos interesa en primer lugar examinar las modificaciones escritas por Arias Navarro sobre la propuesta recibida. Todas ellas fueron restrictivas y transmitían la evidente sensación de que el contenido le parecía excesivo. Así se percibe en tres puntos concretos. El pueblo español sería titular de la soberanía, pero «el rey la personificaría». Añadió, además, que el Senado estaría también formado por «personalidades nombradas por el rey», y eludió el reconocimiento de la autonomía política, sustituyéndolo por la «personalidad» de las regiones.[100]

El documento con la propuesta de Garrigues contenía una muy detenida explicación de las razones en las que se basaba, documentadas en otros textos.[101] Repudiaba, por ejemplo, la posibilidad de utilizar el decreto ley porque la propia Ley Orgánica del Estado obligaba a que no se utilizara; la Ley de Sucesión también lo reclamaba y, además, el referéndum de la nación era imprescindible. En consecuencia, declaraba «absolutamente inviable» cualquier reforma política que intentara llevarse a cabo por decreto ley. No parece que las tentaciones de recurrir a este procedimiento fueran muy grandes, a pesar de lo expeditivo del procedimiento.

En segundo lugar, se refería también al procedimiento de urgencia que Fernández Miranda había conseguido aprobar en las Cortes. De forma inequívoca Garrigues manifestó una posición netamente crítica: la disposición emanaba «en el ejercicio al límite de la potestad de interpretar y suplir las normas reglamentarias en los casos de duda o de omisión». Por eso «no cabía en buena técnica que el presidente de las Cortes "autorice" al Gobierno para remitir o calificar, incluso con efectos retroactivos, proyectos de ley o asuntos como urgentes». Además, para él, «la deliberación en las Comisiones debía preverse con carácter facultativo, nunca necesario o preceptivo». Al evitarlas, sin duda se aligerarían todavía más los trámites en las Cortes.

Con respecto al proyecto de Fraga, el de Garrigues contenía semejanzas fundamentales pero también alguna diferencia esencial. De hecho, aceptó un Senado con un componente vitalicio (que permitía sugerir esperanzas de nueva ubicación para los consejeros nacionales permanentes); la otra cámara tendría un número superior de miembros que la propuesta por Fraga. La diferencia fundamental consistía en que, partiendo de unas bases más elementales, permitía una consulta más rápida y en términos más generales al pueblo español. El referéndum era esencial «para dar mayor estabilidad a la Corona y conseguir una mayor participación [del pueblo] en las tareas del Estado». Debe, además, tenerse en cuenta que Garrigues se opuso siempre a que se dijera que el Congreso de los Diputados —o como fuera que se designara la cámara baja— estaba formado por representantes de la «familia», y a que existiera un secretario general del Gobierno que no hacía otra cosa que heredar las funciones del Movimiento. Esto último añadía dificultades provenientes de los sectores más inmovilistas y contribuyó a que el proyecto de Garrigues nunca tuviera posibilidades.

Pero el ministro de Justicia persistió hasta el final. Ya en la recta final de la Comisión Mixta, en vista de las crecientes dificultades, «propuso dejarse de proyectos de ley articulados que encallen posiblemente en las Cortes y redactar seis bases o puntos que serían la esencia de las preguntas sometidas luego a referéndum».[102] El entrecomillado, que procede del diario de Areilza, sin duda coincidente con el ministro de Justicia, responde a la exacta realidad.

En efecto, tan sólo dos días antes de que Arias interviniera anunciando el resultado de los trabajos de la Comisión Mixta, Garrigues le escribió arguyendo que lo consideraba «un deber de lealtad».[103] Ignoraba lo que iba a decir en las próximas horas —signo evidente de la falta de coherencia gubernamental—, pero «por si no llegara a conocerlo con anterioridad, quiero decirte lo que yo pienso sin, por supuesto, tener la pretensión de no equivocarme pero entiendo que sería una más grave equivocación y casi una traición el callarme». Volvía a continuación a lo esencial de sus propuestas: «Creo que si es técnicamente posible hacer el referéndum antes del 15 de julio, no debe posponerse a después del verano», pues «en la estrategia política, como en la militar, la preparación puede ser lenta pero en la acción la rapidez y la sorpresa son muy importantes». Y añadía: «La legitimación, aun indirecta, por el voto popular, de la Monarquía y de su primer gobierno no tiene más que ventajas ... Políticamente, la actual popularidad del rey, que como toda popularidad es fluctuante, no tiene más que ventajas e incluso las elecciones portuguesas son un tanto a favor. Lo será en contra de la erosión de todo tipo, incluso la inflacionaria, que parece que ha de ser más grave cuanto más avancen los meses. Además, que el rey vaya a Estados Unidos habiéndose anunciado el referéndum refuerza extraordinariamente su autoridad y su legitimación».

Pero «lo más importante» no era esa consulta sino el contenido de la misma. En eso, Garrigues insistió especialmente en ese punto: «Lo que no creo es que deban someterse al pueblo español ... textos articulados ultimados ... sino unas preguntas concretas, pero genéricas... que autoricen al Gobierno y al rey para hacer técnicamente las reformas necesarias. Los textos legales son absolutamente ininteligibles para el común de las gentes» y «la oposición sacará de ello partido». Consiguiendo esa «autorización expresa y global» se superarían las «contradicciones casi imposibles con el sistema que estamos siguiendo». Por lo tanto, «lo que habría que someter a las Cortes serían las preguntas del referéndum»; a lo sumo, los proyectos se habrían de enviar «como textos de trabajo sujetos a la revisión general de conjunto». Las preguntas en esta especie de referéndum prospectivo debían ser las indicadas con antelación. «La fórmula que propongo —concluía Garrigues— es ortodoxa y viable conforme a las Leyes Fundamentales vigentes y ... es una vía que nos permitiría dar cumplimiento exacto al propósito del Gobierno de llevar a cabo la reforma sin ruptura.» No quería dar su opinión «de modo indirecto o desviado», y «no sólo acataré sino que seré el más firme defensor de cualquiera otra mejor forma de actuar que tú mismo y el Gobierno contigo, puedan acordar».

Sin embargo, a Garrigues no se le escuchó e incluso logró atraerse quejas vehementes. Adolfo Suárez le acusó de querer mucho más la ruptura que la reforma: se manifestó indignado con que Garrigues pretendiera una nueva redacción del proyecto de reforma más alejado de lo que en los medios del Movimiento era pensamiento común. «Le llamaré mañana para asustarle; es un cobardica», le dijo a Fernández Miranda en referencia a su compañero en el Consejo de Ministros.[104]

Hubo un intento final de seguir el camino de Garrigues. El 29 de abril afirma Ossorio haber imaginado un nuevo proyecto de reforma; trató de él con Suárez y con el rey y luego con Arias.[105] Según narra en sus memorias, «una modificación en profundidad de las Leyes Fundamentales en la línea del proyecto propuesto por Manuel Fraga suponía sustraer a la voluntad nacional, en cierta medida, la posibilidad de la reforma». En cambio, era mucho mejor «convocar rápidamente unas elecciones generales que configuraran una cámara legislativa que abordara las reformas a introducir en las Leyes Fundamentales». Ese procedimiento permitía «la brevedad, la flexibilidad y la posibilidad de que, apoyándonos en ella, se pudiesen sentar las bases para una evolución pactada con las fuerzas de la oposición y reconducir la modificación final de las Leyes Fundamentales a una Cámara elegida previamente por sufragio universal, igual, directo y secreto». Por este procedimiento se llegó luego a la reforma, avanzando un paso más en el camino que había abierto Garrigues. Pero por el momento, cuenta Ossorio, Arias «me escuchó cortésmente y me señaló que mi propuesta suponía, nada más o nada menos que abrir, tras las elecciones, un período semiconstituyente o tal vez constituyente que era mucho más de lo que él pretendía». Esa discontinuidad en relación con el pasado fue, en efecto, la razón por la que esa línea reformista fue desechada.

Se impuso, entonces la de Fraga, de quien es necesario recordar que tenía mucha más fuerza política y expuso su postura antes, haciéndolo, además, en los términos perentorios que en él siempre fueron característicos. Importa señalar, además, que el contenido de su proyecto experimentó modificaciones importantes hasta el momento en que, con la salida de Arias de la presidencia, acabó por derrumbarse.

El texto que Fraga presentó el 2 de enero de 1976 se titulaba «La reforma constitucional: Justificación y líneas generales» y partía de un reconocimiento de la situación que probablemente muy pocos políticos del régimen habrían suscrito en fechas recientes.[106] Reconocía, en efecto, que el sistema institucional «ha perdido el grado mínimo de consensus imprescindible para encauzar adecuadamente el proceso político». Las razones estribaban en la propia desaparición de Franco y la sucesión, pero también en el relevo generacional, la presión internacional y las radicales transformaciones sociales producidas en las últimas décadas. «La implantación del principio de legitimidad democrática y el reconocimiento jurídico de las fuerzas políticas que aceptan dicho principio —añadía— constituyen las dos directrices capitales del proceso de reforma.» Pero había que «evitar toda idea de ruptura o simplemente de carácter constituyente general». De ninguna manera había que tener en cuenta a los «grupos irreconciliables», es decir, los de «carácter terrorista, comunista o separatista», pero sí, en cambio, «dar satisfacción a los que desean una rápida solución al problema de la legitimidad y del ensanchamiento de la base». La reforma debía ser «gradual», «minimalista» y evitar lo «esteticista». En principio, hasta aquí nada cabe reprochar a la idea; era lo más osado que nunca se había postulado desde un aperturismo del régimen. A la hora de la concreción, sin embargo, la cuestión se hacía más problemática. Ya desde este primer documento Fraga entendía, sin ningún intento de maquillaje, la continuidad como un medio de permanencia de la clase política activa durante el régimen. La segunda cámara «englobaría los elementos representativos de las actuales Cortes, en todo o en parte, con modificaciones o sin ellas» e incluso en ella cabrían los procedentes del Consejo Nacional. Quedaba abierta, no obstante, a una cierta posibilidad regional, algo inesperado por completo desde la óptica del régimen.

Interesa señalar que una propuesta como ésta no sólo era novedosa y audaz para lo que era habitual en el franquismo clásico, sino que fue inmediatamente considerada peligrosa por una parte del propio Consejo de Ministros. En concreto, fue la Secretaría General del Movimiento, a cuyo frente estaba Suárez, quien remitió un documento que partía de una actitud muy distinta. Para ella, «una modificación que altere la filosofía política de las leyes fundamentales» podría ser considerada por las familias del régimen como «una ruptura con el propio régimen». Una frase como ésta equivalía a lo expuesto por Antonio Oriol en sus quejas a Arias por la invalidez del Estatuto de Asociaciones. Pero, además, se defendía tan sólo «una compilación y refundición» de las leyes fundamentales, como si éstas fueran inmutables (a años luz de lo que pensaba desde hacía tiempo Fernández Miranda). Se repudiaba, además, la creación de una nueva cámara, «ni eliminar o fraccionar una de las existentes»; a lo máximo a lo que el aperturismo movimentista llegaba era a que el tercio familiar de las Cortes fuera elegido por sufragio universal, pero sólo en este caso se podría disponer del apoyo de asociaciones familiares o políticas. Para el Movimiento resultaba esencial, en definitiva, conservar los cuarenta consejeros nacionales vitalicios.[107] Para completar la comprensión de una posición tan lejana a la democracia hay que tener en cuenta que en los meses inmediatos —durante la misma presidencia de Arias— la posición de la Secretaría General cambió de forma vertiginosa gracias a la actitud de los más jóvenes.

Debemos hacer alguna alusión a la Ley de Sucesión de la Corona porque ya en su discusión, según Ossorio «lenta y fatigosa», se apreciaron posturas divergentes. A pesar de ello, hay que advertir que no centró de manera especial el interés de la Comisión Mixta y, con el paso del tiempo, ni siquiera el propio don Juan Carlos parece haber estado interesado en ella, de acuerdo con sus confidencias a Fernández Miranda, quizá por considerar que introducía cuestiones que podían ser objeto de disputa antes de una consulta. Las terminologías fueron un tanto distintas. Un texto redactado por Fueyo se refería al «régimen fundado sobre la legitimidad histórica del 18 de julio por el Generalísimo Franco», mientras que Fernández Miranda eludió citarlo. Otro, procedente de la Secretaría General del Movimiento, hablaba de un «Estado social y representativo que, de acuerdo con su tradición, se declara constituido como reino», pero en él se declaraban subsistentes y ratificadas todas las leyes fundamentales. Otro anteproyecto redactado por Presidencia del Gobierno (Ossorio) resultaba incluso más avanzado que la Constitución actual al excluir el principio de imposibilidad de que las mujeres reinaran; el rey podía serlo desde los 18 años. En este proyecto figuraba como objeto de posible eliminación la Ley de Principios Fundamentales de 1958 y desaparecía el representante eclesiástico del Consejo del Reino, cuya composición, electiva o no, fue un factor determinante de la discusión. Finalmente, se optó por una solución mixta y tripartita (miembros elegidos por el Senado, el Congreso y por su alto cargo).[108] Los cambios introducidos en el Consejo Nacional fueron significativos y en sentido conservador: se mencionaba la «instauración» —no la restauración— de la monarquía, lo que no podía por menos de desagradar a don Juan Carlos, y se obligaba al futuro rey a jurar los Principios del Movimiento.[109]

El centro de gravedad de la discusión recayó, como era previsible, en la Ley de Cortes. En ella, como preámbulo, se realizaron afirmaciones genéricas e interminables que fueron criticadas acerbamente por Areilza, como que no hay democracia sin Gobierno y que aquélla fue un invento del siglo XIX. Pero lo que nos interesa es que se introdujeron importantes cambios en el transcurso del debate en la Comisión Mixta.

En su primera versión, las Cortes estarían constituidas por dos cuerpos colegisladores con iguales poderes. En la cámara baja, basada en «el principio de sufragio universal ... se conjugarán el esquema orgánico con el criterio de representación territorial estricto». Estaría formada por tan sólo 300 personas y se sugería la denominación de Cámara de los Procuradores, que recordaba al Estatuto Real de 1834. La cámara alta podía ser denominada Consejo Nacional o Senado y quedaba previsto que recibiera a una parte de los componentes de las antiguas Cortes. Habría senadores miembros del Gobierno, elegidos por las provincias, sindicales, permanentes, representantes de organismos y designados por el rey. El presidente del Gobierno ejercería la Jefatura Nacional del Movimiento en nombre del rey y la estructura institucional quedaba completada por un Tribunal de Garantías Constitucionales, a pesar de que daba la sensación de que el Senado recibía parte de esas competencias.[110]

Este primer anteproyecto fue objeto de una nota crítica razonada y más avanzada que acabó siendo aceptada. En ella se advertía que el Senado era demasiado heredero del Consejo Nacional y tenía «un tinte acusadamente continuista». En cuanto a la cámara baja, se indicaba que el número de diputados, por ser tan reducido, provocaba una enorme diferencia en el número de representantes por provincia. Además, se sugería la posibilidad de una representación regional.

En el segundo documento todavía se afirmaba que «no cabe decir que la única legitimidad democrática es el sufragio universal, directo y secreto» para justificar la representación orgánica, pero ya se introducía la frase de Fernández Miranda de acuerdo con la cual «los principios fundamentales son inmutables pero no irreformables». La cámara baja mantenía su carácter «familiar», pero al ser elegida por sufragio universal podía equivaler a un parlamento democrático. La alta, definitivamente denominada Senado, contaría con esa composición plural que ya ha quedado descrita aunque, como veremos, las cifras de cada grupo componente oscilaron con el paso del tiempo. Aun hubo una nota crítica más aperturista. Se proponía en ella que la composición del Senado fuera tripartita entre organismos y entidades de base institucional o corporativa, las provincias y los nombrados por el rey, pero con la peculiaridad de que «las provincias organizadas en mancomunidades o regiones de estatuto especial» elegirían a sus senadores de forma conjunta. A partir del segundo proyecto elaborado por Fraga, ya no se hablaba de secretario general del Movimiento, sino del Gobierno.[111]

En suma, bien se puede decir que el cambio en las sucesivas redacciones de la Ley de Cortes denota la conciencia de ilegitimidad que padecía el sistema de la llamada «democracia orgánica». Ésta fue retrocediendo en cuestión de semanas pero, al mismo tiempo, los miembros de la Comisión Mixta no fueron capaces de olvidar esos principios. Claro está que más bien cabe decir que identificaron la carencia de ruptura con la reserva previsible de puestos senatoriales para consejeros nacionales o sindicalistas de antaño.

De cualquier manera, alrededor de la segunda semana de abril tuvo lugar una reunión en Presidencia a la que asistieron los ministros que formaban parte de la Comisión Mixta, en la que se debatieron dos posibles soluciones

alternativas para la composición de las Cortes. En este momento, como señala Ossorio, ya «el tema que fue objeto de mayores deliberaciones fue el número de diputados que elegiría cada provincia», probablemente porque en la
cabeza de todos estaba la inminencia de una convocatoria electoral. Pero las
fórmulas propuestas no satisfacían a todos: conocemos ya la oposición de
Garrigues y el intento de Ossorio. Areilza, por su parte, escribió en su diario
que «son malas las dos [propuestas] más que nada por sus absurdas concesiones al "organicismo".» «Una cosa es la prudencia y otra la imbecili-
dad —añadió—; yo no creo que este proyecto lo acepte nadie de la oposición
moderada, tal y como va a salir.» Pero parece que había también otros no
del todo convencidos. Así, Suárez pudo haber pensado en este momento que
las concesiones más allá de la «democracia orgánica» eran excesivas. Pero si,
de todos modos, esta resistencia fue superada de forma espontánea, había
también otras más temibles. Con respecto al sistema electoral, Fraga «dio,
dirigiéndose a De Santiago, una larga explicación para convencer ... de que
no habrá nunca riesgo de que las izquierdas manden en España con esta
reforma».[112]

Terminada esta reunión, fue el propio Fraga quien entregó, por carta, el
proyecto definitivo de Ley de Cortes y Orgánica del Estado. Finalmente, habría 3 senadores por provincia, 50 sindicales, 40 permanentes (es decir, los
consejeros nacionales vitalicios), 30 nombrados por organismos e instituciones y 30 designados por el rey. Lo grave de esta composición era que los poderes de esta cámara alta se habían configurado como idénticos a la cámara
baja. Con ello se mantenían las posibilidades de permanencia de los miembros de la clase política anterior; al mismo tiempo, se seguían considerando
como leyes fundamentales del reino las anteriores en lo que no hubieran sido
modificadas.[113] Areilza ratificó su impresión. Según la anotación de su diario,
el proyecto «suena a pedantería de profesor de derecho político y ... no inte-
resará a nadie, planteado así. El preámbulo explicativo es aún peor, lleno de
logomaquias risibles, aludiendo a la intangibilidad de los principios y otra serie de dogmatismos reverenciales». De esta manera, «la reforma planteada ni
pasa las Cortes, ni se puede votar antes del verano, ni obtendrá la base mínima de consenso de parte de la oposición. Marchamos hacia un callejón sin
salida».

Tiene razón Areilza cuando afirma que, en la elaboración del proyecto,
«todo es calcular cómo impedir que la derecha pierda el poder». La impresión queda ratificada cuando en el Consejo de Ministros celebrado el 30 de
abril Fraga afirmó que «los ministros miembros de la Comisión [Mixta] no
deben modificar nada sino sentirse solidarios de lo que propone». Fraga, en
su juicio, actuaba «como un maestro de escuela de pueblo» y «Arias asiente
complacido». Nada podían hacer ya el ministro de Exteriores, Garrigues o el
propio Areilza; verdad es que tampoco tuvieron nunca muchas oportunida-

des. Pero el ministro de Exteriores hubo de admitir que, «con parciales rectificaciones semánticas, la cosa suena mejor». En pleno Consejo se habían producido cambios y todos ellos habían tenido un sentido aperturista. El número de senadores por provincia pasó a 4, 2 de los cuales serían corporativos (representantes de obreros y empresarios), desaparecieron los sindicales, se mantuvieron los permanentes y el número de nombrados por el rey (25) y procedentes de corporaciones o instituciones (20) osciló a la baja. Además, y sobre todo, creando un Consejo Económico Sindical Consultivo, Fraga había actuado «como un prestímano» multiplicando las posibilidades de supervivencia de la clase política franquista. El Tribunal de Garantías Constitucionales tendría una composición a la vez judicial y política.[114] En cierto modo, el proyecto había cambiado en sentido positivo, como admitió Areilza, pero seguía siendo una acumulación de principios heterogéneos, en los que se creía poco, y de cuotas cuya razón de ser no acababa de justificarse. Ortega dijo del proyecto de Constitución de 1931 que parecía «una fragata barroca panzuda y artillada». Pero no tuvo la ocasión de ver un texto como éste.

DEBILIDAD Y RESISTENCIA DE LA EXTREMA DERECHA

Contrariamente a la imagen que de él se suele ofrecer, Arias Navarro no se situaba en la extrema derecha del régimen franquista, sino que siempre osciló entre ella y una actitud mucho más aperturista, de la que fue expresión el discurso del 12 de febrero. Durante los dos primeros años en los que ejerció la presidencia sus relaciones con ella fueron cambiantes y siempre complicadas. Lo mismo sucedió durante los seis meses iniciales de la monarquía; en los dos últimos meses, ésta arreció en sus quejas al mismo tiempo que la oposición iba adquiriendo visibilidad ante los españoles y los reformistas jóvenes se mostraban crecientemente dispuestos a cambios más sustanciales. El reducto más evidente de resistencia a cualquier cambio estuvo siempre, desde luego, en las Cortes y en el Consejo Nacional, y ambos —al menos las Cortes, pues el segundo sólo debía informar— eran imprescindibles si se quería hacer una reforma desde la legalidad, en lo cual todas las jerarquías políticas españolas del momento coincidían. Lo sucedido en las Cortes fue público y es conocido. Más adelante trataremos de ello, pero conviene antes tener en cuenta lo sucedido en el Consejo Nacional.

En él quienes representaban la esencia del régimen eran los cuarenta consejeros vitalicios nombrados por Franco en Ayete, tras la aprobación de la Ley Orgánica del Estado, unos puestos que en el momento de morir el titular eran renovados por cooptación de los propios miembros del Consejo. Las incidencias que se produjeron en las tres sucesivas renovaciones durante los seis meses iniciales de 1976 no pueden ser más significativas. En el mes de enero, García Hernández, que acababa de dejar la primera vicepresidencia del Gobierno, perdió ante García Rodríguez Acosta. Lo significativo es que quien había sido principal colaborador de Arias fue derrotado, a pesar de una intervención oral de éste en un tono muy poco aperturista, por una persona a la que el presidente no quiso nombrar ministro secretario general del Movimiento ni siquiera cuando Franco se lo sugirió porque, habiendo sido vicesecretario general con Utrera, se situaba demasiado a la derecha. A principios de abril, Fernández de la Mora, conocido por sus posiciones refractarias al cambio, logró ser incluido entre los consejeros vitalicios. En dos ocasiones, por tanto, el Consejo Nacional había optado por una posición inequívoca.

Se puede pensar que a fines de mayo, con la elección de Adolfo Suárez, la situación cambió radicalmente. Pero no fue así y lo primero que hay que tener en cuenta es que el secretario general del Movimiento no aparecía a los ojos de la clase política como el más aperturista en el Gobierno Arias. Había sido imposible una victoria en el Consejo Nacional no ya de Areilza o Garrigues, sino incluso del propio Fraga. Añádese a este hecho la evidente fragilidad del candidato adversario: el marqués de Villaverde intentó ofrecerse como candidato pretendiendo «defender la memoria de mi suegro». Pero todo el mundo sabía que su papel político había sido nulo durante la mayor parte del régimen y en su etapa final a menudo perturbador. Por si fuera poco, según recoge Areilza, habría dicho a algún miembro del Gobierno: «Vamos a por todos vosotros».[115] Un reto tan manifiesto a la estructura jerárquica del Movimiento como la que entonces personificaba Suárez tenía que concluir necesariamente en una derrota. El yerno de Franco fue visitando de forma sucesiva a los consejeros nacionales; algunos le aseguraron que le votarían y luego no lo hicieron, mientras que los que ocupaban cargos jerárquicos —como Eduardo Navarro, secretario general técnico del Movimiento— le manifestaron tajantemente que no le votarían, respuesta que no desanimó al candidato. Un aspecto interesante de la votación en que no se ha reparado de manera suficiente es que tenía lugar en dos vueltas, a partir de una terna inicial creada por los propios consejeros nacionales vitalicios. Ya en la formación de la misma Suárez pasó por delante, acercándose a ese género de unanimidad que sólo logran los inocuos o, al menos, los que carecen de enemigos. Obtuvo votos, además de él y el marqués, el falangista Pinilla Touriño (el puesto que se debía cubrir había sido ocupado por el también falangista Elola). Pero este tercer candidato, persona cercanísima al propio Arias Navarro, se retiró ante «otros dos ... en quienes concurren títulos singulares». «Como falangista que a lo largo de casi cuarenta años he servido a la Patria a las órdenes del glorioso Caudillo Francisco Franco desde las filas del Movimiento nacional —escribió—, considero que mi modesta historia no me confiere derecho especial ni privilegio alguno.» En estas palabras cabe encontrar más bien una velada crítica al marqués de Villaverde: de hecho, Suárez casi triplicó sus votos y hubo, además, algunos en blanco, presumiblemente de falangistas que no habían querido votar al marqués porque formaban parte de otra familia en el seno de la extrema derecha. En realidad, lo que le sucedió al marqués de Villaverde fue que se propinó a sí mismo una severa derrota: como tantos otros miembros de su mundo, había perdido la conciencia de la realidad hasta el punto de no darse cuenta de que su propósito de desafiar al secretario general del Movimiento carecía de posibilidades.[116]

El 25 de mayo tuvo lugar esta votación y doce días antes el Gobierno había remitido, para su dictamen no vinculante, el proyecto de reforma de las Cortes y otras leyes fundamentales. La obligada carta de Arias, siguiendo una liturgia previsible, hacía referencia elogiosa a la Ley Orgánica de 1967 y afirmaba, además, que «la Historia ha dado, una vez más, la razón al Caudillo». Parece que, como en otras ocasiones, se esperaba conseguir, al introducir algunos cambios de lenguaje, una mayor aceptación del texto.

Había razones para pensar en la resistencia. Con carácter previo a la reforma propiamente dicha, habían sido remitidas al Consejo Nacional las nuevas regulaciones sobre el derecho de reunión y asociación. Esta segunda fue muy criticada por el inteligente y decididamente falangista Emilio Lamo de Espinosa, principal inspirador del intento de ley constitucional de Arrese en 1956. «Se va a repetir —anunció— lo sucedido con el Estatuto Jurídico [de 1974]: primero se presiona para desatar el proceso; después, se declara que no es suficiente, pero ni entonces ni ahora se aclara cuándo va a ser suficiente.» Añadía, además, que «en tanto en cuanto la Ley de Asociaciones se analice antes de la reforma constitucional, tratándose como se trata de una ley ordinaria tendrá que respetar el orden constitucional tal como hoy está vigente». En conclusión, «el orden de prioridades señalado por el Gobierno es absolutamente defectuoso» porque lo primero debía ser el cambio y luego la adaptación de la legislación ordinaria.[117] En eso coincidía con Garrigues, si bien con un propósito diametralmente distinto, el de detener cualquier cambio. Desde el punto de vista jurídico, la argumentación era impecable; la oposición a cualquier cambio resultaba también manifiesta.

La Ley de Asociaciones siguió su rumbo hacia las Cortes con un desenlace que luego veremos. Ahora nos interesa dar cuenta de lo sucedido en el Consejo Nacional con el proyecto de reforma política en lo relativo a la institución parlamentaria prevista. Para informar sobre él se formó una ponencia en la que figuraron, por ejemplo, algún falangista de viejo cuño como Fueyo, el ex ministro Licinio de la Fuente, los reformistas jóvenes Navarro y Ortí Bordás, o el periodista Emilio Romero.

Lo que nos interesa ante todo es el mar de fondo que el proyecto levantó en los sectores menos propicios a cualquier cambio, como bien se demuestra en los escritos redactados por los consejeros nacionales. Para Blas Piñar,[118] «la

Reforma contradice gravemente la ley básica de nuestro orden constitucional, es decir la Ley de Principios del Movimiento Nacional». La Ley de Sucesión apenas le llevaba a sugerir modificaciones, aunque al proponer como motivo de destronamiento la «indignidad», cabía pensar en que consideraba que en caso de perjurio se caía en ella. Pero su mayor oposición se refería, como cabía esperar, a la Ley Constitutiva de las Cortes. «No entiendo —indicaba— cómo se puede coordinar la representación orgánica de la familia con el sufragio universal.» Repudiaba la desaparición de los consejeros nacionales vitalicios, por más que se hubiera optado por aquella fórmula que parecía sugerir su permanencia y señalaba que «la nueva organización sindical que se transluce ... supone la derogación del sindicalismo vertical». El ex ministro Utrera se expresó de una forma todavía más rotunda e indignada: «La reforma que se propicia ... parece perseguir esencialmente la sustitución de un régimen por otro nuevo ..., el simple desmantelamiento del régimen vigente y una alteración sistemática de su esencialidad política». Eso suponía un «terrible riesgo de poner en duda la legitimidad presente, incluida la propia Corona», a la que de este modo se hacía una seria advertencia.[119] El tradicionalista Oriol juzgó «lo más opuesto a la reforma que hemos de llevar a cabo la urgencia y el apremio que se exige». Se quejó además de que se rehuyera la mención a la Ley Orgánica anterior y de que el Consejo Nacional pasara a denominarse Senado, lo que conectaba con la tradición liberal surgida en las Cortes de Cádiz.[120] Otras actitudes, aun de frontal oposición, fueron más sibilinas. Tal fue el caso de Fernández de la Mora.[121] Sus enmiendas se refirieron, por ejemplo, a que se pudiera presentar a las elecciones para el Congreso de los Diputados únicamente quien fuera candidato de las Asociaciones legalmente reconocidas en virtud del Estatuto de diciembre de 1974. Consideraba también que los sindicatos deben responder a la fórmula de unidad sindical establecida en 1940 y amenazaba con la posibilidad de contrafuero en el caso de que sus modificaciones no se aceptaran.

Ninguno de estos consejeros nacionales quería reforma alguna y descubrían que desde el Gobierno ahora se les proponía un tipo de cambio que al mismo tiempo hacía guiños de continuidad y suponía modificaciones fundamentales dentro de una voluntad indudable de monopolio auténtico del poder por parte de la clase dirigente del régimen. Pero, aparte de esta actitud de rotunda negativa, existía otro aspecto sobre el que merece la pena llamar la atención: la perplejidad provocada por la falta de sintonía entre lo concebido y el ambiente social. Incluso los más reacios a cualquier tipo de reforma se daban cuenta de la impopularidad social radical de algunos de los principios políticos en que se habían apoyado durante toda su vida. En un informe llegado a uno de los personajes políticos citados se decía que «será imposible evitar, tanto para los procuradores familiares como sindicales, ... el sufragio universal [y] una postura de colaboración [con el Gobierno] debería evitar el excesivo desgaste en esta cuestión a pesar de los riesgos que implica». En cambio «debe mantenerse inamovible la presencia de los cuarenta consejeros que lo fueron por designación del Caudillo». Para quien redactó estas líneas lo importante no era sólo la continuidad de esas personas sino el hecho de que Franco las hubiera propuesto.[122]

Entre los consejeros hubo también algunas muestras de reformismo. El militar y ex ministro de la Gobernación Garicano Goñi, cuya posición ha quedado descrita en páginas anteriores, reconocía que «nuestra patria atraviesa por ese momento crítico y temido, la muerte de Franco, figura ingente e irrepetible que polarizó nuestra vida durante casi cuarenta años» para aceptar que «es prácticamente unánime la opinión de que debemos democratizar nuestra política, lo que no estoy tan seguro es que todos estemos de acuerdo en el significado de "democracia"».[123] Esta última declaración, en apariencia tan ingenua y candorosa, respondía a la realidad y probablemente valía no sólo para los talantes reformistas del régimen sino también para buena parte de la oposición.

La ponencia elevó un proyecto de informe acerca del proyecto de reforma. Apreció positivamente que los principios del Movimiento siguieran constituyendo el sustrato ideológico de ordenamiento político y, en general, la «conveniencia y oportunidad» del proyecto. Pero también hizo presentes una serie de inconvenientes fruto de las imperfecciones e incógnitas de la propia ley, como eran la ausencia de relaciones entre las dos cámaras, la responsabilidad del Gobierno ante ellas, los criterios ante la ley electoral, la configuración del Tribunal de Garantías Constitucionales, etc.[124] Estos inconvenientes objetivos y el hecho de que la composición de la ponencia se decantara hacia jóvenes consejeros (Ortí Bordás, Navarro, Benzo, Palomares) dieron un resultado a la vez inesperado en su magnitud y relativamente previsible por los antecedentes. Ya hemos visto que la reforma fue obra, en lo esencial, de Fraga, pero que la determinación precisa de los contenidos fue cambiando y lo hizo en una dirección más aperturista con el paso del tiempo. Ahora, la ponencia, aparte de rectificaciones de carácter técnico —aumento de número de diputados, relaciones entre las cámaras, condiciones para presentarse a senador...—, acentuó el contenido del proyecto en este sentido: los miembros de las Cortes ya no lo serían a título de representantes de la familia, pero, además y sobre todo, propusieron la desaparición de los senadores permanentes que afectaba, como es lógico, no sólo a personas concretas sino también a una selección realizada por el propio Franco.

Finalmente, por esta concordancia entre la confusa debilidad objetiva del proyecto y el modo en que lo abordó, la sección rechazó el texto redactado por la ponencia. La sesión se celebró el 11 de junio y la descripción de lo ocurrido según lo recogió la prensa no concuerda con absoluta fidelidad; hay que recurrir a quien la vivió para explicarla.[125] Aquella misma mañana, con una asistencia al principio reducida de consejeros, se dictaminó la Ley de Sucesión; entre los intervinientes uno fue Ruiz Jarabo, ex ministro de Arias, y se introdujo la novedad de que el rey debía jurar los Principios Fundamentales.

Por la tarde, el ambiente estaba dominado por el pesimismo entre los sectores más aperturistas, y lo que la prensa independiente calificaba de «sectores más recalcitrantes» estaban dispuestos a intervenir. Para los miembros de la sección, debió de ser una sorpresa enorme la desaparición de los cuarenta de Ayete. Incluso quienes luego con su intervención y su voto facilitaron la definitiva reforma política de fines de año, como Miguel Primo de Rivera y López Bravo, manifestaron una actitud de repudio: el primero, airado, dijo que había faltado gallardía para negarse a informar a «quien nos envía a la cámara de gas». Hubo actitudes mucho más airadas por parte de quienes resultaba previsible (Oriol, Pinilla, Rodríguez de Valcárcel, Utrera, Valdés Larrañaga, Martínez Esteruelas, Salas Pombo...). Éstos no sólo se mostraron indignados ante el haraquiri al que se les obligaba, sino también deploraron el sacrificio del Movimiento, sin el cual, además, se sugirió, resultaría imposible ganar cualquier elección. Sólo Garicano intervino en sentido netamente favorable, y además más aperturista todavía al proponer que el Congreso prevaleciera sobre el Senado. García Hernández apoyó el proyecto con mayor timidez; por la ponencia lo hizo también Benzo. Salas Pombo, colaborador de Arrese, se refirió con especial énfasis a los asistentes como «camaradas». A la hora de votar, tras una sesión de cinco horas muy mal llevada por el presidente, Fueyo, se produjo una sensación de perplejidad y confusión entre quienes componían la sección. Sólo dos consejeros se declararon a favor (y no eran miembros de la ponencia); Fueyo hizo el gesto de levantarse para hacerlo afirmativamente y lo abortó y la propia ponencia renunció a votar lo que ella misma había elaborado. Aquel mismo día la prensa publicaba unas declaraciones de Felipe González en las que afirmaba que el Gobierno carecía de condiciones para ponerse de acuerdo con la oposición. Así era.

Dadas las circunstancias, hubo de nombrarse una nueva ponencia, que esta vez presidió García Hernández, persona de la absoluta confianza de Arias, al que sin duda se nombró para conducir a buen puerto el proyecto. Por tanto, el 11 de junio, a pesar de la actitud del Consejo Nacional, el Gobierno no había renunciado a aprobar sus planes, pero sin duda había recibido una mala noticia. La nueva ponencia, de la que habían desaparecido los jóvenes reformistas, suprimió las innovaciones de la anterior: los diputados en Cortes volverían a ser «de la familia» y, al omitirse cualquier mención a ellos, perduraban, como en el proyecto original del Gobierno, los cuarenta senadores, prolongación de los consejeros nacionales vitalicios nombrados por Franco. El 31 de junio la sección sometió a estudio la nueva redacción. Las concesiones no habían conseguido multiplicar los apoyos entre los consejeros sino más bien lo contrario. En el texto aprobado por la sección se hacía una confusa mención a la estructura burocrática del Movimiento con el objetivo de adaptarla a la nueva situación. Fue introducida gracias a la intervención de Fernández Miranda, quien no dudó en afirmar que veía una «clara contradicción» entre el proyecto y los Principios Fundamentales; avisó, además, del peligro de entrar en una «epilepsia gubernamental» como la atribuida por él al siglo XIX. Este antiguo monárquico juanista, ahora radicalizado hacia la extrema derecha, coincidió con quienes, como Mónica Plaza, recordaban que el Movimiento había sido hasta el momento la «base sustantiva» de cualquier actuación política.[126] La situación política del Gobierno ante el Consejo Nacional no había mejorado —pese a que la sección votó a favor con el único voto en contra de Ortí Bordás—, sino empeorado. Pero el día siguiente a la una de la tarde el rey cesó a Arias.

Volvamos, no obstante, atrás para examinar lo sucedido en las Cortes. Allí, a título de legislación ordinaria, independiente del orden constitucional (como hubieran querido evitar, en sentido divergente, Lamo de Espinosa y Garrigues), se examinaron y votaron tres disposiciones con muy diversa suerte. Para ellas funcionó por vez primera la interpretación reglamentaria de la que había sido autor Fernández Miranda. A mediados de año surgió la Ley de Reunión; el proyecto, redactado por Fraga, se había aprobado en Consejo de Ministros a comienzos de febrero,[127] se hizo público a principios de marzo, y en mayo vio la luz el informe de la ponencia, en general restrictivo (con la excepción de considerar como reuniones privadas las de los profesionales con sus clientes). Le correspondió a Fraga la intervención por parte del Gobierno y constituyó una buena expresión de su opción aperturista. La contrapuso «al inmovilismo frustrador, basado en la desconfianza hacia nuestro pueblo y en egoísmos impresentables y a las posiciones utópicas, aventureras o resentidas». La Ley de Reunión era «la primera, si bien la más modesta, ... de una serie de reformas que, por una parte, confirman y refuerzan nuestro Estado y, por otra, lo ponen al día, ensanchan su base».[128] La ley fue aprobada con sólo 4 votos en contra y 25 abstenciones; el número de procuradores era de 530.

La nueva Ley de Asociaciones empezó a ser elaborada por Fraga. Se envió un proyecto de borrador a Presidencia el 25 de febrero. El texto, tras una reunión con los ministros de Justicia, Movimiento e Información, se terminó de redactar en marzo. En una reunión celebrada con la prensa el 23 de marzo, Fraga pretendió que la ley aspiraba a integrar a todas las fuerzas políticas. Sin duda se avanzaba considerablemente con respecto al Estatuto de 1974 en los requisitos para crear asociaciones, en la competencia registral sobre ellas y en los recursos judiciales. La competencia pasaría al Ministerio de la Gobernación y no al Consejo Nacional, como ya se había pensado en 1974, y los recursos a un Tribunal de Garantías, formado por miembros de la judicatura y representantes políticos. Garrigues y Ossorio se manifestaron, empero, a favor de que los recursos fueran únicamente resueltos por la Justicia ordinaria.[129] Ya hemos visto que el Consejo Nacional reclamó su intervención en la materia y Suárez la aceptó. En realidad, el juicio contrario de Lamo de Espinosa tenía su fundamento porque a través de la ley se introducían en la democracia orgánica unos principios que resultaban profundamente contradictorios con ella. La ponencia de las Cortes suprimió la referencia y remitió la cuestión de la posible ilicitud de una asociación al Código Penal, pues originariamente se trataba en el proyecto de ella. En la ponencia figuraban personas como Navarro, Sánchez De León, Cabanillas, Meilán... que luego colaboraron en la reforma política definitiva.

El proyecto de ley se discutió en las Cortes durante los días 8 y 9 de junio. Arias no quiso que Fraga gozara de excesivo protagonismo y por eso, después de intentar que interviniera Ossorio, aceptó que el orador fuera Suárez; parece que el ministro de la Presidencia consideró de modo muy correcto y realista que el auditorio exigía el discurso de una persona inequívocamente identificada con el Movimiento. Fue el ex ministro Cabanillas quien defendió el dictamen de la ponencia contra la que se habían manifestado diversos enmendantes, que juzgaban que se trataba de una vuelta a la democracia inorgánica con reaparición de unos partidos «retrógrados».[130]

De la sesión del 9 de junio se ha recordado, sobre todo, la intervención de Suárez. Hay que tener en cuenta, sin embargo, el criterio de quienes le precedieron en el uso de la palabra. Fernández Cuesta recordó que «hasta ahora por lo menos» se había vivido «en la democracia orgánica representativa», a la que otro interviniente, Gías Jové, se refirió como una «fabulosa etapa de la convivencia española». Fernández de la Vega fue el más áspero, pues llegó incluso a hacer una referencia personal a Fernández Miranda, y auguró el dominio de «unos pocos expertos y diplomados en el mangoneo de muchos». Lamo de Espinosa repitió sus argumentos de que la ley «se oponía al orden constitucional». Algunos de los intervinientes se mostraron bastante explícitos a favor de la ley: Sánchez de León afirmó que «los partidos políticos no son mala cosa» y Meilán aseguró que el texto no era inconstitucional. Ramiro Cercós aseguró que en el pasado se pidió a los grupos políticos que se sujetaran a unas leyes fundamentales que los habían hecho imposibles. Este representante de los colegios de ingenieros no tuvo empacho en declarar que pertenecía a una ideología no representada en las Cortes y propugnó que la disposición hiciera expresa mención a los «partidos».

El excelente discurso de Suárez no revistió un tono particularmente reformista, sino que puede ser descrito como un sencillo ejercicio de realismo. Contuvo, desde luego, un suficiente número de guiños a la continuidad: «A lo largo de ocho lustros —dijo— hemos trabajado unidos en la construcción, piedra a piedra, de un Estado ... Pienso que ... nuestro compromiso histórico es muy sencillo: terminar la obra. Para conseguirlo, no hay que derribar lo construido, no hay que levantar un edificio paralelo ... [Hay que] conservar el patrimonio heredado pero enriquecerlo». Ahora bien, añadió, «el pluralismo ... no es una invención de este momento histórico ni este momento tropezó como el que tropieza con algo artificial». Recordó que el 70 por 100 de los españoles no había vivido la guerra civil y que eran ellos quienes debían conservar la paz adquirida. Puesto que el pluralismo era una realidad, el Estatuto de 1974 «se quedó estrecho». «Si contemplamos la realidad nacional con un mínimo de sinceridad —añadió—, hemos de convenir que ... existen ya fuerzas organizadas. Nos empeñaríamos en una ceguera absurda si nos negásemos a verlo.» Sugirió que quien dirigía la vida nacional (el rey) «comprendía la necesidad de abrir la vida política a los grupos organizados» y que «las trescientas siglas» de supuestos partidos que pululaban por el escenario público nacional serían quienes padecerían las consecuencias temibles de la aplicación de la ley. Tras una nueva exhortación al realismo («vamos a elevar a la categoría política de normal lo que a nivel de calle es simplemente normal»), concluyó con una cita cuya autoría (Antonio Machado) tuvo la prudencia de no concretar.

Hasta Fraga alabó el discurso: en sus memorias afirma, y bien puede ser cierto, que «había entrado en el tema con reluctancia pero acabó aceptando nuestra tesis y lee un buen discurso».[131] La votación dio como resultado 92 votos en contra y 25 abstenciones; había sido una victoria del Gobierno, pero lejana a la unanimidad habitual de las Cortes franquistas. Fernández Miranda comentó a Garrigues y a Ossorio que «preveía núcleos tormentosos y fuertes chubascos en los pasillos y en el hemiciclo». Uno de los movimientos políticos que se produjo fue el de López Rodó, quien con sesenta procuradores propuso una ley electoral quitando así la iniciativa de proponerla al Gobierno. En sus conversaciones con el rey, afirmaba que el Gobierno no tenía el apoyo de las Cortes pero él mismo actuaba para que así fuera.

En la misma tarde del 9 de junio debía votarse la reforma del Código Penal en dos artículos, 172 y 173, que suponían la legalización de los partidos. Arias la había retrasado, según Ossorio, con el argumento de que Pita da Veiga y los restantes ministros militares estaban contra ella y había trascendido su resistencia. De hecho, no estuvieron presentes en la sesión.

La ponencia incorporó numerosas modificaciones, la más importante de las cuales fue que quedó suprimida la calificación de asociación ilícita para las que propusieran el totalitarismo; lo que con estas palabras estaba en juego era una posible pero todavía remota legalización del Partido Comunista.[132] Si ya con la Ley de Asociaciones se había dibujado cierta resistencia a la reforma, ahora arreció, ayudada por un asesinato cometido por ETA en esas mismas horas. Las posiciones inmovilistas —el procurador Díaz Llanos— insistieron en que se ilegalizara expresamente al Partido Comunista mientras declaraban, además, no votar en contra del Gobierno sino de la disposición. La ponencia pretendió retirar el párrafo, pero ello permitiría la aprobación de una disposición que de forma más clara abriría el paso a la legalización del comunismo; el inmovilismo multiplicó su indignación.

Se dio entonces la paradoja de que el Gobierno, todavía en una dictadura, pudo perder la votación en las Cortes, como días después le sucedió en el Consejo Nacional. Reunido el Consejo en el despacho del presidente de las Cortes, cuenta Fraga que «contra mi claro y expreso criterio Arias decidió contemporizar y se aplazó la votación»; hizo, pues, lo que luego repitió en el Consejo Nacional.[133] Asegura Fraga que con el ejercicio del voto el Ejecutivo habría ganado y que hasta el vicepresidente militar le apoyó. Sin embargo, lo primero es dudoso y lo segundo improbable; Arias probablemente juzgó mejor que el imperioso Fraga el ambiente de las Cortes. Finalmente, fue Ossorio quien aportó la solución temporal, parecida a la del Consejo Nacional: se aprobaron unas bases fundamentales que debían ser desarrolladas por la comisión correspondiente (la de Justicia, presidida por Licinio de la Fuente). Se incorporaba a ellas la ilicitud de aquellas asociaciones que, «sometidas a una disciplina internacional, se propongan implantar un régimen totalitario». Era una fórmula imaginativa que daba la sensación de ilegalidad del comunismo, pero que habría permitido la legalización de un partido fascista. De este modo se aprobaron las bases, con 64 votos en contra y 38 abstenciones, es decir, un número de votos contrarios inferior al de la Ley de Asociaciones. Pero las bases debían ser concretadas para pasar de forma definitiva por las horcas caudinas de las Cortes.

Garrigues, que presentó el proyecto de reforma del Código Penal (y ése fue uno de los errores del Gobierno), afirma que hubiera debido preceder a las leyes de Reunión y Asociación. «Cuando finalmente llegó el proyecto de reforma a las Cortes franquistas —añade—, éstas con la ceguera habitual de la derecha española opusieron una gran resistencia, con la conciencia de la importancia del asunto y la inconsciencia de su necesidad.»[134] Tal afirmación es cierta pero, sobre todo, recalca el peculiar orden (o más bien desorden) con que el Gobierno presentó su reforma. Lo lógico habría sido un referéndum previo con unas bases mínimas, una reforma constitucional previa o bien subsumir la cuestión de la ilicitud de los partidos en la del asociacionismo. Pero eso habría supuesto que se disponía del voto de los procuradores, algo que no era cierto, por más que Fraga en su voluntarismo llegara a pensarlo. Lo sucedido a estas alturas fue que, sin que se lograra un avance significativo en el cambio de las instituciones políticas, se había provocado la reacción de los sectores más involucionistas.

Así lo prueba la aparición de dos significativos panfletos que circularon en el seno de la clase política del régimen. Después de la sesión en que se aprobó la ley reguladora del derecho de asociación apareció un manifiesto titulado «Todo se explica menos lo que es inexplicable», donde se suscribía la posición de quienes habían votado negativamente, se embestía con toda rudeza contra la actitud del Gobierno y empezaba ya a aflorar una actitud equívoca con respecto a la monarquía.

De acuerdo con su redactor, quienes habían votado positivamente se habían identificado con una legalidad tan sólo aparente, «porque como inmediatamente [a las asociaciones] se las empieza a dar nombre de partidos, incluso por los miembros del Gobierno, si esta organización se nos quiere meter de contrabando dicha legalidad es totalmente falsa». Quienes había votado afirmativamente eran «cobardes borregos» o gozaban de «prebendas, enchufes y apetitosos cargos». Pero peor era el caso del Gobierno, «una pandilla de CAROTAS a quienes se conoce solamente por su deslealtad, su propia propaganda, su desacuerdo interno, sus manifestaciones arbitrarias, su despotismo, su enorme cobardía, que es la virtud excelsa de todo fanfarrón, por su ambición desmesurada y por su estupidez». Es difícil reunir tantos insultos en tan pocas líneas. El rey no era directamente atacado, pero el redactor del escrito le dejaba en una posición totalmente desairada. «¿Podrá seguir —se preguntaba— frente a su pueblo, consintiendo el perjurio de su propio gobierno? El rey, que es español y es hombre noble, habrá de hacer honor a su promesa y no podrá aceptar su maniobra, señores del Gobierno. En consecuencia, nos da la sensación de que lo que se busca es destronarle cuando menos lo espere.» El texto concluía con una advertencia: «Tened los ojos bien abiertos. Conocemos el paño de quienes nos gobiernan».[135] Decía firmarlo «un grupo numeroso de españoles ... que no se sorprenderían demasiado si, a juzgar cómo van las cosas, antes de celebrarse el referéndum estuviera Felipe González ocupando una de las carteras del Gobierno». Seis años después se cumplió esta profecía por decisión voluntaria de los españoles.

El nerviosismo de una parte de la clase política era manifiesto en junio de 1976 y dejaba al Gobierno Arias muy malparado. Pero, además, como ya sucediera en marzo, los panfletos ciclostilados proliferaban en los medios militares y cada vez dejaban más claro el antagonismo con el Ejecutivo, al mismo tiempo que insinuaban con mayor rotundidad la necesidad de que se impusiera un cambio de rumbo por impulso del mando militar.

En uno de esos panfletos se atacó duramente a Garrigues con motivo de una intervención en el Club Siglo XXI. «Nos estamos cargando al país —comenzaba—; mejor dicho, se lo están cargando ustedes, los de la reforma.» El grado de involución implícito en la actitud de estos panfletos llegaba incluso a una «refascistización», por más que se nutriera de citas de economistas como Velarde para justificar el repudio al Mercado Común, arguyendo que sería un peligro para la industria española, mientras que en materia agrícola ni siquiera le interesaba a España.[136] Pero lo que más nos interesa, de cara a la evolución política española inmediata, es la posibilidad de un intervencionismo militar. En una serie de «Cartas desde España» que suscribía «Garcilaso», se recordaba el papel del Ejército en el pasado nacional y se declaraba la evidencia de que sería necesario que de nuevo volviera a intervenir en poco tiempo. «No existe —afirmaba— grupo, asociación o partido político que no desee "contar" para sus luchas o peleas con el respaldo de las Fuerzas Armadas. Ese íntimo deseo se traduce en vacuas alabanzas, en ditirambos y gruesas zafiedades patrioteras encaminadas al proselitismo ideológico o al pacto con el "primer poder" de España.» Esta descripción tiene bastante que ver con la realidad y contribuye a explicar cómo actuó el Gobierno de la Transición. Lo más significativo es, no obstante, que «Garcilaso» recordaba la apelación de José Antonio Primo de Rivera a los militares y afirmaba que en las graves circunstancias de 1936 los oficiales fueron capaces de responder con su intervención a la gravedad de la situación existente. «Los hombres que vestían aquellos uniformes gloriosos no vacilaron y sus hijos heredaron el honor y el orgullo», afirmaba. Y a continuación, refiriéndose ya al momento presente, concluía: «No es ésa la situación que se ofrece a nuestros jefes y oficiales. Pero pronto lo será, si no cuidan de que el Estado creado por el Ejército victorioso de Franco sea destruido desde el propio Estado». El texto citado aparecía suscrito a mediados del mes de mayo de 1976, es decir, semanas antes de que tuvieran lugar los acontecimientos narrados en el Consejo Nacional y en las Cortes, que debieron agravar estas actitudes.[137]

Probablemente, fue en este momento cuando la atención del rey se fijó definitivamente en Suárez. Varias fuentes atestiguan que el interés de don Juan Carlos con respecto a Suárez derivó de su actuación durante los sucesos de Vitoria.[138] Se ha mitificado una improbable relación estrecha entre ambos, que probablemente sea exagerada. Pero sólo las circunstancias de mayo y junio de 1976 explican la definitiva elección real: casi nulo avance en la apertura, encrespamiento de la derecha ultra, gobierno desunido y, como veremos, distancia creciente entre el jefe del Estado y el presidente del Gobierno. El retrato-robot en que debió de pensar el rey sería el de una persona que por un lado perteneciera al Movimiento, pero por otro no fuera hombre con amplia biografía política pues, de ser así, tendría enemigos. Adolfo Suárez reunía estas condiciones; además, había actuado con serenidad cuando los sucesos de Vitoria, había vencido al marqués de Villaverde y tenido una intervención realista y convincente en las Cortes. Algún personaje político relevante, con contactos en La Zarzuela, como Fernández Sordo, anunció a uno de los colaboradores del secretario general del Movimiento que era serio candidato a la presidencia dos meses antes de que esta decisión se plasmara en la realidad.

Volvamos a mediados de junio porque, antes de tratar de las relaciones entre el rey y Arias, es necesario hacer referencia a dos hechos significativos que sucedieron en estos días. Desde luego, durante ellos Suárez ya se había planteado su posible candidatura. Hablando con Ossorio, le interrogó acerca de la posibilidad de que Arias quisiera abandonar la presidencia. La respuesta de Ossorio parece una descripción apropiada del estado de ánimo del presidente, pues respondió que no quería hacerlo, pero que «se sentía acosado y desconfiaba de todos; no sabía qué hacer». El 13 de junio Suárez visitó al rey y su secretario general técnico, Eduardo Navarro, quedó a la espera. Más que por la posibilidad de asumir la presidencia estaba preocupado por las dificultades de que cualquier reforma tropezara con los tortuosos obstáculos del Consejo Nacional: en concreto, le preocupaba que se mantuvieran los consejeros permanentes, de acuerdo con la fórmula original pensada por el Gobierno. Persona tan cercana al rey como Miguel Primo de Rivera lo había considerado incluso como una traición. Para Suárez, lo esencial era dar un primer paso reformista y, por ese motivo y su propia biografía, estaba no sólo a favor de mantenerlos sino que abroncó a los que los hicieron desaparecer, pues pensaba que habían provocado una dificultad adicional. Sólo se convenció de que podía prescindir de los cuarenta de Ayete tras haber hablado con el rey ese día.[139] Lo sucedido en esta ocasión indica la disponibilidad de Suárez frente a don Juan Carlos; ratifica, además, la centralidad política de éste.

En la segunda semana de junio se produjo otro hecho crucial. El día 10, Fraga hizo unas declaraciones al periodista norteamericano Sulzberger que se publicaron el día 19; su diario constata que cayeron «como una bomba». Lo esencial en ellas era que el vicepresidente del Gobierno afirmaba que en alguna ocasión sería posible la legalización del PCE. Cuando se conoció la entrevista, causó un tremendo revuelo entre los ministros militares; Pita da Veiga fue al parecer el más indignado. Suárez se solidarizó con ellos y recomendó a Ossorio que también lo hiciera; éste, al menos, habló con el ministro de Marina y probablemente insinuó su identificación con su forma de pensar. Fraga se queja de las muestras de protesta por parte de «los que luego iban a hacer [la legalización del PCE] con prisas y sin condiciones», pero no tiene en cuenta la peculiaridad de la situación: si había un momento en que una afirmación como la transcrita no debía hacerse era cuando el Gobierno apenas había reformado pero, además, estaba en peligro en el Consejo Nacional y las Cortes. Luego, ya muy avanzado en la práctica el programa de reforma y con la opinión pública a favor, la legalización se produjo por sorpresa. Además, la declaración de Fraga ni siquiera desdibujaba su imagen como el hombre que encarcelaba a la oposición y estaba detrás de una policía cuyos métodos seguían siendo idénticos a los del pasado. Volvía a equivocarse como ya hiciera unos días antes en las Cortes, y como a menudo le ha venido sucediendo en momentos de crisis políticas graves. Arias le «sugirió una rectificación» el 21 de junio. Pero la respuesta, según las memorias de Fraga, fue tajante: «Le señalo que es algo imposible y que no caben más pasos atrás en la tarea emprendida. No insiste, pero se le ve preocupado». Esta firmeza causó efecto en Arias sin que Fraga obtuviera ventaja.

Lo sucedido añadió un motivo más de desaliento, desorientación e irritación para el presidente del Gobierno, una vez más atenazado entre los más aperturistas de su Gobierno y repudiado por los ultras. A don Juan Carlos da la sensación de haberle preocupado la declaración de Fraga: «le han calentado también la cabeza al respecto», dice en sus memorias éste último,[140] aunque debió de pensar sencillamente en la inoportunidad del momento elegido. Para el presidente del Gobierno que, según rumores periodísticos posteriores, visitó en estos días la tumba de Franco en el Valle de los Caídos, fue un golpe muy duro. Don Juan Carlos, marcando una significativa diferencia, recibió el 30 de junio a Claudio Sánchez Albornoz, el historiador que había desempeñado la presidencia de la República en el exilio.

EL REY Y EL PRESIDENTE. HACIA EL CESE

En un libro como éste el rey no es el protagonista fundamental, pero sí resulta decisivo. Para comprender las razones, basta con remitirse al hecho de que según pasaban los meses, desde comienzos de 1976 su figura se iba agrandando mientras que la de Arias daba muestras de una creciente fragilidad. Cómo sucedió resulta fácil de explicar. Se suele recordar la afirmación de Areilza según la cual el rey habría sido «motor del cambio», pero esta identificación parece inexacta porque resulta más oportuna para el conjunto de la sociedad española. En cambio, en la misma intervención pública Areilza hizo una descripción que parece más adecuada. En efecto, dijo que el rey era «un exponente visible de popularidad espontánea», porque «el pueblo intuye y adivina que en él se polariza la inteligente voluntad de que España mire y marche hacia adelante». Esa frase resulta, a nuestro juicio, más precisa y acertada.

Hemos visto que todavía en vida de Franco el príncipe era recibido con gritos de «Franco, Franco, Franco». La popularidad, rápida y sólo en apariencia superficial, la obtuvo el rey a través de viajes oficiales realizados a lugares difíciles donde sus pronunciamientos no tenían especial brillantez ni originalidad, pero eran los apropiados para una sociedad que deseaba una libertad lograda merced a un tránsito pacífico. Utilizó siempre un tono conciliador que evitaba las referencias al pasado, mostró su interés por las preocupaciones diarias de los ciudadanos y presentó la institución que encarnaba como una esperanza para el porvenir. Viajó, por ejemplo, desde comienzos de 1976, a Cataluña, adonde el Gobierno no había querido que fuera, y allí habló en catalán. Era la primera ocasión en que un jefe de Estado español lo hacía y pronunció sus palabras, además, delante de algunas de las máximas autoridades catalanas y españolas. Las medidas políticas que se adoptaron en conexión con esta visita resultaron o bien obvias —autorización de los nombres vernáculos en el registro civil— o fueron ampliamente superadas por las circunstancias (constitución de una comisión para estudiar un régimen especial para Cataluña), pero fueron agradecidas.[141] Con posterioridad, visitó Asturias (donde descendió al pozo minero María Luisa) y Andalucía. Eran comunidades donde la implantación de la izquierda se demostró mayoritaria con el paso del tiempo.

A esa popularidad sumó don Juan Carlos la revelación, patente pero sin estridencias, de que su talante difería del del presidente del Gobierno. Ya en mayo había iniciado contactos públicos con la oposición democristiana, en realidad colaboradores desde hacía tiempo de su padre; Arias nunca lo hizo porque tampoco lo hubiera hecho Franco. Pero lo que consagró al rey fue, sin duda, su discurso ante el Congreso norteamericano en la primera semana de junio. El borrador lo hizo Areilza con la detallada mención de las reformas emprendidas que no llegarían a buen puerto; también añadió frases Fernández Miranda, pero el resto se hizo en La Zarzuela.[142] Da la sensación de que don Juan Carlos desde un principio atribuyó al discurso la importancia que realmente tenía. Antes de que hiciera su viaje a América, Robles Piquer, que había estado allí, ya avanzó que los dominicanos estaban dispuestos a recibir al rey con entusiasmo.[143] Unos días después, a finales de mayo, el propio rey le escribió al presidente del Gobierno: «Ahí te mando los discursos del viaje: van los de Santo Domingo y el de la OEA y el del Congreso me lo he quedado pues estoy ultimándolo».[144] ¿Quiere esto decir que no se lo envió previamente a Arias? Lo que resulta evidente es que era el discurso más importante y el que requería mayor cuidado; quizá sólo lo entregó en el último momento.

Las declaraciones del monarca no pasaron, sin embargo, de lo genérico, por más que fueran inequívocas: «La monarquía española se ha comprometido desde el primer día a ser una institución abierta en la que todos los españoles tengan su sitio ... La monarquía hará que, bajo los principios de la democracia, se mantengan en España la paz social y la estabilidad política, a la vez que se asegure el acceso ordenado al poder de las distintas alternativas de gobierno». Areilza describió en su diario lo sucedido como «un éxito total; la monarquía se ha aceptado ante el foro democrático más importante del mundo con este acto y con este discurso». Don Juan Carlos demostró, además, habilidad al enfrentarse a la prensa *off the record*. *Cambio 16* caricaturizó al rey como una especie de bailarín Fred Astaire ante los focos de Broadway y «dos ministros» —uno de ellos fue Suárez— se quejaron por considerarlo irrespetuoso.[145]

A medida que la figura del rey se iba agigantando, en parte por las circunstancias y en parte por su propia actuación, sus relaciones con el presidente del Gobierno fueron empeorando. Sabemos de sus anteriores enfrentamientos y que don Juan Carlos siempre contempló el nuevo Gobierno como una fórmula temporal. Por su parte, Arias carecía de Gobierno propio y tampoco tenía ideas claras acerca de la reforma que se debía emprender. Pronto sintió las dificultades de la presidencia, nacidas incluso de aquellos a quienes había nombrado. Ya en enero Arias llevó su dimisión al rey, cuando se enteró por la prensa de que Fernando de Santiago había tenido un contacto político con Girón. «Así no se puede gobernar, que talle otro», parece haber dicho.[146]

Sólo a finales de febrero el rey mostró su preocupación por la falta de iniciativa del Gobierno ante críticos, coincidentes pero distantes, como eran Areilza y López Rodó.[147] El segundo, reducido a la condición de proveedor de pantalones de esquiar para el monarca, veía cómo sus sugerencias para nombramientos fracasaban una tras otra. Don Juan Carlos, por su parte, ya dejaba caer que «es una pena que el Gobierno no me siga»; entre «los que me entienden bien», añadió, figuraban Adolfo Suárez y Alfonso Ossorio, en especial el primero; por lo demás, no ocultaba sus críticas a Arias como político y gestor. Su interlocutor criticó el artículo de Carro sobre el liderazgo de Arias y se hizo eco de que el ex ministro Allende afirmaba que Carrero, comparado con Arias, parecía Von Karajan en la dirección del Gobierno.

Don Juan Carlos, sin embargo, eludía comprometerse ante afirmaciones tan punzantes como éstas. Cuando Areilza insistió, le recomendó hablar con Fernández Miranda. Ambos coincidieron en «que no puede seguir así» y «que hay que cambiar la persona [del presidente], dejando intacto al Gobierno o al menos a su mayoría». Nótese que lo que estaba en juego, por el momento, era exclusivamente la personalidad de Arias al frente del Gobierno. A fines de marzo ya se había producido, por tanto, una crisis en las relaciones políticas del rey y de Arias. Ambos utilizaron como intermediario para contrastar sus posiciones a Fernández Miranda. «El rey —reprochó Arias— hace muy mal en recibir a los ministros. Todo lo que hay que decir y hacer está en mi discurso del 12 de febrero, no hay otra política ... Él lo que tiene que hacer es confiar más en mí y no recibir consejos de todos.» «Que no compliquen las cosas el rey y los suyos», se quejó.[148] Creía, por tanto, que el protagonismo le correspondía a él e insistía en que su mandato caducaba dentro de más de dos años. Don Juan Carlos sabía que se estaba jugando la corona y el porvenir colectivo y nunca pensó que Arias fuera el hombre adecuado para el momento.

A pesar de esta intermediación, a mediados de abril la tensión alcanzó un nivel difícil de soportar entre dos personajes cuyos programas y personalidades resultaban cada vez más contrapuestos. A mediados de mes, Areilza y Fernández Miranda hablaban de que «Arias no puede seguir» porque «llevaría rápidamente a la monarquía a un callejón sin salida, la de un gobierno militar con o sin Fraga». El rey ya daba a entender que «no hay solución con Arias al frente del gabinete; no sabe por dónde va y adónde va a parar».[149]

En este clima, en que debe recordarse que don Juan Carlos recibía a la oposición moderada y que ya existía un organismo unitario de la oposición, se entiende el contenido de la entrevista del rey hecha por la revista norteamericana *Newsweek*. No fue un acto impremeditado, sino que fue el propio don Juan Carlos quien convocó al periodista Arnaud de Borchgrave, que ya le había entrevistado en otras ocasiones en vida de Franco. Ésta, sin embargo, resultó demasiado explícita y expresiva del mensaje que quería enviar. Arias habría demostrado «más inmovilismo que movilidad» y resultado «un desastre sin paliativos». No ocultó el monarca que se sentía ofendido también en el terreno personal, pues «me he esforzado todos estos meses por establecer una relación de confianza, he usado toda mi cordialidad y tengo que decir que es contraproducente». Temía que Arias polarizara la vida política española, pero el autor del artículo sugería que «a menos que se decidiera a dimitir poco puede hacer Juan Carlos para sustituirle»; ésa era otra declaración inoportuna porque parecía dar la razón al presidente en su interpretación. El rey dejó caer, además, que «no se oponía a la legalización [del Partido Comunista] una vez que la nación haya construido una estructura democrática fuerte».[150] Martín Gamero, a la salida del Consejo de Ministros, desmintió «una pretendida entrevista» celebrada por un periodista norteamericano con una «alta personalidad española». Pero para todo el mundo aquello equivalió a una confirmación de la tensión existente. De cualquier modo, don Juan Carlos, cuyo intermediario había sido de nuevo Colón de Carvajal, no volvió a utilizar un medio de expresar su opinión como éste.

Cuando leyó el contenido del artículo se entiende la indignación de Arias. El 20 de abril Arias visitó a Fernández Miranda y le dijo lo que no quería afirmar ante el rey. El presidente de las Cortes apenas le pudo soportar. Las notas que tomó lo prueban: «Está sobresaliente, pagado de sí, hace de gran señor, aunque no pasa de cursi ... Habla y habla saltando de un tema a otro». «Está contra todos, desconfía de todos sin decirlo pero hablando mal de todos ... como si estuviera drogado. Salta de un tema a otro, sin ideas claras, parece que no sabe lo que quiere, sólo es tajante cuando dice que no.»[151] En realidad, lo que primordialmente hizo fue quejarse del rey. Probablemente fue en este momento cuando dijo: «Yo con un niño no sé hablar más de diez minutos, después no sé que decirle y me aburro; algo de eso me pasa con el rey». Es difícil saber qué pretendió en este momento (o si simplemente pretendió algo), pero, por el momento, sabemos que lo sucedido no le indujo a dimitir; la propia declaración del rey le proporcionaba un argumento. En cambio, pocos días después, una vez capeado el temporal, cuando el monarca se decidió, Arias ya no estaba en condiciones de ofrecer resistencia.

En los últimos días de ese mes de abril en que Arias debía anunciar el final de los trabajos de la Comisión Mixta y el contenido de la reforma, don Juan Carlos tuvo un motivo adicional de preocupación e irritación con su proceder cuando no le comunicó el contenido de su intervención televisiva del día 28. Algunos ministros —entre ellos, Suárez— le llamaron en relación con ello, pero eso multiplicó su disgusto. «Que hubieran presentado la dimisión y que no pretendan que yo les saque las castañas del fuego», le dijo a López Rodó. Ya entonces expresó su propósito de cambiar a Arias en cuanto se le presentara la ocasión oportuna. Pero el presidente del Gobierno, que sólo le dio cuenta de su discurso con una antelación de horas, «se huele —dijo el rey— que pueda cesarle y está hecho unas mieles», al mismo tiempo, daba la sensación de evitar cualquier posibilidad de crisis parcial que pudiera convertirse en general.[152] Parecía, por tanto, situado en una posición de resistencia.

El rey decidió por esos días su sustitución, aunque no sabía el modo y tenía la mala experiencia de lo que le había sucedido en noviembre pasado. Su consejero principal, Fernández Miranda, que en sus papeles privados calificaba la situación de «insostenible» y al Gobierno de «epiléptico», proporciona un expresivo testimonio de la tensión padecida por el rey: «No sé cómo tratar a Arias —le dijo—, he pretendido crear confianza y no lo he conseguido. No oye y en realidad no me deja hablar ... Creo que a veces llega a pensar que es más fuerte que yo y que en el fondo no me acepta como rey. No me informa, habla y habla y lo único que dice es que gracias a él las cosas se mantienen, que sin él todo sería un caos ... Estoy con una tensión terrible, dominado por una tensión creciente». «El otro día, grité a la reina delante de Mondéjar y es que estoy dominado por una irritación terrible. No duermo. Por las noches me paseo, parezco un fantasma. Subí, le pedí perdón a la Reina y se echó a llorar ... Esto no puede seguir así. Y creo que lo que más me irrita es que pienso que Arias me puede. Y esto, cojones, no es así, tú lo sabes.» Fernández Miranda, que era muy consciente de que en La Zarzuela, Armada seguía abogando por Arias, le dio los consejos obvios: don Juan Carlos debía pedirle a Arias «la dimisión de modo claro y directo, de modo preciso y dejarle sin salida», diciéndole que «tu labor ha llegado al fin de sus posibilidades». Así lo decidió el rey y no tuvo inconveniente en decírselo a Areilza durante esos últimos días de abril: «Espera y aguanta, que yo también lo hago».[153]

Durante varios días la situación no experimentó cambios apreciables. Arias se seguía quejando en privado del rey, del que decía «se ha olvidado de su miedo cuando la muerte del Caudillo» y «no agradece los enormes servicios que le presté y le estoy prestando». Desconfiaba profundamente de sus ministros, en especial de los más aperturistas, como Areilza, pero cuando éste intentó sincerarse no logró más que una conversación «correcta pero infructuosa». Apenas hablaba con el rey, para quien constituía «su tema favorito», según el ministro de Exteriores, precisamente por las ganas de destituirlo y no saber bien cómo hacerlo.

Lo que definitivamente permitió al monarca decidirse, ya a mediados de junio, fue tanto el conjunto de dificultades con las que por entonces se encontró la reforma política como la fuerza política que él mismo había reunido con ocasión de su viaje a Estados Unidos. Rondaba en su proximidad, como siempre, López Rodó, quien después de haber puesto dificultades envenenadas en las Cortes al Gobierno, ahora proponía «endulzarle el cese [a Arias] con una merced nobiliaria», como luego se hizo. Don Juan Carlos sabía que contaba con el respaldo del país y que estaba en un momento de alza. Se daba cuenta también de que «Fraga se está deshaciendo» y había recibido a Gil Robles, obvio opositor al franquismo y evidente político susceptible de ser integrado en un régimen liberal.[154]

Sobre Arias, en cambio, las circunstancias pesaron en sentido favorable a un abandono de un poder que consideraba legítimo, pero que no apetecía tan apasionadamente en este momento. Luego, en visión retrospectiva, recopilaría los recortes de prensa de este período en una carpetilla titulada «Se aproxima el final». Quien habló con él una semana antes del abandono de la presidencia lo encontró «sombrío, hundido, con talante cerrado y malhumorado». Estaba indignado con el «frenazo en las Cortes» y temeroso de un peligro que para él resultaba el peor de todos, el avance de los tecnócratas, a quienes había desplazado en 1973. Eso no se aprecia en la prensa, pero algunos observadores de la vida política lo contemplaron como posibilidad.[155]

Sus relaciones con el rey se habían hecho cada vez más distantes. Si hemos de hacer caso de su agenda, en la que anotaba sus compromisos más importantes, se entrevistó con él el 30 de mayo y el 7 de junio en La Zarzuela, pero no volvió a hacerlo hasta el primer día del mes de julio (casi un mes, por lo tanto, estuvieron sin hablarse). Lo que aconteció el 1 de julio se conoce de sobras: en la agenda del presidente figura con la hora (13.15), la localización («Palacio Real») y como «cese».[156] Ese día había recepción de cartas credenciales, lo cual proporcionaba un marco solemne al acontecimiento. El rey, antes de recibir a Arias, hizo un aparte con Areilza: «Esto —le dijo— no puede seguir, so pena de perderlo todo. El oficio de rey es a veces incómodo. Yo tenía que tomar una decisión, pero la he tomado. La pondré en ejecución de golpe sorprendiendo a todos. Ya estás advertido y te callas y esperas». Le había mantenido bien informado con antelación pero, en este momento decisivo no le dio noticia precisa de la fecha. Aún así, el hecho de ser él receptor de tal confidencia alimentó en Areilza una esperanza frustrada.[157]

No conocemos el contenido preciso de la conversación entre el rey y Arias. Ante el Consejo de Ministros, el presidente saliente explicaría que había encontrado al rey «agobiado, con aire embarazoso y con titubeo» al tratar de explicarle por qué le llamaba, pero él ofreció su dimisión «inmediatamente y sin dificultad alguna». Luego, en el único texto que escribió sobre su experiencia como gobernante, retrató el «gesto apesadumbrado» de don Juan Carlos al iniciar la conversación y su propia «honda alegría» al manifestar su aceptación ante la decisión del monarca. No parece, en absoluto, que pretendiera reaccionar (ni que siquiera pudiera hacerlo) apelando a posibles apoyos en el Consejo del Reino; no los tenía y, además, éste había sido convocado precisamente aquel mismo día, en teoría para una reunión ordinaria, pero en realidad para dar salida a la situación. Todo eso, sobre todo en persona de ánimo cambiante como era Arias, no quiere decir que en un momento posterior no quisiera rectificar el abandono de la vida política. Según López Rodó, habría dicho a don Juan Carlos que en aquella misma sala del palacio donde le recibía, Alfonso XIII había sustituido a Maura por un masón como Moret. La frase concuerda perfectamente con la mentalidad y la biografía de Arias. La fuente, además, parece segura.[158]

Ese mismo 1 de julio Arias convocó el Consejo de Ministros, al que dio cuenta de su abandono del poder. Varios asistentes sabían que eso iba a suceder, pero ignoraban la fecha concreta: habría sido demasiado sarcasmo porque ese mismo día hubo un almuerzo para celebrar que se cumplía la mitad del plazo para el que Arias había sido nombrado (por Franco, claro está). Fue imposible celebrar una comida posterior entre los miembros del gabinete. Fraga, que no estaba enterado de la crisis ni conocía su gestación ni tampoco su desenlace, afirma, con razón: «Muchas cosas habían terminado ya entre nosotros en las últimas semanas». La frase resultaba especialmente válida para él mismo y Arias respecto de los componentes del Consejo y de cara a sus miembros. La despedida de algunos de los ministros resultó especialmente envarada y artificial. Se dijo en la prensa que a Areilza le llegó a decir que de él no se despedía «porque no lo sentía».[159] Pero no se llegó a tanto.

La sorpresa fue generalizada. Una parte de la prensa —ABC— describió como «dimisión» lo sucedido, mientras que El País se hizo eco de la «gran expectación tras el cese». Merece la pena recordar la actitud de la prensa de extrema derecha. El Alcázar, cuyos recortes Arias conservó con frecuencia a partir de este momento, recordó, como era cierto, en su página de portada, que Fernando de Santiago, el vicepresidente de Defensa, era por el momento el presidente interino. El Alcázar coincidió con los temores que Arias albergó en los últimos momentos: «No es un asalto al poder de la tecnocracia», aseguró antes del primer discurso de Adolfo Suárez por televisión.[160]

Por supuesto, no lo era. Fue, en cambio, un relevo generacional para que políticos más jóvenes realizaran una reforma política que las tres figuras cardinales en el gabinete de Arias, ya durante la monarquía, no habían llevado a término, aunque no fuera por falta de ganas. Fue el mejor situado de acuerdo con las circunstancias, Adolfo Suárez, quien asumió la responsabilidad presidencial.

El mencionado terceto permaneció sumido en la perplejidad durante los primeros días de julio. Común a todos ellos fue también la indignación cuando conocieron el resultado. Fraga afirma haber pensado que «cualquiera que fuese el sucesor de Arias Navarro no iba a ser yo, pues de lo contrario yo estaría enterado de un modo u otro». Cuando supo el resultado de la crisis, escribió sendas cartas de dimisión a Suárez y al rey. El rey le llamó por teléfono, sin duda para pedirle que continuara, y su mujer, que oyó la conversación, le dijo que había estado «demasiado tajante» con él. «Han jubilado anticipadamente a nuestra generación», concluyó quien tantos años de vida pública habría de tener todavía. Areilza, según Fraga, «se negó a aceptar la situación» e «intentó lo imposible: que el rey volviera sobre su decisión, que le escribiéramos una carta colectiva y que se dificultara la creación del nuevo Gobierno». Pero, si su diario transcribe con fidelidad lo que pensó en este momento, habría juzgado que la «sorprendente» solución habría sido el resultado de «la situación económica» y «el freno del búnker a la reforma»; si lo segundo influyó, lo primero no jugó papel alguno. Según Garrigues, el más conformista porque era el menos político, la crisis originariamente se reducía a dos o tres puestos ministeriales y le sorprendió al propio Suárez. Si el terceto reformista no quiso seguir fue «porque nadie nos informó del sentido de la crisis»; «los hechos subsiguientes han demostrado nuestro error». Pero no conocían en absoluto lo que podía dar de sí Suárez; no sabían tampoco «el grado de determinación y de decisión operativa de don Juan Carlos» ni sus razones para confiar en el personaje. Sin duda, tiene razón Garrigues cuando afirma que «nuestra salida ... contribuyó a acelerar el proceso de reforma precisamente para paliar ante la opinión pública ese mismo falso prejuicio que nos había movido a nosotros».[161] Pero no es menos cierto que muchas cosas habrían sido distintas si los tres hubiesen permanecido en sus ministerios: desde luego, el partido creado desde el Gobierno en 1977 habría tenido otras características.

Pero eso ya no es materia de este libro. Lo importante —y el punto final de este capítulo— ha de ser recordar el momento al que se había llegado en julio de 1976. Era una situación sin salida aparente en la que, tal y como escribió uno de los ministros que ahora debían desempeñar un papel más activo, Alfonso Ossorio, abundaban «las cosas imposibles», es decir, la convivencia entre opuestos. Eran, por ejemplo, la relación entre el rey y Arias, entre el Gobierno y el Consejo Nacional, la actitud insolente y de momento sólo semileal de la jerarquía militar, el propio trato entre los ministros y el presidente y, en fin, el recuerdo de Franco y la necesidad de un cambio cuyos límites precisos se ignoraban. En tales circunstancias, sólo cortando el nudo gordiano, como hizo el rey, era posible iniciar la singladura que daba sentido a la monarquía. En ella, desde el primer momento fue obvio, como espontánea floración de las circunstancias, algo que por el momento en absoluto lo había sido desde el punto de vista de Arias. «Llegó a ser evidente —ha escrito otro de los grandes protagonistas del nuevo Gobierno, Rodolfo Martín Villa— que la reforma global que entonces se arbitró padecía graves defectos tanto en su contenido como en su forma y en su trámite, en el que era tan importante que participaran las instituciones como que lo refrendaran, paralelamente, las fuerzas a extramuros del mismo.»[162] En adelante, a diferencia de lo sucedido con Arias, se hablaría con la oposición.

Epílogo

La etapa Arias en la historia de España

CON MUCHA INTELIGENCIA BORGES escribió que la Historia procede, como ciertos directores cinematográficos, por imágenes discontinuas. Cabe añadir que, además, esas imágenes son sucesivas y que el historiador debe ofrecer la imagen final que compendie todas ellas. Pero en ocasiones lo que los contemporáneos retienen es tan sólo (o principalmente) la postrera imagen ofrecida.

Este caso sin duda fue el de Carlos Arias Navarro. Su imagen como personaje histórico siempre ha estado coloreada por su reaparición en el momento electoral de junio de 1977, las primeras elecciones democráticas. Su alineamiento con Alianza Popular como candidato al Senado por Madrid causó mucha sorpresa; la razón estriba en que había pasado menos de un año desde que abandonara el poder y parecía haber transcurrido un siglo. Dos de las revistas políticas más caracterizadas de la época, *Cambio 16* y *Cuadernos para el Diálogo*, titularon respectivamente, en ambos casos con la correspondiente fotografía, «Vuelve hasta Arias. El retorno de los brujos» y «Elecciones. Franco se presenta».[1]

Lo curioso del caso es que el ex presidente redactó un borrador de una respuesta a esta identificación personal con un contenido que no desmentía dicha atribución; no hemos podido comprobar que se publicara. Se quejó de que se hubiese desvanecido «el respeto que, al menos, exigía la figura del hombre que condujo el rumbo de nuestra patria durante cuarenta años». Las acusaciones de asimilación con la figura del general, «lejos de constituir una tacha suponen respecto a mí, el reconocimiento de una línea de conducta que no se ha quebrado, ni ha querido acampar en las guaridas del despacho, el arribismo o la traición». «En nada —añadía— rectifico ni me aparto de mi posición» de sus discursos al frente del último Gobierno de Franco y el primer Gobierno de la monarquía. Parecía haber olvidado sus roces con el dictador y era probablemente el único que seguía creyendo en el «espíritu del 12 de febrero». Ahora, su visión se inscribía en un pleno e indudable catastrofismo: «Lo que está en juego es la sociedad misma, amenazada en sus cimientos por el totalitarismo marxista.» La causa era «un entreguismo que no es ingenuo sino suicida» (UCD), sumado a «la campaña lanzada al unísono contra Alianza Popular desde los distintos ángulos de las formaciones marxistas». Ya que Carrillo había dicho que los miembros de su partido eran los mismos del pasado (cita muy dudosa) preguntaba, retóricamente, si «se ha enterado ya el presidente del Gobierno que son los mismos de hace cincuenta años los que celebran su último discurso». Recordando el testamento de Franco escribió: «Os transmití un mensaje inolvidable: manteneos alerta y unidos; yo he cumplido con mi deber. Ahora, tenéis vosotros la palabra».[2] No sabemos si un texto como éste fue utilizado en la campaña electoral; de haber sido así, resultaría muy inoportuno para el grueso del electorado, que quería volver los ojos al futuro y no al pasado.

Viera o no la luz el texto transcrito, Arias concedió una entrevista a *ABC* en parecidos términos; le preguntó el entonces muy joven periodista Pedro J. Ramírez.[3] Afirmó que «por amor a España y en servicio del rey» iba a estar, en efecto, en las listas electorales. Ofreció como receta infalible el anclaje en aquel momento televisivo que todos recordaban, aunque muchos con despego absoluto: «Cuantos se vean desorientados ante el confuso panorama que nos rodea y cuyo dramatismo no logran desvanecer las artificiosas habilidades dialécticas, quédense a solas con su conciencia, relean el mensaje con que Franco se despidió de todos los españoles y verán disipadas sus dudas, reafirmada su fe y comprobada la oportuna advertencia de mantenerse en permanente alerta para defender ese patrimonio entrañable que se llama España». Todo eso debía pensarlo con sinceridad de creyente. Daba la sensación de querer transmitir una imagen de hombre honesto, carente de habilidad política, «bienintencionado y de lealtad inalterable al Caudillo». Por ello habría afirmado ante el rey cuando Franco estaba enfermo: «Señor, no me pida lo que yo no podré hacer nunca; decirle al Caudillo que ha llegado el momento de que entregue sus poderes». Con ello dejaba mal a don Juan Carlos, porque daba la sensación de que el príncipe ansiaba el poder. Alabó a Fraga, «un verdadero huracán, su capacidad de acción es inverosímil» y no dudó en atacar a Suárez. Desgranó ante el periodista su visión apocalíptica: «Por encima de todo está el ridículo que estamos dando ante el mundo con doscientas siglas políticas. ¿Es que hay doscientas ideologías con las que se pueden resolver los problemas políticos del país? ¿Y es que el Gobierno no se ha dado cuenta de que es urgente, ya lo era en mi época, el arbitrar medidas de carácter económico? Vamos a la catástrofe, a la ruina completa». Esa visión trágica fue completada por dos alusiones personales necesariamente polémicas y contraproducentes para los propósitos de quien se presentaba a las elecciones: «Barrera [de Irimo] —dijo— estaba asustado y buena prueba de ello es que se desembarcó tirándose del tranvía en marcha con el pretexto de lo de Pío Cabanillas». «Quien vio todo más claro —añadió— fue Villar Mir, pero no tuvo la habilidad de saber presentárselo al país.» Había sido un cirujano que recomendaba cortar la pierna para evitar la gangrena, pero el enfermo había ido a otro médico; bien se podía pensar que éste tenía razones para hacerlo. En materia política golpeó, como siempre, a izquierda y derecha. Afirmó guardar las actas de la Comisión Mixta entre el Gobierno y el Consejo Nacional —que no se encuentran entre sus papeles y que, en realidad, ni se redactaron— y embistió contra Fernández Miranda que, apoyado por Ossorio y Suárez y «sacando siempre el príncipe a relucir», «llevó el toro al corral». En realidad, como sabemos, la reforma política de 1976 no era obra suya sino de Fraga y él apenas había aportado nada a la misma, pero ahora se quejó de que «al día siguiente de mi cese arrinconen ese proyecto y saquen otro totalmente distinto». Aquel proyecto, añadió, «aunque no se puede decir que fuera vertiginoso tampoco fue inmovilista», en lo que no dejaba de tener una parte de la razón. Aprovechó la ocasión para hacer un ataque personal de nuevo: «En las reuniones de la Comisión Mixta el único que estaba hecho un monolito y no se avenía a razones era Girón ... ¿Y qué dirá ahora? Pensar que pedía mi cabeza, que pedía casi que me la cortaran a nivel de la cintura por aquel discurso del 12 de febrero».

Ni Fernández Miranda ni Ossorio o Suárez respondieron a las invectivas; a los dos últimos les ayudaba a trasladar la condición de franquista a Alianza Popular. Sí lo hicieron, de forma inmediata, Girón y Barrera. El primero empezó por afirmar que él «nunca hubiese roto el secreto de aquellas reuniones que constituían materia reservada», pero, además, pretendió que «jamás me mostré monolítico en las reuniones de la Comisión Mixta como en ningún otro sitio». Aseguró, no obstante, que en aquellas reuniones «quien aportó los textos de Francisco Franco fui yo». Concluyó con la afirmación de que «era posible la más rigurosa democratización de España y la elección por sufragio inorgánico, secreto y directo de todos y cada uno de los cargos públicos» sin necesidad de destruir el sistema inorgánico que, según él, habría sido defendido por Unamuno, Madariaga, José Antonio y Franco. Por otro lado, en todas las declaraciones «traté de salvar a toda costa el prestigio y la figura del presidente del Gobierno».[4] Pero cuando pasó el tiempo, Girón no dudó en calificar a Arias de «traidor».

Por su parte, Barrera de Irimo aclaró, con lenguaje moderado pero rotundo, la fundamental discrepancia que había mantenido en el pasado con él.[5] Según su carta al director de *ABC*, «no pueden quedarle dudas de mi actitud ante las causas y las consecuencias del cese fulminante de un ministro muy significado y, menos aún, ante el procedimiento seguido para tal decisión, ni siquiera comunicada a los propios vicepresidentes». «Por si una nostalgia destemplada le ha llevado al olvido —añadía—, quiero recordar la carta manuscrita que le dirigí la mañana del 29 de octubre de 1974 tras una doble conversación telefónica.» No la transcribió, pero dejó claro que, para él, «la situación creada afectaba sustancialmente a la unidad del Gobierno, imprescindible para continuar los propósitos con los que se constituyó». Y concluía: «Nunca he exhibido estas discrepancias ni las he jugado como una baza política ... [pues] creo que en un momento tan trascendental como el presente cualquier incitación a contender, sin beneficio para nadie, sobre temas pasados, para lo que, como puede suponerse, no faltaría material muy sobrado, es un comportamiento políticamente irresponsable». Estas palabras dejan manifiesta la herida abierta entre los dos personajes políticos.

Arias no respondió ni a Girón ni tampoco a Barrera; probablemente estaba perplejo ante sus tomas de postura, a pesar de que con su entrevista bien se había hecho merecedor de ellas. No fueron las únicas invectivas que recibió: en la prensa de extrema derecha Antonio Izquierdo, quien le proporcionó el disgusto del «gironazo» y al que había cesado como director de *Arriba*, afirmó con ironía que el ex presidente bien merecía descanso. *Fuerza Nueva* lo incluyó en la lista de quienes habían sido «víctimas de su error». «Saldos Arias», tituló *Diario 16*, situado en el centro-izquierda, con un juego de palabras que había nacido en la extrema derecha.[6] Esta avalancha de críticas contrasta con las palabras, confiadas e ignorantes de la situación política real, con las que Arias había dado noticia de su presentación.

La campaña no pudo ir peor para él. Se la financió él mismo, gracias a la considerable fortuna que tenía por vía conyugal y profesional, pero, a diferencia de otras personas de la derecha como Fraga (o de Fernando Suárez, por ejemplo), carecía por completo de cualquier capacidad para la política democrática. Entre sus papeles hay una nota sencillamente asombrosa que revela que pensaba que «descender al detalle de un programa de partido (sobre Madrid) parece imposible, sobre todo cuando en el mensaje de Franco se especifican los principios fundamentales que él, a la hora de su muerte, sigue considerando inderogables y permanentes». Su propaganda no se refirió a lo que pensaba hacer, sino a lo que había hecho como alcalde: los pasos elevados, las zonas verdes, el teleférico, el parque de atracciones, el zoo, los polideportivos, los aparcamientos, Mercamadrid...[7] Incluso en esos aspectos materiales, la obra de Arias sería criticada.

Lo peor de la campaña fue, sin duda, lo que tuvo lugar en su tramo final. Al margen de que *El País* le reprochara servirse de la imagen del rey, la acusación concreta, relativa a su pasado, llegó de la revista *Interviú* y partió de unas declaraciones de Francisco Varea.[8] De acuerdo con lo afirmado por éste, que vivía en Málaga en 1936, tenía un hermano que también era funcionario de la Audiencia Provincial pero actuaba al mismo tiempo como abogado de la CNT. Arias Navarro, hasta entonces «apolítico», pertenecía a su círculo de amistades. Cuando llegó aquel dramático verano, en la retaguardia de la capital andaluza hubo muchas ejecuciones sumarias —fueron asesinados tres magistrados— y el futuro presidente se ocultó en casa del entrevistado hasta su detención y su encarcelamiento en un barco-prisión. Hasta aquí se confirma la durísima experiencia por la que pasó el futuro político, pero la acusación era que, habilitado como capitán jurídico, participó en el juicio de los Varea una vez que las tropas de Franco entraron en Málaga. Allí, la represión fue, desde luego, muy dura y sabemos que, en efecto, Arias pasó la guerra en diversos puntos en la condición mencionada. La aplicación que se hacía del Código de Justicia Militar en esa época es de sobras conocida. No hemos podido encontrar documento alguno acerca de este caso concreto ni tampoco Arias respondió a la denuncia.

También la revista *Possible* aludió a esta cuestión en dos números sucesivos durante la campaña electoral y le hizo objeto de violentos ataques que se referían al momento de su vida política del que sabemos estaba Arias más satisfecho, la alcaldía de Madrid. En el primero afirmaba que «uno de sus mayores éxitos como presidente del Gobierno fue la lectura dolorida, sollozante y al mismo tiempo enérgica del testamento de Francisco Franco», a quien habría prestado «servicios duros, trágicos y dramáticos», refiriéndose, sin duda, a su paso por la Dirección General de Seguridad. La revista le describía como el «alcalde-piqueta de Madrid», el «desbulevarizador», y definía la Ley de la Castellana como «la Ley Polo», como si hubiera servido para nutrir la fortuna de la familia de Franco. Con la presumible indignación correspondiente, Arias sólo subrayó estas líneas.[9] Lo peor para él fue, más que estos artículos extensos, uno, breve, escrito por Cuco Cerecedo en *Diario 16* en el que ponía su cara a un matador en el momento de empuñar el estoque y se le describía como «Carnicerito de Málaga». Era un texto incendiario, muy característico de aquellos momentos y profundamente injusto en la mención que hacía de Juan Antonio Ortega Díaz Ambrona y Gabriel Cisneros como «peones» del supuesto torero.[10] Pasado el tiempo, también Girón utilizó este apodo contra Arias. El artículo produjo el procesamiento de Miguel Ángel Aguilar, director de la publicación, que sólo fue sobreseído en agosto de 1979. Tras la derrota electoral, Arias Navarro desapareció de la escena pública. Una carta posterior a Fraga nos revela que, en realidad, la iniciativa de emprender acciones legales contra la «campaña difamatoria» de que había sido objeto fue del líder de Alianza Popular, quien nombró a Ramón Hermosilla como abogado. Arias se negó a considerar el asunto como propio y, por tanto, a pagar la minuta del abogado, con estas palabras: «No sé en qué estado estará este asunto —ni me importa— pues la iniciativa de tramitar la querella fue tuya, lo mismo que la designación del letrado».[11] Sin duda había decidido sumirse en el silencio y en el olvido.

No volvió a aparecer en la prensa, en unas breves líneas, hasta mucho tiempo después, durante la época socialista. La policía había descubierto en

abril de 1976, siendo presidente con la monarquía, cuando los militares ultras empezaban a impacientarse con él, un proyecto de atentado contra su
persona que debían cometer José Antonio Urruticoechea Bengoechea, alias
Josu, y Francisco Javier Aya Zulaica, alias *Trepa*, ambos miembros de ETA.
Llevó pues, en adelante, una protección policial importante desde que dejó la
presidencia.[12] Pero a comienzos de 1988 se le redujo el número de escoltas.
Fuera porque no se hiciera caso de sus quejas o porque ni siquiera quiso dirigirse al Gobierno socialista, escribió al marqués de Mondéjar, jefe de la
Casa Civil del rey. «Todos los gobiernos —informó— han tenido la amabilidad y la deferencia de mantener a mi disposición un servicio de protección es-
tática y dinámica», pero ahora se quejó de «indefensión». Aseguró que «existían informes con antecedentes policiales en los distintos servicios de
seguridad del Estado donde aparece mi nombre, domicilio y otros datos significativos entre los posibles objetivos de ETA», como está probado.[13] Todo
hace pensar que se prestó atención a sus deseos, y que lo hizo un Gobierno a
cuyo presidente hacía una decena de años él retuvo y luego entregó el pasaporte por presiones alemanas.

En el ínterin, Arias Navarro, en esos años finales de su vida evolucionó al
parecer hacia esa postura «ultra» que en su vida política fuera su adversaria.
Pero lo hizo sin ningún deseo de protagonismo, en silencio. Cuando hubo
una convocatoria para reunir a los antiguos miembros del Consejo de Ministros fue Fernando Suárez quien la hizo.[14] Ya hemos tomado nota de su reacción titubeante ante la petición de publicidad del diario *El Alcázar*. A pesar
de ella, no tuvo inconveniente, ante un requerimiento formulado por uno de
sus patrocinadores, en testificar ante notario que la Confederación de Ex
combatientes, conocedora de su difícil situación económica, se hizo cargo de
él en mayo de 1975 a cambio de recibir una subvención. *El Alcázar* se quejó
de no percibirla desde mediados de 1976, cuando fue nombrado Suárez.[15]
Coleccionó escritos de monárquicos que dejaban malparado al rey como
traidor a los principios del Movimiento,[16] leyó documentación judicial en
torno al intento de golpe de Estado de febrero de 1981[17] y dejó claro para
quien viera sus papeles dónde estaban sus afectos, pues guardó el reportaje
de *Hola* dedicado a la muerte de Carmen Polo. Incluso se reconcilió con
Utrera, aunque por iniciativa de éste, que le escribió que «si hubo alguna vez
alguna diferencia entre nosotros, no hubo nunca por mi parte quebranto de
la amistad y afecto». Respondió disipando «toda preocupación y duda por la
firmeza de nuestra amistad que, como tú, mantengo inalterable; si hubo alguna disparidad de criterio, quedó fundida en un inquebrantable amor a España y lealtad al Caudillo». Ambos coincidían, en 1979, en una visión catastrófica del presente: «Resulta difícil abrigar esperanzas de recuperación»,
escribió Arias, pero «confiemos en que la obra de Franco no puede resultar
estéril».[18] Sin embargo, las memorias de Utrera, publicadas en 1989, resultan

durísimas para su antiguo jefe de Gobierno. De las posteriores, publicadas en los años noventa (Fernández de la Mora, Fraga, Licinio de la Fuente, López Rodó, etc.), aunque con muy diversos matices puede decirse algo parecido; ya las más inmediatas (Garrigues y Areilza), de los años setenta, le dejaban malparado. Sin duda la unanimidad en el juicio negativo puede enturbiar más que aclarar la tarea de los historiadores futuros. De cualquier modo, Carlos Arias Navarro murió en noviembre de 1989 al mismo tiempo que en la Europa del Este se desmoronaba el comunismo al que tanto había odiado.

Un juicio sobre él como personaje político puede empezar con la comparación con su antecesor. Carrero y Arias Navarro coincidieron en el común y esencial franquismo que alimentó cualquier recoveco de su posición política. Era éste el producto, sobre todo, de su trágica experiencia biográfica en la guerra civil, que ambos padecieron en sus carnes y que alimentó su actitud represiva a ultranza contra cualquier cosa que ellos creyeran que hubiera podido suponer una vuelta a 1936. En Carrero, no obstante, había una raíz de integrismo católico clásico que también se percibe en Arias, pero que no fue en él heredada ni producto de una tradición familiar. Carrero no entendía en absoluto el concilio Vaticano II; Arias tampoco. Pero así como el primero, en el momento de mayor tensión con la Iglesia, pretendió al menos detenerse un momento y evitar el enfrentamiento, Arias fue siempre más propicio a él, quizá porque sus raíces no eran clericales. La relación con Franco fue distinta. La devoción de Carrero a Franco era la de un secretario de despacho ante un jefe al que, además, consideraba providencial; influyó, sin duda, en él siempre con infinita paciencia, procurando que adoptara decisiones institucionalizadoras y sucesorias. El vínculo entre ambos fue muy largo; Carrero siempre careció de la habilidad política de Franco en tono menor y nunca representó más que a una parte del régimen, no en su conjunto, aunque a partir de un determinado momento intentara incrementar sus apoyos. En el caso de Arias Navarro, aun siendo la devoción de parecida intensidad, la relación fue diferente porque no estuvo cimentada en un conocimiento amplio y previo de la presidencia. Pero, además, la percepción de la realidad era diferente y Arias siempre fue impaciente a la hora de discrepar. Para Franco, Carrero era imprescindible, mientras que con el paso del tiempo da la sensación de que Arias Navarro se le convirtió en un incordio. El propio Arias sumó a la inmensa devoción motivos de tensión crecientes: Franco no le dejaba cumplir su programa ni tener sus propios ministros y eso le condenaba a una situación angustiosa, dada su dependencia de él. Finalmente, Carrero era un hombre de una sola pieza y, por tanto, ciertamente no se le puede calificar de flexible. En último término, sin embargo, se le podía convencer de algo: incluso por un momento aceptó algún tipo de asociaciones, algo que iba contra la esencia de su pensamiento.[19] Arias era mucho más difícil de convencer, principalmente por una cuestión de carácter. Su autoritarismo y su propensión a las descargas de adrenalina daban la sensación de impedírselo: rectificó en el asunto de Añoveros, pero fue siempre el mismo en esta cuestión y en todas. De cualquier modo, a Carrero y a Arias les unió el hecho de que, bajo cualquier régimen, sus rasgos personales les impedían llegar a tener éxito. Para ser un buen presidente de Gobierno es preciso tener un equipo, un programa claro y una personalidad propicia. Carrero tuvo un equipo pero era el de una parte de la clase política y supo incrementarlo, pero sólo levemente; su programa —la simple perduración de las instituciones que había contribuido a crear— era obsoleto e incapaz de coordinar y de dirigir toda la maquinaria del Estado hacia un fin. Arias tuvo un equipo unido tan sólo unos días; su personalidad zigzagueante acabó a menudo dejando al pairo a sus colaboradores. Nunca tuvo un programa claro: en un principio pareció coincidir con los reformistas jóvenes, pero la identificación con ellos fue superficial y efímera; luego, durante los siete meses de su presidencia durante la monarquía, asumió el programa de Fraga. Pero nunca tuvo la personalidad suficiente para ser presidente: se embarullaba en las decisiones fundamentales, avanzaba e inmediatamente frenaba y daba marcha atrás y, al mismo tiempo, se enzarzaba en disputas inacabables con quienes había nombrado.

En la comparación, por lo tanto, aparecen sin duda rasgos que permiten una primera aproximación. Pero en el juicio escrito de los contemporáneos —como sabemos, abrumadoramente adverso también— hay datos, necesitados siempre de contraste, para un perfil que nos acerca al núcleo de una forma de ser y una política.

Muchos de los que estuvieron a su lado concluyen que era un «extraño personaje», una especie de «acomplejado psicológico». En las antípodas de los individuos de finura literaria y preocupaciones más intelectuales, dos de los juicios más adversos los ofrecen los antagónicos Areilza y Fernández de la Mora. «Su talla era cuestionable, su autoridad nula», escribió el primero. Y añade: «No conocía a fondo los problemas del país, su experiencia era esencialmente política y represiva. Su pasión, los servicios secretos. Su camarilla, de escaso relieve y de ninguna proyección. En materia internacional, su indiferencia y desconocimiento rayaban en lo extremo».[20] Fernández de la Mora cuenta que ya Carrero le había dicho que parecía «muy enérgico pero no era hombre de criterio».[21] Cuando le trató de forma más detenida, le pareció «una mente sin ideas y una personalidad influible y versátil»; su despacho carecía de cualquier «punto de refinamiento estético donde reposar la vista» y actuaba con «vaga ingenuidad e infundada altivez».[22] Utrera, en fin, le describe como «un temperamento pero no un carácter ... un hombre predispuesto a rápidas decisiones a menudo contradictorias y de imprevisibles reacciones», la relación con el cual producía la sensación de «una ducha escocesa de afecto y frialdad».[23] Todos ellos son juicios de adversarios ideológicos; aciertan en que carecía de programa, en la permanencia de la huella biográfica de su pasado policíaco y en el carácter ciclotímico; incluso en la insignificancia de algunos de quienes le rodeaban. Pero, por ejemplo, pueden inducir a la idea de que era una especie de zafio patán ignorante de todo, incapaz incluso de cualquier acción política. Ésa es una afirmación insostenible: era buen orador de gesto y palabra para lo que se estilaba en la época; aunque luego discutido, fue un gestor activo y su biblioteca revela una cultura extensa y no sólo jurídica.

Los juicios transcritos pueden parecer los más duros imaginables, pero los hay más rigurosos y resultan excepcionales por su procedencia. Fue el matrimonio real quien los hizo a pesar del título —marqués— que cuando abandonó el poder le fue concedido, aunque no lo utilizara. Sin duda el origen reside en la dureza del choque con su persona y del sentimiento de impotencia y humillación que sintieron más de una vez. Don Juan Carlos lo describió como «terco como una mula» y la reina como «un hombre duro y oscuro ... [que] no había entendido lo que era la democracia». Sucede que, sencillamente, Arias Navarro estaba a años luz de esa «magia de monarquía» de la que escribió Hilaire Belloc. No respetaba nada al príncipe y luego rey, que le parecía «un niñato»; ni por lo más remoto se le ocurrió nunca que fuera un hombre cuya vida, al margen de rasgos personales mejores o peores, estaba concentrada en cumplir el designio de la reconciliación de los españoles tras una guerra civil. Cuando en 1976 se produjo un fervor popular en torno a su figura, enlazado con la voluntad de convivencia colectiva, Arias comentó: «no me gusta la populachería».[24] Siempre se quejó de que su lealtad no era correspondida con la confianza,[25] pero lo cierto es que esa lealtad no existía más que en apariencia y de forma ocasional, porque siempre hubo un abismo insondable entre ellos, imposible de superar.

Acerquémonos ahora a juicios más benévolos de quienes estuvieron próximos durante su vida política. Tres antiguos ministros suyos le describen más como una personalidad desgarrada que como extraña. Ossorio recuerda el retrato enorme de Franco en un caballete que Arias tenía en el despacho mientras a su espalda tan sólo había una pequeña fotografía del rey; quedaba así reflejado el contraste del peso abrumador de su propio pasado frente a un presente que no comprendía. Vio en él «un hombre de conciencia humanamente atormentado», pero merecedor de respeto.[26] Para Garrigues, «quería reformar profundamente el régimen pero, como dicen los latinos, *salva rerum substantia,* salvando la sustancia de la cosa», y ese «querer una cosa y no querer sus consecuencias» produjo un paso vacilante y dubitativo.[27] «La cabeza del presidente Arias comprendía la necesidad de la reforma —añade Martín Villa—, pero probablemente a su corazón le costaba aceptarla.»[28] Todas estas opiniones resultan, al menos en parte, ciertas, pero nos queda una última que Pío Cabanillas dejó caer en una conversación política. Arias era, en realidad, «la esfinge sin secreto», una descripción que uno de los autores de este libro ha utilizado también para referirse a Franco. Resultaba, según su ex ministro, «un hombre de limitados alcances y de plazos breves. No tiene una idea clara de lo que quiere. Es prisionero de los Servicios de Información». Y en lo cotidiano de la vida del Gobierno, «aspira probablemente a humillar a sus colaboradores para recordarles que es él quien manda».[29]

A la altura de 1973, en 1976 y hasta el final de su vida, como durante toda ella, Carlos Arias Navarro fue un español no reconciliado e irreconciliable. Uno de sus vicepresidentes menciona el «drama de las lealtades de esa generación» como clave de su personalidad, y tiene indudable razón.[30] Nunca habría sido capaz de participar de buen grado en una operación del calado histórico y el sentido de la Transición, que suponía trascender el pasado de guerra civil. Es cierto que hubo personas de su edad y de parecida biografía, procedentes de ambos bandos, que fueron capaces de romper con el maleficio del pasado, pero eso les enaltece tanto como les convierte en excepcionales. La Transición fue posible, de todas las maneras, porque constituían una minoría incluso demográfica, como luego se demostró en las elecciones.

En el caso de Arias, la personalidad y la trayectoria política tampoco le ayudaba en nada. Muy autoritario, manejó la Dirección General de Seguridad con puño de hierro; cuando se indignaba, lo que no parece haber sido infrecuente, rojo y congestionado, no eludía la violencia verbal. Se había pasado años librando al régimen del peligro de sus adversarios; de modo que éste era, para él, lo medular y constitutivo de su concepto de la política. Sin duda, todo ello era conocido y apreciado por Franco y debió de ser el motivo de que le nombrara en un momento inesperado y necesitado de una decisión urgente.

Arias ni pertenecía a ninguna familia política del régimen, ni menos aún era falangista, y aunque tuviera lazos con El Pardo tampoco eran éstos tan decisivos. Puede ser descrito en su trayectoria biográfica como una especie de gestor técnico con éxitos aparentes (luego discutidos) en la alcaldía de Madrid. Se daba cuenta de que le había tocado jugar la carta del posfranquismo y de manera confusa aceptaba sin duda que hubiera cambios. Tanto el sentimiento como el deseo le llevaban a ellos, pero ambos a la vez le cerraban el camino. No tuvo verdadero programa político: el del 12 de febrero era relativamente intrascendente y el de 1976 lo elaboró Fraga. Por las peculiaridades de su carácter y por las circunstancias históricas de España, toda su trayectoria como presidente fue un constante responder a los acontecimientos del día a día. Puede parecer que lo hizo de forma contradictoria y por eso pudo resultar, entonces y ahora, incomprensible. Pero, como se indica en el texto transcrito de Cabanillas, no era «extraño», sino una personalidad extremadamente simple, más sencilla y clara de lo que se puede pensar. Era capaz de cesar a Utrera y al mismo tiempo de pedir las asociaciones, de odiar las posturas de Girón y de tenerlas acto seguido demasiado en cuenta. No tuvo el menor empacho a la hora de las ejecuciones de quienes él consideraba «subversivos», pero, en abstracto, era capaz de pensar que España podía ser un país como los del otro lado de los Pirineos y de creer que eso se podía lograr como por un acto de magia, gracias al cual seguirían mandando los que lo habían hecho hasta el momento. Vivió la doble angustia de que su adorado Franco no sólo le ayudó poco, sino que no llegaba a entenderle y parece evidente que, al final, se arrepintió de su nombramiento. Tampoco se entendió con el rey: ya sabemos que en un momento de sinceridad llegó a decirle que no podía hacer otra política que la que había hecho con Franco y que, además, ni siquiera su interlocutor podía pedírselo.[31] Debió de darse cuenta, a lo largo de los siete meses de actividad de la monarquía que le tocó vivir siendo presidente, que lo que tenía enfrente era excesivo para él. Abandonó sin dificultades y no erró al hacerlo.

Pero volvió luego y eso ofreció la última versión de su imagen a los españoles. En política, la versión suele prevalecer sobre la realidad, en especial la versión última.[32] Para la Historia es evidente, sin embargo, que Arias Navarro no formó parte de la extrema derecha del régimen: cuando se discutían en las Cortes las medidas legislativas de aplicación de la Ley Orgánica del Estado, Juan Ignacio Luca de Tena escribió que a la extrema derecha de la derecha española, que estaba a la derecha del mundo, siempre había alguien más y era español. Pues bien, Arias no puede ser situado donde aquél asegura en el panorama de la política española al final del franquismo. La prueba es que, al menos en un momento inicial y poco duradero, despertó el aprecio de quienes jugaron un papel en la Transición posterior. Esto vale, desde luego, para Gutiérrez Mellado, pero también, aunque durante muchísimo menos tiempo, incluso días, para otros, incluidos los jóvenes reformistas y la oposición moderada. Con esta afirmación no buscamos un lenitivo, sino restituir la verdad histórica. Es interesante, por otro lado, tomar nota de qué sucedió después de 1975 con los ex ministros de Arias. Algunos siguieron el rumbo hacia la derecha ultra, como fue su caso, aunque lo cierto es que de todo hubo. El elenco incluye a quienes se retiraron de la vida pública a la privada (Barrera de Irimo, Sánchez Ventura), pero también a los que se insertaron, antes o después, en la vida democrática dentro de las filas de Alianza Popular (Fernando Suárez, Antonio Carro, Licinio de la Fuente); sólo el último no votó la Constitución, por repudio a su Título VIII. Hubo también quien, habiendo pertenecido a los ministerios anteriores a la monarquía, militó en UCD, como Pío Cabanillas o Nemesio Fernández Cuesta, adversario de Arias en las elecciones senatoriales por la capital de España.

Nos queda tratar de tres personajes capitales en la Historia de España que han aparecido en este libro. Adolfo Suárez sería protagonista fundamental desde el 1 de julio de 1976. Hasta el momento había sido un personaje secundario y no tan definido. Habría de ejercer el liderazgo de los jóvenes reformistas durante los meses siguientes, pero no era un liderazgo ya adquirido ni mucho menos; algunos le consideraban por encima de la media, pero no era una opinión generalizada.[33] Existe una célebre interpretación, cuyo padre fue Juan Antonio Ortega, según la cual, como la Alicia de Lewis Carroll, Suárez se empequeñeció para pasar por el ojo de una aguja, equivalente a las dificultades de la Transición. Es cierto que a partir del verano de 1976 lo hizo en muchas ocasiones. Pero no hasta entonces: Suárez era en aquella fecha objetivamente pequeño y por eso su nombramiento causó absoluta sorpresa. Afirmar esto no va en desdoro de su valoración como estadista: el Suárez brillantísimo hasta la genialidad se hizo presente en el escenario público a partir de julio de 1976.

No hace falta repetir que el Franco que ha aparecido en estas páginas no permite una caracterización global del personaje. Casi ya no era él, a pesar del testimonio contradictorio de quienes fueran entonces ministros. Seguía guiándole lo que él consideraba un sentido del deber, sin duda meritorio por lo que tenía de penoso y, de cualquier modo, poco frecuente en un anciano octogenario. En algún suceso concreto, como el incidente Añoveros, mostró buen sentido y prudencia, aunque hay que recordar que no al principio sino al final; algo parecido cabe decir de una posible intervención norteamericana en Portugal. Pero en muchos otros asuntos —incluido el Sáhara— demostró una rigidez y una falta de sentido de la realidad verdaderamente increíbles. La vejez supone siempre carencia de curiosidad, incapacidad de imaginar otros mundos y otras cosas. En Franco, cuya concepción de la vida había cristalizado durante la guerra civil, se tradujo en una resistencia tenaz a todo cambio y en una incapacidad radical de ver otro mundo que el suyo. Éste era, además, extremadamente limitado, hasta la extravagancia incluso; la mediocridad sempiterna del personaje contribuía a ello y se aceleró con el paso del tiempo. Los contemporáneos que le trataron en estas fechas llegan a decir que había días en que no decía una sola palabra y, sin embargo, seguía concentrando en sí toda decisión importante y se esperaba con ansiedad que hiciera un gesto o dijera aunque fuera un murmullo para interpretarle. De esta manera, desde 1973 hasta 1975 se vivió en España una suma concentración de poder y, al mismo tiempo, la incapacidad de ejercerlo en unas condiciones mínimas. El resultado fue, como ha escrito uno de los políticos más brillantes de la Transición, Miguel Herrero, la «acracia» (no mandaba nadie), la «noluntad» (se sabía lo que no se quería, pero se ignoraba lo que se quería) y, en fin, «del ejercicio solitario del poder se pasó al poder mudo».[34] La esfinge sin secreto se había convertido en esfinge pétrea. Cuando actuaba, el arbitraje de Franco entre tendencias era ya una caricatura del pasado; no sólo porque no siempre le hacían caso, sino porque a menudo era titubeante y contradictorio. Eso explica que su forma de comportarse en la fase final de su régimen contribuyera, con su obcecación, a un cambio cuyo resultado fue una democracia plena. Pinochet intentó una transición ficticia y dominada por el Ejército y la consiguió. Franco dejó en reserva al estamento militar en un papel singular. Concibió, quizá, un futuro sin Movimiento pero ni remotamente una democracia. El «atado y bien atado» en la práctica acabó por referirse tan sólo a la persona designada como sucesor, a quien le atribuyó un papel esencial también al frente del Ejército. Esto evitó que su cúpula dirigente se moviera en los momentos más decisivos y peligrosos. Su cerrazón absoluta, objetivamente y contra su voluntad, facilitó el que cuando hubo una reforma tuviera que ser ya un cambio sustancial.

Don Juan Carlos ha sido protagonista también de estas páginas en las que tuvo lugar una transición decisiva en su trayectoria biográfica. Hasta el momento en que asumió por segunda vez la Jefatura de Estado interina, se puede decir que su vida fue una prolongación de su etapa pública pero desdibujada, en que sus perfiles políticos aparecían ocultos ante la mayoría de los españoles; incluso se podría hablar de una etapa subterránea en todos esos meses. Luego, estando todavía vivo Franco, en tres semanas las cosas cambiaron de modo decisivo. Es fácil descubrir cómo y por qué sucedió así. De todos los protagonistas históricos del momento, él era quien tenía una idea más clara de lo que tenía que hacer, lo cual no indica en sí mismo clarividencia sino cumplimiento de un papel que le había tocado por línea dinástica. Sabía que tenía que conseguir la reconciliación de los españoles en un sistema político plural, participaba de un sentido de misión personal, indudablemente marcado por el peso de su condición, en especial gracias a la figura de su padre, y sabía también que, al final, habiendo servido como escudo protector del cambio, debía quedar como personificación de una magistratura moral y de concordia. Claro está que los medios para alcanzar tal fin no estaban ni muchísimo menos claros. Pero sí el resultado final: «Es que aquí no saben lo que es un rey», dijo ante uno de los protagonistas políticos del momento.[35] Él, como era su obligación, lo sabía.

De todo ello se deduce que la Transición la hicieron todos los españoles pero, al mismo tiempo, resulta evidente el papel central del rey. La afirmación puede parecer aduladora, pero resulta una evidencia histórica; además, no implica que no se equivocara a veces. En la dimisión de Carlos Arias por sorpresa, en su primera posición sobre las relaciones con la Santa Sede, en el propósito, si realmente lo tuvo, de suceder en vida a Franco, en la promoción originaria de López de Letona como presidente o en sus últimas declaraciones a Arnaud de Borchgrave probablemente no acertó plenamente pero tampoco erró de modo grave. Supo, desde el momento en que asumió los poderes de Franco, sin llegar a actuar aún como un rey constitucional, evitar entrar en terrenos que no le correspondían y al mismo tiempo beneficiarse de lo que hacían otros pero se le podía achacar a él, como, por ejemplo la mejora de relaciones con Roma. Experimentó tanto el acoso del ninguneo por parte de algunos que le consideraran proclive a la conversación sobre minucias, o a apoyarse en individuos insignificantes, como la adulación de otros que le preguntaban con quién tenían que llevarse bien.[36] No cayó en ninguna de estas dos tentaciones y si, como veremos, la Transición fue un largo proceso de aprendizaje también es cierto que él lo recorrió en un plazo corto en su condición de jefe del Estado. «Este hombre ha envejecido en experiencia, en amargura y en escepticismo no sé cuántos años en unos días»,[37] escribió Areilza. Muy pronto «preguntaba mucho, escuchaba siempre, sugería de vez en cuando y no daba instrucciones nunca», afirma Calvo Sotelo.[38] Ambas afirmaciones son ciertas.

Hay que añadir algo más: fue el centro de decisión de una maraña de personajes, a los que instrumentalizó para sus fines, y todos los cuales no conocían nada más que la misión que les había sido encomendada ignorando el resto. El propio Fernández Miranda da la sensación de no haberse enterado de datos esenciales como, por ejemplo, del origen de la Operación Lolita o el objeto de la reunión de los ministros militares con don Juan Carlos de la que surgió el intento de dimisión de Arias. Fernández Sordo no debió saber nada de lo que hizo Colón de Carvajal, ni éste parece que jugara un papel en nada que tuviera que ver con el Consejo del Reino. López Rodó, protagonista esencial en su nombramiento como sucesor de Franco, simplemente no fue atendido en nada. Suárez no estaba predestinado a la presidencia y a la hora de la muerte de Franco incluso ignoraba el papel que había de corresponderle a Fernández Miranda en el futuro. El funcionamiento del tándem rey-Suárez durante 1976-1977 es una cuestión digna de abordarse en otro libro. Puede parecer, en todo caso, que su utilización instrumental de las personas encierra un reproche pero, en realidad, don Juan Carlos tenía que actuar así y hacerlo incluso por encima de cualquier vinculación sentimental o afectiva. Aunque ha sido habitual el reproche de la indiscreción, en lo esencial no cabe la menor duda de que supo callar.

Dejemos los protagonistas y tratemos de avanzar en el terreno de algunas conclusiones de carácter más general. Los que, parafraseando a Valle-Inclán, podrían denominarse como «amenes del franquismo» resultan propicios para la interpretación como esperpento. Pero los historiadores no pueden quedarse en este tipo de planteamiento, más propio de los escritores de ficción. Además, entre 1973 y 1975 no sólo hubo eso sino también un amanecer de la libertad, aunque fuera en un ambiente de tolerancia adquirida con muchas dificultades y sometida a bruscos retrocesos. De cualquier forma, no cabe la menor duda de que el comienzo de la Transición debe situarse en la primera fecha: nada se entiende si se parte tan sólo de la muerte de Franco. Todavía menos si se despacha lo sucedido con una simple enumeración de los cambios sociales previos o con unas generalidades acerca del agotamiento del sistema político. Resulta inevitable explicar el cómo y el porqué del proceso político de aquellos años y encontrar sus claves fundamentales. Eso hemos intentado en estas páginas.

La política de esos meses borrascosos se desarrolló en dos mundos diferentes, aunque en ocasiones se interconectaban gracias a amistades personales, identidades generacionales y la común pertenencia a un mundo profesional. En aquellos años, Aranguren se refirió a «una clandestinidad paradójicamente manifiesta», en gran parte «inoperante y fantasmal», pero también hubo una política oficial que hoy, de tan lejana, puede parecer indescifrable y que, no obstante, resulta cuando menos tan trascendental —probablemente mucho más— como la de la oposición, ceñida por el momento a sectores sociales limitados y condenada a movimientos mínimos. Al mismo tiempo puede decirse que hubo dos tipos de política: una pública, que apareció en la prensa, y otra más o menos subterránea. Esta última no sólo duró hasta la democracia sino que en buena medida perduró durante ella (y nunca desaparecerá). En este libro sobre Carlos Arias Navarro hemos insistido en abordar la política oficial e intentado llegar a su vertiente más subterránea. Es la más alejada de nuestra experiencia biográfica y probablemente aquella que será, por las razones indicadas, más difícil de entender en el futuro. Hemos tratado de acceder a ella privilegiando las fuentes escritas, en especial las recientemente accesibles. Dentro de ellas nos ha interesado más la información de archivo que la de prensa, porque es más transparente: a fin de cuentas, en la España de la época se podía sugerir más que decir con absoluta verdad lo que se pensaba. Con la nueva información escrita, lo mucho publicado e impreso y los testimonios orales hemos tratado de reconstruir, en torno a Arias Navarro, un proceso político.

Sabemos cómo concluyó dicho proceso: en una transición hacia la democracia, pero eso es sólo una parte de la explicación histórica. El comienzo fue lo que podríamos denominar como un fenómeno de «impregnación» que inició un cambio en la cultura política. Ése ha sido un término empleado para explicar la transformación de los comunistas en los países democráticos primero en eurocomunistas y luego en demócratas de izquierda. Algo parecido se puede decir que sucedió con un sector de la clase política franquista, sobre todo la más joven, durante la primera mitad de los años setenta. En un principio, cambiaron las palabras; sólo luego, con lentitud y parcialmente, las ideas. Se ha convertido en clásica la interpretación de Alexis de Tocqueville acerca de la crisis del Antiguo Régimen en Francia de acuerdo con la cual cuando un régimen entra en crisis es en realidad cuando pretende reformarse. Pero cabría decir que también le sucede cuando siquiera se plantea la posibilidad de reforma sin llevarla a cabo o cuando, simplemente, se utiliza la palabra «reforma» o «apertura» de manera generalizada aunque no se lleve a efecto.

Así se demuestra el valor de un componente no estrictamente racional en la vida política. Ha habido, no obstante, una tendencia a presentar la Transición española a la democracia en términos de racionalidad absoluta de los grupos y los personajes políticos; del juego de intereses entre ellos nacería la democracia. Pero esta convicción puede ser demasiado simple o banal. Es obvio que si unos querían reforma y otros ruptura la solución podía ser una reforma cuyo contenido fuera la ruptura o que si los altos militares repudiaban, a la vez, la democracia y el olvido de quien Franco había nombrado como sucesor se conformaran con él como jefe de un Estado basado en la continuidad sin traumas. Todo ello resulta demasiado obvio. La política, en realidad, puede asemejarse a una representación teatral en la que cada actor desempeña su papel dependiendo de la ubicación, la cercanía de los focos que iluminan el escenario, la ambición y la sucesión de acontecimientos. Claro está que existen los principios y los programas, pero también los sentimientos y el tiempo. Una interpretación absolutamente racional puede ser errónea porque los actores no tienen planes inamovibles, los cambian o no consiguen los objetivos que se proponen. Así se explica que, a la altura de 1976, la reforma parecía tardía, insuficiente, contradictoria y conflictiva pero se sentía más necesaria que nunca. La ruptura todavía era imposible pero se había hecho presente como posibilidad, no antes sino en aquel momento.

Los procesos históricos son, por tanto, dramas y como tales quienes los estudian ven en ellos ante todo irrepetibilidad, impredecibilidad e imprevisibilidad. Huizinga afirmaba que el sociólogo tiende a insertar los acontecimientos en el marco de una concepción propia de carácter general; el historiador rescata esos rasgos y, además, al escribir, tiene que transmitirlos al lector si quiere resguardar la veracidad histórica. Ésta implica documentación e interpretación; también inteligencia analítica pero, además, imaginación. En cada momento se debe intentar rescatar el mundo de posibilidades que existían de las cuales sólo una se convirtió en realidad. Precisamente la Historia de estos meses está llena de posibilidades contrafactuales, es decir, que en muchas ocasiones las cosas pudieron haber sido de otra manera. En términos generales, sin duda lo posible no hubiera sido una vuelta a los años cuarenta, pero incluso si se juzga que la democracia hubiera sido en todo caso el resultado final, resulta perfectamente imaginable que hubiera costado más muertos —que los casi quinientos que hubo— o que naciera una democracia incompleta, con áreas controladas por los militares, como en el Chile de Pinochet. El número de posibilidades contrafactuales concretas que presentan estos meses resulta casi infinito y se explica por su densidad histórica. Es posible y deseable imaginar qué hubiera sucedido si el rey hubiera asumido la plenitud de sus poderes con Franco vivo, si Díez Alegría hubiera sido como Spínola o si López de Letona hubiera sido presidente en vez de Suárez. Hay que tener muy en cuenta también los efectos no queridos de la acción de los protagonistas políticos. Franco estableció una dictadura militar en la que los generales que hicieron la guerra civil no se adecuaron nada a los cambios sociales y culturales. Se intentó una cierta profesionalización, que de cualquier modo se limitó a sectores reducidos, en medio de una gran ineficiencia. Así, el Ejército estuvo, a la muerte de Franco, dividido y carente de otro liderazgo que el sucesor de Franco. La llegada al poder de Carlos Arias Navarro supuso un bandazo contrario al grupo Carrero-López Rodó sin, por otro lado, satisfacer a los ultras, ni tampoco en el corto plazo a la joven generación de la clase dirigente. De nuevo, pues, nos encontramos con la división. Y a ella se deben sumar otros sentimientos menos identificables pero sin duda activos, como hemos visto: el desconcierto, el estupor o la sensación de incertidumbre. Arias tuvo un carácter titubeante en extremo pero, además, todo este período estuvo protagonizado por realidades como las descritas.

Como todos los procesos históricos, también la Transición puede ser narrada como una historia en la que se enfrentan el Bien o el Mal absolutos. Los juicios que concluyen que el balance es positivo tienden a considerar que triunfó el primero; los críticos opinan que el segundo. Pero la realidad histórica parece más compleja porque ni siquiera se puede pensar que en la Transición compitieron exclusivamente esas dos fuerzas. Es cierto que hubo españoles irreconciliables en todas las áreas políticas (y que fueron una minoría); también, que la mayor parte de la clase política optó por la reconciliación a partir de 1976. Pero hubo también una galaxia de actitudes grises o intermedias que normalmente acabaron por decantarse a favor de esta postura sin que lo hicieran obligadamente desde el principio. Martín Villa ha escrito recientemente que «fue la inexactitud o la imprecisión de la política la que se contrapuso a la exactitud o grave nitidez y relevancia de las fronteras entre unos españoles y otros».[39] El lenguaje quizá no parezca muy adecuado pero lo que se adivina tras él es exacto. No es sólo que existieran vínculos generacionales y profesionales entre personas como Enrique Múgica, Eduardo Navarro y Juan Antonio Ortega, sino que la Transición fue un proceso cambiante en que los actores desempeñaron un papel sucesivo y, por así decirlo, deslizante, influyéndose mutuamente.[40]

Otra posible comparación en relación al cambio político que se inició en 1973 y había concluido en 1982 es el de una carrera de galgos que persiguen a la supuesta liebre y que pierden la posición o se retiran agotados a media carrera. Muchos personajes políticos jugaron ese papel: incluso se podría aplicar la comparación a Suárez y a Gutiérrez Mellado, pero vale también para Arias Navarro. Parece imposible que una persona de su talante y ejecutoria pueda asimilarse a las otras dos, pero no depende de sus virtudes o defectos, sino de la funcionalidad de su papel en un momento determinado.

Si bien se mira, la Transición puede ser descrita como un gigantesco proceso de aprendizaje. Este término ha sido empleado por Paloma Aguilar[41] en referencia a que el recuerdo de la guerra civil vino a ser como una especie de espada de Damocles que actuó sobre los dirigentes evitando el enfrentamiento fratricida de 1936. Pero la palabra «aprendizaje» puede y debe utilizarse en un sentido más amplio. La democracia en España se alcanzó por el método de las aproximaciones sucesivas. Aprendió la clase dirigente y también la oposición; las élites aprendieron la moderación gracias a los sentimientos más profundos de la sociedad española, pero también la sociedad aprendió de las élites. Esta mutua influencia se produjo a lo largo de un tiempo que es esencial entender como un encadenamiento de situaciones sucesivas, que no sólo fueron dándose una tras otra sino siendo las primeras causa de las segundas. El tiempo siempre resulta esencial para explicar cualquier acontecimiento histórico. A la altura de 1973, 1975 o 1976 no tiene sentido hablar de consenso a pesar de que éste fue el principal rasgo de la Transición española. El consenso se fraguó, con muchas dificultades y siempre en peligro, a lo largo de 1976-1978, y siempre se mantuvo en equilibrio inestable, también desde esta fecha. La democracia no fue un suceso aunque se plasmara en un texto constitucional, sino el resultado de un proceso largo y complicado.

Sentadas estas bases, se comprende mejor el sentido de los años 1973-1975. Aunque en aquellos meses no lo pareciera en absoluto, fueron el inicio de una destrucción, la del régimen de Franco, no sólo por la movilización social y política de la oposición que provocaron sino, sobre todo, por el efecto que tuvieron sobre el propio sistema político vigente. En el año en que se publica este libro han transcurrido ya treinta desde el espíritu del 12 de febrero; nadie lo ha recordado ni por supuesto conmemorado, y es lógico que así haya sido. Pero si observamos el pasado con mirada fría, resulta que el discurso pronunciado por Arias en esa fecha tuvo éxito y despertó esperanzas pese a que le siguió la brutalidad represiva inmediata. Sin el 12 de febrero no cabe la menor duda de que todo hubiera sido más difícil[42] o distinto. Incluso puede decirse que algo parecido al 12 de febrero era imprescindible para que las cosas siguieran luego el rumbo que tomaron.

En definitiva, este período contribuyó de forma sustancial a permitir la ruptura pactada o la reforma sustancial, como quiera llamársela. Pero no porque la reforma tuviera ninguna virtualidad, sino porque fue un camino que no conducía a nada y, al mismo tiempo, destruía el sistema vigente hasta entonces.

Los defensores de la apertura en sus diversas modalidades eran veraces en sus deseos de cambiar y, al mismo tiempo, no se daban cuenta de que pretendían un imposible y, encima, por unos caminos errados. Fernández Miranda escribió en uno de sus papeles íntimos que Arias «soñaba con una democracia dulce y amaestrada sin saber lo que realmente quería, pues lo único que sabía es que quería otra cosa sin dejar de conservar lo que tenía», con lo cual se concluía en una «continuidad administrada por ellos».[43] La frase es cruel, pero resulta de aplicación a todos los reformistas, incluso en parte para quien la escribió.

La reforma fue a la vez un ejercicio de realismo ante la sociedad española y un diagnóstico que hoy nos parece inconcebible, una necesidad y algo por completo inviable. Los reformistas querían una genérica identificación con Europa pero cambiando lo menos posible un régimen inasimilable con ella. Les guiaba la buena voluntad pero también el convencimiento de que podían perdurar y perdurarían, que la oposición moderada era muy poco, que Cantarero del Castillo —el dirigente de Reforma Social Española, una asociación de la época— sería más que Felipe González y que el PCE podía dejarse al margen indefinidamente. Todo eso era un sueño, como también lo fue la posibilidad, alimentada por la oposición, de nombrar un Gobierno provisional que partiera de cero; lo imaginaron incluso partidos que no disponían de afiliados para cubrir los gobiernos civiles en la totalidad de las provincias.

Pero, además de que la pretensión de reforma en los términos en que fue expuesta en 1973-1975 era imposible, los procedimientos empleados resultaron por completo inapropiados. Lo fueron en 1973-1975 porque el asociacionismo llegaba tarde, incluso si hubiera triunfado en su versión más amplia y todo lo demás fue más o menos intrascendente. Lo que estuvo en cuestión siguió siendo no la democracia sino una posible institucionalización del pluralismo del régimen, el gran escollo de la apertura. Al intentar traducirlo a la realidad, se empezó a descubrir, al menos lo hicieron los más jóvenes y flexibles de los dirigentes del régimen, que no era posible sin entender la democracia en términos equivalentes a lo que significaba en Europa occidental. Ésa fue una parte del aprendizaje. En cuanto a la reforma programada por Fraga en 1976, no hay que regatearle el mérito de haber presentado todo un cuerpo legal y de haber sido, desde 1969, defensor de una postura, lo que le situó fuera de las posibilidades de acceder al poder hasta la muerte de Franco. Pero, al margen de que, como siempre, le perdiera el carácter, en parte precisamente su condición de profesor e intelectual tuvo como resultado que su proyecto, al insistir en una continuidad imposible, estuviera constituido por retazos desordenados e incompletos. La reforma de 1977 fue escueta, poco más que una convocatoria electoral. La de Fraga quería resguardar lo anterior, pero la continuidad que, en efecto, hubo en 1977 fue social y personal —también de él mismo como líder de la derecha española— y olvidó unas leyes que, por lo demás, nunca habían tenido, ni por lo más remoto, virtualidad ninguna. Lo más probable es que estas dos versiones de reformismo no hubieran conducido a ningún tipo de régimen mixto entre democracia y dictadura, sino a ninguna parte. Miguel Herrero describe muy bien la panoplia de efectos que tuvo la segunda, en términos que sirven a la primera: «la complicación, la ambigüedad y la inestabilidad».

Y, sin embargo, el período tuvo la virtud de mostrar la división encrespada de la clase dirigente del franquismo, su parálisis en un momento decisivo e incluso el hecho de que ella misma no creía en su sistema político. El propio Franco, al decirle a Garrigues que el Movimiento era «la claque», ya había sentado el precedente. Ahora, el cubileteo de alternativas que no llegaban nunca a la democracia, pero que utilizaban siempre el término y concluían en fórmulas barrocas prendidas de un hilo confuso, acabó por hacer patente a los reformistas que no sabían qué tipo de reforma querían ni tampoco qué conservar, aparte de un genérico deseo de paz. Durante meses borrascosos la tolerancia represiva pudo ser cruel pero también amplió sus márgenes. Despertó a una derecha ultra, hoy olvidada, entonces pésimamente liderada pero capaz de atemorizar a todos, que pensaba que el régimen se había perdido desde los años sesenta, aunque también permitió la inicial movilización de la sociedad sin la cual nada habría sido posible luego. Y mantuvo sobre el tapete político un lenguaje que se apoderó de los miembros del régimen, que colaboraron luego en la Transición. Fue posible entonces emplear como argumentos retóricos para que las Cortes franquistas aceptaran unas elecciones libres frases inesperadas en boca de quienes en absoluto habían deseado un futuro democrático.[44]

En realidad, tras la experiencia de unos meses agitados pero inevitables, se hizo patente que lo «único atado y bien atado» era el sucesor de Franco, que llevaba años esperando, y una sociedad que se había construido a sí misma en el esfuerzo de los años sesenta. El gran descubrimiento de la clase política —tanto de la oposición como del régimen— fue, entonces, que debía ceder campo al adversario para compartirlo con él.

Notas

Prólogo

1. Prego, V., *Así se hizo la Transición*, Plaza y Janés, Barcelona, 1995.
2. Oneto, J., *Arias entre dos crisis, 1973-1974*, Cambio 16, Madrid, 1975.
3. Uno de los más meritorios es el de Cotarelo, *Transición política y consolidación democrática. España (1975-1986)*, CIS Madrid, 1992.
4. Colomer, J., *La transición a la democracia: el modelo español*, Anagrama, Barcelona, 1998.
5. Aguero, F., *Militares, civiles y democracia: La España postfranquista*, Alianza Editorial, Madrid, 1995.

Capítulo 1

1. Mínguez, S., *La preparación de la Transición a la democracia en España*, Universidad de Zaragoza, 1990, para una información general del período.
2. Colomer, J., *La transición...*, 1998.
3. López Pintor, R., *La opinión pública española del franquismo a la democracia*, Centro de Investigaciones Sociológicas, Madrid, 1982, especialmente pp. 90 y ss.
4. Véanse principalmente Blázquez, F., *La traición de los clérigos en la España de Franco*, Trotta, Madrid, 1991; Cárcel Orti, V., *Pablo VI y España*, Biblioteca de Autores Cristianos, Madrid, 1997; Martín Descalzo, J. L., *Tarancón, el cardenal del cambio*, Planeta, Barcelona, 1982; Enrique y Tarancón, V., *Confesiones*, Ediciones SM, Madrid, 1996, y conversación 20-21 de mayo de 1994.
5. Véase principalmente «Situación de la Iglesia española tras la XVI Asamblea Plenaria de la Conferencia Episcopal», marzo de 1972, AO 024/102/017-22, pero informes diarios de lo que iba sucediendo en AO 027/102/015-4 y 016-5.
6. Suárez Fernández, *Franco y su época*, Actas S.L., San Sebastián de los Reyes, 1993, pp. 309-310.
7. Garrigues, 21 de marzo de 1972, AO 027/102/006-7; López Bravo, 6 de abril de 1972, AO 027/102/007-3.

8. Garrigues, A., *Diálogos conmigo mismo*, Planeta, Barcelona, 1978, p. 159.
9. López Rodó, L., *Testimonio de una política de Estado*, Planeta, Barcelona, 1987, pp. 30 y ss.
10. «Nota redactada después de un despacho con el señor Ministro (de Justicia)», 10 de abril de 1973, AO 027.
11. «Nota sobre la petición hecha al Consejo Nacional...», 27 de abril de 1973, AO 027/051/107-11.
12. ACB.
13. Herrero Tejedor al ministro de Justicia, 12 de enero de 1972, AO 027/105/012-21.
14. «Estudio especial sobre la juventud... Criterios para una política de juventud», Consejo Nacional del Movimiento, s. f., en AAN, leg. 61/4 y AO 027/851/061-29.
15. Maragall, J. M., *Dictadura y disentimiento político. Obreros y estudiantes bajo el franquismo*, Alfaguara, Madrid, 1978, especialmente pp. 44-76. Pero para la protesta obrera véanse las monografías provinciales y locales más recientes, como Balfour, para Barcelona, Doménech para Sabadell, Benito para Asturias, Babiano para Madrid, Ybarra para Vizcaya.
16. Los datos proceden de las obras de Águila, R. del, *El Tribunal de Orden Público*, Planeta, Barcelona, 2001 y Sartorius, N. y J. Alfaya, *La memoria insumisa sobre la dictadura de Franco*, Espasa Calpe, Madrid, 1999, pássim. Hay una ligera diferencia entre ellos, por lo que las cifras sobre todo miden la tendencia.
17. «Consideraciones sobre el problema de la ETA y del separatismo vascongado», en AO, 027/124/002-15.
18. PG, CM, SG caja 838, acta del 2 de marzo de 1973.
19. PG, CM, SG caja 838, acta 11/73.
20. Sobre el empresario, véase Molinero-Ysas, *Els industrials catalans... y Productores disciplinados y minorías subversivas: Clase obrera y conflictividad en la España franquista*, Siglo XXI, Madrid, 1998.
21. Doménech i Sampere, X., *Quan el carrer va deixar de ser seu. Moviment obrer, societat civil y canvi polític*, Publicacions de l'Abadia de Montserrat, 2002, p. 122.
22. Tusell, J., *El Colegio de Abogados de Madrid en la Transición a la democracia (1970-1990)*, Colegio de Abogados de Madrid, Madrid, 1993, pássim, pero especialmente pp. 27-70.
23. PG, CM, SG, caja 838, acta 11/73.
24. «Esquema sobre libertad y seguridad en la Comunidad Nacional...», AO, 027/104/014-16.
25. Martín Villa, R., *Al servicio del Estado*, Planeta, Barcelona, 1985, pp. 41-42.
26. López Rodó, *Memorias*, I, pp. 96 y 107.
27. Crespo, L. F., *Las reformas administrativas de la Administración Española (1957-1967)*, Centro de Estudios Políticos y Constitucionales, Madrid, pássim.
28. García Ruiz, C. R., *Franquismo y Transición en Málaga, 1962-1970*, Universidad de Málaga, Málaga, pp. 53 y 56-57.
29. Cruz Orozco, J. I., *El yunque azul. Frente de Juventudes y sistema educativo. Razones de un fracaso*, Alianza, Madrid, 2001.

30. Fraga Iribarne, M., *Memoria breve de una vida pública*, Barcelona, Planeta, pp. 264 y ss.

31. Fernández de la Mora, *Río arriba. Memorias*, Planeta, Barcelona, 1995, p. 211.

32. Preston, P., *Franco*, Mondadori, Barcelona, 1998, p. 814.

33. López Rodo, *Memorias*, III: *El princpio del fin*, Barcelona, Actualidad y Libros S.A., 1992, pp. 311-338.

34. Gil, V., *Cuarenta años junto a Franco*, Planeta, Barcelona, 1981, pássim.

35. Memorias inéditas e inacabadas de Francisco Fernández Ordóñez, que estamos utilizando para una biografía sobre este personaje, crucial en la Transición a la democracia.

36. Tusell, J., *Carrero. La eminencia gris del régimen de Franco*, Temas de Hoy, Madrid, 1993, pássim pero especialmente el capítulo final.

37. Silva Muñoz, *Memorias políticas*, Planeta, Barcelona, 1993, pp. 276, 281-283.

38. San Martín, J. I., *Servicio especial. A las órdenes de Carrero Blanco*, Planeta Barcelona, 1983; López Rodó, *Memorias*, III.

39. *ABC*, 20 de diciembre de 1983.

40. Fraga Iribarne, M., *Memoria breve...*, p. 277.

41. De la Fuente, L., *Valió la pena. Memorias*, EDAF, Madrid, 1998, p. 191.

42. Fraga Iribarne, M., *Memoria breve...*, pp. 296-297.

43. Fraga Iribarne, M., *Memoria breve...*, p. 194.

44. Silva Muñoz, *Memorias políticas*, pp. 256 y 260.

45. Romero, E., *Tragicomedia de España. Unas memorias sin contemplaciones*, Planeta, Barcelona, 1985, p. 174.

46. «Nota que expone el criterio del consejero nacional Diego Salas Pombo...», VI-1973, AO 027/051/003-14.

47. López Rodó, *Memorias*, III, pp. 195-196.

48. PG, CM, SG, caja 840, acta de 2 de noviembre de 1973.

49. «Documento de la Comisión Permanente como base de deliberación», 17 de diciembre de 1973, AO 027/089/033-21.

50. Lora Tamayo, M., *Lo que yo he conocido*, Cádiz, Federico Joly, 1993, pp. 402 y ss.

51. Garicano Goñi, 12 de noviembre de 1972, AAN, legajo 56/3.

52. López Rodó, L., *La larga marcha hacia la monarquía*, Noguer, Barcelona, 1977, pp. 440-442.

53. *Franco visto por sus ministros*, Ángel Bayod (coord.), Planeta, Barcelona, 1981, pp. 308-309.

54. ACB, sin clasificar.

55. «Nota secreta sobre los acuerdos hispano-norteamericanos», PG, SMS, leg. 63, n.º 27.

56. «Entrevista del presidente del Gobierno español, almirante don Luis Carrero Blanco con el secretario de Estado norteamericano doctor Kissinger», 19 de diciembre de 1973, en ACB, carpeta IV, n.º 11.

57. Becarud, J., «El encuentro de De Gaulle-Franco y la opinión francesa (junio 1970)», *Revista de Extremadura*, 9 de diciembre de 1995.

58. Urbano, P., *La reina*, Plaza y Janés, Barcelona, 1997.

59. Franco Salgado-Araujo, F., *Mis conversaciones privadas con Franco*, pp. 376, 479.

60. ANF (París), Archives Georges Pompidou, cartón 5AG2/1013, especialmente resumen de la conversación López Bravo-Pompidou, 11 de febrero de 1970; véase también cartón 5AG2/107, en especial el informe sobre la visita de Schumann a España.
61. Conversación de M. Gillet con el príncipe de España, 19 de octubre de 1972, ANF (París), Archives Georges Pompidou, cartón 5AG2/107.
62. ANF (París) Archives Georges Pompidou, cartón 5AG2/107 y 1013, especialmente la nota para el almuerzo del 22 de octubre de 1973 entre los príncipes y el jefe del Estado francés.
63. Tusell, J., *Juan Carlos I: la restauración de la monarquía*, Temas de Hoy, Madrid, pp. 672 y ss.
64. Powell, Charles T., *Juan Carlos, un rey para la democracia*, Planeta, Barcelona, p. 159.
65. La expresión es de Bardavío, que escribió libros muy bien informados y tempranos acerca de la historia.
66. Villalonga, J. L. de, *El rey*, Plaza y Janés, Barcelona, p. 48.
67. «Informe sobre el viaje a Arabia Saudita...», 27 de febrero de 1974, sin firmar pero con la corona real, AFF doc. 4077.
68. *Hoja del Lunes,* 31 de diciembre de 1973.
69. Sobre toda esta trayectoria vital, véanse AAN, leg. 2/3, y testimonio de Antonio del Valle.
70. Valle Menéndez, A. del, *Con alas en los pies*, Spainfo, 1996, pássim.
71. AAN, leg. 47/4.
72. AAN, leg. 47/5.
73. AAN, leg. 47/5.
74. AAN, leg. 51/1.
75. AAN, leg. 2/2.
76. AAN, leg. 37/28.
77. AAN, leg. 49/2.
78. Testimonio de Antonio del Valle.
79. AAN, legs. 47 y 48/2 y 3.
80. Aguinaga, 26 de agosto de 1969, AAN, leg. 37/23.
81. Gamazo, 29 de noviembre de 1969, AAN, leg. 37/26.
82. AAN, leg. 61/4; Carrero, *Discursos y escritos,* Centro de Estudios Políticos, Madrid, 1974, pp. 289-304; J. Tusell, *Carrero...,* Temas de Hoy, Madrid, 1998, pp. 396-397.
83. AAN, leg. 61/4.
84. AAN, leg. 2/1.
85. AAN, leg. 47/10.
86. AAN, sin fecha, leg. 37/27.
87. Informe de A. Valdés, AAN, leg. 56/10.
88. Barbería y otros, *Golpe mortal,* pássim.
89. Estévez Vaamonde, C. y F. Mármol, *Carrero, Las razones ocultas de un asesinato,* Temas de Hoy, Madrid, 1998.
90. Tusell, J., *Carrero...,* pp. 433 y ss.
91. AAN, leg. 38/8. El informe está fechado el 14 de noviembre de 1983.

CAPÍTULO 2

1. Testimonio de Joaquín Bardavío.
2. San Martín, J. I., *Servicio especial...,* especialmente p. 94.
3. Iniesta, C., *Memorias y recuerdos,* Planeta, Barcelona, 1984.
4. En este libro se ha procurado evitar el exceso de citas de la prensa. Para la narración de estas horas véanse, sobre todo, los libros de J. Bardavío, *La crisis. Historia de quince días,* Sedmay, Madrid, 1974, y J. Oneto, *Arias entre dos crisis,* Cambio 16, Madrid, 1975. Para Arias, véase su agenda de 1973 en AAN, leg. 2.
5. AAN, leg. 56/1.
6. Oneto, J., *Arias...,* p. 31.
7. Rodríguez Martínez, J., *Impresiones de un ministro de Carrero,* Planeta, Barcelona, 1974.
8. Heras, J. y J. Villarín, *El año Arias,* Sedamy, Madrid, 1975, pp. 52-53.
9. *Franco visto por sus ministros,* pp. 309-313; 351 y ss. para la interpretación de Carro.
10. Oneto, J., *Arias...,* 1975, p. 39.
11. Girón de Velasco, J. A., *Si la memoria no me falla,* Planeta, Barcelona, 1994; Utrera Molina, J. (*Sin cambiar de bandera,* Planeta, Barcelona, 1989) es uno de los políticos de la época que mayor información proporciona sobre esta crisis.
12. Gil, V., *Cuarenta años,* Planeta, Barcelona, 1981, pp. 55-61.
13. Testimonio de Linicio de la Fuente.
14. Fernández Miranda, Pilar y Alfonso, *Lo que el rey me ha pedido. Torcuato Fernández Miranda y la reforma política,* Plaza y Janés, Barcelona, 1995, p. 131.
15. Fernández Miranda, Pilar y Alfonso, *Lo que el rey...,* p. 117.
16. Oneto, J., *Arias...,* p. 37.
17. J. M. Oriol, 22 de diciembre de 1973, AFF documento 4.068.
18. Fraga Iribarne, M., *Memoria breve...,* Planeta, Barcelona, 1980.
19. Silva Muñoz, *Memorias políticas,* Planeta, Barcelona, 1993, p. 299.
20. Girón de Velasco, J. A., *Si la memoria no me falla,* Planeta, Barcelona, 1994.
21. *Franco visto por sus ministros,* Ángel Bayod (coord.), Planeta, Barcelona, 1988, pp. 360 y ss, 365 y ss y 378 y ss.
22. Testimonio de León Herrera.
23. Agenda de 1974, AAN, leg. 2.
24. De la Fuente, L., *Valió...,* EDAF, Madrid, 1998, pp. 210-211.
25. Primer despacho presidente. Vicepresidencias, PLF.
26. Utrera Molina, J., *Sin cambiar...,* pp. 84-85.
27. López Rodó, *Memorias,* IV: *Claves de la transición,* Plaza y Janés, Barcelona, 1993, p. 24.
28. López Rodó, *Memorias,* IV, y Navarro Rubio, *El caso Matesa...*
29. AAN, leg. 56.
30. Navarro Rubio, 12 de marzo de 1974, PG, SDP, leg. 8, n.º 153, 2.
31. Informe sin título, I-1974, APSR, leg. 45.
32. Oneto, J., *Arias...,* pp. 47-49, y A. Villalba, *La rentrée política del conde de*

Barcelona, Imprenta provincial, Ciudad de México, 1974, pp. 17-31, para toda esta polémica.

33. ANF (París), Archives Georges Pompidou, cartones 5AG2/107 y 1013, especialmente «Nota del secretario general de la Presidencia al presidente de la República», 1 de enero de 1974.
34. Testimonio de Gabriel Cisneros.
35. Testimonio de Gabriel Cisneros.
36. Powell, *El piloto del cambio. El Rey, la monarquía y la Transición a la democracia,* Planeta, Barcelona, 1991, pp. 89-90. Testimonio de Gabriel Cisneros.
37. Ricardo de la Cierva, 18 de febrero de 1974, PG, SDP, leg. 6.11.
38. Romero, 29 de mayo de 1974, PG, SDP, leg. 14 n.º 240.
39. Diversas informaciones de abril de 1974 en PG, SDP, leg. 14, n.º 246, con ocasión del posible nombramiento de Meliá como director de *El Alcázar.*
40. Escribano, F., *Cuenta atrás. La historia de Salvador Puig Antich,* Península, Barcelona, 2001.
41. Tomás Pelayo Ros, 1 de enero de 1974, PG, SDP, leg. 3.43.
42. Documentación sobre la relación con la Iglesia en AAN, leg. 59. Véase, por ejemplo, en leg. 59/4 el documento sobre actitudes cristianas ante la situación económica.
43. Tarancón, 31 de diciembre de 1973, AAN, leg. 59/6; Tarancón, *Confesiones,* PPC, Madrid, 1996, pp. 623-626.
44. *Ya,* 1 de febrero de 1974.
45. Arias Navarro, 1 de enero de 1974, AAN, legajo 59/6.
46. «Estrictamente confidencial y reservado», «El Episcopado y el régimen español» (1974), AAN, leg. 59/5.
47. Nota de la Dirección General de Política Exterior del Ministerio de Asuntos Exteriores, 12 de febrero de 1974, AAN, leg. 59/6.
48. Nota informativa, 6 de marzo de 1974, AMAE, leg. R 19452 expte. 1.
49. «Nota sobre el origen y desarrollo de las emisoras... dependiente de la Comisión Episcopal...», AMAE, leg. R19452, expte. 1.
50. Tarancón, 11 de febrero de 1974, AAN, leg. 59/6.
51. Arias, 18 de febrero de 1974, AAN, leg. 59/6.
52. Tarancón, 1 de febrero de 1974, AAN, leg. 59/6.
53. Arias, 1 de febrero de 1974, AAN, leg. 59/6.
54. Véase principalmente AAN, leg. 59/4.
55. Tarancón, *Memorias,* pp. 627-634.
56. La homilía completa en PLF y transcripción parcial en las *Memorias* de Tarancón.
57. Sobre el incidente Añoveros, véase principalmente el informe «Nota de la entrevista con el cardenal Tarancón», 26 de marzo de 1974, AAN, leg. 59/5, en el que se relatan las diversas incidencias desde el punto de vista de Arias.
58. Testimonio de León Herrera.
59. Testimonio de Juan Antonio Ortega.
60. López Rodó, *Memorias,* IV, p. 49.
61. Testimonio de José María Martín Patino.
62. Tarancón, 8 de marzo de 1974, PLF.

63. Valderrama, 1 de marzo de 1974, PLF. El texto aparecía fechado el día anterior.
64. Testimonio de León Herrera.
65. Nota sin fecha pero marzo de 1974, AMAE, leg. R19628, expediente n.º 3.
66. Comisión Permanente de la Conferencia Episcopal, 11 de marzo de 1974, AAN, leg. 59/6.
67. Arias, 13 de marzo de 1974, AAN, leg. 59/6.
68. Tarancón, 18 de marzo de 1974, AAN, leg. 59/6.
69. Arias, 1 de marzo de 1974, AAN, leg. 59/6.
70. Tarancón, 8 de abril de 1974, AAN, leg. 59/6.
71. Tarancón, 17 de abril de 1974, AAN, leg. 59/6.
72. «Nota de la entrevista con el cardenal Tarancón», 26 de marzo de 1974, AAN, leg. 56/6.
73. López Rodó, Memorias, IV, 37; Fraga Iribarne, M., Memoria breve..., Planeta, Barcelona, 1980, pp. 299 y ss.
74. «Algo sobre la subversión político-religiosa en España», abril de 1974, AFF, documento 9.680.
75. Tarancón, Memorias, pp. 693 y ss; Santa Olalla, «El ministro Pedro Cortina y la actuación del Concordato de 1953», en Estudios Eclésiasticos, vol. 77, n.º 301, son los textos más amplios acerca de la negociación del concordato.
76. Heras, J y J. Villarín, El año Arias, p. 220.
77. «Nota para el Ministro sobre los haberes del clero», PG, SDP, leg. 9, n.º 172.
78. Heras J., y J. Villarín, El año Arias, pp. 477-478.
79. Fernández Valderrama, 1 de mayo de 1974, AMAE, leg. R19731 expte. 3.
80. Para estos primeros contactos, AMAE, legajo R 19731, pássim.
81. «Visita de Casaroli a Madrid», 1 de junio de 1974, AAN, legajo 59/2.
82. Texto del borrador de reforma del concordato, 17 de julio de 1974, AMAE, leg. R19454 expte. 3.
83. Fernández Valderrama, 5 de octubre de 1974, AMAE, leg. R19454 expte. 3.
84. Fernández Valderrama, 18 de octubre de 1974, AMAE, leg. R19452 expte. 3.
85. Tarancón, Memorias, pp. 726-735.
86. «Nota confidencial», 29 de octubre de 1974, AMAE, expte. 1.
87. Casaroli, 5 de noviembre de 1974, AMAE, leg. R19454 expte. 3.
88. Fernández Valderrama, 6 de noviembre de 1974, AMAE, leg. 19.452 expte. 1.
89. «Informe sobre la agitación en el ámbito de la Enseñanza», primer trimestre, curso 1974-1975, PG, SDP, leg. 430, n.º 209.
90. Franco, Manuscritos, 258.
91. Arriba, 22 de abril de 1974.
92. Carta al general Spínola, 25 de julio de 1974, AFF, documento 2.124.
93. AAN, leg. 56/3.
94. Sánchez Cervelló, J., La revolución portuguesa y su influencia en la Transición española (1961-1976), Neres, Madrid, 1995, pássim.
95. AAN, leg. 58/6.
96. López Rodó, Memorias, IV, p. 88.
97. Utrera Molina, J., Sin cambiar..., pp. 87-103.
98. Heras, J. y J. Villarín, El año Arias, p. 231.
99. PG, ASM, ST, Aga, leg. 209 n.º 131.

100. Heras, J. y J. Villarín, *El año Arias,* pp. 238-240; *Arriba,* 25 de abril de 1974.
101. Testimonio de Gabriel Cisneros; Utrera Molina, J., *Sin cambiar...,* pp. 118-119, 122.
102. Fraga Iribarne, M., *Memoria...,* p. 325.
103. Heras, J. y J. Villarín, *El año Arias,* pp. 313-315.
104. *Pueblo,* 20 de junio de 1974.
105. Acta de la Comisión Permanente del Consejo Nacional en AO 027/027/003-12.
106. Oriol, 28 de junio de 1974, AO 027/051/035-3.
107. Utreta Molina, J., *Sin cambiar...,* p. 130.
108. *Informaciones,* 28 de mayo de 1974.
109. «Palabras de S. A. R. el conde de Barcelona», en AS.
110. Testimonio de Antonio Carro.
111. Oneto, J., *Arias,* p. 103.
112. Utrera, *Sin cambiar...,* pp. 132-134.
113. «Informe sobre los problemas más sobresalientes con que, desde la óptica del Ministerio del Ejército, se enfrenta y ha de enfrentarse a medio plazo la economía y la sociedad española», Madrid, abril de 1974, PFS.
114. Boletín Oficial de las Cortes Españolas, 23 de abril de 1974, n.º 1.340.
115. Díez Alegría, M., «Primicias de una confesión», en *Anales de la Real Academia de Ciencias Morales y Políticas,* n.º 61, 1984, *pássim.*
116. Carrillo, S., *Memorias,* Planeta, Barcelona, 1993, pp. 577, 585.
117. Provenía de la Jefatura de Información de la Dirección General de Seguridad y estaba datado el 12 de agosto de 1974, PLF.
118. R. Gillet, 1 de enero de 1974, PG, SDP, leg. 1.24, y minuta de respuesta en ibídem.
119. Nota sin nombre ni fecha en PG, SDP, leg. 7, n.º 135.
120. Nota para el Excmo. Sr. Presidente, 16 de julio de 1974, PG, SDP, leg. 18, n.º 305.
121. Nota sin fecha en PG, SDP, leg. 13, n.º 216.2.
122. Arias, 6 de octubre de 1974, AAN, leg. 37/32.
123. López Rodó, *Memorias,* IV, pp. 28-29, 42-43, 57.
124. «Despacho con Su Excelencia», 17 de enero de octubre y 25 de noviembre de 1974, PLF. Testimonio de Licinio de la Fuente.
125. «Momento difícil e importante del sindicalismo español», s. f. pero octubre de 1974, AFF, documento 4.024.
126. «Nota informativa», 10 de octubre de 1974, AFF, documento 2.016.
127. «Encuentro con la oposición democrática de la Presidencia del Gobierno», 7 de octubre de 1974, AFF, documento 2.017.
128. Bardavío, J., *Las claves del rey. El laberinto de la Transición,* Espasa Calpe, Madrid, 1995, p. 57.
129. López Rodó, *Memorias,* IV, p. 54, 69-71.
130. Heras, J. y J. Villarín, *El año Arias,* p. 459.
131. Gil, V., *Cuarenta años.*
132. Joaquín Bardavío en *Historia de la Transición,* pp. 58-59.
133. Sáinz Rodríguez, 20 de julio de 1974, APSR C.

134. «Nota para el presidente de Gobierno», 14 de agosto de 1974, PG, SDP, leg. 19, n.º 331.
135. Testimonio de Eduardo Navarro; López Rodó, *Memorias*, IV, p. 55.
136. Utrera Molina, J., , *Sin cambiar...*, pp. 155-161.
137. Testimonio de Antonio Carro.
138. Villalonga, J. L. de, *El rey*, Plaza y Janés, Barcelona, 1993, pp. 215-216; Herrero, L., *El ocaso de un régimen. Del asesinato de Carrero a la muerte de Franco*, Temas de Hoy, Madrid, 1995, p. 140.
139. López Rodó, *Memorias*, IV, pp. 73-74.
140. Testimonio de Juan Antonio Ortega.
141. *ABC*, 12 de septiembre de 1974.
142. Heras, J. y J.Villarín, *El año Arias*, p. 607; *Ya*, 12 de septiembre de 1974; *Informaciones*, 11 de septiembre de 1974.
143. Véase principalmente AAN, legajos 121 y 119/4.
144. Utrera Molina, J., *Sin cambiar...*, p. 170.
145. Heras, J. y J. Villarín, *El año Arias*, pp. 615-617; *Fuerza Nueva*, 29 de septiembre de 1974.
146. *Fuerza Nueva*, 1 de septiembre de 1974.
147. *Ya*, 28 de septiembre de 1974; *El Alcázar*, 28 de septiembre de 1974; *Informaciones*, 27 de septiembre de 1974; *Pueblo*, 30 de septiembre de 1974; *Blanco y Negro*, 5 de octubre de 1974.
148. Consejos de Dirección del Ministerio de Trabajo, en especial, 7 de enero, 28 de mayo, 9 de julio de 1974, PLF; Heras, J. y J. Villarín, *El año Arias*, Sedmay, Madrid, 1975, p. 537.
149. De la Fuente, 1 de octubre de 1974, PG, SDP, leg. 8, n.º 151.2.
150. «Resumen de las palabras del ministro de Trabajo...», 1 de octubre de 1974, PLF.
151. Las disposiciones para aquellos días en PG, SDP, leg. 429, n.º 200.
152. Utrera Molina, J., *Sin cambiar...*, p. 173; López Rodó, *Memorias*, IV, p. 86.
153. *Franco visto por sus ministros*, Ángel Bayod (coord.), pp. 354-356.
154. Toda la documentación en PG, SDP, leg. 17 n.º 301.1.
155. Testimonio de León Herrera.
156. Testimonio de Eduardo Navarro.
157. El informe del Ministerio de Información y Turismo y la síntesis en dos páginas entregada a Arias Navarro en PG, SDP, leg. 13, n.º 223.9.
158. Nota s. f. en PG, SDP, leg. 20, n.º 384.4.
159. Testimonio de Antonio Carro.
160. Oneto, J., *Arias...*, p. 149.
161. Testimonio de Fernando Suárez.
162. Utrera Molina, J., *Sin cambiar...*, p. 174.
163. Testimonio de Licinio de la Fuente.
164. *Franco visto por sus ministros*, Ángel Bayod (coord.), p. 410.
165. *Ya*, 11 de noviembre de 1974.
166. *New York Times*, 2 de noviembre de 1974, *Tele-Express*, 31 de octubre de 1974, *Cambio 16*, 4 de noviembre de 1974.

167. Cruz Martínez Esteruelas, s. f., AAN, leg. 5/11.
168. Herrera, 14 de noviembre de 1974, PG, ADP, leg. 31, n.º 893, y 12 de diciembre de 1974, PG, SDP, leg. 17, n.º 301.
169. Cuadra, 14 de noviembre de 1974, PG, SDP, leg. 16, n.º 272.8
170. Escrito de 18 de noviembre de 1974, en PG, SDP, leg. 8, n.º 153.8.
171. Rodríguez de Valcárcel, 5 de junio de 1974, PG, SDP, leg. 14, n.º 239.
172. PEN, s. f.
173. Testimonio de León Herrera.
174. Luis Valero Bermejo, 4 de diciembre de 1974, PG, SDP, leg. 17, n.º 301.
175. Utrera Molina, J., *Sin cambiar...*, pp. 174 y ss.
176. López Rodó, *Memorias*, IV, pp. 38 y 96.
177. Testimonio de Eduardo Navarro y PEN.
178. Testimonio de Eduardo Navarro y PEN.
179. Véase PG, SGM, ST, AGA, leg. 209, n.º 131 y 226.
180. Testimonio de Juan Antonio Ortega Díaz Ambrona.
181. Eduardo Navarro a Utrera, 4 de abril de 1989, PEN.
182. Utrera Molina, J., *Sin cambiar...*, p. 210.
183. «Observaciones propuestas por S. E. el Jefe Nacional al Anteproyecto...», PEN, s. f.
184. Navarro a Utrera, 4 de abril de 1989, PEN y testimonio de Eduardo Navarro.
185. Escrito de 30 de noviembre de 1974, en AO 027/106/007-26.
186. Utrera Molina, J., *Sin cambiar...*, pp. 206-210.
187. Oneto, J., *Arias...*, pp. 7 y 9.

Capítulo 3

1. López Rodó, *Memorias*, IV, pp. 106-108.
2. Pozuelo, V., *Los últimos 476 días de Franco*, Planeta, Barcelona, 1995, pássim, pero especialmente p. 116.
3. Testimonio de Gabriel Cisneros.
4. AAN, leg. 2/2.
5. Testimonio de Fernando Suárez.
6. Testimonio de Eduardo Navarro.
7. Testimonio de León Herrera.
8. Testimonio de Antonio Carro.
9. Testimonio de León Herrera.
10. Silva, *Memorias*, p. 311.
11. Fraga Iribarne, M., *Memoria breve...*, pp. 325, 330.
12. «Documento de trabajo para la preparación de una asociación política», enero de 1975, AAN, leg. 57/3.
13. Utrera Molina, J., *Sin cambiar...*, p. 222.
14. «Documento de trabajo para la preparación de una asociación política», febrero de 1975, AFF, documento 331; M. Fraga Iribarne, *Memoria breve...*, pp. 346-347.
15. Fraga Iribarne, M. *Memoria breve...*, pp. 348-349.

16. Fraga Iribarne, M., *Memoria breve...*, p. 355; Fraga, s. f., PG, SDP, leg. 20, n.º 365. 1; L. Herrero, *El ocaso...*, Temas de Hoy, Madrid, 1995, p. 189.

17. «Declaración de presencia y propósitos de UDE», 17 de marzo de 1975, PG, SDP, leg. 23, n.º 432.7.

18. Granados, J. L., *1975. El año de la instauración*, Tebas, Madrid, 1977, pp. 60 y 64.

19. Fraga Iribarne, M., *Memoria breve...*, p. 363.

20. Escritos de la Hermandad Nacional de Alféreces Provisionales, 17 de febrero de 1975, PG, SDP, leg. 17, n.º 301.1.

21. «La ruptura democrática», s. f., «La acción en entidades familiares y de vecinos», 28 de febrero de 1975, «Universidades y Enseñanza Media», PG, SDP, leg. 17, n.º 301.3.

22. Álvarez Romero, 3 de julio de 1975, PG, SDP, leg. 17, n.º 301.7.

23. Congreso de Suresnes, s. f., PLF.

24. «Cónclave político sobre España en Bruselas», 16 de enero de 1975, PLF.

25. Instancia de 13 de marzo de 1975, PG, SDP, leg. 21, n.º 401.

26. Nota de la Organización Sindical, 21 de julio de 1975, PG, SDP, leg. 6, n.º 123.

27. Martín Villa, R., *Al servicio...*, pp. 14-16.

28. «Informe del ministro de la Gobernación sobre las provincias del Norte», abril de 1975, PG, SDP, leg. 12, n.º 194.17.

29. Nota 27 de enero de 1975, PG, SG, leg. 430, n.º 209.

30. Instancia del 11 de febrero de 1975, PG, SDP, leg. 21, n.º 429.

31. Martínez Esteruelas, 17 de junio de 1975, PG, SDP, leg. 7, n.º 135.

32. «Informe sobre las cuestiones suscitadas por el anteproyecto, de decreto por el que se desarrolla la Ley de Colegios Profesionales», 16 de junio de 1975, PG, SDP, leg. 23, n.º 445.1.

33. Informe y manuscrito, sin fecha, PG, SDP, leg. 23, n.º 445.1.

34. Correspondencia Fraga-Subsecretaría Despacho del Presidente, 1 de febrero de 1976, PG, SDP, leg. 12, n.º 194.4.

35. Tarancón, 8 de enero de 1975, AAN, leg. 59/6.

36. Escrito s. a. y s. f., pero enero de 1975, AAN, leg. 59/6.

37. «Situación actual de la negociación con la Santa Sede», 14 de enero de 1975, AMAE, leg. 19627 expte. 3.

38. Cortina, 8 de abril de 1975, AMAE, leg. R 19452, expte. 3.

39. AAN, leg. 59/7 y 8.

40. Tarancón, 7 de marzo de 1975, AAN, leg. 59/6.

41. «Nota confidencial» de la Dirección General de Política Exterior del Ministerio de Asuntos Exteriores, s. f., en AO 027/089/025-7.

42. «Entrevista del Sr. ministro de Justicia...», 24 de mayo de 1975, AMAE, leg. 19.733 expte. 3.

43. «Ventajas de la Operación», s. f., AO 27/089/026-3.

44. «Convenio provisional», s. f., en AO 027/089/027-3.

45. «Nota muy confidencial» de la Dirección General de Política Exterior, 2 de julio de 1975, en AO 027/089/024-3.

46. Tarancón, *Memorias*, pp. 746-749.

47. Tarancón, *Memorias*, pp. 751-813.

48. Yanes, 23 de abril de 1975, AAN, leg. 59/7, transmitiendo el escrito del jesuita Díaz Moreno sobre el derecho de reunión.
49. Nota sobre Dom Cassiá Just, PG, SDP, leg. 5, n.º 103.
50. Taboada, 9 de mayo de 1975, AMAE, leg. R 19631 expte. 1.
51. Véase AAN, leg. 59/7, en especial «Nota informativa» de 19 de noviembre de 1975.
52. «Entrevista con el consejero de la Naturaleza sobre el obispo de Las Palmas», 1 de julio de 1975, AMAE, legajo R 19629 expte. 1.
53. Arias Navarro, 11 de julio de 1975, PG, SDP, leg. 10, n.º 172.7. Los sucesos a los que hace alusión la correspondencia tuvieron lugar en mayo y junio.
54. ABC, 12 de febrero de 1975; Pueblo, 12 de febrero de 1975.
55. Utrera Molina, J., Sin cambiar..., Planeta, Barcelona, 1989, pp. 228-233.
56. AAN, leg. 123/6.
57. AAN, leg. 124/1. También en Ya, 27 de febrero de 1975.
58.. ABC, 27 de febrero de 1975 y también J. L. Granados, 1975..., Tebas, Madrid, 1977, pp. 107-116.
59. Aznar, 26 de junio de 1975, PG, SDP, leg. 6.108.
60. Articulado del decreto sobre conflictos laborales fechado el 12 de febrero de 1975, en PG, SDP, leg. 23 n.º 447.
61. Utrera Molina, Sin cambiar..., pp. 248 y ss.
62. Testimonio de Licinio de la Fuente.
63. Testimonio de Fernando Suárez y de León Herrera.
64. Sobre esta crisis, véase la interpretación de Carro en Franco visto por sus ministros, Ángel Bayod (coord.), pp. 356-358.
65. Oneto, J., Arias..., p. 188.
66. Utrera Molina, J., Sin cambiar..., p. 264.
67. «Palabras de Don Licinio de la Fuente en el acto de su cese...», PLF.
68. Testimonio de León Herrera.
69. Testimonio de León Herrera.
70. «Informe sobre política Informativa», abril de 1975, AFF 15.109.
71. «Panorama de la situación internacional al iniciarse el año 1975», AFF, documento 2.043.
72. Rovira, 23 de abril de 1975, AAN, leg. 5873.
73. Arias Navarro, 26 de julio de 1975, PG, SDP leg. 24, n.º 465.
74. ABC, 8 de febrero (número secuestrado) y 25 de febrero de 1975; «Información referente a lo sucedido con las declaraciones del rey», 11 de febrero de 1975; Luca de Tena, 24 de febrero de 1975; APSR, leg. 31.
75. Granados, J. L., 1975..., pp. 125-127.
76. Informaciones, 19 de abril de 1975.
77. «Palabras del conde de Barcelona...», 14 de junio de 1975; AS; Granados, J. L., 1975..., pp. 299-301.
78. López Rodó, Memorias, IV, pp. 130.
79. Testimonio de Fernando Suárez.
80. Decreto ley de 22 de mayo, BOE del 28 de mayo de 1975.
81. Fuerza Nueva, 7 de junio de 1975.
82. Testimonio de Fernando Suárez.
83. Arias, 6 de agosto de 1975, PG, SDP, leg. 6, n.º 123.

84. Testimonio de Eduardo Navarro.
85. Herrero, L., *El ocaso...*, pp. 190-191.
86. Testimonio de Eduardo Navarro.
87. *Pueblo,* 13 de junio de 1975.
88. Nota de 4 de julio de 1975, PG, SDP, leg. 18, n.º 328.5.
89. Testimonio de Antonio Carro.
90. *Franco visto por sus ministros,* Ángel Bayod (coord.), Planeta, Barcelona, 1981, pp. 358-359.
91. Herrero, L., *El ocaso...*, pp. 197-198, 200; testimonio de Eduardo Navarro.
92. López Rodó, *Memorias,* IV, pp. 201-205.
93. Granados, *1975,* p. 308.
94. Ambas llevan fecha de 6 de agosto de 1975, PG, SDP, leg. 429, n.º 199.
95. Carta remitida a Arias, IX-1975, PG, SDP, leg. 14, n.º 239.5.
96. López Rodó, *Memorias,* IV, pp. 133-134.
97. León Herrera, 15 de julio de 1975, PG, SDP, leg. 21, n.º 395.13.
98. Herrero, L., *El ocaso...*, p. 204.
99. Sobre esta cuestión, véanse principalmente los libros de Agüero, Fernández López, Puell, Busquets, Busquets y Losada, y Fortes y Otero citados en la bibliografía. Es también muy importante el libro «*La UMD...*», documento oficial publicado ya en 1976.
100. Original en PG, SDP leg. 429.
101. «Fuerzas Armadas. Ejército de Tierra. Nota Informativa», agosto de 1975, APSR leg. 41. Sobre el documento, véase más adelante.
102. La correspondencia en AAN, leg. 37/31. Las cartas de Gutiérrez Mellado están fechadas el 10 de julio, 7 de agosto y 31 de agosto; están escritas a mano, lo que denota el grado de intimidad existente entre los dos personajes.
103. Testimonios de ambos.
104. Lucas de Oriol, 30 de septiembre de 1975, PG, SDP, leg. 30, n.º 872.
105. Granados, J. L., *1975,* Tebas, Madrid, 1997, p. 466.
106. García Hernández, 17 de octubre de 1975, PG, SDP, leg. 12, n.º 19.11.
107. Mota, 6 de octubre de 1975, PG, SDP, leg. 26, n.º 583.
108. Sánchez Bella, 2 de octubre de 1975, PG, SDP, leg. 24, n.º 466.
109. López Bravo, 2 de octubre de 1975, PG, SDP, leg. 9, n.º 154.5.
110. Garrigues, 2 de octubre de 1975, PG, SDP, leg. 18, n.º 699.
111. Suárez, 26 de septiembre de 1975, PG, SDP, leg. 18, n.º 328.8.
112. Rovira, subsecretario de Exteriores, 3 de octubre de 1975, PG, SDP, n.º 154.11.
113. Harold Wilson, 8 de octubre de 1975, AAN, leg. 37/33.
114. Borradores sin fecha PG, SDP, leg. 25, n.º 483.
115. Información procedente de Reuters, Ministerio de Asuntos Exteriores, 29 de septiembre de 1975, PG, SDP, leg. 18, n.º 321.2.
116. Las cartas están fechadas el 17 de octubre de 1975, AAN, leg. 37/30 y 33.
117. Álvarez Romero, 31 de octubre de 1975, leg. 12, n.º 194.13.
118. Kissinger, *Memoirs,* III, pp. 632-633.
119. Kissinger, 11 de julio de 1975, AAN, leg. 37/36, y Ford 25 de junio de 1975, AAN, leg. 37/34.

120. «National Security Council. Memorandum for general Scowcroft», 19 de julio de 1975, The Gerald Ford Library.

121. Resumen de la entrevista con el embajador norteamericano, 14 de octubre de 1975, AAN, leg. 57/9.

122. Para la enfermedad de Franco, hay abundante información. Merecen especialmente la pena los libros de Cernuda y Pozuelo.

123. Testimonio de Fernando Suárez.

124. Tarancón, 17 de septiembre y 21 de octubre de 1975, AAN, leg. 59/6.

125. López Rodó, *Memorias*, IV, pp. 150-151 y 153-158.

126. Villalonga, J. L. de, *El rey*, Plaza y Janés, Barcelona, 1993, p. 221; J. Bardavío, *El dilema. Un pequeño caudillo o un gran rey*, Strips, Madrid, 1978, p. 25.

127. Cernuda, *Treinta días*, p. 45.

128. López Rodó, *Memorias*, IV, pp. 168-174.

129. Bardavío, J., *Las claves...*, p. 82.

130. Franco, *Manuscritos*, pp. 231 y 319-320.

131. AMAE (París), Europe, Espagne, 1961-1970, cartón 386, n.º 3/5.

132. ANF, Archives Georges Pompidou, cartón 5AG 2/107.

133. «Propuesta de medidas a adoptar como consecuencia del escrito dirigido al Caudillo por la Asamblea general del Sáhara», 6 de abril de 1973, PG, CM, SG, reservado.

134. Testimonio de Antonio Carro.

135. Heras, J. y J. Villarín, *El año Arias*, Sedmay, Madrid, 1975, pp. 610-615.

136. «Resumen de la exposición escrita y de la información y documentos presentados al Tribunal Internacional de Justicia», s. f., Ministerio de Asuntos Exteriores, AO 027/031/002-11.

137. López Rodó, *Memorias*, IV, p. 145.

138. Fernández Miranda, Pilar y Alfonso, *Lo que el rey...*, Plaza y Janés, Barcelona, 1975, pp. 90-97, 106-109.

139. Bardavío, J., *Los silencios del rey*, Strips, Madrid, 1979, p. 153, y *El dilema*, Strips, Madrid, 1978, p. 44; *Historia de la democracia*, especialmente pp. 154-158 para la narración desde el punto de vista de López de Letona, Pilar y Alfonso Fernández Miranda, *Lo que el rey...*, Plaza y Janés, Barcelona, 1995, pp. 106-109.

140. *Historia de la democracia*, p. 135 (memorias de Prado y Colón de Carvajal).

141. Informe de 28 de octubre de 1975, AAN, legajo 56/5.

142. «Conversación con Andrés Reguera», 13 de noviembre de 1975, AAN, leg. 58/9.

143. «Conversación con Leopoldo Calvo Sotelo» y «Conversación con Adolfo Suárez», 13 de noviembre de 1975, AAN, leg. 58/9.

144. «Conversación con Federico Silva Muñoz», 15 de noviembre de 1976, AAN, leg. 58/9.

145. Transcripción mecanográfica de la misma, 13 de noviembre de 1975, AAN, leg. 58/10.

146. «Informe secreto», «cogido» del despacho de Fernández Ordóñez, Pérez Escolar y Matías Cortés, 17 de noviembre de 1975, AAN, leg. 56/7.

147. Fernández Miranda, Pilar y Alfonso, *Lo que el rey...*, p. 102.

148. Tusell, J., *Juan Carlos I*, Temas de Hoy, Madrid, 1975, cap. VII, y las memorias políticas de Prado Colón de Carvajal en *Historia de la democracia*, en especial pp. 133 y 161.

149. «Fuerzas Armadas. Ejército de Tierra. Nota informativa. Agosto de 1975», APSR, leg. 41.

150. AAN, legajo 2/3.

151. Fernández Miranda, Pilar y Alfonso, *Lo que el rey...*, p. 102; López Rodó, *Memorias*, IV, pp. 168-174.

152. Testimonio de Antonio Carro.

153. Testimonio de León Herrera.

154. Urbano, P., *La reina*, Plaza y Janés, Barcelona, 1997, p. 285.

155. Bardavío, J., *El dilema...*, p. 30; *Historia de la democracia*, p. 135 (memorias de Prado y Colón de Carvajal).

156. Testimonio de León Herrera.

157. Fernández Miranda, Pilar y Alfonso, *Lo que el rey...*, pp. 109-110.

158. AAN, leg. 60.

159. AAN, leg. 127.

160. AAN, leg., 128.

161. Cernuda, *Treinta...*, p. 141.

162. «Información del Consejo Político de la República Federal Alemana», AAN, leg. 58/8.

163. Ullastres, 2 de diciembre de 1975, PG, SDP, leg. 19, n.º 361.5.

164. «Conversación entre Areilza y Martín Patino», AAN, leg. 58/8.

165. «Conversación de Martín Patino», 27 de noviembre de 1975, AAN, leg. 58/7.

166. Tarancón, 28 de noviembre de 1975, AAN, leg. 59.

167. Porcioles, 27 de noviembre de 1975, AO 027/116/003-2.

168. Iglesias Selgas, 11 de diciembre de 1975, PG, SDP, leg. 24, n.º 456.1 y leg. 14, n.º 239.6.

169. «Nota para el Sr. ministro», «Distintos aspectos de la situación penitenciaria», Ministerio de Justicia, Dirección General de Instituciones Penitenciarias, 18 de diciembre de 1975, PG, SDP, leg. 1.17.

170. Garrigues, s. f. pero abril-mayo de 1976, AAN, leg. 57/2.

Capítulo 4

1. Para el nombramiento de Fernández Miranda, véanse: M. Lora Tamayo, *Lo que yo he conocido*, Cádiz, Federico Joly, 1993, pp. 427-430; Silva Muñoz, *Memorias*, p. 323; Primo de Rivera y Urquijo, *Memorias*, pp. 163-164; Fernández Miranda, Pilar y Alfonso, *Lo que el rey...*, pp. 111-114.

2. López Rodó, *Memorias*, IV, p. 193; J. Bardavío, *El dilema...*, p. 78; Pilar y Alfonso Fernández Miranda, *Lo que el rey...*, pp. 114-122.

3. Bardavío, J., *Las claves...*, p. 99; testimonio de Fernando Suárez. Véase también, *Franco visto...*, Ángel Bayod (coord.), pp. 416-417.

4. Fraga Iribarne, M., *En busca del tiempo servido*, Planeta, Barcelona, 1987, pp. 15 y ss.

 5. Nota titulada «Candidatos a Hacienda», 9 de diciembre de 1975, AAN, leg. 56/8.
 6. Areilza, J. M. De, *Diario de un ministro de la monarquía,* Planeta, Barcelona, 1977, pp. 13-19.
 7. Silva Muñoz, *Memorias,* pp. 324-326; A. Ossorio, *Trayectoria política de un ministro de la corona,* Barcelona, 1980, p. 47; López Rodó, *Memorias,* IV, pp. 214-215.
 8. Garrigues, A., *Diálogos conmigo mismo,* Planeta, Barcelona, 1978, p. 163.
 9. Ossorio, A., *Trayectoria...,* p. 48.
10. López Rodó, *Memorias,* IV, pp. 195-201.
11. *Newsweek,* 12 de enero de 1976.
12. *Uick,* 15 de enero de 1976.
13. Fernández Miranda, Pilar y Alfonso, *Lo que el rey...,* Plaza y Janés, Barcelona, 1995, p. 129; reproducción fotográfica de la carta a Fernández Miranda a Arias; A. Ossorio, *Trayectoria...,* p. 65; J. M. de Areilza, *Diario...,* p. 73; R. Martín Villa, *Al servicio...,* p. 18.
14. *El Noticiero Universal,* 28 de enero de 1976; *ABC,* 29 de enero de 1976; «Blanco y Negro», 17 de enero de 1976; *Nuevo Diario,* 3 de febrero de 1976; *Informaciones,* 31 de enero de 1976. La mención de la oposición en un artículo de Jerónimo Alberti en AAN, leg. 129 y 130/3.
15. «Comunicado del grupo parlamentario sobre el discurso del presidente del Gobierno», 30 de enero de 1976, PG, SDP, leg. 23, n.º 432.4.
16. Guerra Campos, 7 de enero de 1976, PG, SDP, leg. 25, n.º 478.2.
17. Oriol, 8 de enero de 1976, AAN, leg. 37/44.
18. Testimonio de Antonio Carro; J. Bardavío, *Las claves...,* p. 108.
19. Cisneros, 27 de enero de 1976, PG, SDP, leg. 25, n.º 590.
20. Correspondencia Ortí Bordás-Arias Navarro, diciembre de 1975 y enero de 1976, PG, SDP, leg. 20 n.º 873.
21. Jáudenes, 22 de abril de 1976, PG, SDP, leg. 24, n.º 477.
22. Recorte en AAN, leg. 129.
23. Areilza, J. M. de, *Diario...,* pp. 86, 182, 206; A. Ossorio, *Trayectoria...,* pp. 97 y 100.
24. Fraga Iribarne, M., *En busca...,* p. 25.
25. AAN, leg. 130/2.
26. García Rodríguez Acosta (fiscal general del Estado) a Arias, 19 de mayo de 1976, PG, SDP, leg. 24, 474.1.
27. «Asunto García Lorca», PG, SDP, leg. 28, n.º 689.
28. Martín Gamero, 8 de enero de 1976, PG, SDP, leg. 21, n.º 395.4.
29. Ossorio, A., *Trayectoria...,* p. 64; J. M. de Areilza, *Diario...,* Planeta, Barcelona, 1977, pp. 119 y 172.
30. Testimonio de León Herrera.
31. Martín Gamero, 17 de marzo de 1976, PG, SDP, leg. 21, n.º 395.3.
32. García Rodríguez Acosta, 16 de febrero de 1976, PG, SDP, leg. 24, n.º 474.4; J. M. de Areilza, *Diario...,* p. 58.
33. Areilza, J. M. de, *Diario...,* p. 38; A. Ossorio, *Trayectoria...,* p. 52; «Sondeo sobre declaraciones en TVE del ministro de Hacienda...», 4 de marzo de 1976, PG, SDP, leg. 21, n.º 395.5.

34. Suárez, 20 de abril de 1976, PG, SDP, leg. 18, n.º 328.1.
35. Fraga, 28 de junio de 1976, AAN, leg. 57/4.
36. Robles Piquer, junio de 1976, AAN, leg. 56/12.
37. Areilza, J. M. de, *Diario...*, pp. 30 y 36.
38. Sobre la actuación del presidente de las Cortes, Fernández Miranda, Pilar y Alfonso, *Lo que el rey...*, especialmente pp. 125-146 y 162-172.
39. Areilza, J. M. de, *Diario...*, p. 55.
40. Fernández Miranda, Pilar y Alfonso, *Lo que el rey...*, pp. 151 y ss.
41. Fernández Miranda, Pilar y Alfonso, *Lo que el rey...*, p. 153; Areilza, *Diario...*, p. 84.
42. Testimonio de Eduardo Navarro; A. Ossorio, *Trayectoria...*, p. 65.
43. Ossorio, A., *Trayectoria...*, pp. 66-67.
44. PG, SGM, CN (AGA) leg. 51.
45. Ossorio, A., *Trayectoria...*, pp. 66.
46. Fernández Miranda, Pilar y Alfonso, *Lo que el rey...*, p. 158.
47. Fraga Iribarne, M., *En busca...*, pp. 34-35.
48. Areilza, J. M. de, *Diario...*, pp. 123, 131-132.
49. Ossorio, A., *Trayectoria...*, p. 74.
50. Areilza, J. M. de, *Diario...*, p. 165.
51. Testimonio de Antonio Carro.
52. «Fuerzas Armadas. Ejército de Tierra. Nota informativa. Agosto de 1975», APSR, leg. 41.
53. Areilza, J. M. de, *Diario...*, p. 77.
54. «Reunión de militares», informe policíaco del 8 de marzo de 1976, AAN, leg. 58/5.
55. Areilza, J. M. de, *Diario...*, p. 106.
56. S. f. AO, 027/024/005-2.
57. S. f. AO, 027/124/047-4.
58. Fraga Iribarne, M., *En busca...*, pp. 38-40.
59. «Manifiesto de la Confederación Nacional de Ex combatientes», 21 de marzo de 1976, AO 027/128/010-5.
60. Oreja, 2 de abril de 1976, PG, SDP, leg. 18, n.º 321.4.
61. «Nota informativa sobre el viaje del ministro de Asuntos Exteriores...», 2 y 3 de marzo de 1976, PG, SDP, leg. 9, n.º 154; J. M. de Areilza, *Diario...*, Planeta, Barcelona, 1977, pp. 90, 98-99, 101.
62. Areilza, J. M. de, *Diario...*, pp. 26, 65-67, 195.
63. Blanco Tobío, mayo de 1976, AAN, leg. 56/14.
64. «Reflexiones acerca de las consecuencias religiosas y políticas de la actual situación económica del clero español», PG, SDP, leg. 4, n.º 61.
65. S. f., AAN, leg. 57/1.
66. Areilza, J. M. de, *Diario...*, p. 117.
67. Areilza, J. M. de, *Diario...*, p. 132.
68. Areilza, 8 de abril de 1976, AAN, leg. 57/1.
69. Escrito del Ministerio de Asuntos Exteriores, s. f., AAN, leg. 57/1.
70. Areilza, J. M. de, *Diario...*, pp. 138, 171.
71. Garrigues, A., *Diálogos...*, p. 168.

72. Don Juan Carlos, s. f., AAN, leg. 57/1.
73. Estaba citado para ello según revela Areilza, 19 de junio de 1976, AAN, leg. 37/37.
74. Areilza, J. M. de, *Diario...*, p. 210.
75. «Nota con el escudo real», 25 de junio de 1976, AAN, leg. 57/1.
76. Areilza, J. M. de, *Diario...*, p. 213.
77. Areilza, J. M. de, *Diario...*, p. 87.
78. Martín Villa, R., *Al servicio...*, pp. 21 y ss.
79. Ossorio, A., *Trayectoria...*, pp. 70-71.
80. Areilza, J. M. de, *Diario...*, p. 172.
81. Martín Villa, R., *Al servicio...*, p. 38.
82. Martín Villa, 14 de mayo de 1976, AAN, leg. 37/39.
83. Areilza, J. M. de, *Diario...*, p. 51; M. Fraga Iribarne, *En busca...*, p. 30; R. Martín Villa, *Al servicio...*, pp. 17-18; A. Ossorio, *Trayectoria...*, p. 53.
84. Sánchez Terán, S., *De Franco a la Generalitat,* Planeta, Barcelona, 1988, p. 88.
85. Martín Villa, R., *Al servicio...*, pp. 26-30; A. Ossorio, *Trayectoria...*, pp. 86-88.
86. PG, SGM, ST, AGA, caja 380.
87. Areilza, J. M. de, *Diario...*, pp. 104-105, 110-111.
88. Fraga Iribarne, M., *En busca...*, p. 38.
89. Fraga Iribarne, M., *En busca...*, Planeta, Barcelona, 1984, p. 42.
90. Areilza, J. M. de, *Diario...*, pp. 113, 120, 124-125; A. Garrigues, *Diálogos...*, p. 165.
91. Ossorio, A., *Trayectoria...*, p. 86.
92. Sánchez Terán, S., *De Franco...*, p. 99.
93. Fraga Iribarne, M., *En busca...*, p. 44.
94. Areilza, J. M. de, *Diario...*, p. 153.
95. Calvo Hernando, P., *Juan Carlos, escucha. Primer balance de la España sin Franco,* Ultramar, Madrid, 1976, p. 195.
96. Ossorio, A., *Trayectoria...*, pp. 95-96.
97. Fraga Iribarne, M., *En busca...*, 1987.
98. Areilza, J. M. de, *Diario...*, p. 206.
99. Garrigues, A., *Diálogos...*, pp. 164-165.
100. «Reforma constitucional y referéndum», s. f., AAN, leg. 57/2.
101. A su propuesta, Garrigues añadió cuatro anexos respectivamente a «Reforma constitucional y decretos leyes», «Procedimiento de urgencia» y «Amnistía». Lleva fecha del 19 de abril, que debe de corresponder también a la presentación del proyecto citado. Véase AAN, leg. 57/2.
102. Areilza, J. M. de, *Diario...*, p. 151.
103. Garrigues, 26 de abril de 1976, AAN, leg. 3/38.
104. Fernández Miranda, Pilar y Alfonso, *Lo que el rey...*, p. 161.
105. Ossorio, A., *Trayectoria...*, p. 123.
106. AAN, leg. 57/3.
107. *Historia de la Transición,* p. 234. Texto de Juan Antonio Ortega.
108. El proyecto de Presidencia en AAN 57/5; Ossorio, A., *Trayectoria...*, pp. 68-69.
109. Calvo Hernando, S., *Juan Carlos...*, pp. 109-111.

110. Ossorio, A., *Trayectoria...*, pp. 66-67. Éste y los posteriores proyectos de ley de Cortes en AAN, leg. 57/3.
111. Ossorio, A., *Trayectoria...*, p. 72.
112. Areilza, J. M. de, *Diario...*, p. 137.
113. Fraga, 26 de abril de 1976, AAN, leg. 57/3.
114. Areilza, J. M. de, *Diario...*, pp. 151 y 165.
115. Areilza, J. M. de, *Diario...*, p. 182.
116. Pinilla Touriño, 24 de mayo de 1976, PG, SDP, leg. 31, n.º 896; testimonio de Eduardo Navarro; J. Bardavío, *Las claves...*, pp. 82 y 104.
117. Emilio Lamo de Espinosa, s. f., AO 027/089/031-40.
118. Piñar, 13 de mayo de 1976, AO 027/051/07-3.
119. Utrera, 21 de mayo de 1976, AO 027/051/082-2.
120. Oriol, 22 de mayo de 1976, AO 027/051/098-3.
121. Fernández de la Mora, 22 de mayo de 1976, A 027/051/102-30.
122. «Reforma constitucional», s. f., AO 027/126/011-12.
123. Garicano, 20 de mayo de 1976, AO 027/051/076-5.
124. PG, SGM, CN (AGA), caja 21.
125. Calvo Hernando, P., *Juan Carlos, escucha...*, pp. 118-123; *El País,* 12 de junio de 1976; testimonio de Eduardo Navarro.
126. *El País,* 1 de julio de 1976.
127. Ossorio, A., *Trayectoria...*, p. 65.
128. «Diario de sesiones», 25 de mayo de 1976. Para el paso de estas disposiciones por las Cortes es esencial Sánchez Navarro, *La Transición política en las Cortes,* pássim.
129. Fraga Iribarne, M., *En busca...*, pp. 36-37 y 41; *ABC,* 24 de marzo de 1976.
130. Boletín Oficial de las Cortes Españolas, 8 de junio de 1976.
131. Fraga Iribarne, M., *En busca...*, p. 49.
132. Ossorio, A., *Trayectoria...*, pp. 83-85.
133. Fraga Iribarne, M., *En busca...*, p. 49.
134. Garrigues, A., *Diálogos...*, p. 163.
135. «Todo se explica menos lo inexplicable», VI-1976, AO 027/089/034-5.
136. S. f. AO 027/035/007-2.
137. Garcilaso, 19 de mayo de 1976, AO, 027/043/002-1.
138. Ossorio, A., *Trayectoria...*, p. 91; G. Morán, *Adolfo Suárez: Historia de una ambición,* p. 32; Pilar y Alfonso Fernández Miranda, *Lo que el rey...*, p. 187.
139. Testimonio de Eduardo Navarro.
140. Fraga Iribarne, M., *En busca...*, p. 50.
141. *ABC,* 17 y 18 de febrero de 1976; López Rodó, *Memorias,* IV, p. 225.
142. López Rodó, *Memorias,* IV, p. 254.
143. Robles Piquer, 14 de mayo de 1976, AAN, leg., 56/11.
144. Don Juan Carlos I, 26 de mayo de 1976, AAN, leg. 37/36.
145. Areilza, J. M. de, *Diario...*, p. 195; M. Fraga Iribarne, *En busca...*, p. 48.
146. López Rodó, *Memorias,* IV, p. 217.
147. Areilza, J. M. de, *Diario...*, p. 91; López Rodó, *Memorias,* IV, pp. 225-227.
148. Fernández Miranda, Pilar y Alfonso, *Lo que el rey...*, p. 156; J. M. de Areilza, *Diario...*, pp. 133-134.

149. Areilza, J. M. de, *Diario...*, pp. 145-146.
150. *Newsweek*, 19-25 de abril de 1976. Sobre la gestación de esta entrevista, véase el testimonio de Colón de Carvajal en *Historia de la democracia*, p. 160.
151. Fernández Miranda, Pilar y Alfonso, *Lo que el rey...*, Plaza y Janés, Barcelona, 1995, p. 158.
152. López Rodó, *Memorias*, IV, pp. 238-240. Testimonio aparecido en Pilar y Alfonso Fernández Miranda, *Lo que el rey...*
153. Fernández Miranda, Pilar y Alfonso, *Lo que el rey...*, pp. 173-183; J. M. de Areilza, *Diario...*, p. 168.
154. Fernández Miranda, Pilar y Alfonso, *Lo que el rey...*, J. M. de Areilza, *Diario...*, p. 176; López Rodó, *Memorias*, IV, 244.
155. AAN, leg. 130/40; Areilza, J. M. , *Diario...*, p. 209.
156. AAN, leg. 2.
157. Areilza, J. M. de, *Diario...*, p. 214.
158. *Franco visto...*, Ángel Bayod (coord.), p. 313; López Rodó, *Memorias*, IV, pp. 258-259.
159. Fraga Iribarne, M., *En busca...*, pp. 52-54; P. Calvo Hernando, *Juan Carlos...*, p. 203.
160. *ABC*, 2 de julio de 1976; *El País*, 2 de julio de 1976; *El Alcázar*, 2 y 6 de julio de 1976; AAN, leg. 130.
161. Fraga Iribarne, M., *En busca...*, p. 54; S. Sánchez Terán, *De Franco...*, p. 137; J. M. de Areilza, *Diario...*, p. 216; A. Garrigues, *Diálogos...*, pp. 172-173.
162. Ossorio, A., *Trayectoria...*, p. 96; R. Martín Villa, *Al servicio...*, p. 35.

Epílogo

1. *Cambio 16*, 2 a 8 de mayo de 1977; *Cuadernos para el Diálogo*, n.º 209.
2. S. f., AAN, leg. 66.
3. *ABC*, 22 de abril de 1977. La entrevista fue reproducida por la mayor parte de la prensa. Véase por ejemplo, *Ya*, 23 de abril de 1977.
4. *ABC*, 24 de abril de 1977.
5. *ABC*, 26 de abril de 1977.
6. *El Alcázar*, 23 de abril de 1977; *Fuerza Nueva*, 10 de abril de 1977 y *Diario 16*, 22 de abril de 1977.
7. AAN, leg. 104/18.
8. *Interviú*, 2 de junio de 1977.
9. *Posible*, n.º 125 y n.º 127, 2 y 16 de junio de 1977.
10. *El País*, 10 de junio de 1977 y *Diario 16*, 19 de mayo de 1977.
11. Arias, 30 de marzo de 1979, AAN, leg. 66.
12. 'Nota de la policía, 23 de abril de 1976, AAN, leg. 58/4.
13. Arias Navarro, 29 de febrero de 1988, AAN, leg. 58/4.
14. Suárez, 2 de mayo de 1978, AAN, leg. 36/2.
15. Correspondencia con Luis Peralta España, AAN, leg. 66/7. La existencia de esta subvención siendo ministro Cabanillas la confirma León Herrera.
16. Escrito del marqués de Valdeiglesias, s. f., AAN, leg. 66/5.

17. AAN, leg. 66/8.
18. Utrera, diciembre de 1979 y Arias Navarro, 27 de diciembre de 1979, AAN, leg. 36/7.
19. Testimonio de Gabriel Cisneros.
20. Areilza, J. M. de, *Diario...*, Planeta, Barcelona, 1977, pp. 104, 216.
21. Testimonio de Eduardo Navarro.
22. Fernández de la Mora, G., *Río arriba...*, pp. 185 y 248.
23. Utrera Molina, J., *Sin cambiar...*, pp. 118, 265.
24. Testimonio de Gabriel Cisneros; testimonio de Eduardo Navarro.
25. Testimonio de Fernando Suárez.
26. Ossorio, A., *Trayectoria...*, p. 50.
27. Garrigues, A., *Diálogos...*, p. 164.
28. Martín Villa, R., *Al servicio...*, p. 20.
29. Areilza, J. M. de, *Diario...*, p. 158.
30. Testimonio de Fernando Suárez.
31. Testimonio de Antonio del Valle.
32. Testimonio de León Herrera.
33. Testimonio de Gabriel Cisneros.
34. Herrero, *Memorias,* especialmente capítulo II.
35. Testimonio de Eduardo Navarro.
36. Ossorio, A., *Trayectoria...*, p. 49.
37. Areilza, J. M. de, *Diario...*, p. 118.
38. Testimonio de Leopoldo Calvo Sotelo.
39. Martín Villa, R., *Veinticinco años de reinado de S. M. don Juan Carlos,* Espasa Calpe, Real Academia de la Historia, Madrid, 2002, p. 570.
40. Testimonio de Eduardo Navarro; testimonio de Juan Antonio Ortega Díaz Ambrona.
41. Aguilar Fernández, P., *La memoria histórica de la guerra civil española (1936-1939): un proceso de aprendizaje político,* Instituto Juan March, Madrid, 1995.
42. Testimonio de Fernando Suárez.
43. Fernández Miranda, Pilar y Alfonso, *Lo que el rey...*, p. 173.
44. Por ejemplo de Adolfo Muñoz Alonso; testimonio de Fernando Suárez.

Fuentes y bibliografía

ARCHIVOS EXTRANJEROS

Archives Nationales Français (ANF), Archives Georges Pompidou (París). Con autorización del Ministerio de Cultura Francés.
AMAE (París). Archives du Ministère des Affaires Étrangers.
The Gerald R. Ford Library.

ARCHIVOS ESPAÑOLES

Archivos públicos

Archivo de Presidencia de Gobierno (APG o PG), en el complejo de La Moncloa, Madrid, previo permiso del secretario general técnico de la Presidencia de Gobierno. Consta de dos apartados: Secretaría del Gobierno (SG) y Subsecretaría del Despacho del Presidente (SDP) para la documentación relativa a la época en que Arias Navarro fue presidente. Para las etapas anteriores o para otros documentos públicos españoles, las siglas utilizadas son CM = Consejo de Ministros; SG = Secretario del Gobierno; SMS = Secretaría del ministro subsecretario. SGM = Secretaría General del Movimiento; ST = Secretaría Técnica, AGA = Archivo General de la Administración. Agradecemos al archivero señor don Ignacio Ruiz, director del archivo citado en primer lugar, la ayuda prestada.
AMAE (Madrid). Archivo del Ministerio de Asuntos Exteriores español.

Archivos privados

Distinguimos entre los archivos propiamente dichos, con un volumen considerable y convenientemente clasificados, y los conjuntos documentales que no revisten estas características y que designanos como «papeles».
— Archivo Arias Navarro (AAN), incluido en el Archivo de la Fundación Hullera

Vascoleonesa en La Robla (León), clasificado por Sol Soto. Debemos agradecer la ayuda de Daniel Rivadulla, gerente de la Fundación, y de José Andrés González Pedraza, archivero. Consta de 135 legajos de los cuales la última veintena consiste exclusivamente en prensa. Hay, además de los legajos citados, una amplia documentación fotográfica. La documentación aparece clasificada por los distintos períodos de la carrera política del personaje. Hemos obtenido la autorización para consultarlos gracias a Antonio del Valle, cuñado y subsecretario de quien fuera presidente del Gobierno.

— Archivo de la Fundación Francisco Franco (AFF). Fotocopias facilitadas por el gerente don Ramón Moya. Archivo actualmente en reclasificación. Se identifican los documentos por la numeración que se le está dando ahora, distinta de la utilizada por Luis Suárez Fernández, que fue quien primero pudo acceder a él (para su libro *Franco y su tiempo*).

— Archivo de Antonio María Oriol, ministro de Justicia con Carrero Blanco y figura significativa en el seno del tradicionalismo (AO). Al parecer, en la actualidad este archivo está depositado en la Universidad de Navarra.

— Papeles de Eduardo Navarro (PEN). Por amable autorización de quien fuera vicesecretario general del Movimiento.

— Papeles de Licinio de la Fuente (PLF). Por amable autorización de quien fuera vicepresidente del Gobierno.

— Papeles de Fernando Suárez (PFS). Por amable autorización de quien fuera vicepresidente del Gobierno.

Otros archivos que se citan (y que no han sido específicamente utilizados para esta investigación sino para otras anteriores) son APSR = Archivo de Pedro Sainz Rodríguez y AS = Archivo de Joaquín Satrústegui.

Testimonios personales

Se enumeran a continuación las entrevistas realizadas con protagonistas de este libro: Joaquín Bardavío, Antonio Carro, Gabriel Cisneros, Licinio de la Fuente, León Herrera, Eduardo Navarro, Juan Antonio Ortega Díaz Ambrona, Fernando Suárez y Antonio del Valle. Ha habido testigos que se han negado a ser entrevistados haciendo uso de su indudable derecho. Otros no son mencionados por deseo expreso o no pueden serlo.

Prensa

Para la redacción de este libro se ha utilizado, principalmente, los diarios *ABC*, *El País* y *Ya* de Madrid así como la revista *Cambio 16*. De todas maneras, no aparece profusamente citada porque lo ha sido ya en las publicaciones aparecidas acerca de la Transición. Por otro lado, existen útiles compendios de la información aparecida en la prensa como, por ejemplo, los de Oneto, Heras-Villarin, Granados, Cernuda y Calvo Hernando, que aparecen todos ellos en la bibliografía. Mención especial merece el libro de Victoria Prego, basado en el documental televisivo que dirigió en su día, libro magnífico en cuanto a información periodística, completísimo en cuanto a entrevistas y más discutible en cuanto a análisis histórico.

BIBLIOGRAFÍA

Los autores agradecen a Álvaro Soto y a Pablo Martín de Santa Olalla la posibilidad de consultar excelentes originales todavía no publicados así como algunos documentos por ellos encontrados.

Se citan a continuación, sin distinción de carácter ni contenido, los libros que aparecen citados en las páginas precedentes. No se ha pretendido ninguna clasificación porque el contenido parece bastante explícito.

Abella, Carlos, *Adolfo Suárez*, Espasa Calpe, Madrid, 1997.

Agüero, Felipe, *Militares civiles y democracia. La España postfranquista en perspectiva comparada*, Alianza Editorial, Madrid, 1995.

Águila, Rafael del, *El Tribunal de Orden Público*, Planeta, Barcelona, 2001.

—, *A lo largo del siglo, 1909-1990*, Planeta, Barcelona, 1992.

—, *Crónica de libertad, 1965-1975*, Planeta, Barcelona, 1985.

—, *Cuadernos de la Transición*, Planeta, Barcelona, 1983.

Areilza, José María de, *Diario de un ministro de la monarquía*, Planeta, Barcelona, 1977.

Armada, Alfonso, *Al servicio de la corona*, Planeta, Barcelona, 1983.

Babiano, José, *Emigrantes, cronómetros y huelgas. Un estudio sobre el trabajo y los trabajadores durante el franquismo, 1951-1977*, Siglo XXI / Fundación 1 de mayo, Madrid, 1995.

Balfour, Sebastián, *La dictadura, los trabajadores y la ciudad. El movimiento obrero en el área metropolitana de Barcelona (1939-1988)*, Alfons el Magnànim / Generalitat Valenciana, Valencia, 1994.

Barbulo, Tomás, *La historia prohibida del Sáhara español*, Destino, Barcelona, 2002.

—, *El dilema. Un pequeño caudillo o un gran rey*, Strips, Madrid, 1978.

Bardavío, Joaquín, *La crisis. Historia de quince días*, Sedmay, Madrid, 1974.

—, *Las claves del rey. El laberinto de la Transición*, Espasa Calpe, Madrid, 1995.

—, *Los silencios del rey*, Strips, Madrid, 1979.

Becarud, Jean, «El encuentro De Gaulle-Franco y la opinión francesa (junio 1970)», *Revista de Extremadura*, 9 de diciembre de 1995.

Benito, Carmen, *La clase obrera durante el franquismo. Empleo, condiciones de trabajo y conflicto (1940-1975)*, Siglo XXI, Madrid, 1993.

Blázquez, Feliciano, *La traición de los clérigos en la España de Franco*, Trotta, Madrid, 1991.

Busquets, Julio, *Militares y demócratas*, Plaza y Janés, Barcelona, 1999.

Busquets, Julio y Juan Carlos Losada, *Ruido de sables. Las conspiraciones militares en la España del siglo XX*, Crítica, Barcelona, 2003.

Calvo Hernando, Pedro, *Juan Carlos, escucha. Primer balance de la España sin Franco*, Ultramar Ediciones, Madrid, 1976.

Calvo Sotelo, Leopoldo, *Memoria viva de la Transición*, Plaza y Janés, Barcelona, 1990.

Carrillo, Santiago, *Memorias*, Planeta, Barcelona, 1993.

Carro, Antonio, «La descolonización del Sáhara», en *Revista de Política Internacional*, 3 de abril de 1976.

Colomer, José M., *La Transición a la democracia: El modelo español*, Anagrama, Barcelona, 1998.

Crespo, Luis Fernando, *Las reformas de la administración española (1957-1967)*, Centro de Estudios Políticos y Constitucionales, Madrid, 2000.

Criado, Ramón, *Sáhara. Pasión y muerte de un sueño colonial*, Ruedo Ibérico, París, 1977.

Cruz Orozco, José Ignacio, *El yunque azul. Frente de Juventudes y sistema educativo. Razones de un fracaso*, Alianza, Madrid, 2001.

De la Fuente, Licinio, *Valió la pena. Memorias*, EDAF, Madrid, 1998.

De las Heras, Jesús y Juan Villarín, *El año Arias*, Sedmay, Madrid, 1975.

—, *El año Arias. Diario político español 1974*, Sedmay, Madrid, 1975.

Díaz Cardiel, Víctor, Juan Francisco Pla, Alfredo Tejero, Eugenio Triana, *Madrid en huelga. Enero 1976*, Ayuso, Madrid, 1976.

Díez Alegría, Manuel, «Primicias de una confesión», *Anales de la Real Academia de Ciencias Morales y Políticas*, n.º 61, 1984, pp. 159-172.

Domènech i Sampere, Xavier, *Quan el carrer va deixar de ser seu. Moviment obrer, societat civil i canvi polític*, Publicacions de l'Abadia de Montserrat, 2002.

El último año de Franco, Sedmay, Madrid, 1976.

Enrique y Tarancón, Vicente, *Confesiones*, PPC, Madrid, 1996.

Escribano, Francesc, *Cuenta atrás. La historia de Salvador Puig Antich*, Península, Barcelona, 2001.

Estévez, Carlos y Francisco Mármol, *Carrero. Las razones ocultas de un asesinato*, Temas de Hoy, Madrid, 1998.

Fernández, Carlos, *Los militares en la Transición política*, Argos Vergara, Barcelona, 1982.

Fernández López, Javier, *Los militares en el cambio de régimen político en España, 1969-1982*, Trotta, Madrid, 1998.

Fernández Miranda, Pilar y Alfonso, *Lo que el rey me ha pedido. Torcuato Fernández Miranda y la reforma política*, Plaza y Janés, Barcelona, 1995.

Fernández de la Mora, Gonzalo, *Río arriba. Memorias*, Planeta, Barcelona, 1995.

Fishman, Robert, *Organización obrera y retorno a la democracia en España*, Siglo XXI, Madrid, 1996.

Fortes, José y Luis Otero, *Proceso a nueve militares demócratas. Las Fuerzas Armadas y la Unión Militar Demócrata*, Argos Vergara, Barcelona, 1983.

—, *En busca del tiempo servido*, Planeta, Barcelona, 1987.

Franco visto por sus ministros, Ángel Bayod (coord.), Planeta, Barcelona, 1981.

Fraga Iribarne, Manuel, *Memoria breve de una vida pública*, Planeta, Barcelona, 1980.

Franco Salgado Araujo, Francisco, *Mis conversaciones privadas con Franco*, Planeta, Barcelona, 1976.

Fuente, Ismael, Javier García y Joaquín Prieto, *Golpe mortal. Asesinato de Carrero Blanco y agonía del franquismo*, El País, Madrid, 1983.

Garrigues, Antonio, *Diálogos conmigo mismo*, Planeta, Barcelona, 1978.

Gil, Vicente, *Cuarenta años junto a Franco*, Planeta, Barcelona, 1981.

Girón de Velasco, José Antonio, *Si la memoria no me falla*, Planeta, Barcelona, 1994.

Granados, José Luis, *1975. El año de la instauración*, Tebas, Madrid, 1977.

Guindal, Mariano y Juan H. Giménez, *El libro negro de Vitoria*, Ediciones 99, Madrid, 1976.

Gutiérrez Mellado, Manuel, *Un soldado de España. Conversaciones con Jesús Picaporte*, Argos Vergara, Barcelona, 1983.

Herrero, Luis, *El ocaso de un régimen. Del asesinato de Carrero a la muerte de Franco*, Temas de Hoy, Madrid, 1995.

«Historia de la Democracia», *El Mundo*, Madrid, 1995.

«Historia de la Transición. Diez años que cambiaron España (1973-1983)», *Diario 16*, Madrid, 1983-1984.

—, *Informe sociológico sobre el cambio político en España*, Fundación FOESSA, Editorial Euroamérica, Madrid, 1981.

Iniesta, Carlos, *Memorias y recuerdos*, Planeta, Barcelona, 1984.

Ibarra Güell, Pedro, *El movimiento obrero en Vizcaya. Ideología, organización y conflictividad, 1967-1977*, Universidad del País Vasco, 1987.

Lemus, Encarnación y Rafael Quirosa-Cheyrouze (eds.), *La Transición en Andalucía*, Universidad de Huelva, 2002.

—, «Claves de la Transición. Memorias IV», Plaza y Janés-*Cambio 16*, Barcelona, 1993.

López Pintor, Rafael, *La opinión pública española del franquismo a la democracia*, Madrid, Centro de Investigaciones Sociológicas, 1982.

López Rodó, Laureano, *La larga marcha hacia la Monarquía*, Barcelona, Noguer, 1977.

—, *Memorias*, Plaza y Janés-*Cambio 16*, Barcelona, 1990-1992.

—, *Testimonio de una política de Estado*, Planeta, Barcelona, 1987.

Lora Tamayo, Manuel, *Lo que yo he conocido*, Federico Joly, Cádiz, 1993.

—, *Memoria de la Transición* (ed. por Santos Juliá, Javier Pradera y Joaquín Prieto), Taurus, Madrid, 1996.

—, *Manuscritos de Franco*, Otero Ediciones, Madrid, 1990.

Maragall, José María, *Dictadura y disentimiento político. Obreros y estudiantes bajo el franquismo*, Alfaguara, Madrid, 1978.

—, *La política de la Transición, 1975-1980*, Taurus, Madrid, 1981.

Martín Descalzo, José Luis, *Tarancón, el cardenal del cambio*, Planeta, Barcelona, 1982.

Martín Villa, Rodolfo, *Al servicio del Estado*, Planeta, Barcelona, 1984.

—, *Veinticinco años de reinado de S. M. don Juan Carlos I*, Espasa Calpe-Real Academia de la Historia, Madrid, 2002.

Mínguez, Santiago, *La preparación de la Transición a la democracia en España*, Universidad de Zaragoza, Zaragoza, 1990.

Moliner, Carme y Pere Ysas, *Productores disciplinados y minorías subversivas. Clase obrera y conflictividad en la España franquista*, Siglo XXI, Madrid, 1998.

Morán, Gregorio, *Adolfo Suárez: Historia de una ambición*, Planeta, Barcelona, 1979.

Navarro Rubio, Mariano, *Mis memorias*, Plaza y Janés-*Cambio 16*, Barcelona, 1991.

Oneto, José, *Arias entre dos crisis, 1973-1975*, Cambio 16, Madrid, 1975.

—, *Anatomía de un cambio de régimen*, Plaza y Janés, Barcelona, 1985.

Ossorio, Alfonso, *Trayectoria política de un ministro de la Corona*, Barcelona, 1980.

Piniés, Jaime, *La descolonización del Sáhara: Un tema sin concluir*, Espasa Calpe, Madrid, 1990.

Powell, Charles T., *El piloto del cambio. El Rey, la monarquía y la Transición a la democracia*, Planeta, Barcelona, 1991.

—, *Un Rey para la democracia*, Ariel-Planeta, Barcelona, 1995.

Pozuelo, Vicente, *Los últimos 476 días de Franco*, Planeta, Barcelona, 1980.

Prego, Victoria, *Así se hizo la Transición*, Plaza y Janés, Barcelona, 1995.

Preston, Paul, *Franco. Una biografía*, Grijalbo, Barcelona, 2002.

Puell, Fernando, *Gutiérrez Mellado. Un militar del siglo XX*, Biblioteca Nueva, Madrid, 1997.

Rodríguez Martínez, Julio, *Impresiones de un ministro de Carrero Blanco*, Planeta, Barcelona, 1974.

Rodríguez Ruiz, Carmen R., *Franquismo y Transición en Málaga, 1962- 1979*, Universidad de Málaga, Málaga, 1999.

Romero, Emilio, *Tragicomedia de España. Unas memorias sin contemplaciones*, Planeta, Barcelona, 1985.

Sánchez Cervelló, Josep, *La revolución portuguesa y su influencia en la Transición española (1961-1976)*, Nerea, Madrid, 1995.

Sánchez Terán, Salvador, *De Franco a la Generalitat*, Planeta, Barcelona, 1988.

San Martín, José Ignacio, *Servicio especial. A las órdenes de Carrero Blanco*, Planeta, Barcelona, 1983.

Santa Olalla, Pablo Martín de, «El ministro Pedro Cortina y la actuación del Concordato de 1953», en *Estudios Eclesiásticos*, vol. 77, n.º 301.

Sartorius, Nicolás y Javier Alfaya, *La memoria insumisa sobre la dictadura de Franco*, Espasa Calpe, Madrid, 1999.

Seco, Carlos, *Juan Carlos I*, Anaya, Madrid, 1989.

Silva Muñoz, Federico, *Memorias políticas*, Planeta, Barcelona, 1993.

Tusell, Javier, *Carrero. La eminencia gris del régimen de Franco*, Temas de Hoy, Madrid, 1993.

—, *El Colegio de Abogados de Madrid en la Transición a la democracia (1970-1990)*, Colegio de Abogados de Madrid, Madrid, 1993.

—, *Juan Carlos I. La restauración de la Monarquía*, Temas de Hoy, Madrid, 1995.

—, *La UMD y la causa 250/75*, Ministerio del Ejército, Estado Mayor Central, Talleres del Servicio Geográfico del Ejército, 1976.

Utrera Molina, José, *Sin cambiar de bandera*, Planeta, Barcelona, 1989.

Valle Menéndez, Antonio del, *Con alas en los pies*, Spainfo, 1996.

Vilallonga, José Luis de, *El Rey*, Plaza y Janés, Barcelona, 1993.

Villalba, Alfredo, *La rentrée política del conde de Barcelona*, Ciudad de México, Imprenta Provincial, 1974.

Vizcaíno Casas, Fernando, *1975. El año en que Franco murió en la cama*, Espejo de España, Barcelona, 1992.

Índice alfabético

Índice